한국수어에서 발견하는 언어의 원리

이 저서는 2022년 대한민국 교육부와 한국연구재단의 지원을 받아 수행된 연구임 (NRF-2022S1A6A4046109)

한국수어에서 발견하는
언어의 원리

어휘와 관용표현에 나타나는 도상성과 은유 및 환유

최영주 지음

한국문화사

일러두기

책에 사용된 수어 표기법은 다음과 같습니다.

[ ] : 한국수어 어휘
( ) : 생산적 수어
＋ : 동일 수어 2회 반복
＋＋ : 동일 수어 3회 이상 반복
[＋] : 합성어
[ ]+[ ] : 관용표현
－ : 수어 어휘 또는 생산적 수어를 한 단어 이상의 한국어나 영어로 표현해야 할 때 중간에 하이픈 '－'
　　으로 연결 (예시 [나에게-묻다])
[/] : 어휘 동시 표현
1-2 : 1인칭에서 시작 2인칭으로 이동
2-1 : 2인칭에서 시작 1인칭으로 이동
3-1 : 3인칭에서 시작 1인칭으로 이동
1-3 : 1인칭에서 시작 3인칭으로 이동
[;] : 같은 의미의 수어 (예시 [짜증;신경질])
영어 대문자 : 미국 수어 어휘
{ } : nonmanual sign (nms:비수지표현)
[ ] 은유 : 은유 명칭
〈휴지〉: 휴지
rs : role shift (역할전환)

서문

　이 책은 시각-공간적 양식을 기반으로 의미를 구성하고 전달하는 한국수어(Korean Sign Language, KSL)의 어휘와 관용표현에 나타나는 의미적 특성을 종합적으로 조명하고자 기획되었다. 한국수어는 음성언어와는 달리, 단일어 수준에서부터 어휘 형성의 동기가 뚜렷하게 드러나는 언어이다. 음성언어에서는 의성어나 의태어를 제외하면 도상성(iconicity)이 강하게 반영된 단일어를 찾아보기 어렵지만, 한국수어에서는 도상성이 단일어 형성의 핵심 기반으로 작용하는 경우가 일반적이다. 이처럼 수어에서 도상성은 개념적 은유(conceptual metaphor) 및 개념적 환유(conceptual metonymy)와 같은 인지 기제들과 결합하여, 단일어 내부에서도 복합적인 의미 형성을 가능하게 하며, 이를 통해 추상적 개념으로의 의미 확장이 이루어진다.
　특히 수어의 도상성은 단순히 형식과 의미 간의 표면적 유사성에 머무르지 않고, 은유와 환유의 인지적 기반이 되어 비가시적 개념을 시각적으로 형상화하는 데 기여한다. 예컨대 감정 상태, 물리적 성질, 사회적 관계와 같은 추상적 개념들이 손 모양, 위치, 방향, 움직임을 통해 도상적으로 구체화되며, 이러한 표현 위에 개념적 은유가 작용할 때 '시간은 공간', '긍정은 전방', '부정은 후방'과 같은 공간 기반의 개념 구조가 자연스럽게 형성된다. 이는 수어 사용자들이 직관적으로 접근할 수 있는 의미 체계를 구성하는 데 중요한 역할을 한다. 더불어 개념적 환유는 수어 화자의 신체 부위, 도구, 공간 등을 활용하거나, 부분으로 전체를 지시하는 방식 등을 통해 시각적으로 인식 가능한 속성을 동원함으로써 복잡한 개념을 간결하게 표현하고, 언어적 효율성과 경제성을 동시에 달성하게 한다.

이와 같은 도상성, 은유, 환유의 상호작용은 단일어를 넘어 복합어, 관용 표현, 나아가 담화 구조에까지 반영되며, 한국수어의 의미 구성 방식이 시각적 경험에 기반한 인지적 처리와 밀접하게 연결되어 있음을 보여준다. 본서는 이러한 의미 구성 메커니즘이 실제 표현에서 어떻게 구체화되는지를 다양한 예시를 통해 분석함으로써, 한국수어가 지닌 독자적인 언어적 창조성과 인지적 역량을 밝히고자 한다.

나아가 한국수어는 시각 중심의 인식 체계에 기반하여 개인과 환경, 그리고 사건과의 관계를 구성하며, 이는 수어 사용자들에게 언어적 표현을 넘어서는 존재론적 틀로 작용한다. 따라서 한국수어를 이해한다는 것은 단지 언어 구조를 분석하는 데 그치지 않고, 수어 사용자들의 사고 방식, 세계관, 그리고 삶의 양식을 함께 이해하는 과정임을 인식할 필요가 있다.

이 책은 한국수어의 언어적 정체성을 학문적으로 규명하고자 하는 연구자들에게 이론적 단초를 제공함은 물론, 수어 교육과 통역, 언어 정책, 문화 실천의 현장에서도 유용한 참조점이 되기를 바란다. 또한 수어가 단지 농인의 의사소통을 위한 보조 수단이 아니라, 인간 언어의 보편성과 다양성, 그리고 인지의 확장 가능성을 보여주는 독립된 언어 체계임을 인식하는 데 기여하기를 기대한다.

궁극적으로 이 책은 한국수어의 언어 원리를 정교하게 밝힘으로써, 시각언어에 대한 학문적 이해를 심화시키고, 언어학의 보편성 속에서 수어의 특수성을 조명하는 균형 잡힌 언어 연구의 틀을 제시하고자 한다.

목차

서문 5

1. 서론 15
   1.1 수어의 특징 16
      1.1.1 도상성 16
      1.1.2 동시성 19
      1.1.3 생산적 수어의 활용 28
      1.1.4 비수지 표현의 활용 32
      1.1.5 공간 활용 34
   1.2 책의 구성 39

2. 언어에서 발견하는 원리: 도상성, 개념적 은유, 개념적 환유 43
   2.1 소리언어와 수어의 도상성 비교 44
      2.1.1 소리언어의 도상성 44
      2.1.2 수어의 도상성 48
   2.2 개념적 은유 61
      2.2.1 언어에 나타나는 개념적 은유 61
      2.2.2 광고에 나타나는 개념적 은유 71
      2.2.3 조각작품, 영화, 꿈해석에 나타나는 개념적 은유 78
      2.2.4 그림책에 나타나는 개념적 은유 81
   2.3 개념적 환유 90
      2.3.1 언어에 나타나는 개념적 환유 91
      2.3.2 광고에 나타나는 개념적 환유 98
   2.4 수어의 이중사상모델 106

3. 한국수어 고유명사에 나타나는 도상성과 은유 및 환유 115
  3.1 얼굴 이름에 나타나는 도상성과 은유 및 환유 116
  3.2 우리나라 대표 지역명에 나타나는 도상성과 은유 및 환유 123
    3.2.1 지역의 속성으로 지역을 나타내는 환유 123
    3.2.2 특산물로 지역을 나타내는 환유 124
    3.2.3 지리적 특성으로 지역을 나타내는 환유 125
    3.2.4 한자어 일부로 지역을 나타내는 환유 126
  3.3 국가명에 나타나는 도상성과 은유 및 환유 128
    3.3.1 의류로 국가를 나타내는 환유 128
    3.3.2 특산물 & 상징물로 국가를 나타내는 환유 132
    3.3.3 국민의 신체적 특징으로 국가를 나타내는 환유 133
    3.3.4 기타 환유 134
  3.4 질병명에 나타나는 도상성과 은유 및 환유 135
    3.4.1 [코로나] 136
    3.4.2 [파상풍] 137
  3.5 인터넷 사이트명에 나타나는 도상성과 은유 및 환유 138
    3.5.1 [카카오톡] & [텔레그램] 138
    3.5.2 [페이스북] 139
    3.5.3 [트위터] 139
    3.5.4 [Youtube] 140
  3.6 고유명사 표현 분석 결과 141
    3.6.1 도상성의 역할 141
    3.6.2 개념적 환유와 개념적 은유의 역할 141
    3.6.3 결론 142

4. 한국수어 단일어에 나타나는 도상성과 은유 및 환유　145

4.1 한국수어 단일어에 나타나는 도상성과 은유　145
- 4.1.1 [생각은 물건] & [마음은 그릇] 은유　147
- 4.1.2 [의사소통은 물건전송] 은유　152
- 4.1.3 [좋은 것은 위] & [나쁜 것은 아래] 은유　162
- 4.1.4 [좋은 것은 앞] & [나쁜 것은 뒤] 은유　172
- 4.1.5 [좋은 것은 안] 은유 & [나쁜 것은 밖] 은유　178
- 4.1.6 [친밀함은 물리적 거리] 은유　180
- 4.1.7 [강도(세기)는 수량] 은유　184
- 4.1.8 [시간은 공간] 은유　190
- 4.1.9 [분석은 매듭풀기] 은유　198
- 4.1.10 [갈등은 물리적 충돌이나 마찰] 은유　202
- 4.1.11 [사람은 물건] 은유　206
- 4.1.12 [정신은 신체] 은유　209
- 4.1.13 [중요한 것은 무거움] 은유　216
- 4.1.14 [사건·일은 움직이는 물체] 은유　217
- 4.1.15 [도덕성은 청결함] 은유　222
- 4.1.16 [이해는 잡아채기] 은유　226
- 4.1.17 [도덕성은 도형] 은유　231
- 4.1.18 한국수어 단일어에 나타나는 개념적 은유 요약　232

4.2 한국수어 단일어에 나타나는 도상성과 환유　235
- 4.2.1 부분으로 전체를 나타내는 환유　236
- 4.2.2 범주로 속성을 나타내는 환유　239
- 4.2.3 속성으로 범주를 나타내는 환유　246
- 4.2.4 결과로 원인을 나타내는 환유　258

4.2.5 원인으로 결과를 나타내는 환유　　　　　　　　261
　　4.2.6 하위어로 상위어를 나타내는 환유　　　　　　　262
　　4.2.7 하위 사건으로 전체 사건을 나타내는 환유　　264
　　4.2.8 상위어로 하위어를 나타내는 환유　　　　　　　266
　　4.2.9 사람과의 상호작용으로 대상을 나타내는 환유　268
　　4.2.10 요리되는 모습으로 대상을 나타내는 환유　　273
　　4.2.11 용기(그릇)로 내용물을 나타내는 환유　　　　274
　　4.2.12 한국수어 단일어에 나타나는 개념적 환유 요약　275

5. 한국수어 합성어에 나타나는 도상성과 은유 및 환유　　277
　5.1 한국수어 합성어에 나타나는 도상성과 은유　　　　277
　　5.1.1 [생각은 물건] 은유　　　　　　　　　　　　　278
　　5.1.2 [나쁜 것은 아래] 은유　　　　　　　　　　　　281
　　5.1.3 [친밀함은 가까움] 은유　　　　　　　　　　　283
　　5.1.4 [권위는 위] 은유　　　　　　　　　　　　　　284
　　5.1.5 [아는 것은 보는 것 & 아는 것은 잡아채기] 은유　286
　　5.1.6 [도덕성은 청결함] 은유　　　　　　　　　　　288
　　5.1.7 [도덕성은 도형] 은유　　　　　　　　　　　　290
　　5.1.8 [열정은 온도] 은유　　　　　　　　　　　　　291
　　5.1.9 한국수어 합성어에 나타난 개념적 은유 요약　　293
　5.2 한국수어 합성어에 나타나는 도상성과 환유　　　　294
　　5.2.1 부분으로 전체를 나타내는 환유　　　　　　　294
　　5.2.2 범주로 속성을 나타내는 환유　　　　　　　　297
　　5.2.3 속성으로 범주를 나타내는 환유　　　　　　　299
　　5.2.4 원인으로 결과를 나타내는 환유　　　　　　　306

5.2.5 상위어로 하위어를 나타내는 환유	307
5.2.6 하위어로 상위어를 나타내는 환유	310
5.2.7 도구로 행위를 나타내는 환유	311
5.2.8 용기로 내용물을 나타내는 환유	314
5.2.9 하위 사건으로 전체 사건을 나타내는 환유	315
5.2.10 한국수어의 합성어에 나타나는 개념적 환유 요약	317

6. 한국수어 관용표현에 나타나는 도상성과 은유 및 환유   321

6.1 한국수어 관용표현에 나타나는 도상성과 은유	322
6.1.1 [생각은 물건] 은유	322
6.1.2 [감정은 물건] 은유	327
6.1.3 [정신은 신체] 은유	331
6.1.4 [도덕성은 청결함] & [도덕성은 위] 은유	332
6.1.5 [사람은 동물] 은유	335
6.1.6 [사람은 기계] 은유	339
6.1.7 [좋은 것은 위] & [나쁜 것은 아래] 은유	340
6.1.8 [삶은 여행] 은유	341
6.1.9 [삶은 전쟁] & [논쟁은 전쟁] 은유	343
6.1.10 [기억은 음식] 은유	346
6.1.11 [인식은 감각] 은유	347
6.1.12 [아는 것은 보는 것] & [아는 것은 잡아채는 것] 은유	349
6.1.13 [진실성은 맛] & [만족감은 맛] 은유	351
6.1.14 한국수어 관용표현에 나타나는 개념적 은유 요약	356
6.2 한국수어 관용표현에 나타나는 도상성과 환유	358
6.2.1 신체부위로 기능을 나타내는 환유	359

6.2.2 범주로 속성을 나타내는 환유 & 속성으로 범주를 나타내는 환유　365
6.2.3 원인으로 결과를 나타내는 환유　376
6.2.4 결과로 원인을 나타내는 환유　388
6.2.5 대상으로 행위를 나타내는 환유　394
6.2.6 부분으로 전체를 나타내는 환유　395
6.2.7 하위어로 상위어를 나타내는 환유 & 상위어로 하위어를 나타내는 환유　396
6.2.8 용기(그릇)로 내용물을 나타내는 환유　397
6.2.9 상태로 이유를 나타내는 환유　398
6.2.10 수량으로 정도를 나타내는 환유　400
6.2.11 한국수어 관용표현에 나타나는 개념적 환유 요약　401

7. 결론　403

참고문헌 412
찾아보기 423

1
서론

　서론에서는 수어의 본질적인 특징을 이해하기 위해, 소리언어와의 차별성을 중심으로 각 특성을 구체적인 예시와 함께 살펴보고자 한다. 수어는 단순한 손의 움직임이 아니라, 공간 활용, 비수지 표현, 동시적 정보 전달 등 다양한 요소가 결합된 독자적인 언어 체계를 형성한다. 이러한 특징을 통해 수어가 어떻게 의미를 구성하고 전달하는지를 분석하며, 이를 바탕으로 본 책의 구성과 논의 방향을 제시하고자 한다.
　이러한 특징을 보다 면밀히 살펴보기 위해, 본 연구에서는 수어의 핵심적인 특성을 다섯 가지로 정리하였다. 즉, '도상성', '동시성', '생산적 수어의 활용', '비수지 표현의 활용', '공간 활용'이 그것이다. 각 특징이 수어에서 어떻게 나타나는지를 구체적인 예를 통해 설명하고자 한다. 이러한 개념들을 바탕으로 본 연구는 한국수어에서 의미가 형성되고 확장되는 방식을 분석하고자 한다. 이를 위해 도상성, 개념적 은유, 개념적 환유의 개념을 적용하여 수어의 의미 구조를 설명하며, 어휘와 문장의 형성 원리를 탐구할 것이다.

1.1 수어의 특징

1.1.1 도상성

수어는 기호와 의미 간의 연관성이 높은 언어로, 많은 어휘가 *도상성(iconicity)*을 기반으로 형성된다. 도상성이란 기호가 지시하는 대상과 물리적 혹은 개념적 유사성을 가지는 성질을 의미한다. 즉, 수어에서는 개체의 모양, 움직임, 사용 방식 등을 직접적으로 재현하여 표현하는 경우가 많으며, 이러한 특징은 수어를 시각적으로 직관적인 언어로 만든다.

이제 수어의 다양한 어휘들이 도상성을 어떻게 반영하며 형성되는지를 구체적인 예를 통해 살펴보고자 한다. 먼저, 개체의 특징을 시각적으로 표현하는 방식에 대해 살펴보면, 특정 개체를 지칭할 때 그 모양이나 움직임을 본떠 표현함으로써 의미를 직관적으로 전달한다. 예를 들어, 미국 수어에서 HOUSE(집)는 집의 지붕과 기둥의 윤곽을 손으로 그리듯이 형상화하여 표현하며, 한국수어의 [집] 수어 역시 양손의 손가락 끝을 맞대어 지붕의 형태를 시각적으로 묘사하면서 의미를 전달한다.

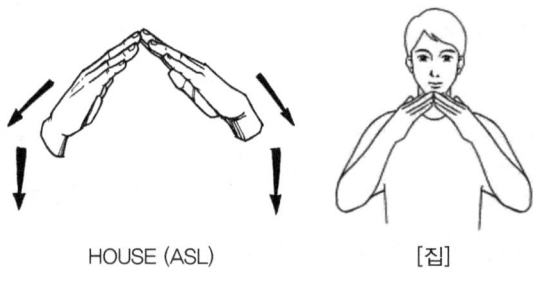

HOUSE (ASL)   [집]

수어에서는 개체의 윤곽이나 모양을 재현하여 표현하는 방식뿐만 아니라, 개체의 동작이나 개체를 사용하는 모습을 통해 의미를 전달하기도 한다. 이는 수어의 표현 방식이 단순히 형태적 유사성에 국한되지 않고, 개체의 기능적 특성이나 역동적인 움직임까지 포괄함을 보여준다. 예를 들어, 미국 수어와 한국수어에서 전깃불 개념을 표현할 때, 양손을 머리 쪽으로 올린 후 손가락을 펴는 동작을 사용한다. 이 표현은 전깃불이 켜질 때 위에서 아래로 퍼지는 불빛의 모습을 재현하며, 시각적으로 직관적인 방식으로 의미를 전달한다. 이러한 표현 방식은 개체의 정적인 형태뿐만 아니라, 그 작동 방식과 시각적 효과를 반영한 것으로 개념을 보다 생생하게 전달하는 수어의 특성을 잘 보여준다.

LIGHT (ASL)   [전깃불]

수어에서는 개체뿐만 아니라 동작(action)의 개념 역시 의미와 유사한 동작을 통해 표현하는 경우가 많다. 예를 들어, '주다'라는 개념은 미국 수어와 한국수어 모두에서 손으로 어떤 것을 건네주는 동작을 통해 표현된다. 이는 실제 행위와의 직접적인 연관성을 반영한 것으로, 언어적 기호가 해당 개념과 긴밀한 관계를 맺고 있음을 나타낸다. 이러한 방식은 수어 사용자들이 의미를 직관적으로 이해할 수 있도록 돕는 중요한 요소이며, 수어가 시각적·공간적 인지에 최적화된 언어임을 잘 보여준다.

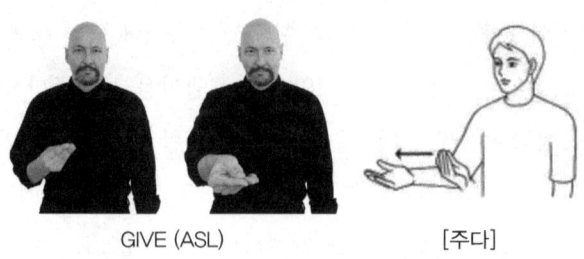

GIVE (ASL)　　　　　　　[주다]

　수어에서는 개체나 동작뿐만 아니라 사건(event)을 표현할 때도 사건의 특징적인 움직임을 묘사하는 동작을 활용하는 경우가 많다. 예를 들어, 자동차 충돌과 같은 사건을 표현할 때, 미국 수어와 한국수어 모두에서 주먹 쥔 손등을 서로 부딪치는 동작을 사용한다. 이 표현 방식은 양 손을 자동차로 상정한 후, 실제 충돌하는 모습을 시각적으로 재현한 것이다. 즉, 두 개의 자동차가 충돌하는 사건을 물리적 동작을 통해 직접적으로 형상화함으로써, 개념을 보다 직관적으로 전달한다. 이러한 방식은 수어가 개별 단어를 나열하는 것이 아니라, 공간적 배치와 움직임을 통해 사건의 구조를 구현하는 언어임을 잘 보여준다.

CRASH (ASL)　　　　　　　[부딪히다]

　이와 같이 시각적으로 정보를 전달하는 수어에서는 다양한 개념을 기호를 통해 유사하게 표현하는 경우가 많다. 흥미로운 점은, 미국 수어와 한국수어가 서로 직접적인 관련성이 높지 않고 언어적 교류가 활발하지 않음에도 불구하고, 동일한 개념을 매우 유사한 방식으로 표현한다는 것이다. 이는 수어가 인간의 시각적 인지 능력을 기반으로 자연스럽게 형성된 언어라는 점을 보여준다.

예를 들어, HOUSE와 [집] 수어의 경우, 미국 수어에서는 집의 뼈대 구조를 포함하여 전체 윤곽을 따라 손으로 그리는 방식으로 표현하는 반면, 한국수어에서는 지붕의 형태만을 묘사하는 차이가 있다. 그러나 두 기호 모두 개체의 전체 혹은 일부 윤곽을 나타낸다는 점에서 매우 유사한 원리를 따른다.

이처럼 기호와 의미 간의 연관성이 높은 경우를 도상성이 높다고 표현한다. 수어는 시각적 정보를 기반으로 의미를 전달하기 때문에, 기호만 보고도 그 의미를 유추할 수 있는 경우가 많다. 이는 수어에서 기호와 의미 간의 직접적인 연관성이 소리 언어보다 더 뚜렷하게 나타난다는 특징을 보여주며, 결과적으로 수어가 소리 언어보다 도상성이 높은 언어임을 시사한다.

1.1.2 동시성

수어는 소리 언어와 달리 여러 요소를 동시적으로 표현할 수 있는 언어적 특성을 갖는다. 이는 수어가 시각-공간적 언어라는 점에서 비롯되며, 하나의 단어 또는 문장에서 다양한 정보가 동시적으로 전달될 수 있음을 의미한다. 이러한 동시성은 수어의 자연스러운 표현 방식으로 자리 잡고 있으며, 여러 기호적 요소가 결합하여 의미를 더욱 효율적이고 직관적으로 전달할 수 있도록 한다.

이제부터 수어에서 동시성이 어떻게 실현되는지를 구체적으로 살펴보고자 한다. 동시성은 크게 다섯 가지 유형으로 나눌 수 있다. 첫째, 양손 활용 동시성에서는 양손이 서로 다른 역할을 수행하며 정보를 동시적으로 전달한다. 둘째, 수형, 수위, 수동 활용 동시성에서는 손의 형태, 위치, 그리고 움직임이 결합되어 하나의 표현을 형성한다. 셋째, 수포합 및 목적어 포함 활용 동시성에서는 동사에 특정 목적어 및 개체의 개수 정보가 포함되는 방식으로 의미를 압축하여 표현한다. 넷째, 비수지 활용 동시성에서는 얼굴 표정이나 몸의 움직임이 추가적인 의미를 전달하는 역할을 한다. 마지막으로, 공간 활용 동시성에서는 수어의 3차원적 공간을 적극적으로 활용하여 문법적 구조와 의미를 효과적으로 표현한다. 이제 각 유형이 수어에서 어떻게 작동하는지 자세히 살펴보도록 하겠다.

1.1.2.1 양손 활용 동시성

시각 정보는 청각 정보와 달리 여러 채널을 통해 동시적으로 전달될 수 있으며, 수어는 이러한 시각적 특성을 극대화하여 다양한 정보를 동시에 표현하는 특징을 가진다. 즉, 수어는 도상성뿐만 아니라 동시성(simultaneity)이라는 중요한 특성을 지니며, 이를 통해 의미를 보다 효율적으로 전달할 수 있다. 수어에서 동시성이 나타나는 중요한 방식 중 하나는 양손의 활용이다. 수어에서는 두 손을 독립적이면서도 조화롭게 사용하여 하나의 개념을 보다 효과적으로 표현할 수 있다. 특히 합성어를 표현할 때 양손을 사용하여 두 개 혹은 그 이상의 개념을 동시에 표현한다.

예를 들어, 한국수어에서 [전화사기]는 [전화]와 [사기]의 합성어로 이루어진다. 소리 언어인 한국어에서는 '전화'와 '사기'를 순차적으로 발화해야 하지만, 한국수어에서는 이를 동시에 표현할 수 있다. 즉, [전화] 수어를 한 손(비우세손)으로 발화하고, [사기] 수어를 나머지 한 손(우세손)으로 발화함으로써 두 개념을 동시에 전달한다.[1] 이는 양손을 활용하여 각 손이 하나의 어휘를 담당하는 방식으로, 수어의 동시성이 어떻게 실현되는지를 보여주는 대표적인 사례이다.

[전화]　　　　　　[사기]　　　　　[전화/사기]=[전화사기]

　[등산]도 [전화사기]와 같이 양손을 활용하여 '산'이라는 개념과 '오르다'라는 개념을 동시에 표현하는 동시 결합 합성어이다. 이 표현에서 비우세손은 [산] 수어를 담당하며, 산의 형태를 나타낸다. 동시에 우세손은 산의 정상을 향해 오르는 동작을 수행하여 '등산'이라는 개념을 형상화한다. 이와 같은 표현 방식은 수어의 동시성을 잘 보여준다. 한국어와 같은 소리 언어에서는 '등산'이라는 단어를 순차적으로 발화해야 하지만, 한국수어에서는 두 개념을 각각의 손으로 동시에 표현할 수 있다. 즉, 비우세손은 배경적 요소(산)를 나타내고, 우세손은 주된 동작(오름)을 수행함으로써, 한

1　수어에서 우세손(dominant hand)과 비우세손(non-dominant hand)은 중요한 역할을 한다. 우세손은 주로 의미를 전달하는 주요한 움직임을 수행하며, 비우세손은 보조적인 역할을 하거나 추가적인 정보를 제공하는 데 사용된다. 우세손은 개인의 주 사용 손을 의미한다. 오른손잡이의 경우 오른손이고, 왼손잡이의 경우 왼손이다. 우세손은 대부분의 단어를 형성할 때 주도적으로 사용된다. 반면, 비우세손은 우세손의 움직임을 보완하거나 특정 개념을 동시에 표현하는 역할을 한다. 예를 들어, 한국수어에서 [전화사기]를 표현할 때, 비우세손이 수동이 없는 [전화]를 담당하고, 우세손이 수동이 있는 [사기]를 담당하여 동시적으로 발화하는 방식이 가능하다. 이처럼 수어에서는 양손이 각각의 역할을 수행하며 정보를 동시적으로 전달할 수 있으며, 이를 통해 의미가 더욱 직관적이고 효율적으로 표현될 수 있다.

번의 수어 동작만으로도 전체 개념을 효과적으로 전달할 수 있다. 이러한 양손 활용 방식은 수어에서 동사와 명사, 배경과 움직임 등을 동시에 표현하는 강력한 도구로 기능하며, 수어가 소리 언어와는 다른 방식으로 정보를 구조화하고 전달하는 방식을 잘 보여준다.

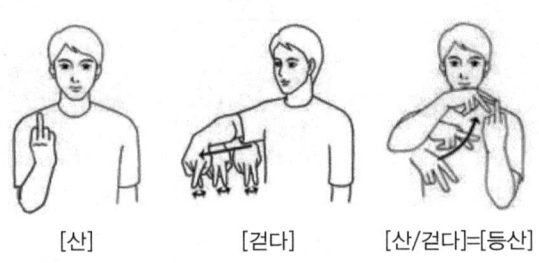

[산]　　　　[걷다]　　　[산/걷다]=[등산]

1.1.2.2 수형, 수위, 수동 활용 동시성

수어에서 수형(handshape), 수위(orientation), 수동(movement)은 동시성을 실현하는 중요한 요소로 작용한다. 수형은 손의 모양을, 수위는 손의 위치를, 그리고 수동은 손의 움직임을 의미하며, 이 세 가지 요소가 결합하여 단일 기호 안에서 여러 정보를 동시에 전달할 수 있다.

예를 들어, [보고]와 [명령]의 경우도 동시 결합 합성어에 해당한다. [보고]는 [올리다]와 [말하다]가 동시에 결합한 합성어이며, [명령]은 [내리다]와 [말하다]가 동시에 결합한 합성어이다. 우세손의 1지를 수평으로 앞으로 내밀면 [말하다] 수어가 된다. [보고]는 위로 올리면서 앞으로 내밀고, [명령]은 아래로 내리면서 앞으로 내민다. 즉, [말하다] 수어에 올리는 수동과 내리는 수동을 첨가하여 한 번의 수어 동작만으로 개념을 명확하게 전달할 수 있다. 한국어로 이를 표현한다면 '위로 말하다'와 '아래로 말하다'라고 순차적으로 발화해야 하는데 시각 기호는 [말하다]를 발화하는 동시에 수동으로 위와 아래의 방향성을 보여줄 수 있다는 점 때문에 동시 결합이 가능하다.

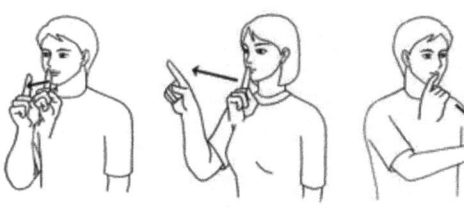

[말하다]   [위/말하다]=[보고]   [아래/말하다]=[명령]

동시 결합 합성어의 또 다른 예시로 [범죄] 수어를 들 수 있다. 이 기호는 [더럽다], [으뜸], 그리고 [정하다] 수어가 동시에 결합된 형태를 보인다. 즉, 각각의 기호에서 수형, 수위, 수동을 선택적으로 결합하여 하나의 표현을 형성한다. 구체적으로 살펴보면, [범죄] 수어는 [더럽다] 수어의 수위(코의 위치)를 사용하고, [으뜸] 수어의 수형(엄지손가락을 제외하고 주먹을 쥔 손 형태)을 적용하며, [정하다] 수어의 수동(주먹을 손바닥에 치는 동작)을 활용하여 형성된다. 이처럼 개별 기호의 특정 요소들을 통합하여 하나의 새로운 의미를 구성하는 방식은 수어의 동시성이 어떻게 작용하는지를 잘 보여준다.

소리 언어에서는 각각의 개념을 순차적으로 설명해야 하지만, 수어에서는 세 가지 요소를 하나의 기호 안에서 동시에 표현할 수 있다. 이러한 방식은 수어가 단순한 단어의 결합을 넘어, 시각적·공간적 정보를 효율적으로 조직하여 의미를 압축적으로 전달하는 언어적 특성을 가지고 있음을 보여준다.

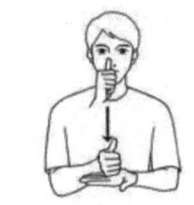

[더럽다/으뜸/정하다]ᄀ[범죄]

1.1.2.3 수포합 활용 동시성

수어에서 수포합(number incorporation)과 목적어 포합(object incorporation)은 동시성을 실현하는 또 다른 방식이다. 수포합은 수어에서 특정 수량 개념을 동사와 결합하여 하나의 기호로 표현하는 방식을 의미하며, 목적어 포합은 동사가 특정 목적어와 결합하여 동사 표현만으로 목적어 의미까지를 함께 전달하는 방식을 가리킨다.

예를 들어, '학생이 다섯 명이 왔다'라는 개념은 두 가지 방식으로 표현될 수 있는데, 그 중 (1b)의 방식에서는 지숫자 [5]와 [오다]를 동시에 표현할 수 있다. 즉, 지숫자 [5]의 수형을 유지한 상태에서 [오다] 수어를 수행함으로써, 한 번의 동작만으로 '다섯 명이 오다'라는 개념을 효과적으로 전달한다. 여기서 수형은 지숫자 [5]이고, 수동은 [오다]의 수동을 취함으로써, 개념적으로 두 요소를 하나의 기호 안에 통합하는 방식이 가능하다. 이러한 동시성은 수어가 소리 언어보다 정보 밀도를 높여 표현할 수 있는 방식을 보여주는 대표적인 예이며, 이를 수포합(number incorporation)이라고 부른다.

(1) a. [학생] [다섯] [오다]
    b. [학생] [다섯-오다]

1.1.2.4 비수지 활용 동시성

비수지 활용 동시성은 수어에서 손의 움직임뿐만 아니라 얼굴 표정, 고개 움직임, 어깨의 위치, 상반신의 기울기 등과 같은 비수지 표현(nonmanual expressions: nms)이 동시에 활용되는 현상을 의미한다. 수어에서는 이러한 비수지 표현이 단순한 감정 표현을 넘어 문법적인 기능을 수행하며, 문장의 유형을 결정하는 중요한 역할을 한다.

예를 들어, 수지 표현만으로 문장을 제시할 경우, 특별한 비수지 표현이 없으면 단순한 평서문이 된다. (2a)에서와 같이 [나] [엄마] [수어] [가능]이라는 수지 표현을 특별한 비수지 표현을 동반하지 않고 사용게 되면, '우리 엄마는 수어할 수 있다'라는 의미를 전달한다. 그러나 (2b)에서처럼 문장의 마지막에 {고개-흔들기} 비수지가 추가되면, 이는 부정을 나타내어 '우리 엄마는 수어할 수 없다'라는 의미가 된다. 또한, 의문문의 경우 {눈썹-올리기}와 같은 비수지 표현이 핵심적인 역할을 한다. (2c)에서 [수어]와 [가능]을 발화할 때 {눈썹-올리기} 비수지가 동반되게 되면, 의문문을 형성하며 '우리 엄마가 수어할 수 있어?'라는 의미로 해석된다. 이처럼 비수지 표현이 수지 표현과 동시에 사용되면서 문법적 기능을 형성하는 것이 비수지 활용 동시성의 대표적인 특징이며, 이를 통해 수어가 다층적으로 정보를 전달하는 방식을 확인할 수 있다.

(2) a. [나] [엄마] [수어] [가능]

          {nms:고개-흔들기}
   b. [나] [엄마] [수어] [가능]

        {nms: 눈썹-올리기}
   c. [나] [엄마] [수어] [가능]

비수지 활용 동시성은 문장 전체의 문법적 기능을 나타내는 역할뿐만 아니라, 특정 어휘 수준에서도 의미를 확장하거나 강화하는 기능을 수행한다. 즉, 한 개별 수지 표현에 비수지를 동반하여 어휘의 의미를 보다 구체적으로 전달하는 사례도 다수 발견된다. 예를 들어, 한국수어사전에 제시된 [싫다] 수어의 용례를 살펴보면, [방법] 수어와 [몰라] 수어에 {한쪽-볼-부풀리기} 비수지가 동반되어 '방법을 모른다'라는 의미를 형성하는 것을 확인할 수 있다. 여기서 수지 표현은 [방법]을 나타내며, 비수지 표현 {한쪽-볼-부풀리기}는 '몰라'의 의미를 전달하여 '방법을 잘 알지 못하다'라는 의미의 부정 어구를 형성한다. 이처럼 비수지 표현은 특정 어휘의 의미를 강화하거나 확장하는 기능을 하며, 수지 표현과 동시적으로 결합하여 의미를 보다 경제적으로 전달하는 역할을 수행한다. 이는 수어가 단순한 손의 움직임만으로 이루어진 것이 아니라, 얼굴 및 신체의 미세한 움직임까지도 포함하여 의미를 구성하는 언어 체계임을 보여준다.

{nms: 눈크게뜨기, 눈썹올리기}
(3) A: [빵] [장사] [같이] [세우다]　　　　'우리 제과점 같이 해볼래?'

{nms: 한쪽-볼-부풀리기}
B: [아니다]++ [나] [방법]　　　[서툴다] [싫어]
'나 어떻게 할지도 모르겠고 그런 일에 서툴러서 싫어' (한국수어누리사전)

1.1.2.5 공간 활용 동시성

공간 활용 동시성은 수어가 단순히 손의 움직임만으로 의미를 전달하는 것이 아니라, 삼차원적 공간을 적극적으로 활용하여 정보를 동시적으로 표현하는 방식을 의미한다. 수어에서는 발화자가 설정한 공간 내에서 특정 위치를 개념적으로 할당하고, 이를 지속적으로 참조하면서 문장을 구성할 수 있다. 이러한 방식은 문장의 구조를 보다 명확하게 만들며, 특히 주어와 목적어 간의 관계를 효과적으로 나타내는 데 중요한 역할을 한다. 공간 활용 동시성은 다양한 방식으로 실현된다. 예를 들어, 특정 인물이나 사물을 공간의 특정 위치에 배치한 후, 이후 발화에서 같은 공간을 다시 가리킴으로써 대명사와 같은 역할을 수행할 수 있다. 또한, 공간을 활용하여 동작의 방향성을 표현하거나, 여러 개체가 동시에 존재하는 상황을 나타내는 데에도 활용된다. 이러한 공간적 배치는 단순히 위치를 지정하는 데 그치지 않고, 수어화자가 특정 인물의 역할을 직접 수행하며 상황을 설명하는 방식과도 연결된다.

특히, 수어의 역할전환에서 공간 활용의 사례가 두드러진다. 수어화자가 상황을 설명할 때 해설자로서 특정 인물의 역할을 수행하며, 그 사람의 표정이나 태도, 말투까지 함께 전달하는 방식을 역할 전환(role shift: rs)이라고 한다. 역할 전환에서 가장 대표적인 방법은 특정 인물의 역할을 특정 공간에 배치하여 지정하는 것이다. 다음 (4)의 예시에서 해설자는 엄마와 아들의 역할로 전환하며, 이 과정에서 공간을 활용하여 두 인물 간의 관계를 명확하게 드러낸다.

                                                rs: 엄마(오른쪽)   rs: 아들(왼쪽)

(4) 해설자: [엄마][아들][말하다(오른쪽-왼쪽)] [청소하다][알다]++[그러나][게으르다]

이러한 역할 전환에서 공간 활용은 단순한 위치 지정 이상의 중요한 의미를 갖는다. 예를 들어, 해설자가 엄마의 역할을 자신의 오른쪽에, 아들의 역할을 왼쪽에 지정하면, 이후 대화를 묘사할 때 공간적 배치를 활용하여 발화의 주체를 명확하게 구분할 수 있다. 엄마가 아들을 향해 말하는 장면을 표현할 때, 해설자는 몸을 아들이 지정된 왼쪽 방향으로 돌려 발화한다. 반대로, 아들이 엄마에게 말하는 장면을 묘사할 때는 몸을 엄마가 지정된 오른쪽 방향으로 돌려 발화하게 된다. 이처럼 공간적으로 배치된 위치는 3인칭 대명사처럼 기능하여, 청중은 공간적 참조만으로도 누가 누구에게 말하고 있는지를 즉각적으로 이해할 수 있다. 즉, '청소해'라는 엄마의 대사가 수지 표현으로 전달되는 동시에, 공간을 활용하여 그 발화가 엄마의 것임을 시각적으로 명확하게 나타낼 수 있다. 이러한 방식은 수어가 삼차원적 공간을 활용하여 문법적 관계를 동시적으로 표현하는 언어적 특성을 잘 보여주는 사례이다.

1.1.3 생산적 수어의 활용

생산적 수어(productive sign)의 활용은 수어의 창의적이고 유연한 특성을 보여주는 중요한 개념이다. 수어는 단순히 정해진 어휘 목록만으로 구성되는 것이 아니라, 상황과 문맥에 따라 즉석에서 생성되는 기호를 활용하여 의미를 전달하는 경우가 많다. 즉석에서 문맥에 맞도록 생성되는 기호를 생산적 수어라고 말한다. 생산적 수어는 특히 특정 개념을 보다 구체적으로 전달하거나, 기존 기호만으로는 표현하기 어려운 개념을 형상화하는 데 유용하다. 예를 들어, 개체의 크기, 모양, 질감, 위치 등의 특성을 손의 움직임이나 수형을 통해 즉흥적으로 표현할 수 있다. 이러한 방식은 소리 언어에서 비유나 설명이 필요할 법한 개념들을 보다 직관적이고 직접적인 방식으로 전달할 수 있는 강력한 도구로 작용한다. 이는 수어가 고정된 기호 체계를 넘어, 시각적·공간적 요소를 적극적으로 활용하여 즉각적인 의미 형성을 가능하게 하는 개방적 언어 시스템임을 보여준다.

이러한 생산적 수어가 어휘 형성에도 활용된 사례가 다수 발견된다. [무]와 [배추]는 색채어가 사용된 합성어인데 색채어에 '무'와 '배추'의 모양을 그대로 보여주는 생산적 수어가 결합된다.

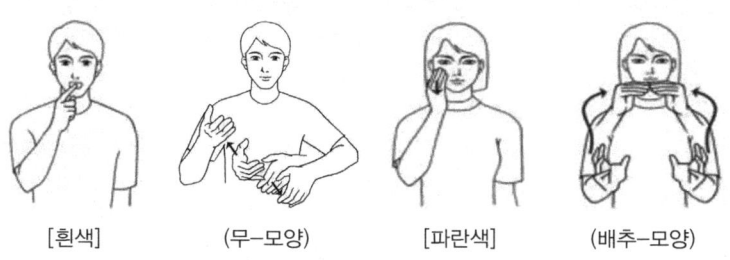

[흰색]　　　(무-모양)　　　[파란색]　　　(배추-모양)

이와 같은 생산적 수어의 활용은 [사회적-거리두기]라는 합성어에서도 발견된다. 이 표현에서는 기존의 고정된 기호를 사용하는 대신, 개념을 직접적으로 시각화하여 의미를 전달하는 방식이 적용된다. 구체적으로 살펴보면, 양손의 1지를 서로 멀리 두었다가 점점 가깝게 움직이며 '거리가 가까워지는 과정'을 표현한다. 이어서, 양손의 1지가 가까워졌을 때 {고개-흔들기} 비수지를 동반하여 '(가까워지면) 안 된다'라는 의미를 전달한다. 즉, 수지 표현으로 '두 개체가 가까워지는 상황'을 나타내고, 비수지 표현을 통해 '그렇게 해서는 안 된다'라는 부정의 의미를 추가적으로 전달하는 것이다. 이처럼 생산적 수어는 단순한 기호의 조합이 아니라, 수지 표현과 비수지 표현이 결합하여 동적인 방식으로 의미를 구성하는 특징을 보여준다.

(두-개체-가까워짐)　　　{nms:고개젓기}　　　(다시-멀어짐)

　[선별진료소] 수어에서도 생산적 수어의 활용이 나타난다. 이 표현은 기존의 정해진 단일 기호를 사용하는 것이 아니라, 여러 개의 의미 요소를 조합하여 직관적으로 개념을 형상화하는 방식을 따른다. 구체적으로 분석하면, [선별진료소]는 [흰색], (지붕과-벽체-윤곽-그리기), [검사], [장소]의 요소들로 구성된다. 여기에서 지붕과 벽체 윤곽을 그리는 동작은 실제 건물의 형태를 시각적으로 형상화하는 생산적 수어이다. 이처럼 생산적 수어는 개념을 보다 구체적이고 직관적으로 표현할 수 있도록 도와준다. 특히, 건물의 형태를 묘사하는 동작적 요소(지붕과-벽체-윤곽-그리기)는 기존의 고정된 기호 없이도 의미를 전달하는 생산적 수어의 대표적인 특징이다. 이는 수어가 단순한 상징적 기호 체계가 아니라, 공간적·시각적 정보를 활용하여 유연하게 의미를 조합하는 언어임을 보여준다.

[흰색]　　(지붕과-벽체-윤곽-그리기)　　[검사]　　[장소]

　생산적 수어는 어휘뿐만 아니라 문장에서도 활발하게 사용되며, 즉흥적으로 생성되지만 수어 사용자들의 직관을 잘 반영하기 때문에 소통의 어려움이 크게 발생하지 않는다. 이는 수어가 상황과 맥락에 따라 유연하게 조정될 수 있는 언어적 특성을 가지고 있음을 보여준다.

예를 들어, 다음 문장에서 (집에서-살림살이를-가져가다)라는 생산적 수어가 사용되고 있다.

(5) [돈][빌리다(2-1)][집][집-가다][문열다](집에서-살림살이를-가져가다)[도망]: '채무자 집에 들어갔는데 살던 사람들이 살림살이 가지고 도망친 상태였다'

[집]　　　　　(집에서-살림살이를-가져가다)

이 문장에서 비우세손은 [집] 수어를 유지하고, 우세손은 집안 전체를 훑으며 거머쥐는 동작을 수행함으로써 '집안의 살림살이를 가져가는 모습'을 효과적이고 직관적으로 표현한다. 기존의 정형화된 기호를 사용하지 않고도, 손의 움직임만으로 '집안의 물건들을 모두 챙겨서 가지고 가는' 동작을 표현할 수 있으며, 이는 생산적 수어의 대표적인 특징이다. 이처럼 생산적 수어는 정해진 기호 없이도 직관적인 시각적 표현을 통해 의미를 전달하며, 수어 사용자들이 자연스럽게 이해할 수 있도록 돕는다. 특히, 문맥과 상황에 맞게 즉흥적으로 생성되지만, 수어 사용자들에게 익숙한 시각적 개념을 기반으로 하고 있기 때문에 소통의 어려움이 발생하지 않는다는 점에서 중요한 역할을 한다.

1.1.4 비수지 표현의 활용

수어에서 비수지 표현(nonmanual sign)은 단순히 수지 표현과 동시에 문법적 기능을 전달하거나 의미를 추가하는 역할을 하는 것에 그치지 않고, 특정 수지 표현에 늘 동반되거나, 심지어 수지 표현을 생략하고도 의미를 전달할 수 있도록 하는 기능을 수행한다. 이러한 특징은 수어가 단순한 손의 움직임만으로 이루어진 것이 아니라, 얼굴 표정과 같은 비수지 요소가 중요한 의미 전달 장치로 작용한다는 점을 보여준다. 예를 들어, [가능] 수어는 반드시 마우스 제스처(mouth gesture) '파'가 동반된다. 또한, 비수지가 동반되는 경우 수지 표현을 생략하고도 의미가 전달되는 사례도 존재한다. 예를 들어 [알다] 수어에는 '아라아라'라는 마우스 제스처가 동반되며, [모르다] 수어에는 '한쪽-볼-부풀리기' 동작이 포함된다. 또한, [거짓말] 수어에는 '한쪽-볼을-혀로-밀어내기' 동작이 수반된다. 이러한 수어들은 수지 표현을 생략하고 비수지 표현만으로도 의미를 전달할 수 있으며, 실제 수어 화자들 사이에서 종종 비수지 표현만으로 의사소통이 이루어지기도 한다. 이러한 현상은 (3)의 예시에서도 확인할 수 있는데, [방법] 수어를 수행할 때 [모르다] 수어의 수지 표현은 생략한 채로 {한쪽-볼-부풀리기}라는 비수지를 표현하여 '방법을 모르다'라는 의미를 전달하는 방식이 그 대표적인 예이다.

이와 유사하게, 비수지를 활용하여 신조어를 형성하는 사례도 발견된다. 비수지 표현을 통해 기존의 어휘에 새로운 의미 요소를 추가하여 새로운 개념을 형성하는 방식이다. 예를 들어 [빛] 수어는 빛이 위에서 아래로 비추는 동작을 통해 표현된다. [자외선] 수어는 기존의 [빛] 수어에 {얼굴-

찡그림} 비수지를 추가하여 형성된다. 이는 자외선이 비칠 때 자연스럽게 눈이 찡그려지는 현상을 반영하여 의미를 확장한 신조어 사례라고 볼 수 있다.

[빛]   [자외선]

[미세먼지]는 [먼지] 수어와 매우 유사한 신조어이다. [먼지] 수어는 보슬보슬한 흙을 손가락으로 비비는 동작을 통해 표현한다. [미세먼지]는 수지 표현은 그대로 흙을 손가락으로 비비는 동작을 하되 눈을 가늘게 뜨는 비수지 표현을 추가하여 '매우 가느다랗다' 혹은 '미세하다'는 의미를 전달한다. [먼지]라는 기존 어휘에 {눈-가느다랗게-뜸} 비수지를 추가하여 신조어를 형성한 사례이다.

[먼지]   [미세먼지]

이처럼 비수지는 수어에서 필수적 요소로 작용할 뿐만 아니라, 수지 표현 없이도 의미를 전달하거나 새로운 어휘를 형성하는 중요한 언어적 장치이다. 이를 통해 수어가 정적인 기호 체계가 아니라, 시각적·공간적 요소를 적극적으로 활용하여 끊임없이 확장되고 조정되는 유연한 언어임을 확인할 수 있다.

1.1.5 공간 활용

수어는 3차원의 공간에서 이루어지는 시각적 기호 체계이기 때문에, '공간 활용'이라는 중요한 특징을 갖는다. 이는 단순한 의미 전달뿐만 아니라 문법적 기능까지 수행하며, 공간을 활용한 다양한 언어적 표현이 가능하도록 한다. 특히, 공간 동사(spatial verbs)와 일치 동사(agreement verbs)는 공간 활용을 극대화하는 대표적인 동사 유형이다.

공간 동사는 움직임과 방향을 통해 동작이 수행되는 위치나 대상 간의 관계를 나타낸다. 예를 들어, [놓다] 수어는 특정 위치에 사물을 두는 동작을 수행하며, 공간적 배치가 의미 형성에 중요한 역할을 한다. 일치 동사는 행위의 주체와 대상이 공간을 따라 이동하며 표현되는 동사로, 동작의 시작과 끝 지점이 문법적으로 중요한 기능을 수행한다. 예를 들어, [주다] 수어는 동작이 시작되는 위치가 행위의 주체를 의미하고, 도달하는 위치가 행위의 대상을 의미하게 된다.

또한, 공간은 문법적으로 대명사 역할을 수행할 수도 있다. 특정 공간을 지칭함으로써 해당 공간이 대화에서 참조 대상으로 사용될 수 있으며, 이후의 발화에서도 같은 공간을 다시 가리켜 정보가 연결된다. 예를 들어 [학생A]를 오른쪽 공간에 배치하고 이후 오른쪽 공간을 가리키면 늘 학생A를 의미하게 된다. 대명사 없이 공간을 활용하여 지시 대상이 일관되게 유지된다. 또한 [회사]를 특정 공간에 배치한 후 같은 공간을 가리키게 되면 '그 회사에서'의 의미를 전달한다. 장소 지시가 공간을 통해 자연스럽게 형성된다. 이처럼, 수어에서 공간은 단순한 배경이 아니라, 문장의 흐름을 조직하고 정보의 일관성을 유지하는 중요한 언어적 요소로 작용한다. 이러한 공간 활용 방식은 수어가 소리 언어와는 다른 방식으로 문법적 관계를 표현하는 독창적인 체계임을 잘 보여준다.

1.1.5.1 공간 동사의 공간 활용

공간 동사의 공간 활용은 [걷다], [가다], [오다]와 같은 동사에서 특히 잘 드러난다. 이러한 동사들은 단순히 동작을 나타내는 것이 아니라, 수어 공간을 활용하여 이동의 경로와 방향성을 직관적으로 표현한다. 예를 들어, [걷다] 수어는 사람이 두 다리로 걷는 동작을 도상적으로 표현한 기호이지만, 문장 속에서 사용될 때는 화자의 정신적 공간이 그대로 물리적인 수어 공간에 반영되어 나타난다. 즉, 화자가 상점의 위치를 공간 속에 설정해두면, 이동 경로를 표현할 때 해당 지점을 참조하여 동작을 수행할 수 있다. '그 상점을 지나쳐서 걸어가다'를 표현하려면, 상점이 있는 지점을 설정한 후, 그 지점을 지나쳐 계속 걷는 동작을 수행하면 된다. '상점을 돌아 다시 제자리로 왔다'는 의미를 전달하려면, 상점으로 설정된 공간을 기준으로 몸을 돌려 화자 쪽으로 되돌아오는 동작을 수행하면 된다.

[걷다]

이처럼, 공간 동사는 단순히 이동의 개념을 나타내는 것이 아니라, 공간 속에서 개체의 위치와 경로를 반영하여 보다 직관적으로 이동의 개념을 표현할 수 있도록 한다. 이는 수어가 단순한 기호의 나열이 아니라, 삼차원적 공간을 적극적으로 활용하여 문장을 구성하는 언어적 특성을 가지고 있음을 보여준다.

1.1.5.2 일치 동사의 공간 활용

일치 동사의 공간 활용은 공간 동사와는 차별되는 특징을 가지며, 보다 추상적인 방식으로 공간을 활용한다. 공간 동사가 물리적 공간에 화자의 정신 공간을 반영하여 표현하는 방식이라면, 일치 동사는 대화 참여자의 관계와 행위의 방향성을 나타내기 위해 공간을 활용한다. 한국수어에서 대표적인 일치 동사로는 [주다], [돕다], [가르치다], [아부하다], [야단치다] 등이 있다. 이러한 동사들은 동작의 출발점과 도착점을 공간적으로 설정함으로써, 주체와 객체 간의 관계를 시각적으로 명확하게 표현한다.

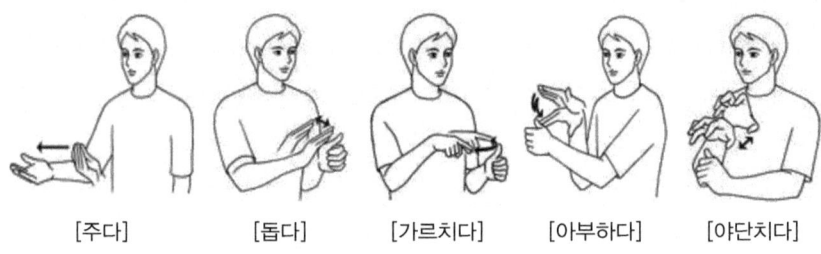

[주다]   [돕다]   [가르치다]   [아부하다]   [야단치다]

일치 동사로서의 [돕다] 수어는 동작의 주체와 대상 간의 관계를 공간적으로 시각화하여 표현하는 특징을 갖는다. [돕다] 수어는 주체가 누구이며, 대상이 누구인지에 따라 손의 위치와 움직임이 변화한다. 이를 (6)의 예문에서 확인할 수 있다.

(6) a. [나][돈][죽다][₁돕다₂][어렵다]: '나는 돈이 없어서 너를 도와주기 어렵다'
b. [수어][통역][센터][통역][₂돕다₁]: '나는 수어통역센터에서 통역을 지원받았다'
c. [학교][숙제] (책-펼침) {nms:모르다} [도통-모르다][오빠][₃돕다₁] (책주기): '나는 학교 숙제가 너무 어려워서 오빠에게 도움을 청했다' (한국수어사전)

[1인칭이-2인칭을-돕다([₁돕다₂])라고 할 때는 우세손을 비우세손과 몸 사이에 두고 5지만 편 비우세손 주먹을 두 번 두드린다. [2인칭이-1인칭을-돕다([₂돕다₁])라고 할 때는 우세손을 비우세손보다 더 앞쪽으로 두고 우세손의 손바닥이 몸쪽을 향하게 한 채로 비우세손을 두 번 두드린다. [3인칭이-1인칭을-돕다([₃돕다₁])라고 할 때는 몸의 오른편이나 왼편에서 우세손이 출발하여 손바닥이 화자의 몸쪽으로 향하게 하여 비우세손을 두드린다.

[₁돕다₂]   [₂돕다₁]   [₃돕다₁]

[초대하다] 수어는 비우세손을 손바닥이 위를 향하도록 둔 상태에서, 5지만 편 우세손을 비우세손 위에 얹고 앞으로 잡아당기는 동작으로 표현되며, 이는 '사람을 화자 쪽으로 초대하다'는 의미를 나타낸다. 즉, 기본형

인 [₁초대하다₂]는 '내가 너를 초대한다'는 뜻으로, 손의 움직임이 화자 방향을 중심으로 이루어진다. 반대로, 손의 진행 방향을 역방향으로 수행하면 '초대받다'의 의미가 되며, 이는 [₂초대하다₁], 즉 '네가 나를 초대한다'의 뜻을 갖는다.

[₁초대하다₂]

이처럼 일치 동사는 동작의 주체와 대상이 어디에 위치하는지를 공간 속에서 시각적으로 나타내는 방식을 활용한다. 이러한 공간 활용은 삼차원적 공간에서 이루어지는 수어의 독특한 문법적 구조를 보여주며, 소리 언어에서는 어순이나 격조사를 통해 표현되는 개념이 수어에서는 공간적 배열과 동작의 방향성을 통해 전달된다는 점에서 중요한 의미를 갖는다.

1.1.5.3 문법적으로 대명사 기능을 수행하는 공간

공간은 수어에서 단순한 배경이 아니라, 문법적으로 대명사 기능을 수행하는 중요한 역할을 한다. 예를 들어, 일치 동사에서 화자의 몸쪽 공간은 1인칭 대명사, 화자의 몸 반대편 공간은 2인칭 대명사, 그리고 화자의 몸 오른쪽이나 왼쪽 공간은 3인칭 대명사로 사용된다. 이는 공간이 단순한 이동 경로를 나타내는 것이 아니라, 화자와 청자, 그리고 제3자의 역할을 문법적으로 구분하는 기능을 수행하고 있음을 보여준다.

공간의 대명사적 기능은 일치 동사뿐만 아니라, 담화 전체에서 지시 대상의 역할을 수행하는 방식으로도 나타난다. 한 공간을 특정 인물의 공간으로 설정하면, 이후 담화에서 그 공간은 그 인물을 지칭하는 대명사 역할을 하게 된다. 즉, 수어화자가 한 번 특정 공간을 할당하면, 이후 같은 공간을 가리키는 것만으로도 해당 인물을 참조하는 효과를 가지게 된다. 또한, 역할 전환(role shift)에서도 공간의 문법 기능이 두드러진다. 화자가 몸을 기울이는 방향은 화자가 심리적으로 설정한 특정 인물의 역할을 의미하기 때문에, 몸을 기울이는 공간 자체가 앞서 등장한 인물을 가리키는 대명사 역할을 수행한다. 이러한 방식은 수어가 삼차원적 공간을 활용하여 문법적 기능을 구조화하는 독창적인 언어 체계를 가지고 있음을 잘 보여준다.

1.2 책의 구성

수어의 주요 특징을 살펴보면, 수어 연구에서 의미 연구가 차지하는 비중이 크다는 점을 알 수 있다. 수어는 어휘를 구성하는 기본 단위인 수형, 수위, 수동, 수향 등의 요소 각각에 의미가 부여되며, 비수지 표현, 생산적 수어의 활용, 공간 활용 등을 통해 담화 속에서 어휘를 자유롭게 변형하고, 공간을 활용하여 상황을 시각적으로 묘사하는 유연성을 지닌다. 따라서, 각 어휘에서 기본 단위인 수형, 수위, 수동, 수향이 어떻게 도상적으로 이해되는지, 그리고 어휘 결합을 통해 형성되는 의미적 결합 속에서 환유 및 은유가 어떻게 작용하는지에 대한 이해가 필수적이다. 이러한 필요성에 따라, 이 책은 한국수어의 기본 단위의 의미, 단위 결합으로 이루어진 어휘의 의미, 어휘 결합으로 이루어진 합성어의 의미, 관용표현의 의미를 분석하는 방향으로 구성된다.

제2장에서는 한국수어 의미 연구의 이론적 배경을 다룬다. 특히, 인지의

미론에서 제시하는 도상성, 개념적 은유, 개념적 환유의 개념을 설명하고, 이를 한국수어 분석에 적용할 수 있는 이론적 틀을 마련한다. 개념적 은유와 개념적 환유는 언어 예시뿐만 아니라 시각 이미지의 예시를 포함하여 설명할 예정이다. 또한, Taub(2001)의 이중사상모델(double mapping model)을 소개하여, 수어에서 어휘를 형성하는 기본 단위인 수형, 수동, 수위, 수향이 어떻게 도상적으로 의미에 사상되는지, 그리고 이러한 도상적 의미가 다시 어떻게 은유적으로 사상되는지를 설명할 예정이다.

제3장에서는 한국수어의 고유명사에서 나타나는 도상성, 개념적 은유 및 환유를 분석한다. 한국수어의 고유명사는 '유명인의 얼굴이름', '우리나라 대표 지역명', '국가명', '질병명', '인터넷 사이트명', '브랜드명' 등 여섯 가지 범주로 분류하여 설명한다.

제4장에서는 한국수어 단일어에서 나타나는 개념적 은유와 개념적 환유를 살펴본다. 먼저 개념적 은유로는 [생각은 물건], [마음은 그릇], [의사소통은 물건전송], [좋은 것은 위]와 [나쁜 것은 아래], [좋은 것은 앞]과 [나쁜 것은 뒤], [좋은 것은 안]과 [나쁜 것은 밖], [친밀함은 물리적 거리], [강도(세기)는 수량], [과거는 위]와 [현재는 아래], [과거는 뒤]와 [미래는 앞], [분석은 매듭풀기], [갈등은 물리적 충돌이나 마찰], [사람은 물건], [정신은 신체], [중요한 것은 무거움], [사건·일은 움직이는 물체], [경력은 삶], [도덕성은 청결함], [이해는 잡아채기], 그리고 [도덕성은 도형] 은유를 제시하고 예시와 함께 설명한다.

또한 개념적 환유로는 '부분으로 전체를 나타내는 환유', '범주로 속성을 나타내는 환유', '속성(색채, 모양, 움직임)으로 범주를 나타내는 환유', '결과로 원인을 나타내는 환유', '원인으로 결과를 나타내는 환유', '하위어로 상위어를 나타내는 환유', '하위 사건으로 전체 사건을 나타내는 환유', '사람과의 상호작용으로 대상을 나타내는 환유', '요리되는 모습으로 대상을 나타내는 환유', '용기(그릇)로 내용물을 나타내는 환유' 등을 분석하며, 각각의 개념이 한국수어에서 어떻게 실현되는지를 다양한 예시를 통해 설명한다.

제5장에서는 한국수어 복합어에서 나타나는 개념적 은유와 개념적 환유를 분석한다. 개념적 은유로는 [생각은 물건], [나쁜 것은 아래], [친밀함은 가까움], [권위는 위], [아는 것은 보는 것]과 [아는 것은 잡아채기], [도덕성은 청결함], [열정은 온도], [도덕성은 도형], [취향은 액체] 등이 있으며, 이러한 은유가 복합어 내에서 어떤 의미 확장을 이루는지를 살펴본다.

복합어에 나타나는 개념적 환유로는 '부분으로 전체를 나타내는 환유', '범주로 속성을 나타내는 환유', '속성으로 범주를 나타내는 환유', '원인으로 결과를 나타내는 환유', '상위어로 하위어를 나타내는 환유', '하위어로 상위어를 나타내는 환유', '개체로 행위를 나타내는 환유', '용기(그릇)로 내용물을 나타내는 환유', '하위 사건으로 전체 사건을 나타내는 환유' 등이 있으며, 각각이 한국수어 복합어에서 어떻게 나타나는지에 대해 설명한다.

제6장에서는 한국수어 관용표현에서 나타나는 개념적 은유와 개념적 환유를 살펴본다. 개념적 은유로는 [생각은 물건], [감정은 물건], [정신은 신체], [도덕성은 청결함]과 [도덕성은 위], [사람은 동물], [좋은 것은 위]와 [나쁜 것은 아래], [삶은 여행], [삶은 전쟁]과 [논쟁은 전쟁], [기억은 음식], [인식은 감각], [아는 것은 보는 것]과 [아는 것은 잡아채는 것], [진실성은 맛]과 [만족감은 맛] 은유가 있으며, 이러한 개념들이 한국수어 관용표현에서 어떤 방식으로 활용되는지를 분석한다.

개념적 환유로는 '신체 부위로 기능을 나타내는 환유', '범주로 속성을 나타내는 환유와 속성으로 범주를 나타내는 환유', '원인으로 결과를 나타내는 환유', '결과로 원인을 나타내는 환유', '대상으로 행위를 나타내는 환유', '부분으로 전체를 나타내는 환유', '하위어로 상위어를 나타내는 환유와 상위어로 하위어를 나타내는 환유', '용기(그릇)로 내용물을 나타내는 환유', '상태로 이유를 나타내는 환유', '상태로 정도를 나타내는 환유', '수량으로 정도를 나타내는 환유' 등을 제시하고, 구체적인 수어 표현을 통해 설명한다.

  이 책에서는 한국수어의 의미가 도상성, 개념적 은유, 개념적 환유의 틀을 기반으로 어떻게 형성되고 확장되는지를 분석하고자 한다. 이를 위해 한국수어의 단일어, 복합어, 고유명사, 관용표현 등의 다양한 어휘적 요소를 중심으로 개념적 은유와 환유가 어떻게 실현되는지를 탐구하며, 언어적 예시뿐만 아니라 시각적 이미지를 활용하여 보다 직관적으로 설명할 예정이다.

2
언어에서 발견하는 원리: 도상성, 개념적 은유, 개념적 환유

    제2장에서는 한국수어 분석을 위한 이론적 배경으로 자의성과 도상성, 개념적 은유, 그리고 개념적 환유를 논의하고자 한다. 이러한 개념들은 수어가 의미를 형성하고 확장하는 방식을 설명하는 데 핵심적인 이론적 틀을 제공하며, 본 연구에서 제시하는 수어의 특징을 분석하는 데 중요한 역할을 한다.

    먼저, 자의성과 도상성을 살펴보며, 수어가 일반적으로 언어의 자의성을 따르지만, 동시에 도상성을 강하게 반영하는 기호 체계라는 점을 논의한다. 이를 위해 자의성과 도상성이 언어에서 나타나는 방식과 그 이론적 배경을 설명하고, 특히 수어에서 도상성이 구체적으로 어떻게 실현되는지를 다양한 예시를 통해 분석할 것이다. 도상성은 수어의 개별 기호뿐만 아니라 어휘 결합과 문장 구조에서도 중요한 역할을 하며, 이는 소리 언어와의 차별성을 보여주는 핵심 요소 중 하나이다.

    다음으로, 개념적 은유와 개념적 환유를 논의하며, 인간의 인지 체계에서 개념들이 어떻게 연결되고 확장되는지를 설명한다. 개념적 은유는 한 개념 영역을 다른 개념 영역을 통해 이해하는 방식으로, 추상적인 개념을 구체적인 경험을 기반으로 개념화하는 데 중요한 역할을 한다. 예를 들어, 소리 언어에서는 '시간이 흐른다'와 같은 표현에서 '시간'을 '물'과 같은 유체의 움직임으로 개념화하는 은유가 나타난다. 또한, '기분이 가라앉다'라는 표현은 감정을 공간적 위치로 개념화하는 방식으로 이해될 수 있다.

개념적 환유는 개념의 근접성(proximity)에 기반하여 한 개념이 다른 개념을 가리키는 방식이다. 예를 들어, '백악관이 성명을 발표했다'라는 표현에서 '백악관'은 실제 건물이 아니라 미국 행정부를 의미하는 환유적 표현이다. 미국 행정부가 백악관은 미국 행정부가 활동하는 장소이므로 두 개념 사이에 근접성이 존재하며 이러한 근접성에 기반하여 백악관이 미국 행정부를 가리키게 되는 현상이다. 또한, '붓을 잡다'라는 표현은 실제로 붓을 손으로 쥐는 행위가 아니라 그림을 그리기 시작한다는 의미를 암시하는데, 이는 도구를 통해 행위를 나타내는 환유의 사례이다. 비주얼 이미지에서도 특정한 사물이나 신체 부위를 강조함으로써 전체적인 의미를 전달하는 환유적 방식이 자주 사용된다.

이러한 개념들을 바탕으로, 본 장에서는 언어와 비주얼 이미지에서 의미가 형성되는 원리를 체계적으로 분석하고, 자의성과 도상성, 개념적 은유와 개념적 환유가 어떻게 작용하여 개념을 구조화하고 확장하는지를 탐구하고자 한다. 이를 통해, 한국수어의 의미 분석의 틀을 마련하고자 한다.

2.1 소리언어와 수어의 도상성 비교

2.1.1 소리언어의 도상성

소리언어는 일반적으로 자의성에 기반하여 기호와 의미가 연결된다. 즉,

언어적 기호는 필연적으로 특정 의미와 연결되지 않으며, 각 언어마다 동일한 개념을 표현하는 방식이 다르게 나타난다. 그러나 모든 소리언어가 완전히 자의적인 것은 아니다. 특정한 상황에서는 소리를 모방하여 어휘를 형성하는 방식이 존재하며, 이러한 경우 도상성이 소리언어에서도 나타난다. 특히, 의성어(onomatopoeia)는 소리언어에서 도상성이 두드러지게 나타나는 영역이다. 동물의 울음소리, 자연의 소리, 인간이 내는 다양한 소리를 본떠 만들어진 어휘들은 기호와 의미 사이에 유사성이 존재한다. 예를 들어, 영어의 *buzz*는 벌이 나는 소리에서 유래되었고, *crash*는 충돌 소리를 직접적으로 반영하는 단어이다. 이러한 단어들은 단순한 기호가 아니라, 실제 소리와 유사한 형태로 구성되어 있으며, 이는 도상성이 적용된 대표적인 사례라 할 수 있다.

소리언어에서 도상성이 작용하는 방식에 대해 Taub(2001)는 보다 구체적인 분석을 제시한다. 그는 *ding*이라는 단어가 종이 울리는 소리를 모방하여 형성된 어휘라는 점을 지적하며, 이를 통해 도상성이 어떻게 작용하는지를 설명한다. 다음 그림에서 보면 실제 종이 울리는 소리와 미국 여성이 *ding*을 발음했을 때의 소리가 매우 유사하게 나타난다. [d]라는 첫 소리는 종이 울리는 순간의 짧고 강한 충격음을 반영하며, [i]라는 중간 소리는 종이 울리는 중간 과정에서 지속적으로 퍼지는 소리를 나타낸다. 마지막으로 [ŋ] 소리는 종이 울리고 난 후 잔향이 남는 소리를 그대로 재현하는 특징을 보인다. 이처럼, 소리언어에서도 일부 어휘는 음향적 특성을 반영하여 의미와 기호 간의 유사성을 형성하며, 이를 통해 도상성이 나타난다. 이러한 현상은 소리언어가 자의성에 기반하면서도, 특정한 영역에서는 도상성을 활용하여 의미를 보다 직관적으로 전달할 수 있음을 보여준다.

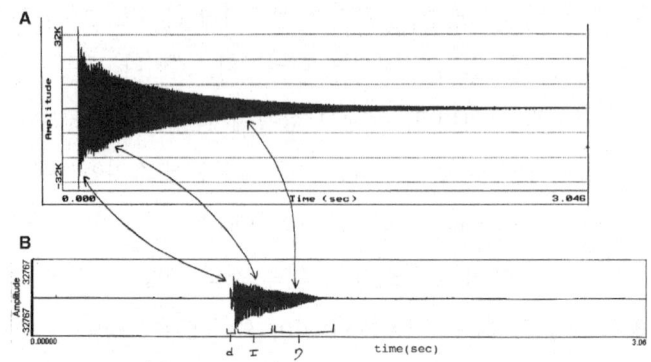

〈그림 1〉 A는 실제 종이 울리는 소리 크기 B는 미국 여성이 *ding*을 발음할 때의 크기
(Taub 2001, 24)

이처럼 소리언어에서도 일부 어휘는 음향적 특성을 반영하여 의미와 기호 간의 유사성을 형성하며, 이를 통해 도상성이 나타난다. 그러나 소리언어에서 도상성이 나타나는 방식은 단순히 소리를 모방하는 어휘에 국한되지 않는다. 언어의 구조 자체에서도 도상성이 반영되는 경우가 있으며, 그 대표적인 예가 문장의 순서와 사건의 발생 순서 간의 일치이다. 예를 들어, 등위접속사 *and*로 연결된 문장에서는 일반적으로 앞에 오는 절이 먼저 일어난 사건을 나타내고, 뒤에 오는 절이 이후에 발생한 사건을 가리킨다. 이는 언어의 배열이 실제 사건의 흐름을 반영하는 방식으로 조직된다는 점에서 도상성을 보여준다. 즉, 문장 내의 정보 배열이 시간적 흐름과 일치하는 것은 우연이 아니라, 인간의 인지적 처리 방식과 밀접한 관련이 있다.

이러한 문장의 배열이 사건의 실제 발생 순서를 반영하는 예시는 (7)에 잘 나타난다. 대부분의 경우, 등위접속사 *and*로 연결된 문장은 앞 절에서 제시된 사건이 먼저 발생하고, 뒤 절에서 제시된 사건이 그 이후에 발생한 것으로 해석된다. 따라서 (7a)의 예문에서는 수영장에 들어간 것이 신발을 벗는 것보다 먼저 일어난 사건으로 해석된다. 반면, (7b)의 경우, 신발을 벗는 행동이 먼저 일어나고 이후에 수영장에 뛰어든 것으로 이해된다.

(7) a. I jumped into the pool and took off my shoes.
    b. I took off my shoes and jumped into the pool.

그러나, 영어에서 종속접속사를 사용하는 경우, 두 개의 절을 발화할 때 사건의 시간적 선후 관계가 도상적으로 반영되지 않는 경우가 많다. 영어는 시간을 나타내는 부사절이 주절 앞에 오기도 하고 뒤에 오기도 하며, 이러한 배치는 실제 사건이 발생한 순서를 반드시 반영하지 않는다.

(8) a. After I took off my shoes, I jumped into the pool.
    b. I jumped into the pool after I took off my shoes.

(8a)의 문장은 (7b)와 동일한 시간적 흐름을 반영하고 있다. 즉, 선행하는 절에서 먼저 일어난 사건인 '신발을 벗은 것'을 표현하고, 후행하는 절에서 나중에 발생한 사건인 '수영장에 뛰어든 것'을 표현한다. 이는 문장의 순서와 사건의 발생 순서가 일치하는 경우로, 도상성이 유지된다고 볼 수 있다.

그러나 (8b)에서는 시간 부사절이 주절 뒤에 위치하면서 사건의 흐름과 문장의 배열이 일치하지 않는다. 즉, 선행절이 나중에 일어난 사건(수영장에 뛰어든 것)을, 후행절이 먼저 일어난 사건(신발을 벗은 것)을 나타내고 있어, 문장의 선후 관계가 사건의 실제 시간적 흐름과 일치하지 않는다. 이는 영어에서 시간 부사절이 문장 내에서 비교적 자유롭게 배치될 수 있기 때문에 발생하는 현상이다.

비슷한 예시는 *before* 절에서도 발견된다.

(9) a. Before I jumped into the pool, I took off my shoes.

　　b. I took off my shoes before I jumped into the pool.

(9b)의 경우, 주절이 부사절보다 먼저 발화되며, 사건의 발생 순서와 문장의 순서가 일치한다. 즉, 신발을 벗은 사건이 먼저 일어났고, 이후에 수영장에 뛰어든 사건이 발생했으며, 이 순서가 그대로 문장에 반영되었다. 따라서 이 문장은 사건의 흐름과 문장의 배열이 일치하는 방식으로 도상성을 반영한다고 볼 수 있다. 반면, (9a)는 문장 내에서 *before* 절이 먼저 발화되지만, 시간상으로는 나중에 일어난 사건을 나타낸다. 즉, '수영장에 뛰어들기'가 먼저 언급되었지만, 실제 사건 순서에서는 '신발을 벗기'가 먼저 발생했다. 이처럼 사건의 시간적 흐름과 문장의 발화 순서가 일치하지 않기 때문에, 도상성이 약하게 나타난다.

영어에서 시간을 나타내는 부사절이 문장 내에서 자유롭게 위치할 수 있다는 사실은, 문장의 발화 순서와 사건의 실제 발생 순서가 반드시 일치하지 않을 수 있음을 의미한다. 이는 *and*로 연결되는 대등절에 비해 도상성이 약하다는 점을 시사한다. 즉, 대등접속사로 연결된 문장은 문장의 배열이 사건의 흐름을 반영하는 경향이 있지만, 종속접속사가 사용된 문장은 문법적 구조에 의해 사건의 흐름이 재조정될 수 있으므로 도상성이 상대적으로 약해진다.

2.1.2 수어의 도상성

도상성이 높은 기호는 다양한 언어에서 유사한 방식으로 같은 개념을 표현할 가능성이 높아진다. 즉, 기호와 의미 간의 유사성이 강할수록, 서로 다른 수어에서도 비슷한 방식으로 개념이 시각적으로 형상화되는 경향이 나타난다. 예를 들어, HOUSE와 [집] 수어의 경우, 미국수어에서는 집의 뼈대를 포함하여 집의 전체 윤곽을 따라 그리는 방식으로 표현하는 반면, 한국수어에서는 지붕의 모습을 정지된 상태로 표현하는 차이가 있다. 그러나 두 언어 모두 집의 구조적 요소를 반영하여 기호를 형성한다는 점에서 공통적인 도상성을 갖는다. 마찬가지로, LIGHT와 [전깃불] 수어는 양손을 쥐었다가 손가락을 펼치며 불빛이 퍼지는 모습을 묘사하는 방식에서 매우 유사한 특징을 보인다.

이처럼, 개체의 전체 혹은 일부의 윤곽을 활용하여 의미를 전달하는 방식은 두 언어에서 공통적으로 나타난다. 또한, GIVE와 [주다], CRASH와 [부딪치다] 역시 약간의 차이는 존재하지만, 핵심적인 동작과 개념이 시각적으로 유사하게 표현된다. 이러한 사례들은 미국수어와 한국수어가 동일한 개념을 표현할 때 매우 유사한 기호를 사용한다는 점을 보여주며, 이는 수어에서 도상성이 강하게 작용하고 있음을 시사한다.

수어에서 나타나는 도상성의 유형에 대해 Taub(2001)는 몇 가지 주요 형태를 구별하여 제시하고 있다. 첫째, 개체 자체를 직접 지시하는 방식이다. 이는 신체의 특정 기관을 가리키면서 해당 기관을 의미하는 경우로, 수어에서 도상성이 가장 직접적으로 반영되는 형태라 할 수 있다. Taub는 그 예시로 미국수어의 NOSE를 제시하며, 해당 수어가 코를 직접 가리킴으로써 의미를 전달한다는 점을 강조했다. 이러한 유형은 한국수어에서도 유사하게 나타난다. '눈', '코', '입', '귀'와 같은 얼굴의 주요 기관뿐만 아니라, '가슴', '배', '팔' 등 몸통의 주요 기관을 표현할 때도 동일한 방식이 사용된다. 즉, 해당 신체 부위를 직접 가리키거나, 해당 기관의 모양이나 특징을 반영하는 방식으로 기호가 형성된다. 이는 수어에서 도상성이 개별 기호 차원을 넘어, 언어의 보편적 원리로 작용하고 있음을 보여주는 대표적인 사례라 할 수 있다.

NOSE (ASL) (Taub 2001, 68)　　　[코]　　　[귀]

둘째, 수형(handshape)이 지시체(referent)의 모습을 나타내는 경우이다. 즉, 손의 형태가 특정한 개체의 모양을 반영하여 기호를 형성하는 방식으로, 수어에서 도상성이 구현되는 또 다른 중요한 유형이다. [비행기]를 나타내는 수어는 손가락을 펼쳐 비행기의 날개를 형상화하는 방식으로 표현된다. 이처럼, 수형 자체가 특정한 개체의 모양을 반영하는 방식은 수어에서 도상성이 작용하는 대표적인 사례 중 하나이다. 이는 손의 형태가 단순히 임의적으로 선택된 것이 아니라, 시각적으로 인식 가능한 특징을 반영하여 의미를 직접적으로 전달할 수 있도록 구성된다는 점에서 도상성의 중요한 역할을 보여준다.

셋째, 수동(movement)이 지시체의 움직임을 본뜨는 경우이다. 즉, 손의 움직임이 특정 개체의 이동 경로나 동작을 시각적으로 반영하는 방식으로, 수어에서 도상성이 실현되는 또 다른 중요한 유형이다. 예를 들어, 미국수어에서 '사람이 구불구불한 길을 따라 이동하는 모습'을 표현할 때, I-형 수형(handshape I)을 유지한 채 몸 앞쪽에서 좌측으로 구불구불한 경로를 따라 이동시키는 방식을 사용한다. 여기서 I-형 수형은 '사람'을 나타내는 분류사(classifier)로 사용되며, 손의 움직임을 통해 사람이 구체적으로 어떻게 이동하는지를 시각적으로 나타낸다.

사람(분류사)이 이동하는 모습 (Taub 2001, 70)

    한국수어의 [벌레] 수어 역시 벌레가 기어가는 움직임을 본떠 의미를 형성하는 도상적 표현의 대표적인 예이다. 이 기호에서는 검지 손가락을 구부려 작은 곡선을 만들고, 손목을 회전시키며 손을 앞으로 이동시키는 동작을 수행한다. 이러한 움직임은 벌레가 몸을 꿈틀거리며 기어가는 모습을 직접적으로 시각화한 것이다.

[벌레]

    넷째, 수동(movement)의 경로가 지시체의 모양을 나타내는 경우이다. 즉, 손의 움직임이 단순한 동작을 넘어서 특정한 개체의 형상을 직접적으로 반영하는 방식으로, 수어에서 도상성이 구현되는 또 다른 유형이다. 예를 들어, 미국수어의 ELEPHANT 수어는 손을 코끼리의 긴 코 모양으로 움직이며 코끼리를 표현하는 방식을 사용한다. 이 기호에서는 손을 코 앞에서 시작하여 아래쪽으로 길게 늘어뜨린 뒤, 앞쪽으로 휘어지게 움직이며

2. 언어에서 발견하는 원리: 도상성, 개념적 은유, 개념적 환유   **51**

코끼리의 긴 코 윤곽을 그리는 동작을 수행한다. 이는 단순히 코끼리를 상징적으로 표현하는 것이 아니라, 코끼리의 신체적 특징을 수동의 경로를 통해 직관적으로 묘사하는 방식이다.

한국수어에서도 유사한 방식이 관찰된다. [종이] 수어는 손을 움직여 종이의 윤곽을 나타냄으로써 '종이'라는 개념을 형상화한다. 일반적으로 양손의 손끝을 맞댄 상태에서 펼쳐 나가며, 종이의 사각형 모양을 따라 손을 움직이는 방식으로 표현된다.

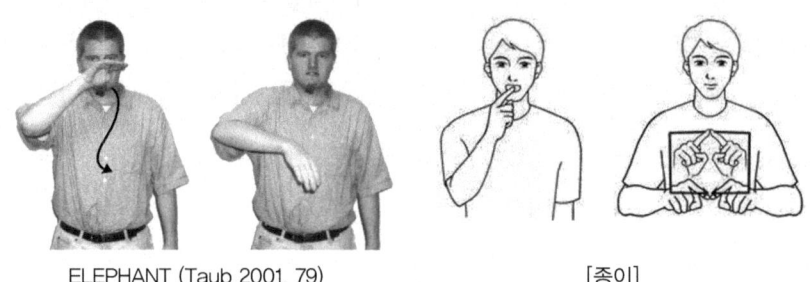

ELEPHANT (Taub 2001, 79)　　　　　　　　　　[종이]

다섯째, 수어공간(signing space)의 위치가 정신공간(mental space)의 위치를 반영하는 경우이다. 이는 수어에서 개념적 관계를 공간적으로 배치하여 의미를 구성하는 방식을 보여주는 중요한 사례이다. 예를 들어, 미국수어에서 I-GIVE-YOU('내가 너에게 주다')를 표현할 때, 수어공간을 활용하여 발화자와 대상자의 위치를 시각적으로 나타낸다. 이때, 손의 이동 방향이 의미 형성에 중요한 역할을 한다. 발화자는 자신의 몸에서 출발하는 손의 움직임을 통해 1인칭을 나타내고, 손을 앞쪽으로 내밀며 2인칭을 표시하는 방식으로 '주다'의 개념을 표현한다.

이 과정에서 발화자는 정신공간(mental space) 속에서 대상자의 위치를 설정하게 된다. 예를 들어, 대상자가 발화자와 같은 수평적 위치에 있다고 가정하면, 손의 이동은 수평 방향으로 진행된다(A 사진). 반면, 대상자가 발화자보다 낮은 위치에 있다고 상정할 경우, 손은 아래쪽으로 이동하며 이를 반영한다(B 사진). 즉, 대화 속에서 개체 간의 공간적 관계를 정신적으로 설정하고, 이를 실제 수어공간에 반영하여 표현하는 방식이 사용된다. 대화 참여자 간의 관계나 특정 개체의 위치를 시각적으로 설정하여 표현하는 것은 소리언어와의 중요한 차이점이라 할 수 있다. 이는 수어가 삼차원적 공간을 활용하여 의미를 구성하는 대표적인 도상적 특징이다.

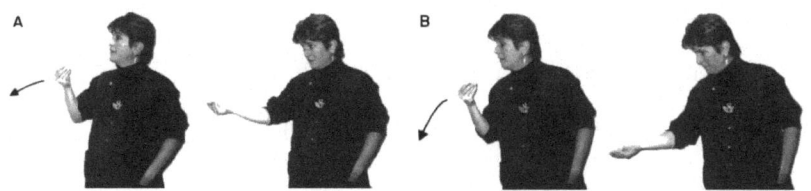

I-GIVE-(TO)-HIM/HER/IT (Taub 2001, 82)   I-GIVE-(TO)-HIM/HER/IT (Taub 2001, 82)

다음 그림은 실제 사람이 앞에 존재하지 않더라도, 발화자가 동일한 정신공간(mental space)을 설정하여 수어공간(signing space)을 활용한다는 점을 보여준다. 즉, 대화 속에서 특정 개체나 인물이 물리적으로 존재하지 않아도, 수어화자는 정신적으로 설정된 위치를 참조하여 일관되게 표현할 수 있다. 예를 들어, 대화 상대가 눈앞에 존재하는 상황에서 I-GIVE-YOU('내가 너에게 주다')를 표현할 때, 손의 이동 방향이 발화자에서 청자로 향하는 방식으로 이루어진다. 대화 상대가 부재한 경우에도 발화자는 같은 공간을 대상자의 위치로 설정하고 동일한 방식으로 기호를 수행한다.

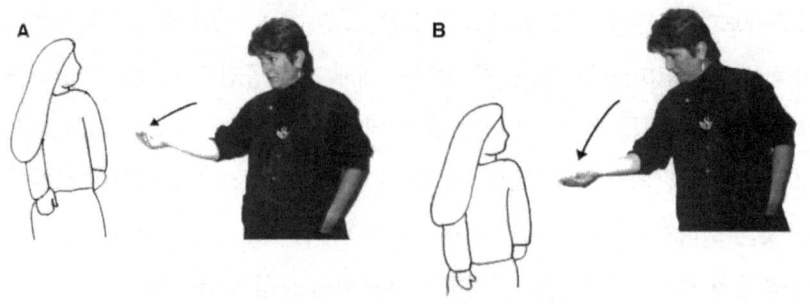

I-GIVE-(TO)-HIM/HER/IT (A) 같은 위치에 있는 사람이라고 가정한 경우
(B) 키가 작은 사람이라고 가정한 경우(Taub 2001, 82)

여섯째, 발화기관의 크기와 배치가 지시체의 크기나 거리감을 나타내는 경우이다. 이는 수어에서 손의 위치나 간격을 활용하여 물리적 속성을 직관적으로 표현하는 방식으로, 도상성이 작용하는 또 다른 사례이다. 예를 들어, 미국수어에서 NEAR('가깝다')는 양손을 서로 매우 가깝게 배치하여 거리의 짧음을 표현하고, FAR('멀다')는 양손을 넓게 벌려 멀리 떨어진 거리를 시각적으로 나타내는 방식을 사용한다. 이와 같은 표현 방식은 정확한 거리 값을 반영하는 것은 아니지만, 상대적인 거리감을 손의 간격을 통해 직관적으로 전달한다.

이러한 방식은 한국수어에서도 유사하게 나타난다. [가깝다] 수어는 양손을 서로 가까이 배치하여 짧은 거리감을 표현하며, [멀다] 수어는 양손을 멀리 두어 먼 거리를 나타내는 방식으로 수행된다. 이는 발화기관의 크기와 위치를 활용하여 의미를 형성하는 방식으로, 시각적으로 직관적인 정보 전달을 가능하게 한다는 점에서 수어의 도상성이 반영된 대표적인 사례라 할 수 있다. 이처럼, 손의 크기나 배치가 대상의 크기, 거리, 상대적 관계를 나타내는 방식은 수어에서 의미 표현의 중요한 전략 중 하나이다.

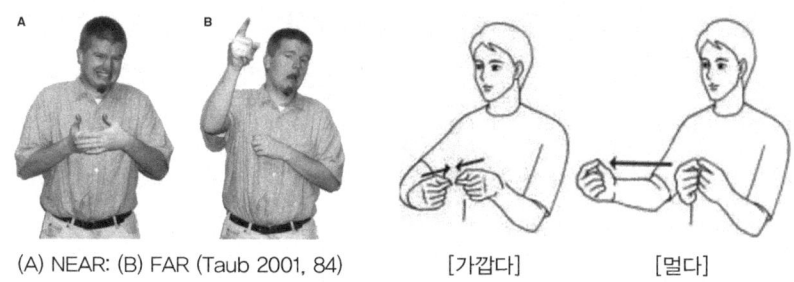

(A) NEAR: (B) FAR (Taub 2001, 84)   [가깝다]   [멀다]

또한, SMALL('작다')과 BIG('크다')을 표현할 때도 양손이 벌어지는 크기에 따라 의미가 달라진다. 미국수어에서 SMALL은 양손을 가깝게 배치하여 작은 크기를 나타내고, BIG은 양손을 넓게 벌려 큰 크기를 시각적으로 표현한다. 이와 같은 방식은 단순히 작거나 크다는 개념을 언어적으로 설명하는 것이 아니라, 손의 간격을 통해 직접적으로 대상의 크기를 보여주는 방식이며, 손의 위치와 간격을 조절함으로써 단순히 크고 작음을 나타낼 뿐만 아니라, 상대적인 크기 차이를 강조하거나 감탄의 의미를 추가적으로 표현할 수도 있다.

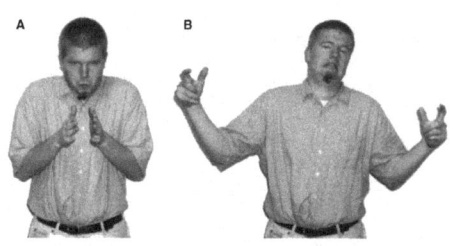

(A) SMALL: (B) BIG (Taub 2001, 84)

이처럼, 발화기관의 크기와 움직임을 활용하여 대상의 물리적 특성을 직관적으로 반영하는 방식은 수어에서 도상성이 구현되는 대표적인 예이다. 이는 소리언어에서 크기나 거리와 같은 개념을 표현할 때 주로 형용사나 부사적 표현을 사용하는 것과 비교했을 때, 수어가 공간적이고 시각적인 특성을 적극적으로 활용하여 의미를 구성하는 언어임을 보여준다.

일곱째, 발화체의 수량이 지시체의 수량을 나타내는 경우이다. 이는 손의 개수나 손가락의 수를 활용하여 대상의 수량을 직접적으로 반영하는 방식으로, 수어에서 도상성이 실현되는 또 다른 유형이다. 예를 들어, 미국수어와 한국수어 모두에서 숫자를 나타낼 때, 손가락의 개수를 이용하여 1, 2, 3 등의 수량을 직접 표현한다. 손가락 하나는 '하나', 두 개는 '둘', 세 개는 '셋'을 의미하며, 이는 기호와 의미 간의 직접적인 연결을 보여주는 대표적인 도상적 표현 방식이다. 또한, 복수의 개체를 표현할 때도 수량이 반영된 기호가 사용된다. 예를 들어, '세 사람'이라는 개념을 표현할 때, 손가락 세 개를 세운 후 특정한 이동 경로를 추가하여 '세 명의 사람이 함께 움직이는 모습'을 표현할 수 있다. 이는 단순히 숫자를 나열하는 것이 아니라, 대상의 개수와 함께 실제 동작까지 반영하여 의미를 더욱 구체적으로 전달하는 방식이다.

이와 같은 도상적 표현은 단순한 숫자 표현을 넘어, 문맥에 따라 더 큰 집단이나 특정한 패턴을 반영하는 데도 활용될 수 있다. 한국수어의 [어제]와 [내일]은 손가락 하나를 사용하여 '하루 전'과 '하루 뒤'를 의미하는데 손가락을 두 개 사용하게 되면 '이틀 전'과 '이틀 후'를 나타내게 된다. 손가락 세 개를 사용하게 되면 '삼 일 전'과 '삼 일 후'를 나타내는 식으로 시간의 양을 발화체의 수량으로 표현한다.

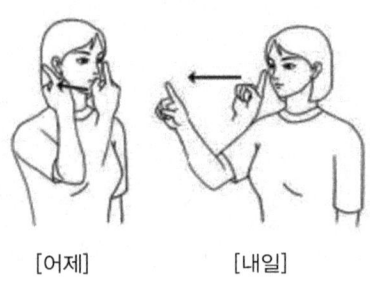

[어제]   [내일]

여덟째, 수어에서 발화되는 순서가 사건의 발생 순서를 그대로 반영하는 경우이다. 문장의 배열이 실제 사건의 시간적 흐름과 일치하는 방식으로 구성된다면, 도상성이 강하게 나타난다는 점을 보여준다. 예를 들어, 두 개의 절이 연결된 문장에서, 선행절에서 표현된 사건이 실제로 먼저 일어나고, 후행절에서 표현된 사건이 그다음에 발생한다면, 이는 사건의 자연스러운 시간적 흐름을 그대로 반영하는 구조라 할 수 있다. '친구가 집에 온 후에 같이 야구를 했다'라는 내용을 수어로 표현할 때, '친구가 집에 왔다'의 수어 기호가 먼저 발화되고, 이어서 '야구를 같이 했다'의 수어 기호가 발화된다. 이는 실제 사건이 발생한 순서와 발화된 기호의 순서가 일치하는 경우로, 높은 도상성을 가지는 구조라고 볼 수 있다. 이와 같은 구조는 시간적 흐름이 중요한 사건을 설명할 때 더욱 직관적인 의미 전달을 가능하게 하며, 수어가 사건을 표현할 때 자연스러운 시간적 연속성을 유지하는 방식을 보여준다. 즉, 소리언어에서는 접속사(after, before 등)를 사용하여 시간적 관계를 조정할 수 있지만, 수어에서는 대부분 문장의 배열 자체가 사건의 순서를 반영하는 방식으로 도상성이 실현된다.

(10) YESTERDAY, MY FRIEND COME-TO MY HOUSE; US-TWO PLAY BASKETBALL (Taub 2001, 88)

아홉째, 수어가 수어를 나타내는 경우이다. 이는 수어에서 다른 사람의 발화를 재현할 때, 원래의 수어 표현을 그대로 모방하여 전달하는 방식으로, 도상성이 강하게 나타나는 사례 중 하나이다. 수어에서 역할전환이라는 기법을 사용하는 경우 화자의 수어는 타인의 수어를 그대로 재현하며, 발화의 흐름과 표현 방식까지 반영하기 때문에 '수어가 수어를 나타내는' 구조를 형성한다. 즉, 역할전환이 일어날 때 화자의 움직임, 손의 위치, 시선 방향 등이 모두 원래 발화자의 특징을 모방하는 방식으로 이루어지며, 이는 도상성이 강한 표현 방식으로 볼 수 있다.

예를 들어, 다음 두 사진은 아이와 엄마의 대화를 수어 해설자가 설명하는 장면을 보여준다. 이때, 역할전환이 일어나면서 해설자는 대화 속 인물의 역할을 각각 수행하며, 원래 인물의 수어 표현을 그대로 반영한다. 먼저, 해설자가 아이의 역할을 수행할 경우, 아이가 MOTHER('엄마') 수어를 하는 방식 그대로 따라하며, 상대적으로 키가 큰 엄마를 올려다보며 발화한다. 반대로, 해설자가 엄마의 역할을 수행할 경우, 아들이 위치한 공간을 향해 시선을 내리고, 마치 엄마가 아들에게 말하는 것처럼 표현한다. 이러한 역할전환은 단순한 대화의 전달이 아니라, 수어를 통한 시각적 재현의 특성을 극대화하는 표현 방식이다. 원래 발화자가 사용한 수어 표현을 그대로 모방하여 전달하기 때문에, 수어가 또 다른 수어를 나타내는 구조를 형성하며, 이로 인해 도상성이 더욱 강화된다.

MOTHER (Taub 2001, 89)

SON (Taub 2001, 90)

이외에도 사람이 특정한 물체(지시체)를 사용하는 동작이나, 해당 물체와의 상호작용 방식을 수동(movement)으로 표현하는 경우도 있다. 즉, 손의 움직임이 단순히 기호적 의미를 전달하는 것이 아니라, 실제 사물을 다루는 방식을 시각적으로 반영하여 의미를 형성하는 방식이다. 예를 들어, 한국수어의 [비누] 수어는 손에 비누를 쥐고 문지르는 동작을 통해 표현된다. 이 기호에서는 한 손을 펼쳐 손바닥을 비누가 놓이는 표면으로 설정하고, 다른 손으로 문지르는 동작을 수행함으로써 '비누를 사용하는 방식'을 그대로 반영한다. 이는 비누의 사용 방식과 직접적인 유사성을 가지며, 도상성이 강하게 나타나는 사례라 할 수 있다. 마찬가지로, [성냥] 수어 역시 성냥을 쥐고 긋는 동작을 활용하여 표현된다. 손가락으로 성냥개비를 잡는 듯한 자세를 취한 후, 성냥을 실제로 켜는 동작을 수행하는 방식으로 의미를 전달한다. 이러한 방식은 소리언어에서 단순히 '비누', '성냥'이라는 단어를 사용하여 개념을 전달하는 것과 달리, 수어에서는 해당 물체를 다루는 구체적인 동작을 통해 개념을 표현할 수 있음을 보여준다.

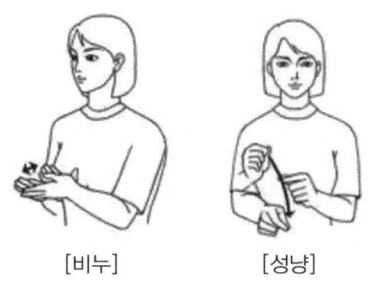

[비누]   [성냥]

농작물이나 과일과 같은 음식의 명칭도 사람이 해당 음식을 먹는 동작을 통해 표현되는 경우가 많다. 이는 수어에서 도상성이 작용하는 또 다른 방식으로, 특정 사물의 본질적인 특징뿐만 아니라, 그 사물을 다루거나 소비하는 방식을 반영하여 의미를 전달하는 방식이다. 예를 들어, 한국수어의 [수박] 수어는 수박을 손에 들고 먹는 동작을 반영하여 표현된다. 한 손으로 둥근 형태를 만들며 수박 조각을 쥐는 모양을 형성한 후, 입으로 가져가 베어 먹는 동작을 수행함으로써 '수박을 먹는 방식'을 시각적으로 재현한다. 이는 단순히 '수박'이라는 개념을 언어적으로 표현하는 것이 아니라, 수박을 소비하는 방식을 통해 직관적으로 의미를 전달하는 도상적 표현이다. 마찬가지로, [옥수수] 수어 역시 옥수수를 손에 쥐고 뜯어 먹는 동작을 통해 표현된다. 일반적으로 한 손을 가로로 뻗어 옥수수의 형태를 형성한 후, 다른 손으로 이를 쥐고 베어 먹는 듯한 동작을 수행하는 방식으로 표현된다. 이 기호는 옥수수의 특성을 강조하기보다는, 사람들이 실제로 옥수수를 먹는 방식을 반영하여 의미를 구성한다는 점에서 도상성이 강하게 작용하는 표현 방식이다.

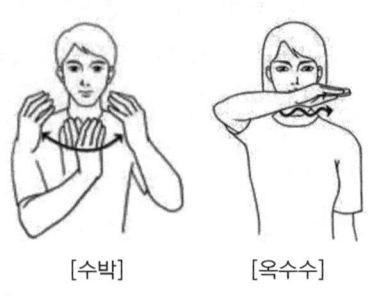

[수박]   [옥수수]

또한, 위에서 설명한 도상성의 다양한 유형이 복합적으로 사용되는 경우가 많다. 수어는 단순히 하나의 도상적 요소만을 활용하는 것이 아니라, 수형과 수동, 공간 활용 등이 결합하여 보다 직관적이고 효과적인 의미 전달이 이루어지는 방식을 보여준다. 수형으로 지시체의 모습을 나타내면서, 수동으로 지시체의 움직임을 표현하는 경우가 있다. 즉, 손의 형태가 특정한 개체를 상징적으로 반영하는 동시에, 손의 움직임이 해당 개체의 동작을 재현하여 의미를 보다 명확하게 전달하는 방식이다. 예를 들어, 한국수어의 [꽃] 수어는 수형과 수동을 결합하여 '꽃이 피는 과정'을 시각적으로 형상화한다. 주먹을 쥔 두 손을 엇갈리게 배치한 후, 손목을 돌리면서 손가락을 하나씩 펴는 동작을 수행함으로써 꽃이 피어나는 모습을 나타낸다. 이 표현에서 손가락이 펴지는 수형은 꽃의 모양을 형상화하는 역할을 하며, 수동(손목을 돌려 손가락을 펼치는 동작)은 꽃이 피어나는 움직임을 표현한다. 즉, 손의 형태와 움직임이 결합하여 하나의 기호 내에서 두 가지 도상적 요소가 동시에 작용하는 방식이다.

[꽃]

2.2 개념적 은유

2.2.1 언어에 나타나는 개념적 은유

개념적 은유(Conceptual Metaphor)란 이해하기 어려운 추상적인 개념을 보다 구체적인 개념을 통해 이해하는 방식을 의미한다. 인간의 인지 체계에서는 추상적 개념을 직접적으로 파악하기 어려울 때, 경험적으로 친숙한 개념을 활용하여 이를 설명하는 경향이 있다. 예를 들어, '삶'이나 '인생'은 매우 추상적인 개념이다. 반면, '여행'은 인간이 직접 경험할 수 있는 구체적인 개념이다. 따라서 인생을 여행으로 개념화하는 것은 개념적 은유의 대표적인 사례이다. 이러한 은유를 통해 '인생'이라는 복잡하고 추상적인 개념이 보다 구체적인 여행을 통해 이해될 수 있는 것이다.

Lakoff & Johnson(1980)은 [삶은 여행(LIFE IS A JOURNEY)] 은유가 사용된 다양한 예시를 제시하고 있다. 이 표현들은 단순한 언어적 표현이 아니라, 우리의 사고방식이 어떻게 구조화되는지를 반영하는 개념적 은유의 사례이다.

(11) a. Where are we?
   b. We're stuck.
   c. It's been a long, bumpy road.
   d. This relationship is a dead-end street. We're just spinning our wheels.
   e. Our marriage is on the rocks.
   f. We've gotten off the track.
   g. This relationship is foundering. (Lakoff & Johnson, 1980, p. 45)

Where are we?('우리는 어디에 있는가?') 실제 여행에서 현재 위치를 확인하는 것처럼, 인생에서도 지금 나의 위치를 확인하는 것으로 '삶의 진행 상황'이 '여행 경로 상의 위치'로 사상됨을 보여주는 예시이다. *We're stuck*('우리는 막혀 있다')의 예시도 실제 여행 중 길이 막혀 더 이상 앞으로 나아갈 수 없는 것처럼, 인생에서도 어떤 난관에 부딪혀 더 이상 진전할 수 없는 상황을 의미하는 것으로, '삶에서의 어려움'이 '여행 중 길이 막힌 상태'로 사상됨을 보여주는 예시이다. *It's been a long, bumpy road*('길이 길고 울퉁불퉁했다') 예시는 실제 여행 중 길이 울퉁불퉁하고 험난하면 이동이 힘든 것처럼, 인생에서도 고난과 역경을 많이 겪어온 상황을 의미하는 것으로, '삶의 어려움과 시련'이 '여행길의 험난함'으로 사상됨을 보여주는 예시이다. *This relationship is a dead-end street*('이 관계는 막다른 길이다')나 *We're just spinning our wheels*('우리는 계속 헛바퀴만 돌리고 있다') 예시는 실제 여행 중 막다른 길에 도달하면 더 이상 앞으로 나아갈 수 없는 것처럼, 관계에서도 더 이상 발전할 수 없는 상황을 의미하는 것으로, '관계

의 정체'가 '막다른 길'로 사상됨을 보여주는 예시이다. *Our marriage is on the rocks*('우리의 결혼은 암초 위에 있다') 예시는 실제 항해 중 배가 암초에 걸리면 심각한 위험에 처하는 것처럼, 결혼 생활에서도 위기가 찾아와 관계가 불안정한 상태를 의미하는 것으로, '결혼 생활의 위기'가 '배가 암초에 걸린 상태'로 사상됨을 보여주는 예시이다. *We've gotten off the track*('우리는 길에서 벗어났다') 예시는 실제 여행 중 길을 벗어나면 방향을 잃고 목적지에 도달하기 어려운 것처럼, 인생에서도 원래 목표에서 벗어나 길을 잃은 상태를 의미하는 것으로, '삶에서 목표를 잃은 상태'가 '여행 경로에서 이탈한 상태'로 사상됨을 보여주는 예시이다. *This relationship is foundering*('이 관계는 침몰하고 있다') 예시는 실제로 배가 침몰하면 더 이상 항해를 지속할 수 없는 것처럼, 관계가 무너지고 회복하기 어려운 상태에 놓여 있는 상황을 의미하는 것으로, '관계의 실패'가 '배의 침몰'로 사상됨을 보여주는 예시이다.

이 때 '인생'은 목표영역이 되고 '여행'은 근원영역이 된다. 근원영역의 요소들이 목표영역의 요소들에 개별적으로 대응이 이루어지게 되는데 이를 은유적 사상이라고 말한다. Lakoff & Johnson(1980)이 제시한 [삶은 여행] 은유의 은유적 사상은 다음과 같다. '삶을 살아가고 있는 사람'은 '여행자'에 사상되고, '삶의 목표'는 '여행의 목적지'에 사상된다. '목표를 이루는 방법'은 '여행길'에 사상되며, '삶에서 겪게되는 어려움'은 '여행의 장애물'에 사상되며, '어려운 일이 닥쳤을 때 도움을 구하는 상담자'는 '여행 안내원'에 사상된다. '삶의 진척'은 '표지판'에 사상되고, '살면서 마주하게 되는 선택'은 '교차로'에 사상되며, '살아가는데 필요한 물질이나 재능'은 '여행 준비물'에 사상된다.

(12) [인생은 여행] 은유의 사상

    a. 여행자 → 인생을 살아가는 사람

    b. 여행 목적지 → 인생의 목적

    c. 여행 루트 → 목적 달성 방법

    d. 여행 장애물 → 어려움

    e. 여행 안내자 → 상담자

    f. 표지 → 업적 지표

    g. 갈림길 → 인생의 선택

    h. 준비물 → 물적 자원이나 재능 (Lakoff & Johnson, 1980, p. 46)

'삶'을 '여행'으로 이해하기도 하지만 '전쟁'이나 '도박'으로 이해하기도 한다. [삶은 전쟁] 은유는 다음과 (13)과 같은 표현에 잘 드러난다. 정치는 전쟁처럼 공격과 방어의 개념으로 이해되며, 인생을 살아가는 과정에서 어려움을 극복하는 것이 자신을 보호하는 방어적 행위로 묘사되기도 한다. 또한, 인생의 목표를 달성하는 활동이 '공격적'이라고 지칭되며, 경제적 목표를 이루기 위한 준비 과정이 '무기를 장전하는 것'으로 표현되기도 한다.

(13) a. '범야권 200석' 설에 촉각 세운 여야, '**공격·방어**' 각축전 치열

    (시사포커스 2024.03.27.)

    b. 책은 세상의 공격으로부터 우리를 **방어하는** 든든한 **무기**

    (오마이뉴스 2024.04.01.)

    c. **인생**은 한 방향만 보고 **공격적으로만** 살아갈 수는 없기 때문에 **방어적으로 살아가는** 게 답이라는 걸 군에서 배우게 됐어요

    (대구신문 2024.04.18.)

    d. '달러 쌀 때 **총알 장전하자**' 환전 달려가는 서학개미들 (2020.10.21.)

'전쟁에 참여하는 군인'은 '삶을 살아가는 사람'에 대응되며, '전쟁에서의 승리'는 '삶에서 이루고자 하는 목표'에 사상된다. '군인이 승리를 위해 사용하는 전투 방법'은 '목표를 달성하기 위한 전략과 방법'에 해당하며, '전쟁에서 맞서는 적이나 장애물'은 '인생에서 겪는 어려움과 도전'에 사상된다. 또한, '전쟁에서의 공격'은 '목표를 적극적으로 추구하는 활동'으로, '방어'는 '삶의 어려움에 대비하고 이를 극복하는 과정'으로 이해된다. 마지막으로, '전쟁에서의 무기'는 '목표를 이루기 위한 보조 수단'에 해당하며, 이는 '삶에서 성공을 위해 필요한 자원이나 도구'와 연결된다.

(14) [삶은 전쟁] 은유의 사상

    a 전투 군인 → 삶을 살아가는 사람

    b. 전쟁의 승리 → 인생의 목적

    c. 전투방법이나 무기 → 목적 달성 방법

    d. 전쟁을 승리로 이끄는데 존재하는 적이나 어려움 → 인생의 고난

    e. 공격 → 삶의 목표를 추구하기 위한 활동

    f. 방어 → 삶의 고난을 준비하는 활동

    h. 무기 → 목표를 이루기 위한 보조 수단

[삶은 여행]과 [삶은 전쟁] 은유에서는 '삶'을 '여행'과 '전쟁'으로 이해하는 반면 [삶은 도박] 은유에서는 '삶'을 '도박'으로 이해한다.[1] '대박'이나 '쪽

---

1 Kövecses(2010)에서는 다음과 같은 [삶은 도박] 은유를 제시하고 있다.
    (i) a. I'll **take my chances**.
       b. The **odds are against me**.
       c. I've **got an ace up my sleeve**.
       d. He's holing all the **aces**.
       e. He **won big**.

박', 그리고 '도박'이라는 도박에서 사용되는 어휘가 인생과 삶, 그리고 정치와 같은 개념을 이해하는데 사용되고 있다.

(15) a. **대박의 꿈, 쪽박의 삶**
　　b. 소박한 삶 속 '**대박 풍경**' … "이젠 삼천포로 빠지세요"
　　　 (문화일보 2024.01.25.)
　　c. 안철수 "정당 운명, **도박** 안돼"… "최고위로 돌아가야"
　　　 (인디포커스 2022.09.01.)

[삶은 도박] 은유의 은유적 사상은 (016)과 같다. '도박꾼'은 '삶을 살아가고 있는 사람'에 사상되고, '대박'은 '삶의 목표'에 사상된다. '대박을 위한 운'은 '목표를 이루는 방법'에 사상되며, '쪽박을 부르는 불운'은 '살면서 겪는 어려움'에 사상된다. '운을 높이기 위한 노력'은 '삶의 목표를 추구하기 위한 활동'에 사상된다.

(16) [삶은 도박] 은유의 사상
　　a. 도박꾼 → 삶을 살아가는 사람
　　b. 대박나기 → 인생의 목적
　　c. 대박을 위한 운 → 목적 달성 방법
　　d. 쪽박을 부르는 불운 → 인생의 고난
　　e. 운을 높이기 위한 노력 → 삶의 목표를 추구하기 위한 활동

이와 같이 '삶'이라는 하나의 목표영역이 '여행', '전쟁', '도박'과 같은 다양한 근원영역으로 이해된다. 이렇듯 하나의 개념을 이해하기 위하여 다양한 근원영역을 사용하는 것은 각 근원영역마다 목표영역의 다른 측면을 부

각하기 때문이다. '여행'이라는 근원영역은 목표지점을 향해 앞으로 나아가는 것을 부각하고 있고 '전쟁'이라는 근원영역은 여러 사람과 경쟁하여 재물이나 재화를 획득하는 것을 부각하고 있다. '도박'이라는 근원영역은 삶의 운과 불운이라는 요소를 부각하고 있다.

'인생'이라는 목표 영역 뿐만 아니라 '논쟁'이라는 목표영역도 '용기(그릇)', '여행', '전쟁', '건물'과 같은 다양한 근원영역으로 이해된다. (17)은 [논쟁은 용기(그릇)], [논쟁은 여행], [논쟁은 전쟁], [논쟁은 건물]이라는 은유를 살펴보면 '논쟁' 다양한 측면 중 부각되는 부분이 무엇인가를 알려주고 있다.[2]

(17) a. 논쟁은 용기(그릇):

　　　　지금 의견 **속에는** 상당히 많은 **내용이 들어 있네요.**

　　　　그 사람의 논의의 **핵심은** 뭐지?

　　b. 논쟁은 여행:

　　　　논의가 **한 걸음씩** 결론으로 **다가가고 있었다.**

---

[2] [논쟁은 용기(그릇)], [논쟁은 여행], [논쟁은 전쟁], [논쟁은 건물] 은유의 부각 양상에 대한 설명은 Kövecses (2010)의 다음 예시를 그대로 사용한 것이다.

　(i) a. AN ARGUMENT IS A CONTAINER:
　　　　Your argument has **a lot of content**.
　　　　What is the **core** of his argument?
　　b. AN ARGUMENT IS A JOURNEY:
　　　　We will **proceed in a step-by-step** fashion.
　　　　We have **covered a lot of ground**.
　　c. AN ARGUMENT IS WAR:
　　　　He **won** the argument.
　　　　I couldn't **defend** that point.
　　d. AN ARGUMENT IS A BUILDING:
　　　　She **constructed a solid** argument.
　　　　We have got a **good foundation** for the argument. (Kövecses, 2010, 93)

지금까지 상당히 많은 이야기가 **오고 갔습니다**.

c. 논쟁은 전쟁:

이번 논쟁에서는 내가 **이겼다**.

그 사람이 내 논의를 반박하자 내가 제대로 **방어하지** 못했다.

d. 논쟁은 건물:

저 사람의 논의는 반박할 **틈이 없이** 상당히 **견고하다**.

이번 저의 논의를 **지지할만한** 좋은 이론을 찾았습니다.

[논쟁은 용기] 은유에서는 논쟁의 내용이나 핵심이 부각된다. [논쟁은 여행] 은유에서는 논쟁의 진행과정과 논쟁의 단계 등이 부각되고, [논쟁은 전쟁] 은유에서는 논쟁에서의 전략을 통한 승리와 패배, 그리고 논리적 약점과 관련된 공격 및 방어 등이 부각되며, [논쟁은 건물] 은유에서는 논쟁의 토대를 쌓는 일이나 논의의 견고함 등이 부각된다.

같은 목표영역에 대하여 다양한 근원 영역을 사용하여 이해하는 경우도 많지만 반대로 여러 다른 목표영역을 하나의 근원영역으로 이해하는 경우도 다수 발견된다. [삶은 여행]과 [논쟁은 여행] 은유가 그 예이다. '여행'이라는 근원영역이 두 개의 다른 목표영역인 '삶'과 '논쟁'을 이해하기 위하여 사용되고 있다. 또한 [삶은 전쟁]과 [논쟁은 전쟁] 은유도 '삶'과 '논쟁'이라는 다른 목표영역을 이해하기 위하여 동일한 근원영역인 '전쟁'을 사용하고 있다.

다음 예시에서도 동일한 '식물' 영역이 다양한 목표 영역을 이해하는 데 활용되고 있다. (18a)에서는 '꽃봉오리'의 개념을 통해 '아름다움'을 이해하며, (18b)에서는 '식물의 경작'이라는 개념을 활용하여 '우정'을 이해하고 있다. 또한, (18c)에서는 '열매'의 개념을 사용하여 '노동'의 결과를 설명하고 있다. '꽃봉오리', '경작', '열매'는 모두 '식물'이라는 근원 영역에 속하며, 이를 통해 다양한 추상적 개념이 구체적으로 개념화되고 있다.

(18) a. a **budding** beauty

　　b. He **cultivated** his friendship with her.

　　c. the **fruit** of her labor (Kövecses 2010, 19)

[삶은 여행] 은유는 [사랑은 여행] 은유나 [경력은 여행] 은유를 그 하위 은유로 포함하고 있다.³ [사랑은 여행] 은유와 [경력은 여행] 은유는 다음 예시에서 잘 나타난다.

(19) [사랑은 여행] 은유

　　a. 호감이 생기고 **관계가 진전된** 후에야 심지어는 최종 커플 선택 직전에 비밀이 공개된다. (뉴스엔미디어 2022.10.18.)

　　b. '우이혼' 유깻잎 "**우리 관계는 여기까지**"→최고기 "부족한 것 많았다" 눈물 (조선일보 2021.02.09.)

　　c. 연인과 '**어디까지 가도 될지**' 고민하는 당신이 반드시 들어야 할 대답 (핀터레스트 2018.08.07.)

3　Lakoff(1993)가 제시한 [사랑은 여행] 은유와 [경력은 여행] 은유의 예시는 다음과 같다.
　(i) [LOVE IS A JOURNEY]
　　a. We're **at the crossroad**.
　　b. We've hit **a dead-end street**.
　　c. We can't **turn back** now.
　　d. Their marriage is **on the rock**. (Lakoff 1993, 208)
　(ii) [CAREER IS A JOURNEY]
　　a. He **clawed his way to the top**.
　　b. He's **over the hill**.
　　c. She's **on the fast track**.
　　d. He's **climbing the corporate ladder**.
　　e. She's **moving up** in the ranks quickly.

(20) [경력은 여행] 은유

    a. "오로지 성공만을 위해 **달려가는** 고아인의 모습을 보며 이런 게 사회생활인가 싶었다."(네이트 뉴스 2023.02.27.)

    b. 이에 공기업과 대기업을 목표로 준비했던 취준생들은 차선책으로 엔지니어링사를 **목적지**로 삼은 것이다. (엔지니어링데일리 2023.02.17.)

    c. 멈춰버린 고용시장 속에서 정처 없이 배회하는 청년들이 유의미한 **경력을 쌓을 수 있도록** 서울시를 비롯한 지자체가 나서서 기회를 제공해야 한다. (오마이뉴스 2021.03.07.)

[인생은 여행] 은유는 [사랑은 여행], [경력은 여행]과 같은 하위 은유들과 표현을 공유한다. '삶'의 영역에서 사용하는 '어디까지 왔는지?' '목표지' '앞으로 나아가다' 등의 표현은 '사랑'의 영역과 '경력'의 영역에 동일하게 사용된다.

개념적 은유는 인간이 세상을 이해하고 사고하는 방식을 반영하는 중요한 인지적 기제이다. 추상적인 개념을 보다 구체적인 경험과 연결하여 이해하는 방식은 언어표현뿐만 아니라 우리의 사고 구조 전반에 깊이 자리 잡고 있다. 예를 들어, '삶'을 '여행', '전쟁', '도박'과 같은 익숙한 개념을 통해 설명하는 것은 우리가 복잡한 개념을 보다 쉽게 받아들이도록 돕는다. 또한, '식물'과 같은 자연적 요소를 활용하여 '아름다움', '우정', '노동'과 같은 다양한 개념을 형상화하는 것 역시 개념적 은유의 대표적인 사례이다. 이러한 은유적 사고는 단순한 언어적 표현을 넘어, 인간의 경험과 사고방식을 구조화하는 기본적인 원리로 작용하며, 문화와 시대에 따라 다양한 방식으로 확장되고 변화한다.

2.2.2 광고에 나타나는 개념적 은유

개념적 은유는 인간이 세상을 이해하고 사고하는 방식을 반영하는 중요한 인지적 과정으로, 이는 광고에서도 효과적으로 활용된다. 추상적인 개념을 보다 구체적인 경험과 연결하여 이해하는 방식은 단순한 언어 표현을 넘어 우리의 사고 구조 전반에 깊이 자리 잡고 있으며, 이러한 특징은 광고 메시지를 보다 직관적이고 설득력 있게 전달하는 데 기여한다. 예를 들어, '삶'을 '여행', '전쟁', '도박'과 같은 익숙한 개념을 통해 설명하는 것은 소비자들이 제품이나 브랜드의 가치를 쉽게 이해하고 공감하도록 돕는다. 또한, '식물'과 같은 자연적 요소를 활용하여 '아름다움', '우정', '노동'과 같은 다양한 개념을 형상화하는 것은 광고에서 특정 이미지를 강화하고 감성적 효과를 극대화하는 방식으로 자주 사용된다.

광고에서의 개념적 은유는 단순한 수사적 장치가 아니라, 브랜드의 메시지를 보다 효과적으로 전달하고 소비자들의 경험과 정서적 반응을 유도하는 중요한 전략이다. 이를 통해 광고는 제품이나 서비스에 대한 인식을 보다 직관적으로 형성하게 하며, 소비자들이 브랜드를 더 쉽게 기억하고 의미를 부여할 수 있도록 한다.

2.2.2.1 Forceville의 광고 은유

Forceville(1996, 2002, 2012, 2017, 2018, 2024)는 다양한 시각 이미지에 나타나는 개념적 은유에 대해 논의하고 있으며, 특히 Forceville(1996, 2017)은 광고에 나타난 개념적 은유를 집중적으로 분석하고 있다. 이와 관련하여 본 절에서는 [구두는 넥타이] 은유와 [디자이너 제품은 조각품] 은유의 사례를 통해 광고에서 개념적 은유가 어떻게 활용되는지를 살펴보고자 한다. [구두는 넥타이] 은유는 구두가 넥타이만큼 패션과 밀접한 관련이 있으며, 착용자의 품위를 높여주는 아이템이라는 메시지를 전달하기 위해 사용된다. 즉, 넥타이가 정장 스타일을 완성하는 필수적인 요소로 여겨지듯이, 광고에서는 구두도 동일한 역할을 수행하는 중요한 패션 아이템으로 인식되도록 표현된다. 이를 통해 구두가 단순한 신발이 아니라, 착용자의 품격과 세련된 이미지를 강조하는 패션 액세서리임을 부각하는 전략적 은유가 형성된다.

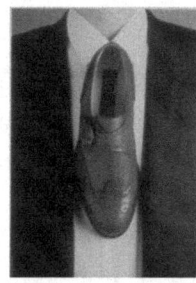

〈그림 2〉 [구두는 넥타이] 은유를 사용한 광고 (Forceville 1996: 100)

다음 광고에서는 박물관 조각품을 전시하는 자리에 광고하는 제품을 배치함으로써 [디자이너 제품은 조각품] 은유를 활용하고 있다. 이를 통해 디자이너가 만든 제품은 단순한 소비재가 아니라, 예술성이 뛰어나고 정교하게 제작된 작품과 같다는 메시지를 전달하고자 한다. 예를 들어, 캐리어 광고에서는 디자이너가 제작한 캐리어가 박물관에 전시되는 조각품만큼이나 섬세하게 만들어졌으며, 기능적 가치뿐만 아니라 미적 가치 또한 갖추고 있음을 강조하고 있다. 이는 제품을 단순한 일상용품이 아니라, 디자인과 예술성이 결합된 고급스러운 작품으로 인식하도록 유도하는 전략적 은유라 할 수 있다.

〈그림 3〉 [디자이너 제품은 조각품] 은유를 사용한 광고 (Forceville 2017, 34)

2.2.2.2 [정신은 신체] 은유 & [레고는 음식] 은유

Forceville이 제시한 광고 사례뿐만 아니라, 다양한 광고에서도 개념적 은유가 발견된다. 본 절에서는 레고 광고, 사회적 거리두기를 위한 공익광고, 그리고 네스카페 광고의 사례를 통해 각각의 은유가 어떻게 활용되는지를 논하고자 한다. 레고 광고에서는 [레고는 음식] 은유를 활용하여, 레고 블록을 접시에 놓고 양옆에 숟가락과 포크를 배치함으로써 레고가 마치 섭취할 수 있는 음식처럼 보이도록 연출하고 있다.[4] 이는 레고가 단순한 장난감이 아니라, 두뇌 발달을 위한 필수적인 '영양소'와 같다는 메시지를 전달하기 위한 전략이다.

또한, 광고 속 "Pure Brainfood(순수 뇌음식)"라는 문구는 '정신'을 '신체'로 이해하는 [정신은 신체] 은유를 반영하고 있다. 이는 '레고 놀이를 통해 두뇌가 발달하는 과정'을 '음식을 섭취하여 신체에 영양을 공급하는 과정'에 빗대어 설명하는 방식이다. 즉, 레고를 즐기는 것이 마치 건강한 음식을 먹는 것처럼 두뇌에 긍정적인 영향을 미친다는 점을 강조하며, 소비자가 레고를 단순한 오락이 아닌 지적 성장의 도구로 인식하도록 유도하는 설득

---

[4] https://kr.pinterest.com/pin/489273946990211818/

전략이라고 볼 수 있다.

〈그림 4〉 [레고는 음식] 은유

(21)은 레고 광고에서 사용된 개념적 은유의 사상을 보여준다. 이 광고에서는 '정신'을 '신체'로, '레고'를 '음식'으로 이해하는 개념적 은유가 활용된다. '사람의 몸'은 '두뇌'에 사상되고, '음식'은 '레고'에 대응되며, '신체 발달을 위해 음식을 섭취하는 것'은 '두뇌 발달을 위해 레고 놀이를 하는 것'으로 개념화된다. 즉, 레고 놀이가 아이들의 두뇌를 성장시키는 데 필수적인 요소라는 점을 강조하는 방식이다. 또한, '음식 섭취를 통해 영양을 공급받는 과정'은 '레고 놀이를 통한 사고 활동'으로 사상되며, '영양 공급이 부족한 상태'는 '레고 놀이 환경이 조성되지 않은 상태'와 연결된다. 이러한 사상을 통해, 레고 놀이가 아이들의 인지적 성장에 필수적이라는 메시지를 전달하며, 부모가 자녀를 위해 레고를 구매하는 것이 곧 아이의 성장과 발전을 위한 필수적인 지원 행위임을 강조한다. 이러한 은유적 사상을 통해 광고는 레고가 단순한 장난감이 아니라, 아이들의 두뇌 성장과 창의력 개발을 위한 필수적인 도구라는 점을 부각하며 소비자의 구매를 유도하는 전략을 취하고 있다.

(21) [정신은 신체]와 [레고는 음식] 은유의 사상

 a. 신체 → 두뇌

 b. 음식 → 레고

 c. 신체 발달을 위한 식사 → 레고놀이

 d. 영양 흡수 → 레고를 통한 사고 활동

 e. 영양 실조 → 레고 놀이 환경의 결여

 f. 신체의 성장 → 레고 놀이를 통한 지적 발달

 h. 자녀 성장을 위한 부모의 식사 제공 → 부모가 레고를 구입하여 놀이 환경을 마련하는 것

2.2.2.3 [사람은 물건] 은유 & [질병은 사라짐] 은유

다음은 코로나19 상황에서 사회적 거리두기를 권장하기 위해 제작된 공익광고이다.[5]

〈그림 5〉 [사람은 물건]과 [질병은 사라짐] 은유

이 광고에서는 풍선과 선인장이 가까이하면 문제가 발생한다는 시각적 이미지를 활용하여, 사회적 거리두기의 중요성을 강조하고 있다. 풍선이

---

5 https://penji.co/visual-metaphor/

선인장과 가까워지면 터져버리는 것처럼, 사람들 사이의 물리적 거리가 부족할 경우 질병에 노출될 위험이 커진다는 점을 시각적으로 표현한 것이다. 이 광고에는 두 가지 개념적 은유가 적용되었다. 첫째, [사람은 물건] 은유가 사용되었다. 광고에서는 풍선과 선인장을 각각 사람에 대응시키고 있으며, 이를 통해 사람들 사이의 물리적 거리를 시각적으로 표현하고 있다. 풍선과 선인장이 서로 가까워지면 풍선이 터지는 것처럼, 사람들이 가까이하면 질병 전파의 위험성이 높아진다는 메시지를 전달한다. 둘째, [코로나19 질병은 사라짐] 은유가 사용되었다. 풍선이 터지는 것은 곧 사라지는 것을 의미하며, 이를 코로나19 감염이 생명을 위협하는 위험한 상황과 연결하고 있다. 즉, 풍선이 터지는 것과 같이, 코로나19에 감염된 사람 역시 생명을 잃을 수 있음을 강조하는 방식이다. 이 광고는 사람을 물건으로 이해하고, 질병을 물리적으로 사라지는 현상으로 이해하는 방식을 통해, 코로나19 감염이 죽음과 연결될 수 있음을 경고하며 사회적 거리두기의 필요성을 강조하는 전략을 취하고 있다.

(22)는 사회적 거리두기 공익광고의 은유적 사상을 보여주고 있다. '풍선과 선인장'은 '질병이 없는 사람과 질병에 걸린 사람'에 각각 사상되고 '풍선과 선인장의 물리적 거리'는 '사람과 사람과의 사회적 거리'에 사상된다. '물리적 거리 확보의 실패'는 '질병 노출'에 사상되며, '물리적 거리 확보의 실패로 인한 피해'는 '질병 감염'에 사상된다. '풍선의 사라짐'은 '질병 감염자의 죽음'에 사상된다.

(22) [사람은 물건]과 [코로나19 질병은 사라짐] 은유의 사상
    a. 풍선과 선인장 → 사람
    b. 풍선과 선인장의 물리적 거리 → 사람과 사람과의 사회적 거리
    c. 물리적 거리 확보의 실패 → 질병 노출

d. 물리적 거리 확보의 실패로 인한 피해 → 질병 감염

e. 풍선의 사라짐 → 질병 감염자의 죽음

2.2.2.4 [커피는 자명종] 은유

이 네스카페 광고는 [커피는 아침을 깨우는 자명종]이라는 개념적 은유를 효과적으로 활용하고 있다.[6] 커피잔과 자명종 시계의 형상을 결합하여 '커피를 마시면 잠에서 깨어난다'는 메시지를 직관적으로 전달하고 있으며, 시각적 은유를 통해 브랜드의 핵심 가치를 강조하고 있다. 이러한 방식은 관객의 인지적 연상을 유도하여 광고의 설득력을 높이는 전략으로 볼 수 있다.

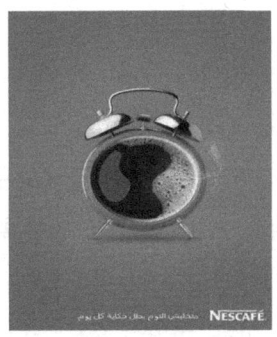

〈그림 6〉 [커피는 자명종] 은유

(23)의 분석은 네스카페 광고에서 활용된 개념적 은유 [커피는 자명종]의 구조를 체계적으로 설명하고 있다. 이 은유는 커피의 역할을 자명종의 기능과 연결함으로써, '커피 없이 시작하는 아침은 자명종이 없는 것과 같다'는 메시지를 강조한다. '잠을 깨우는 자명종의 역할'은 '커피의 역할'에 사

---

[6] https://www.behance.net/gallery/26491133/Nescafe-Print-Ad

상되고, '자명종의 울림'은 '커피 한잔이 제공되는 것'에 사상된다. '자명종의 부재'는 '커피의 부재'에 사상되며, '자명종의 부재로 인한 피해'는 '커피를 마시지 않음으로써 하루종일 잠이 덜 깬 상태로 일하게 되는 것'에 사상된다. 이러한 은유적 사상은 커피의 중요성을 강조하고, 브랜드의 메시지를 직관적으로 전달하는 효과를 가진다.

(23) [커피는 자명종] 은유의 사상
    a. 자명종의 역할 → 커피의 역할
    b. 자명종의 울림 → 커피 한잔의 제공
    c. 자명종의 부재 → 커피를 마시지 않는 아침
    c. 자명종의 부재로 인한 피해 → 하루종일 잠이 덜 깬 상태로 일하게 됨

2.2.3 조각작품, 영화, 꿈해석에 나타나는 개념적 은유

개념적 은유는 광고, 조각 작품, 영화, 꿈해석 등 다양한 영역에서 발견되며, 인간이 세계를 이해하는 방식에 깊이 영향을 미친다. 앞서 살펴본 네스카페 광고에서는 [커피는 자명종]이라는 은유를 활용하여 커피의 각성 효과를 시각적으로 강조하였다. 이처럼 은유는 단순한 언어적 표현을 넘어 이미지와 구성을 통해 메시지를 직관적으로 전달하는 기능을 한다. 이러한 개념적 은유는 조각 작품에서도 중요한 역할을 하며, Kövecses(2010)는 자유의 여신상에 담긴 여러 은유를 분석한 바 있다.

Kövecses(2010)는 자유의 여신상이 다음과 같은 두 가지 주요 개념적 은유를 포함하고 있다고 설명한다. 첫째, [행동은 자가발전식 이동 (ACTION IS SELF-PROPELLED MOVEMENT)] 은유가 발견된다. 자유의 여신상이 풀린 족쇄를 발 앞에 두고 앞으로 한 발을 내딛는 모습은 행동이 신체적

구속에서 벗어난 이동과 유사하게 이해됨을 보여준다. 이는 자유로운 행동이 단순히 정적인 상태가 아니라, 능동적인 움직임을 통해 실현된다는 개념적 사고를 반영한다. 둘째, [역사적 변화는 무지의 상태에서 지식의 상태로의 이동 (HISTORICAL CHANGE IS MOVEMENT FROM A STATE OF IGNORANCE TO A STATE OF KNOWLEDGE)] 은유가 나타난다. 자유의 여신상이 횃불을 들고 있는 모습은 지식을 상징하며, 이것이 역사적 변화와 연결된다. [아는 것은 보는 것 (KNOWING IS SEEING)]이라는 개념적 은유를 고려하면, 횃불은 어둠을 밝히는 역할을 하며 이는 지식의 확산을 의미한다. 여신상이 앞으로 나아가는 모습은 무지에서 지식으로의 역사적 전환을 상징한다.

(24) a. 행동은 자가발전식 이동

 (ACTION IS SELF-PROPELLED MOVEMENT):

b. 역사적 변화는 무지의 상태에서 지식의 상태로의 이동

 (HISTORICAL CHANGE IS MOVEMENT FROM A STATE OF IGNORANCE TO A STATE OF KNOWLEDGE)

Kövecses(2010, 65)

이와 같은 개념적 은유는 영화에서도 강력하게 활용된다. Kövecsess는 『포카혼타스(Pocahontas)』와 『노트르담의 꼽추(The Hunchback of Notre Dame)』에서 개념적 은유가 사용된 두 가지 사례를 제시한다. 첫째, 『포카혼타스』에서 [사랑에 빠지는 것은 물리적으로 어딘가에 빠지는 것 (FALLING IN LOVE IS PHYSICAL FALLING)] 은유가 발견된다. 포카혼타스와 연인이 폭포수에서 함께 떨어지는 장면은 물리적 낙하(falling)와 사랑에 빠지는 (falling in love) 개념을 연결하며, 사랑이 통제할 수 없는 감정적 경험임을

강조한다. 둘째, 『노트르담의 꼽추』에서 강렬한 불길을 배경으로 한 장면은 [욕망은 불 (LUST IS FIRE)] 은유를 보여준다. 영화에서 집시 처녀 에스메랄다와 노트르담 대성당의 부주교 클로드가 등장하는 장면에서 불꽃이 치솟는 이미지는 클로드의 에스메랄다에 대한 강렬한 성적 욕망을 은유적으로 표현하고 있다. 이는 인간의 욕망과 열정을 불길에 비유하는 보편적인 개념적 은유를 활용한 사례라 할 수 있다.

(25) a. Pocahontas - [사랑에 빠지는 것은 물리적으로 어딘가에 빠지는 것] 은유
　　 b. The Hunchback of Notre Dame - [성욕은 불] 은유

Kövecses(2010, 63~64)

개념적 은유는 꿈 해석에서도 발견된다. Kövecses(2010, 66~67)는 구약성경에서 요셉이 이집트 왕 파라오의 꿈을 해석한 사례에서 다음과 같은 개념적 은유를 적용할 수 있다고 분석한다. 파라오의 꿈에는 두 가지 주요 장면이 등장한다. 나일강가에서 살진 소가 풀을 뜯다가 흉하고 마른 소가 그것을 잡아먹는 장면과 좋은 곡식이 자라나다가 마른 곡식이 그것을 삼켜버리는 장면이다. 이 두 장면은 단순한 꿈의 묘사를 넘어 개념적 은유를 포함하고 있다. Kövecsess는 요셉의 해석을 [시간은 움직이는 물건(TIMES ARE MOVING OBJECTS)], [목적을 달성하는 것은 먹는 것(ACHIEVING A PURPOSE IS EATING)], [자원은 음식(RESOURCES ARE FOOD)] 은유로 설명한다. [시간은 움직이는 물건] 은유로 해석하면, 꿈에서 등장하는 살진 소와 마른 소, 좋은 곡식과 마른 곡식은 단순히 특정 시점을 의미하는 것이 아니라, 시간의 흐름에 따른 상태의 변화를 의미하게 된다. 시간을 물리적으로 이동하는 대상(예: 소나 곡식)으로 개념화하는 방식과 일치한다. [목적을 달성하는 것은 먹는 것] 은유로 해석하면 꿈에서 마른 소가 살진

소를 잡아먹고, 마른 곡식이 좋은 곡식을 삼키는 것을 '자원이 어떻게 소비되고 흡수되는가'로 이해하게 된다. [자원은 음식] 은유로 해석하면, 꿈에서 등장하는 소와 곡식은 단순한 음식이 아니라 국가 경제와 생존을 유지하는 자원을 의미하게 된다.

2.2.4 그림책에 나타나는 개념적 은유

개념적 은유는 단순한 언어적 표현이 아니라, 이미지와 서사의 조합 속에서 의미를 구성하는 방식으로도 나타난다. 그림책 역시 언어와 시각 이미지를 동시에 사용하여 의미를 전달하는 특수한 장르로서, 개념적 은유가 언어와 시각 이미지에 동시에 나타나는 것을 보여주는 좋은 사례가 된다. 최영주(2019)는 알렌 세이(Allen Say)가 쓴『거울 속의 이방인 (Stranger in the Mirror)』이라는 그림책에서 [노화는 왜소함], [노화는 밖], [노화는 아래]라는 개념적 은유가 시각적 이미지와 언어를 통해 표현되는 방식을 분석하였다.

『거울 속의 이방인』은 어린아이인 샘이 어느 날 아침 노인으로 변했다가 마치 꿈을 꾼 듯 다시 어린아이로 되돌아오는 이야기를 다루고 있다. 이 그림책에서는 노화라는 개념을 시각적 이미지와 공간적 배치를 통해 은유적으로 표현하고 있다.

첫째, [노화는 왜소함 (AGING IS DIMINISHMENT)] 은유는 샘이 노인으로 변한 이후 그의 신체 크기가 작아진 모습에서 포착된다. 책의 왼쪽 페이지에서는 샘이 어린아이일 때의 모습이 나타나고, 오른쪽 페이지에서는 노인으로 변한 모습이 등장하는데, 노인이 된 샘은 전체적으로 작아진 상태로 묘사된다.

〈그림 7〉 [노화는 왜소함] 은유

이는 신체적 위축과 쇠약을 시각적으로 강조하며, 노화가 신체적 감소와 연관된 개념임을 보여준다. 이러한 왜소함은 공간적 위치와도 연결되며, [노화는 아래 (AGING IS DOWN)] 은유를 형성한다. 신체가 작아지면서 샘의 위치도 자연스럽게 아래로 내려가기 때문이다. 공간적 배치에서 '아래'에 있다는 것은 [건강은 위 (HEALTH IS UP)] 또는 [권력은 위 (POWER IS UP)]라는 개념적 은유를 반영하며, 건강이나 권력이 약해진다는 의미를 내포한다. 즉, 신체적 위축뿐만 아니라, 사회적·심리적 위상에서도 하락이 발생하는 것을 시각적으로 강조하는 방식이다.

또한 [노화는 밖 (AGING IS OUTSIDE)] 은유는 샘이 노인으로 변한 이후 사회적 관계에서 소외되는 모습을 통해 표현된다. 어린아이였을 때는 부모와 친구들 사이에서 자연스럽게 어울렸지만, 노인이 된 후에는 더 이상 공동체 내부에 속하지 못하고 '밖'에 머무르는 존재로 변한다. 이러한 변화는 두 개의 장면에서 시각적으로 강화된다. 첫 번째 장면에서는 샘의 부모가 부엌에서 의논하는 동안, 샘은 그 안에 들어가지 못하고 부엌 밖에서 머물러 있다. 이는 노화가 사회적 상호작용에서 점점 배제되는 과정임을 상징적으로 보여준다. 두 번째 장면에서는 샘이 장면 바깥에 배치되어 있으며, 교실 안에서는 학생들과 선생님이 노인이 된 샘을 놀란 눈으로 바라보고 있다. 하지만 샘은 더 이상 그들 속에 포함되지 못하고, 교실

안이 아니라 '밖'에서 존재하는 인물로 묘사된다. 이는 [사회적 중심은 안 (SOCIAL INCLUSION IS INSIDE)], [사회적 배제는 밖(SOCIAL EXCLUSION IS OUTSIDE)]이라는 개념적 은유와 연결되며, 노화가 '젊음' 중심의 사회에서 주변화되는 과정을 반영한다.

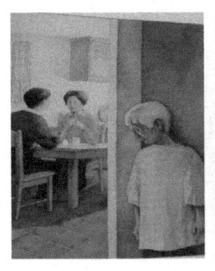 

〈그림 8〉 [노화는 밖] 은유

앞서 살펴본 그림책에서 [노화는 밖] 은유가 샘이 사회적 관계에서 배제되는 방식으로 표현된 것처럼, 한국어에서도 '안'과 '밖'이라는 공간적 개념이 소속(inclusion)과 배제(exclusion)를 나타내는 은유적 표현으로 자주 사용된다. '안'은 집단이나 체계 속에 포함되는 것을 의미하며, 반대로 '밖'은 체계에서 벗어나 소속되지 못한 상태를 나타낸다. 다음 한국어 예시를 살펴보면 '밖'이라는 것이 '소속되지 못함'을 뜻하는 것을 알 수 있다. (26a) 문장에서 '다양성 안에 소속된다'는 표현은 특정한 조직이나 가치 체계 속에서 인정받고 포함되는 것을 의미한다. 여기서 '안'은 포용과 소속의 의미를 강화하는 역할을 한다. (26b) 문장에서 '민생 속으로 들어가다'라는 표현에서 '속'은 단순한 물리적 위치를 의미하는 것이 아니라, 민생과 직접 연결되어 그 안에서 활동하는 것을 뜻한다. 즉, '안'은 특정한 가치나 체계에 적극적으로 참여하는 개념으로 사용되고 있다.

(26) [속한 것은 안] 은유

    a. "다양성 **안에 소속된다**"…롯데, '2023년 다양성 포럼' 개최

       (머니투데이 2023.11.17.)

    b. 與 "尹은 오직 '민생'…민생 **속으로** 더 깊이 들어가겠다고 다짐"

       (중앙일보 2024.04.16.)

(27a)에서 '복지 제도권 밖 위기가구'라는 표현은 특정한 사회적 안전망이나 제도적 지원 체계에서 배제된 가구를 의미한다. '밖'은 단순한 물리적 위치가 아니라, 특정한 시스템이나 혜택을 받지 못하는 상태를 나타낸다. (27b)에서 '테두리 바깥에 놓인 사람들'이라는 표현에서 '바깥'은 법적·사회적 보호망의 경계를 벗어나 소외된 상태를 나타낸다. 이는 사회적 권리나 보호를 받는 사람들과 그렇지 못한 사람들 간의 경계를 은유적으로 표현한 것이다.

(27) [속하지 못한 것은 밖] 은유

    a. 사상희망우산 사업은 사상구와 12개 전 동, 모라종합사회복지관 등 지역 4개 복지관이 협력해 복지 제도권 **밖** 위기가구를 지원하는 제도다.

       (뉴시스 2024.04.15.)

    b. 국가가 국민을 기준으로 인권을 보장하고자 할 때, 그 테두리 **바깥에 놓인** 사람들은 항시적으로 위기를 겪으며 살아가게 된다.

       (프레시안 2024.04.05.)

위의 한국어 표현들은 [속한 것은 안], [속하지 못한 것은 밖]이라는 개념적 은유가 사회적 포용과 배제의 개념을 형성하는 방식으로 작동하고 있음을 보여준다. 이는 앞서 살펴본 『거울 속의 이방인』에서 샘이 노인이 된

후 공동체 '안'으로 들어가지 못하고 '밖'에 머물러야 했던 상황과도 연결된다. 노화가 사회적 소외를 동반하는 것처럼, 한국어에서도 '안'과 '밖'의 개념을 통해 포함과 배제의 개념을 시각적으로 표현하고 있다. 따라서, '안'과 '밖'이라는 공간적 개념은 단순히 물리적 위치를 의미하는 것이 아니라, 사회적, 법적, 경제적 체계 속에서의 포함(inclusion)과 배제(exclusion)을 표현하는 방식으로 확장될 수 있음을 알 수 있다.

앞서 살펴본 [노화는 왜소함], [노화는 밖] 은유와 함께, 작품에는 [노화는 아래]라는 개념적 은유도 발견된다. 이는 공간적 이동과 위치 변화를 통해 노화를 부정적인 개념으로 인식하는 방식을 반영한다. [좋은 것은 위(GOOD IS UP)], [나쁜 것은 아래 (BAD IS DOWN)]라는 개념적 은유에 비추어 볼 때, 노화를 '아래로 내려가는 것'으로 표현하는 것은 노화의 부정적 측면을 강조하는 방식이라고 볼 수 있다. 이러한 은유는 작품 속에서 샘이 노인으로 변한 후 '아래층(downstairs)'과 관련된 대사와 행동을 통해 구체적으로 드러난다.

(28) a. "Are you going to move downstairs?"
    b. "Grandpa's room's down there"
    c. He rushed downstairs and burst into Grandpa's old room. The bag was on the bed. Shaking his head, Sam carried it upstairs.

(28a)는 샘의 동생이 그에게 아래층으로 내려갈 것인지 묻는 장면이다. 여기서 '아래층으로 내려간다'는 것은 단순한 공간적 이동이 아니라, 노화와 함께하는 위치가 변화하는 것으로 해석될 수 있다. (28b)의 '할아버지의 방이 아래층에 있다'는 진술은 노화와 '아래'라는 개념을 연결하는 문화적 사고 방식을 반영하고 있다. (28c)에서 샘은 아래층으로 내려가서 할아버

지의 방에 있는 자신의 가방을 발견하지만, 곧바로 그것을 위층으로 가져 간다. 이는 샘이 '아래(노화의 위치)'에서 벗어나 다시 '위(젊음의 위치)'로 돌아가려는 움직임을 상징하는 장면이다. 이처럼, 작품 속에서 '아래층'은 노화와 연결된 공간으로 설정되어 있으며, 샘이 아래층에서 머물지 않고 다시 위층으로 올라가려는 행동은 노화의 부정적 측면에서 벗어나려는 상징적 의미를 가진다. 이는 [좋은 것은 위]와 [나쁜 것은 아래]라는 개념적 은유를 바탕으로 [노화는 아래]라는 인식을 강조하는 방식으로 작동하고 있다. 이러한 은유적 구조는 단순한 서사적 장치가 아니라, 독자가 의미를 직관적으로 이해하도록 돕는 중요한 인지적 도구로 기능한다.

이와 같은 개념적 은유는 존 버닝햄(John Burningham)의 그림책 『지각대장 존 (John Patrick Norman McHennessy, the Boy Who Was Always Late)』에서도 발견된다. 최영주(2019)는 이 작품에서 [배움은 여행] 은유가 이야기 전반에 걸쳐 핵심적인 개념으로 작동한다고 분석하였다.

(29) [배움은 여행] 은유 (최영주 2019, 140)

    a. 여행자 → 학습자
    b. 여행길 → 학습과정
    c. 여행한 거리 → 학습한 내용
    d. 여행 가이드 → 교사/학습 안내
    e. 여행 길잡이/표지판 → 학습과정 안내
    f. 여행 스케줄 → 교과 과정
    g. 목적지 → 배움의 완성
    h. 장애물 → 학습저해 요소
    j. 준비물 → 물적 자원 및 재능

작품에서 주인공 존은 학교에 가기 위해 여정을 떠나지만, 길을 가는 동안 계속해서 예기치 못한 사건을 겪으며 학교에 지각하게 된다. 첫 번째 여행에서는 악어가 나타나 가방을 물고 놔주지 않으며, 두 번째 여행에서는 사자가 등장해 존의 바지를 물고 놔주지 않는다. 세 번째 여행에서는 거대한 파도가 몰려와 존을 덮치고 휩쓸어 간다. 존은 이러한 문제를 겪을 때마다 해결해 나가지만, 정작 학교에 도착하면 배움이 멈추고, 지각한 벌로 몇백 번씩 '다시는 지각하지 않겠다'는 문장을 쓰게 된다. 아이러니하게도, 학교는 배움의 목적지로 설정되었지만, 실질적인 배움은 그곳에서 이루어지지 않는다. 오히려 존은 학교로 향하는 과정에서 다양한 사건을 겪으며 문제를 해결하고, 이를 통해 학습하게 된다. 즉, 반복되는 여행을 통해 배움이 축적되며 성장한다는 점에서, 이 이야기 전반에 흐르는 [배움은 여행] 은유는 학습이 정적인 상태가 아니라 도전과 극복의 연속적인 과정이라는 개념적 구조를 형성하고 있다.

이야기 속에서 존이 마주하는 장애물들은 단순한 방해 요소가 아니라, 학습 난이도가 점차 상승하는 과정을 반영하고 있다. 이는 [문제의 어려움은 문제의 크기와 거리] 은유를 통해 시각적으로 강화된다. 첫 번째 여행에서 만난 악어는 상반신만 물 밖으로 나와 있으며, 존과의 거리가 비교적 멀다. 이는 문제의 크기가 작고, 직접적인 위협이 덜한 초기 단계의 학습 과제를 반영한다. 두 번째 여행에서는 사자가 온몸을 드러내며, 존의 엉덩이를 물고 있다. 이는 첫 번째 여행에서보다 문제의 크기가 커졌고, 존과의 거리도 가까워졌음을 의미한다. 즉, 학습 과정에서 점점 더 어려운 문제를 해결해야 하는 단계로 넘어간 것이다. 세 번째 여행에서는 거대한 파도가 등장하여 존의 몸을 완전히 덮치고 휩쓸어 간다. 물리적 거리와 크기 모두에서 이전의 문제들보다 훨씬 더 강력한 난관을 나타내며, 이는 학습 과정에서 가장 어려운 문제를 마주하는 단계를 상징한다. 이처럼, 여행 중에 등장하는 장애물들이 점점 커지고 가까워지는 방식으로 배치됨으로써, 학습 과정에서의 도전과 난이도 상승이 시각적으로 구현된다. 이는 존이 점진적으로 더 어려운 문제를 해결하면서 성장하는 과정을 보여주며, 학습의 본질이 문제 해결을 통해 발전하는 것임을 강조한다.

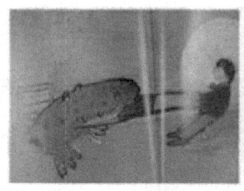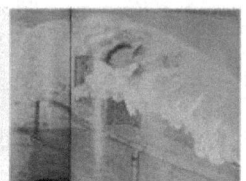

〈그림 9〉 [배움은 여행] 은유

『지각대장 존』에서는 [배움은 여행] 은유를 통해 학습 과정이 단순히 학교라는 목적지에서 이루어지는 것이 아니라, 여행 중에 발생하는 다양한 사건을 해결하면서 점진적으로 이루어진다는 점을 보여준다. 그러나 존이 학교에 도착했을 때, 그는 학습의 기회를 제공받지 못하며 오히려 반복적인 벌을 받게 된다. 이는 학교가 배움의 장소로 기능하지 못하고 있으며, 교육 시스템이 학생을 통제하는 역할로 작동하고 있음을 시사한다. 이 과정에서 [통제는 위 (CONTROL IS UP)] 및 [통제는 크기 (CONTROL IS SIZE)] 은유가 적극적으로 활용된다. 이야기 속에서 존이 지각할 때마다 교사의 크기와 위치가 점점 더 커지고 위로 올라간다.

〈그림 10〉 [통제는 위] 및 [통제는 크기] 은유

첫 번째 지각 장면에서 존과 교사의 크기를 비교하면, 일반적인 어른과 아이의 크기 차이 정도로 비추어진다. 두 번째 지각 장면에서는 교사는 점점 더 커지고 높은 위치에 배치되며, 존은 상대적으로 더 작아지고 아래쪽으로 내려간다. 세 번째 지각 장면에서는 교사는 존보다 훨씬 더 거대해지고, 압도적인 위쪽에 배치된다. 존은 교사의 크기에 비해 매우 왜소해지며, 교사의 위압적인 위치에 비해 더욱 아래에 놓이게 된다. 이러한 공간적 배치는 [통제는 위]와 [통제는 크기]라는 개념적 은유를 반영한다. 교사의 위치가 존보다 점점 더 위로 올라가는 것은, 교사가 학생을 더욱 강하게 통제하려 한다는 의미를 전달한다. 교사의 크기가 점점 더 커지는 것은 권위와 힘을 상징하며, 더 크고 위압적인 존재가 더 많은 통제력을 가진다는 개념적 은유를 반영한다. 이러한 은유적 구조는 단순히 교사가 학생을 지배하는 관계를 시각적으로 강조할 뿐만 아니라, 교육의 본질이 학생을 성장시키기보다 통제하려는 방향으로 왜곡될 수 있음을 비판하는 기능도 한다. 존이 학교에서 지각할 때마다 교사의 통제력은 더욱 강해지지만, 정작 존이 배움을 통해 성장하는 기회는 주어지지 않는다. 이는 교육 시스템이 형식적인 규율을 강조하는 동안, 실제적인 학습 경험은 오히려 무시되는 현실을 반영한다.

『지각대장 존』에서 개념적 은유는 교육과 학습에 대한 중요한 메시지를 전달하는 도구로 기능한다. 학습은 단순한 지식 전달이 아니라, 도전과 경험을 통해 이루어진다. 문제의 난이도는 점점 증가하며, 배움은 점진적인 성장 과정이다. 교육 시스템이 학생을 성장시키기보다 규율과 처벌로 억압하는 방식으로 작동할 수 있음을 비판한다. 이러한 은유적 구조는 독자들에게 학습과 교육을 바라보는 새로운 시각을 제공하며, 단순한 어린이 문학을 넘어 사회적 메시지를 담고 있는 작품으로 해석될 수 있도록 한다.

2.3 개념적 환유

지금까지 살펴본 개념적 은유는 하나의 개념을 다른 개념을 통하여 이해하는 방식으로, 인간이 추상적인 개념을 보다 구체적으로 인식하고 표현할 수 있도록 하는 인지적 기제였다. 그러나 개념적 사고방식에는 개념적 은유뿐만 아니라 개념적 환유도 중요한 역할을 한다. 개념적 환유는 개념적 은유와 달리, 한 개념이 그와 개념적으로 근접한 다른 개념을 대신하여 지칭하는 방식으로 작동한다. 앞서 살펴본 개념적 은유가 서로 다른 두 개념을 연결하여 의미를 확장하는 방식이었다면, 개념적 환유는 서로 밀접하게 연관된 개념들 사이에서 한 요소가 다른 요소를 대표하는 방식으로 나타난다. 예를 들어, 수업 시간에 선생님이 "노란 모자가 대답해보세요"라고 말하는 경우를 생각해보자. 여기에서 '노란 모자'는 특정 학생이 착용한 의복이지만, 이 표현은 단순히 모자를 의미하는 것이 아니라 그 모자를 쓰고 있는 학생 전체를 대신하여 가리키는 역할을 한다. 이는 '의복으로 사람을 가리키는 환유'이며, 더 넓게 보면 '부분으로 전체를 가리키는 환유(PART FOR WHOLE METONYMY)'의 한 사례라고 할 수 있다. '노란 모자'는 개념적으로 쉽게 접근할 수 있으며, 학생과 학생이 입은 의복은 서로 밀접한 관계를 갖고 있기 때문에 환유 매체(metonymic vehicle)로 선택된다.

이와 같은 원리는 식당에서도 흔히 발견된다. 예를 들어, 종업원이 "14번 나갑니다"라고 말하는 경우를 보자. 여기서 '14번'은 특정 손님이 앉아 있는 테이블 번호이지만, 실제로 종업원이 가리키는 대상은 테이블 자체가 아니라 그 테이블에 앉아 있는 손님들이다. 종업원에게 있어 테이블 번호는 손님을 인식하는 데 가장 쉽게 접근할 수 있는 정보이며, 손님과 그들이 앉은 자리(테이블 번호) 간의 개념적 밀접성 때문에 환유 매체로 선택된 것이다. 이처럼, 개념적 환유는 우리가 일상적으로 사용하는 언어에서 빈번하게 작동하며, 특정한 특징이나 속성을 통해 전체 개념을 이해하고 표현하는 데 중요한 역할을 한다. 이제 개념적 환유의 다양한 사례를 들어 그 종류와 원리에 대해 더욱 자세히 살펴보도록 하겠다.

2.3.1 언어에 나타나는 개념적 환유

Choi(2012)가 분석한 한국어 합성어의 예시를 통해, 개념적 환유가 어떻게 다양한 방식으로 나타나는지를 설명하고자 한다. 이 논의에서는 ① 전체로 부분을 나타내는 환유, ② 부분으로 전체를 나타내는 환유, ③ 상위어로 하위어를 나타내는 환유, ④ 용기로 내용물을 나타내는 환유, ⑤ 개체로 사건을 나타내는 환유, ⑥ 원인으로 결과를 나타내는 환유, ⑦ 범주로 속성을 나타내는 환유, ⑧ 속성으로 범주를 나타내는 환유, ⑨ 개체로 양을 나타내는 환유, ⑩ 장소로 상황을 나타내는 환유 등 다양한 유형을 살펴볼 것이다. 이를 통해 개념적 환유가 한국어 합성어에서 어떤 방식으로 작용하는지를 구체적으로 분석하고자 한다.

2.3.1.1 전체로 부분을 나타내는 환유

개념적 환유 중 하나는 '전체로 부분을 나타내는 환유 (WHOLE FOR PART METONYMY)'로, 전체 개념이 특정한 부분을 대신하여 사용되는 방식이다. 이는 언어 사용에서 특정 부분을 직접 지칭하는 대신, 더 접근하기 쉬운 전체 개념을 통해 의미를 전달하는 방식으로 나타난다. 예를 들어, '콧노래'와 '콧소리'는 '코에서 나오는 노래나 소리'라는 뜻을 가지지만, 보다 정확하게 말하면 이는 '비강(鼻腔)에서 나오는 노래나 소리'를 의미한다. 그러나 한국어에서는 '비강노래'나 '비강소리'라는 표현을 사용하지 않고,

보다 일반적인 '코'라는 전체 개념을 활용하여 '콧노래' 그리고 '콧소리'라고 표현한다. 이는 '코'라는 전체 개념이 코 내부의 '비강'이라는 특정 부분을 대신하는 개념적 환유가 작동하기 때문이다.

(30) 전체로 부분을 나타내는 환유[7]
    a. 콧노래   b. 콧소리   (Choi, 2012, 9)

2.3.1.2 부분으로 전체를 나타내는 환유

앞서 살펴본 '전체로 부분을 나타내는 환유'와 반대로, '부분으로 전체를 나타내는 환유 (PART FOR WHOLE METONYMY)'는 특정한 부분이 전체를 대표하는 방식으로 작동한다. 이는 언어에서 자주 사용되는 개념적 환유로, 특정한 신체 부위나 특징적인 요소를 통해 개체 전체를 지칭하는 경우가 많다. 예를 들어, '돌머리'는 '머리가 잘 돌아가지 않는 사람'을 의미할 때 사용되는데, 여기에서 '머리'라는 신체의 일부가 '사람' 전체를 대신하는 환유적 표현으로 기능한다. 즉, 머리가 좋지 않은 사람을 가리킬 때, 머리만을 언급하여 사람 전체를 의미하는 방식이다.

또 다른 예로, '치마바람'은 특정한 옷(치마)으로 사람 전체를 가리키는

---

[7] Radden and Kövecses(1999)는 전체와 부분 관계 환유에 대하여 두 가지 예시를 들고 있다. United States(미국)을 America(미국대륙)으로 부르는 것은 대륙이라는 전체를 통하여 미국이라는 부분을 나타내므로 전체로 부분을 나타내는 환유가 사용되었다고 설명한다. England(영국)의 경우 영국이 스코틀랜드와 아일랜드를 포함하는 Great Britain(대영제국)을 가리키기 때문에 부분으로 전체를 나타내는 환유가 사용된 사례이다.

(i) WHOLE & PART
   WHOLE FOR PART *America* for 'United States'
   PART FOR WHOLE *England* for 'Great Britain'
                                        (Radden and Kövecses, 1999, 31)

표현이다. 이 단어는 주로 어머니들이 자녀의 교육을 위해 적극적으로 개입하는 모습을 묘사할 때 사용된다. 여기서 '치마'는 단순히 옷의 한 종류가 아니라, 치마를 입는 여성(특히 어머니) 전체를 지칭한다. 즉, 특정한 의복을 통해 그 의복을 입는 사람 전체를 나타내는 방식이다. 이처럼, 부분으로 전체를 나타내는 환유는 특정 신체 부위, 의복, 도구 등을 통해 개체 전체를 지칭하는 방식으로 작동한다.

(31) 부분으로 전체를 나타내는 환유
    a. 돌머리   b. 치마바람   (Choi, 2012, 15)

2.3.1.3 하위어로 상위어를 나타내는 환유

개념적 환유 중 하나인 '하위어로 상위어를 나타내는 환유(SUBCATEGORY FOR CATEGORY METONYMY)'는 특정 하위 개념(하위어)이 보다 넓은 상위 개념(상위어)을 대신하여 사용되는 방식이다. 이는 특정한 하위 개념이 개념적으로 상위 개념을 대표할 수 있을 때 발생하며, 한국어의 다양한 합성어에서도 이러한 환유적 관계를 찾을 수 있다. 예를 들어, '돌부처'는 '완고한 사람'을 의미하는데, 여기에서 '부처'는 본래 석가모니를 의미하지만, 더 넓게는 사람을 가리키는 용도로 사용되고 있다. 즉, '부처'라는 특정한 하위 개념(석가모니)이 상위 개념인 '사람' 전체를 대신하여 지칭하는 방식으로 환유가 작동하고 있다. 또 다른 예로, '입씨름'은 '말로 옳고 그름을 따지는 것'을 의미하는데, 여기에서 '씨름'은 본래 특정한 형태의 육체적 경쟁을 의미하는 단어이다. 하지만 이 표현에서는 '씨름'이 상위 개념인 '싸움' 전체를 대표하는 환유적 표현으로 사용된다. 즉, 실제 신체적 경쟁이 아니라 논쟁이나 언쟁과 같은 싸움의 개념을 포괄하는 방식으로 확장된 것이다.

(32) 하위어로 상위어를 나타내는 환유[8]
    a. 돌부처   b. 입씨름   (Choi, 2012, 11~14)

2.3.1.4 용기로 내용물을 나타내는 환유

'용기로 내용물을 나타내는 환유 (CONTAINER FOR CONTENT METONYMY)'는 특정한 용기나 저장 공간이 그 안에 담긴 내용물을 대신하여 사용되는 방식이다. 이는 일상 언어에서 매우 빈번하게 나타나는 환유적 표현으로, 한국어의 합성어에서도 이러한 원리가 적용된 사례를 발견할 수 있다. 예를 들어, '돌머리'가 '멍청한 머리'를 의미할 때, 여기에서 '머리'는 단순히 신체의 일부를 가리키는 것이 아니라, 머리 안에 있는 '뇌'를 가리키는 환유적 표현으로 사용된다. 즉, '머리'라는 용기를 통해 그 안에 담긴 핵심적인 내용물인 '뇌'를 지칭하는 방식이다. 또 다른 예로, '수족관'은 본래 '수상 동물을 담는 용기'라는 의미를 가지지만, 실제로는 그 안에 있는 수상 동물 자체를 의미하는 환유적 표현으로 사용된다. 예를 들어, "수족관을 구경하러 간다"라는 문장에서 구경하는 대상은 '수족관'이라

---

[8] 상위어와 하위어의 관계는 contraceptive pill(피임약)을 나타내는 pill(알약)과 통증약 전체를 나타내는 aspirin(아스피린)을 그 예시로 들 수 있다. '알약'이라고 말하면 '피임약'을 의미하게 되는 것은 상위어로 하위어를 나타내는 환유가 사용되었기 때문이고 아스피린으로 '통증약 전체'를 나타내는 것은 '하위어로 상위어를 나타내는 환유'가 사용되었기 때문이다.

  (ii) HYPERNYM & HYPONYM
     HYPERNYM FOR HYPONYM *pill* for 'contraceptive pill'
     HYPONYM FOR HYPERNYM
     aspirin for 'any kind of pain relieving medicine'

                                        (Radden and Kövecses, 1999, 34)

는 용기 자체가 아니라, 그 안에 담긴 물고기나 해양생물 등 수중 생명체이다. 이처럼, 용기와 그 안에 있는 내용물 사이의 개념적 밀접성이 강할 때, 용기 자체가 내용물을 대신하여 사용되는 환유적 표현이 가능해진다.

(33) 용기로 내용물을 가리키는 환유[9]
    a. 돌머리   b. 수족관   (Choi, 2012, 12)

2.3.1.5 결과로 원인을 나타내는 환유

'결과로 원인을 나타내는 환유'는 '피'와 '땀'의 합성어인 '피땀'에서 발견된다. '피땀'은 '노력'을 의미한다. '피땀 흘리며 일했다'라고 하면 '열심히 일했다'라는 뜻이다. 열심히 노력하다 보면 피와 땀이 나오게 마련이므로 노력의 결과인 '피땀'으로 '노력'을 가리키는 셈이다. '결과로 원인을 나타내는 환유'가 사용되었다.

(34) 결과로 원인을 나타내는 환유
    a. 피땀   b. 피눈물   (Choi, 2012, 16)

---

9 Peirsman and Geeraerts(1999)는 용기와 내용물 관계에 해당하는 환유에 대하여 다음과 같은 예시를 제시하고 있다. 'I love you with all my heart'라는 표현에서 heart는 가슴이 아닌 감정을 의미한다. 가슴이라는 용기 속에 담긴 감정을 나타내고 있다. 'the milk tipped over'라는 표현에서 milk는 우유를 의미하는 것이 아니라 우유를 담고 있는 용기를 의미하고 있다. '내용물로 용기를 나타내는 환유'가 사용된 예시이다.

  (i) CONTAINER & CONTAINED
     CONTAINER FOR CONTAINED
     heart in I love you with all my heart for 'feelings'
     CONTAINED FOR CONTAINER
     the milk in the milk tipped over for 'milk glass'

                                        (Peirsman and Geeraerts, 2006, 276)

2.3.1.6 범주로 속성을 나타내는 환유

'범주로 속성을 나타내는 환유'는 '황소고집'이나 '술고래'에서 '황소'와 '고래'와 같은 동물을 사용하여 동물의 속성을 나타낸 예시에서 발견된다. 또한 '벼락부자', '번개미팅', '폭풍성장'에서 '벼락', '번개', '폭풍'이라는 자연현상을 사용하여 자연현상의 속성인 '급하고 강함'을 나타내는 예시들이다. '돌부처'와 '돌머리' 의 '돌'은 단단하고 움직이지 않는 돌의 속성을 나타내고 있다. '돌부처'는 '융통성 없이 고지식하고 변함없는 사람'이라는 뜻으로 변하지 않는 돌의 속성을 지칭하고 있고, '돌머리'는 '돌처럼 단단하고 잘 움직이지 않는 머리'라는 뜻으로 유연하지 못한 돌의 속성을 지칭하고 있다. '책벌레'의 '벌레'도 한자리에서 꼼짝하지 않고 집요하게 식물을 파먹는 벌레의 속성을 의미하고 있다.

(35) 범주로 속성을 나타내는 환유[10]

    a. 황소고집; 술고래

    b. 벼락부자; 번개미팅; 폭풍성장

    c. 돌부처; 돌머리; 책벌레　　　　　　　　(Choi, 2012, 7~14)

---

10 Radden and Kövecses(1999)는 '범주로 속성을 나타내는 환유'는 stupidity(멍청함)을 의미하는 jerk를 제시하고 있으며 '속성으로 범주를 나타내는 환유'는 피부색이라는 속성으로 민족을 나타내는 blacks(흑인)의 예시를 제시하고 있다.

  (i) CATEGORY & PROPERTY
     CATEGORY FOR PROPERTY *jerk* for 'stupidity'
     PROPERTY FOR CATEGORY *blacks* for 'black people'
                                  (Radden and Kövecses, 1999, 35)

2.3.1.7 신체부위로 기능을 나타내는 환유

'신체부위로 기능을 나타내는 환유 (BODY PART FOR FUNCTION METONYMY)'는 특정한 신체 부위가 그 부위의 주요 기능을 대신하여 사용되는 방식이다. 인간의 신체 기관은 각기 다른 기능을 수행하며, 언어에서는 종종 이러한 신체 부위를 통해 해당 기능을 나타내는 환유적 표현이 형성된다. 예를 들어, '잠귀'는 '수면 중에 소리를 듣는 감각'을 의미하는데, 여기에서 '귀'는 단순한 신체 부위로서가 아니라, 청각 기능 전체를 지칭하는 환유적 표현으로 사용된다. 즉, '귀'라는 신체 부위가 '듣는 능력'을 대표하는 방식이다.

비슷한 방식으로, '입버릇'은 특정한 신체 부위인 '입'이 단순한 신체 기관이 아니라, '말하는 습관'을 의미하는 기능적 개념으로 사용되는 환유적 표현이다. 즉, 입이라는 기관이 수행하는 말하기 기능이 강조된다. 이와 같은 환유는 '눈요기'와 '눈호강'에서도 발견된다. '눈'은 단순히 시각 기관이 아니라, '무언가를 보는 기능'을 의미하는 환유적 표현으로 사용된다. 즉, 신체 기관인 '눈'이 그 기관이 담당하는 감각적 기능을 대표하는 것이다. 이처럼, '신체부위로 기능을 나타내는 환유'는 신체 기관과 그 기능 간의 개념적 밀접성을 바탕으로 작용한다.

(36) 신체부위로 기능을 나타내는 환유
    a. 잠귀
    b. 입버릇
    c. 눈요기; 눈호강

2.3.1.8 장소로 상황을 나타내는 환유

'장소로 상황을 나타내는 환유 (PLACE FOR SITUATION METONYMY)'는 특정한 장소가 그 장소에서 경험하는 특정한 상황을 대표하는 방식으로 작동한다. 이는 장소와 그곳에서 발생하는 경험이 개념적으로 밀접하게 연결되어 있기 때문에 가능하며, 한국어에서도 이러한 환유적 표현이 다양한 형태로 나타난다. 예를 들어, '바늘방석'과 '가시방석'은 문자 그대로는 바늘이나 가시가 꽂혀 있는 방석을 의미하지만, 실제로는 '매우 불편한 상황'을 가리키는 환유적 표현으로 사용된다. 즉, 앉을 수 있는 물리적 공간(방석)이 아니라, 그 공간에서의 경험하는 불편한 상황을 의미한다.

(37) 장소로 상황을 나타내는 환유
    a. 바늘방석   b. 가시방석   (Choi, 2012, 17)

2.3.2 광고에 나타나는 개념적 환유

앞서 살펴본 개념적 환유는 언어뿐만 아니라 다양한 시각적 표현 속에서도 나타난다. 개념적 환유는 우리의 인지 기제 중 하나이기 때문에, 광고, 영화, 조각, 건축물 등에서도 효과적으로 활용된다. 광고는 제품의 특징이나 가치를 비주얼로 전달하기 어려운 경우 그와 개념적으로 밀접한 다른 개념을 통해 소비자가 즉각적으로 의미를 파악할 수 있도록 돕는다. 이제부터 광고 이미지 속에서 발견되는 개념적 환유의 사례를 살펴보며, 어떤 방식으로 환유가 작용하는지 분석하고자 한다.

2.3.2.1 용기로 내용물을 나타내는 환유

다음 광고는 흡연이 두뇌와 정신 건강에 부정적인 영향을 미친다는 점을 강조하는 금연 광고이다. 이 광고에서는 일반적으로 손과 입에 위치해야 할 담배가 머리에 꽂혀 있는 이미지로 표현되어 있다. 이는 단순히 시각적 충격을 주기 위한 장치가 아니라, 흡연이 두뇌에 직접적인 영향을 미친다는 메시지를 전달하기 위한 개념적 환유의 활용이라고 볼 수 있다. 이 광고에서 사용된 핵심적인 개념적 환유는 '용기로 내용물을 나타내는 환유'이다. 머리는 뇌를 담고 있는 용기이므로, 머리가 곧 뇌를 의미하는 방식으로 사용된다.

(38) 용기로 내용물을 나타내는 환유

2.3.2.2 내용물로 용기를 나타내는 환유

다음 광고들은 제품의 주성분을 강조하기 위해 '내용물로 용기를 나타내는 환유'를 활용하고 있다. 일반적으로 용기는 내용물을 담는 역할을 하지만, 여기서는 내용물(토마토, 딸기, 오렌지)이 직접 용기 역할을 하도록 시각적으로 표현함으로써, 해당 제품이 100% 천연 성분임을 강조하고 있다.

(39) 내용물로 용기를 나타내는 환유

이러한 광고 기법은 단순히 제품의 특성을 설명하는 것을 넘어, 소비자가 직관적으로 제품의 순수성을 인식하도록 하는 강력한 마케팅 전략으로 작용한다. 내용물(토마토, 딸기, 오렌지)을 용기로 직접 형상화함으로써, 해당 제품이 자연 그대로의 원료로 만들어졌다는 신뢰성을 시각적으로 전달하는 효과를 가진다.

2.3.2.3 부분으로 전체를 나타내는 환유

다음 광고는 고령자와 젊은 세대가 함께하는 동행의 중요성을 강조하는 공익광고로, 개념적 환유 중 하나인 '부분으로 전체를 나타내는 환유'를 활용하고 있다. 광고에서는 신발끈을 묶는 장면, 식사하는 장면, 카드 놀이를 하는 장면, 피아노를 치는 장면이 등장하는데, 각 장면에서 한쪽 손은 고령자의 손, 다른 한쪽 손은 젊은이의 손으로 표현되어 있다. 여기서 손은 단순한 신체 부위가 아니라, 그 손을 사용하는 사람 전체를 대표하는 환유적 표현으로 사용되고 있다. 이러한 표현을 통해 광고는 손을 통해 사람 전체를 나타내고 있으며, 두 세대가 함께하는 모습이 강조된다.

(40) 부분으로 전체를 나타내는 환유

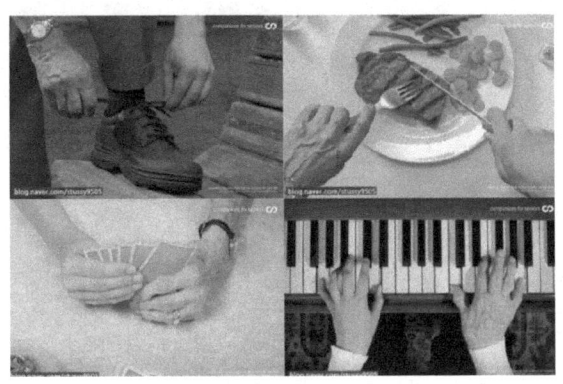

다음 두 광고에서도 개념적 환유 중 하나인 '부분으로 전체를 나타내는 환유'를 활용하여, 제품의 본질적인 특징을 강조하고 특정한 대상을 상징적으로 표현하는 전략을 사용하고 있다. 왼쪽 하인즈 케첩 광고에서는 케첩 병의 입구 부분에 토마토 꼭지가 남아 있는 모습이 보인다. 보이는 것은 토마토의 꼭지뿐이지만, 소비자는 이를 통해 병 안에 담긴 것이 100% 토마토임을 직관적으로 이해할 수 있다. 오른쪽 광고에서는 골프 티(tee peg) 위에 올려진 골프공이 하이힐처럼 보이도록 디자인되었다. 광고에서는 하이힐이라는 여성의 대표적인 의복을 통해 여성 전체를 환유적으로 표현하고 있다. 골프공과 티의 배치를 바꿈으로써, 보는 사람에게 "이 골프 대회는 여성들을 위한 것"이라는 의미를 직관적으로 전달한다. 여성 골프 대회를 홍보하는 광고에서 하이힐을 활용한 것은, 단순히 하이힐이라는 물건을 강조하는 것이 아니라 '여성'을 나타내기 위한 환유적 기법이다.

(41) 부분으로 전체를 나타내는 환유

'부분으로 전체를 나타내는 환유' 중 하나인 '하위사건으로 전체사건을 나타내는 환유'는 특정한 하위 행동이나 장면이 전체 사건을 대표하는 방식으로 작동한다. 이는 복합적인 사건을 보다 간결하고 직관적으로 전달하는 효과를 가지며, 광고에서도 강한 메시지를 전달하는 데 활용된다. 왼쪽 광고에서는 사람의 손과 나뭇가지가 서로 맞잡는 모습이 나타나 있다. 광고에서 '손을 맞잡는 장면'은 단순한 신체적 접촉이 아니라, '협력과 상생을 위한 다각적 노력'이라는 더 큰 의미를 담고 있다. 실제로 환경 보호를 위한 활동은 나무 심기, 에너지 절약, 쓰레기 줄이기 등 다양한 행동이 포함된다. 하지만 광고에서는 '손을 맞잡는' 이미지 하나만으로 전체적인 의미를 전달하는 환유적 표현을 사용하고 있다.

오른쪽 광고에서는 손을 깍지 낀 모습이 클로즈업된 장면이 나타나 있다. 심폐소생술은 깍지 낀 손으로 가슴을 압박하는 동작 외에도 기도 확보, 인공호흡, 환자의 상태 확인 등 다양한 절차가 필요하다. '광고에서는 '깍지낀 손'이라는 한 장면만으로도 심폐소생술의 전체적인 개념을 전달하고 있다. 이는 심폐소생술의 핵심 동작을 강조함과 동시에, 사람들에게 즉각적인 연상 작용을 일으키는 효과를 가진다.

(42) 하위사건으로 전체사건를 나타내는 환유

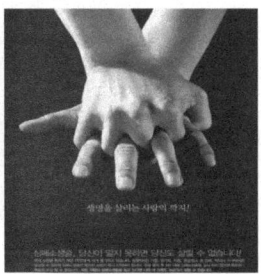

이처럼, 광고에서 개념적 환유는 강력한 시각적 메시지를 전달하는 도구로 활용되며, 단순한 이미지가 더 큰 의미를 함축하는 방식으로 사용된다. '하위사건으로 전체사건을 나타내는 환유'는 특히 광고에서 중요한 개념을 단순한 이미지로 전달할 때 유용한 기법이며, 보는 사람들에게 즉각적인 연상과 이해를 유도한다.

2.3.2.4 하위어로 상위어를 나타내는 환유

다음 광고는 고가의 사치품과 절대적인 생필품(식수, 식사 비용)의 극명한 가격 차이를 강조하는 공익광고이다. 이를 위해 '하위어로 상위어를 나타내는 환유'가 사용되었다. 광고에서는 '가방'과 '선글라스'라는 특정한 하위 개념을 통해 '사치품(luxury goods)'이라는 상위 개념을 환유적으로 나타내고 있다. 가방과 선글라스 자체가 이 광고의 핵심 메시지는 아니지만, 이들이 사치품을 대표하는 아이템으로 선택됨으로써 상위 개념을 전달하는 역할을 한다. 광고에서 가방과 선글라스의 가격은 깨끗한 식수나 일주일 분량의 식사를 제공하는 비용보다 훨씬 높다는 점을 강조하고 있다. 즉, 사치품 하나의 가격으로 절대적인 생존을 위한 자원을 얼마나 확보할 수 있는지를 대비시키면서 사회적 불평등을 비판하는 메시지를 전달하고 있다.

(43) 하위어로 상위어를 나타내는 환유

2.3.2.5 범주로 속성을 나타내는 환유

다음 코카콜라 광고는 새로운 롱 캔(long can) 제품을 홍보하기 위해 기린의 이미지를 활용하고 있다. 이 광고에서는 '범주로 속성을 나타내는 환유 (CATEGORY FOR PROPERTY METONYMY)'가 사용되었다. 기린은 '길다'라는 속성을 가진 범주이다. 광고에서는 기린의 이미지를 코카콜라 캔과 결합하여, '이 캔이 기존보다 길어졌다'는 메시지를 시각적으로 전달하고 있다.

(44) 범주로 속성을 나타내는 환유

2.3.2.6 개체나 신체부위로 기능을 나타내는 환유

다음 두 광고는 개념적 환유 중 하나인 '개체나 신체부위로 기능을 나타내는 환유'를 활용하여, 흡연의 위험성을 강조하고 있다. 왼쪽 광고에서는 담배가 리볼버(회전식 권총)의 실탄처럼 배치되어 있다. 총과 실탄은 본래 무기를 의미하는 개체이지만, 이 광고에서는 '살해 기능'을 대표하는 환유적 표현으로 사용되었다. 담배를 총알처럼 표현함으로써, 흡연이 단순한 습관이 아니라 생명을 위협하는 치명적인 행위라는 점을 강조하고 있다. 오른쪽 광고에서는 머리에 담배가 꽂혀 있는 이미지가 등장하며, 이는 흡연이 인지기능에 부정적인 영향을 미친다는 메시지를 전달한다. 머리는 단순한 신체 부위가 아니라, 그 기능적 측면에서 두뇌와 인지 기능을 대표하는 환유적 표현으로 사용되었다. 담배를 머리에 꽂아두는 이미지를 통해, 흡연이 뇌 건강과 인지 능력 저하에 직접적인 영향을 미친다는 점을 강조하고 있다.

(45) 개체나 신체부위로 기능을 나타내는 환유

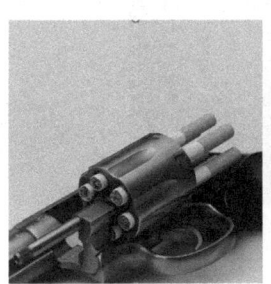 

2.3.2.7 결과로 원인을 나타내는 환유

다음 광고들은 개념적 환유 중 하나인 '결과로 원인을 나타내는 환유 (EFFECT FOR CAUSE METONYMY)'를 활용하여 흡연이 초래하는 위험성을 강조하고 있다. 왼쪽과 중앙에 위치한 광고에서는 어린아이가 질식할 듯한 모습으로 담배 연기에 싸여 있는 이미지가 등장한다. 아이가 숨을 쉬기 어려워하는 모습은 흡연의 결과로 발생하는 위험(호흡기 손상, 건강 악화)을 가리킨다. 즉, 결과(질식 위기)를 시각적으로 강조하여, 그 원인(간접흡연)의 심각성을 부각하는 방식이다. 오른쪽 광고에서는 담배가 권총의 실탄처럼 표현되어 있다. 총과 실탄은 살인을 유발하는 도구로서 죽음을 가리킨다. 광고에서는 이 총알이 실제 탄환이 아니라 담배로 구성되어 있으며, 결과(죽음)를 통해 그 원인(흡연)을 강조하고 있다. 즉, 흡연이 궁극적으로 사람을 해칠 수 있는 치명적인 원인임을 전달하는 강력한 메시지를 담고 있다.

(46) 결과로 원인을 나타내는 환유

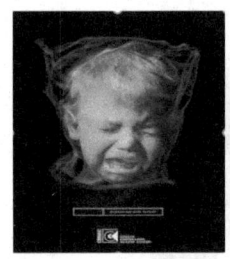 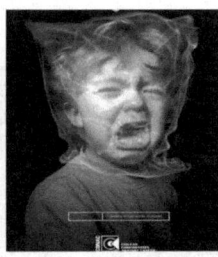 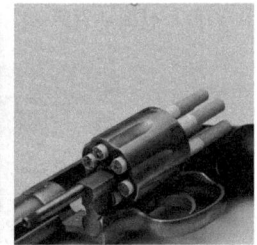

2.4 수어의 이중사상모델

지금까지 도상성, 개념적 은유, 그리고 개념적 환유가 언어와 시각적 이미지 속에서 어떻게 작용하는지를 살펴보았다. 이러한 개념적 기제들은 수어에서도 중요한 의미를 가지며, 수어의 기호 형성과 개념적 구조화 과정에서 핵심적인 역할을 한다. 수어는 기본적으로 수형(handshape), 수향(orientation), 수위(location), 수동(movement)이라는 수어소(sign parameters)의 결합으로 이루어지기 때문에, 개념을 형성하는 과정에서 도상성이 중요한 역할을 한다. 수어에서 도상성은 단순한 기호적 특성을 넘어서, 개념적 구조와 직접적인 연결을 형성하는 인지적 과정으로 작용한다. 즉, 수어의 표현 방식은 실제 개념을 시각적으로 기호화하는 과정에서 도상적 사상을 거쳐 형성되며, 이후 개념적 은유를 통해 더욱 확장된 의미를 가지게 된다.

Taub(2001)는 하나의 개념이 시각적으로 기호화되기 위해서는 (1) 이미지 선택(image selection), (2) 도식화(schematization), (3) 기호화(encoding)의 세 가지 단계를 거친다고 설명한다. 다음은 미국수어 TREE(나무)이다.

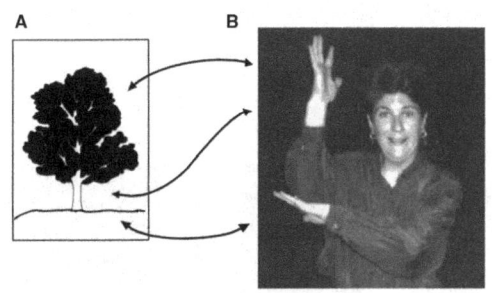

〈그림 11〉 미국수어 TREE (Taub 2001, 29)

Taub는 위의 기호화 과정을 다음과 같이 '이미지 선택(image selection)', '도식화(schematization)', '기호화(encoding)'의 3단계로 나누어서 제시한다. 나무의 개념을 형성하는 여러 가지 요소, 모양, 냄새, 질감과 같은 다양한 요소 중에서 전형적인 나무 모양을 이미지로 선택한다. 도식화 단계에서는 나무 모양을 땅바닥, 나무줄기, 가지로 단순화시킨다. 기호화 단계에서는 양손과 양팔로 땅바닥, 나무줄기, 가지를 나타낸다.

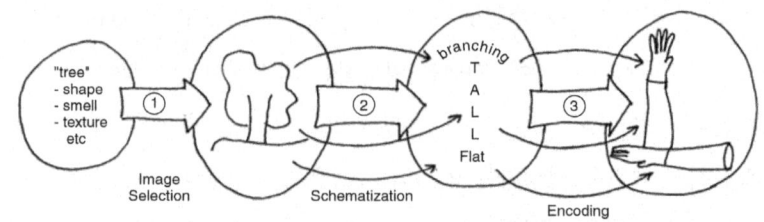

〈그림 12〉 미국수어 TREE가 기호화되는 과정 (Taub 2001, 44)

DEGREE(학위) 수어는 학위기가 둥글게 말려 있는 모습을 시각적으로 반영하여 표현된다. 손의 형태는 학위증의 원통형 모양을 나타내기 위해, 양손의 엄지와 검지를 붙여 동그라미를 만든다. 그런 다음, 두 손을 맞댄 상태에서 각각 오른쪽과 왼쪽으로 수평으로 움직이며 원통형의 윤곽을 그려내듯이 표현한다.

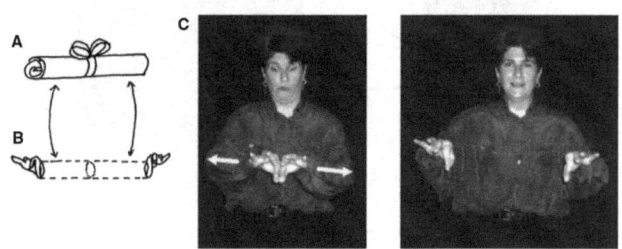

〈그림 13〉 미국수어 DEGREE (Taub 2001, 31)

같은 원리로, '학위'라는 개념을 수어로 표현하기 위해 먼저 이미지 선택 단계를 거친다. 학위와 관련된 여러 요소들—예를 들어 학위수여식, 졸업논문, 졸업사진 등—가운데, 가장 대표적인 이미지로 동그랗게 말려 있는 학위기가 선택된다. 다음으로, 도식화 단계에서는 학위기의 형태가 단순화되어 긴 원통형으로 개념화된다. 마지막으로, 기호화 단계에서는 양손의 엄지와 검지를 붙여 원을 만든 후, 두 손을 맞댄 상태에서 양쪽 방향으로 움직이며 원통형 이미지를 시각적으로 표현하는 방식으로 기호화된다.

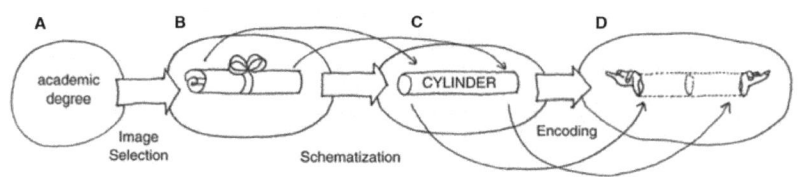

⟨그림 14⟩ 미국수어 DEGREE 수어가 기호화되는 과정 (Taub 2001, 53)

DRILL(뚫다) 수어는 우세손의 검지가 비우세손의 검지와 중지 사이를 통과하며 뚫고 들어가는 동작으로 표현된다.

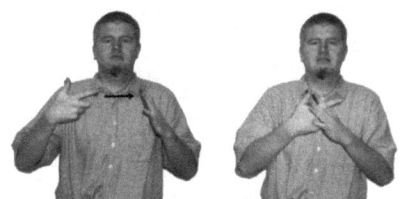

DRILL (ASL) (Taub 2001, 101)

Taub는 DRILL(뚫다) 수어에 대해 다음과 같은 도상적 사상을 제시하고 있다. 우세손은 엄지와 검지를 편 L형 수형을 취하는데, 이는 손잡이가 있는 길고 가는 물체, 즉 드릴의 형태를 반영한다. 반면, 비우세손은 손을 펼쳐 B형 수형을 만들며, 이는 평평한 바닥을 나타낸다. 마지막으로, L형 우세손이 B형 비우세손의 손가락 사이로 들어가는 동작은 바닥을 뚫는 과정과 연결된다.

ARTICULATORS	SOURCE
Dominant L	Long, thin object with handle (in particular, a *drill*)
Nondominant B	Flat surface
L inserted between fingers of B	Penetration of surface

〈도표 1〉 DRILL의 도상적 사상 (Taub 2001, 102)

DRILL(뚫다) 수어는 실제로 드릴이 평면을 뚫는 모습을 반영하여 기호화되는데, THINK-PENETRATE(이해시키다) 수어 또한 이와 유사한 방식으로 표현된다. THINK-PENETRATE 수어에서는 I-수형을 한 우세손이 관자놀이에서 출발하여 B-수형을 한 비우세손의 손가락 사이를 뚫고 들어가는 동작으로 이루어진다. 두 수어는 표현 방식이 비슷하지만, 몇 가지 차이점이 있다. DRILL 수어의 경우, 우세손이 I-수형이 아니라 드릴을 연상시키는 L-수형을 사용하며, 동작이 시작되는 위치도 관자놀이가 아닌 가슴 앞에서 출발한다. 이러한 차이를 제외하면, THINK-PENETRATE 수어는 DRILL 수어와 유사한 구조로 표현된다.

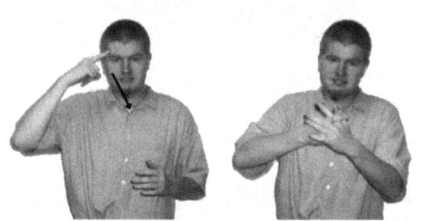

THINK-PENETRATE (ASL) (Taub 2001, 100)

DRILL(뚫다) 수어는 수형, 수위, 수동 등이 도상적으로 사상되는 것에 그치는 반면, THINK-PENETRATE(이해시키다) 수어는 도상적 사상(iconic mapping)에 개념적 은유(metaphorical mapping)가 추가되어 의미가 형성된다. THINK-PENETRATE 수어의 도상적 사상은 우세손의 수형과 위치, 그리고 우세손이 비우세손을 가로지르는 동작이 DRILL 수어와 유사하게, 어떤 물체가 장벽을 뚫고 전달되는 과정으로 개념화되는 방식이다. I-수형은 물체를 나타내며, 관자놀이에 위치하는 것은 머릿속에 있는 개념이나 정보를 가리킨다. I-수형이 상대편 방향으로 이동하는 동작은 정보나 개념이 전달되는 과정을 의미한다. 비우세손의 B-수형은 물건이 전달되는 것을 가로막는 장벽을 상징하며, I-수형이 비우세손의 손가락 사이를 뚫고 나가는 동작은 장벽을 뚫고 정보가 상대편에게 전달되는 과정을 나타낸다. 발화자의 위치는 정보를 전달하는 사람, 상대편의 위치는 정보를 받는 사람을 의미한다. 즉, THINK-PENETRATE 수어는 단순한 도상적 표현을 넘어, '지식이나 정보가 물리적 장벽을 뚫고 상대에게 전달되는 과정'을 개념적 은유를 통해 표현하는 방식이라고 볼 수 있다.

ARTICULATORS	SOURCE
I→	An object
Forehead	Head
I→ touches forehead	Object located in head
I→ moves toward locus of addressee	Sending an object to someone
Nondominant B	Barrier to object
I→ inserted between fingers of B	Penetration of barrier
Signer's locus	Sender
Addressee's locus	Receiver

〈도표 2〉 THINK-PENERATE의 도상적 사상 (Taub 2001, 101)

이러한 도상적 개념화는 은유적 개념화로 확장되면서 '이해시키다'라는 의미를 형성하게 된다. 물체는 생각을 나타내고, 머리는 두뇌를 상징하며, 머릿속에 있는 물체는 발화자의 생각을 의미한다. 누군가에게 물체를 보내는 행위는 생각을 의사소통하는 과정으로 개념화된다. 비우세손의 B-수형은 의사소통을 방해하는 장벽을 나타내며, 우세손의 I-수형이 B-수형 비우세손을 뚫고 나가는 동작은, 이러한 장벽을 극복하고 성공적으로 의사소통이 이루어지는 과정을 의미한다. 즉, THINK-PENETRATE(이해시키다) 수어는 '정보가 장벽을 뚫고 상대에게 전달되는 과정'이라는 도상적 표현이, '의사소통의 어려움을 극복하고 상대방이 이해하도록 만드는 과정'이라는 은유적 의미로 확장된 사례라고 볼 수 있다.

ICONIC MAPPING		METAPHORICAL MAPPING
ARTICULATORS	SOURCE	TARGET
I→	An object	An idea
Forehead	Head	Mind; locus of thought
I→ touches forehead	Object located in head	Idea understood by originator
I→ moves toward locus of addressee	Sending an object to someone	Communicating idea to someone
Nondominant B	Barrier to object	Difficult in communication
I→ inserted between fingers of B	Penetration of barrier	Success in communication despite difficulty
Signer's locus	Sender	Originator of idea
Addressee's locus	Receiver	Person intended to learn idea

〈도표 3〉 THINK-PENETRATE의 이중사상 (Taub 2001, 103)

I-INFORM-YOU 수어 또한 도상적 사상과 은유적 사상을 결합하여 개념을 전달하는 방식으로 표현된다. 이 표현에서, 양손은 평편한 O-형 수형을 취한 후, 우세손의 손가락이 이마에 닿으며 시작되고, 비우세손은 중립 위치에서 출발하여 손을 펼치며 상대편 방향으로 이동한다. 이러한 움직임을 통해 정보가 머릿속에서 출발하여 상대방에게 전달되는 과정을 시각적으로 표현하고 있다.

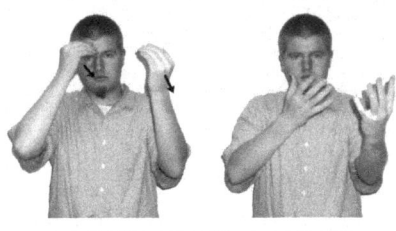

I-INFORM-YOU (Taub 2001, 99)

이마는 머리를 나타내며, 평편한 O-형 수형은 물건을 들고 있는 모습을 표현한다. 우세손의 손가락 끝이 이마에 닿아 있는 동작은 머릿속에 있는 물건(정보 또는 생각)을 나타내고, 손이 펼쳐지면서 상대편에게 이동하는 동작은 누군가에게 물건을 건네는 행위로 개념화된다. 이를 통해, I-INFORM-YOU 수어는 '정보가 머릿속에서 출발하여 상대에게 전달되는 과정'을 시각적으로 표현하며, 도상적 사상을 바탕으로 은유적 의미를 형성하는 구조를 가진다.

ARTICULATORS	SOURCE
[Null]	Objects
Forehead	Head
Flat-O handshape	Holding an object
Flat-O touches forehead	Object located in head
Flat-O moves toward locus of addressee and fingers open	Sending an object to someone
Signer's locus	Sender
Addressee's locus	Receiver

〈도표 4〉 I-INFORM-YOU의 도상적 사상 (Taub 2001, 100)

이러한 도상적 사상이 은유적 사상으로 넘어가면 '물건'은 '생각'에 사상되고, '머리'는 '생각을 담고 있는 두뇌'에 사상된다. '물건을 쥐는 것'은 '생각을 담고 있는 것'에 사상된다. '머릿속에 있는 물건'은 '발화자가 가지고 있는 생각'을 의미한다. '물건을 누군가에게 주는 것'은 '대화 등을 통하여 정보를 전달하는 것'에 사상된다.

ICONIC MAPPING		METAPHORICAL MAPPING
ARTICULATORS	SOURCE	TARGET
[Null]	Objects	Ideas
Forehead	Head	Mind; locus of thought
Flat-O handshape	Holding an object	Considering an idea
Flat-O touches forehead	Object located in head	Idea understood by originator
Flat-O moves toward locus of addressee and opens	Tossing an object to someone	Communicating idea to someone
Signer's locus	Sender	Originator of idea
Addressee's locus	Receiver	Person intended to learn idea

〈도표 5〉 I-INFORM-YOU의 이중사상 (Taub 2001, 103)

    이러한 예시는 수어에서 도상성과 은유적 개념화가 밀접하게 연결되어 있으며, 의미 형성 과정에서 두 가지 사상이 함께 고려되어야 함을 보여준다. Taub(2001)는 이를 이중사상모델이라고 명명하며, 도상적 사상과 은유적 사상이 연속적으로 작용하여 개념이 형성되는 과정을 설명하였다. 본 논의에서는 이중사상모델을 적용하여 수어의 도상성과 더불어 개념적 은유와 환유가 어떻게 결합하여 의미를 구축하는지를 분석할 예정이다. 이를 통해 수어의 의미 구조가 단순한 도상적 표현을 넘어, 추상적인 개념을 체계적으로 구성하는 인지적 과정임을 살펴보고자 한다.

3
한국수어 고유명사에 나타나는 도상성과 은유 및 환유

 한국수어에서 고유명사의 형성 방식은 도상성, 은유, 환유 등의 개념적 기제가 복합적으로 작용한 결과로 볼 수 있다. 이 장에서는 한국수어에서 사용되는 고유명사들이 이러한 기제를 어떻게 반영하고 있는지 분석하고자 한다. 이를 위해 구체적인 한국수어 사례를 들어 설명할 것이다. 먼저, 한국수어에서 특정 인물의 얼굴 이름이 어떻게 형성되는지를 살펴보고자 한다.
 이를 위해 노무현 대통령, 문재인 대통령, 김대중 대통령과 같은 정치인의 얼굴 이름을 분석하여 그 안에 나타나는 도상성, 개념적 은유 및 개념적 환유를 설명할 것이다. 또한, 지명과 국가명이 어떻게 형성되었는지를 분석한다. 대한민국의 대표적인 지역명과 다양한 국가명에 대한 한국수어 표현을 살펴보고, 그 안에 포함된 도상성, 은유, 환유의 개념적 작용을 탐구할 것이다. 더 나아가, 현대 사회에서 중요한 개념어로 자리 잡은 질병명과 인터넷 사이트명에 대해서도 분석할 예정이다. 예를 들어, '코로나19'와 같은 질병명, 네이버, 유튜브 등 인터넷 플랫폼의 이름이 한국수어에서 어떻게 표현되며, 이 과정에서 도상성, 개념적 은유, 환유가 어떻게 활용되는지를 구체적으로 살펴볼 것이다. 이를 통해 한국수어의 고유명사 형성이 단순한 명명 행위가 아니라, 인지적 요인과 밀접하게 연결된 과정임을 밝히고자 한다.

3.1 얼굴 이름에 나타나는 도상성과 은유 및 환유

한국수어에서 '얼굴 이름'은 특정 인물의 신체적 특징이나 대표적인 표정, 습관적인 동작을 바탕으로 만들어지는 한국수어의 고유명사 표현 방식이다. 얼굴 이름은 해당 인물의 가장 특징적인 신체 부위나 동작 등을 반영하여 명명된다.

(47) a. 신체적 특징 반영: 인물의 얼굴형, 눈썹, 코, 입술 등 특정한 신체 부위를 강조하여 표현
  b. 대표적인 표정 반영: 자주 짓는 표정을 통해 인물의 감정적·개성적 특징을 부각
  c. 습관적 동작 반영: 특정 인물이 자주 사용하는 손짓, 얼굴의 움직임을 기반으로 명명

이러한 방식은 시각적 인식이 중요한 수어의 특성과 일치하며, 사용자들이 즉각적으로 떠올릴 수 있는 특징을 활용하여 인물을 식별할 수 있도록 돕는다. 도상성(iconicity)은 기호가 지시 대상과 물리적 혹은 개념적 유사성을 가질 때 발생한다. 얼굴 이름은 일반적으로 도상성을 강하게 띠며, 해당 인물의 특징적인 외형을 직접 반영하는 방식으로 나타난다. 예를 들어, 얼굴형이 둥근 인물의 얼굴 이름은 둥근 손 모양을 사용하거나, 짙은

눈썹이 특징적인 인물의 경우 손가락을 이용해 눈썹을 강조하는 방식으로 표현된다.

얼굴 이름에는 대부분 '부분으로 전체를 나타내는 환유'가 사용되고 있다. 다음 소리언어의 예시들에도 '부분으로 전체를 나타내는 환유'가 사용되고 있다.

(48) a. 충무로에 새**얼굴** 찾기 '바람' (중앙일보 1990.09.24.)
　　b. **두뇌**유출 '韓', 인재 경쟁력 세계 39위...2년 연속 하락
　　　(영남일보 2017.11.27.)
　　c. 부동산 큰**손**들, '꼬마빌딩' - 땅에 꽂혔다 (동아일보 2020.07.02.)

(48a)의 예시에서 '얼굴', '두뇌', '손'과 같은 신체 부위는 사람 전체를 가리키고 있다. '충무로의 새얼굴'은 '충무로의 신인 배우'를 가리키고, '두뇌유출'은 '인재들이 떠나감'을 의미한다. 그리고 '부동산 큰손들'은 '부동산 투자를 하고 있는 재력가'를 의미한다. 사람의 부분을 통하여 사람 전체를 나타내는 환유가 사용된 것이다. 이때 사용되는 부분은 그 문맥에서 가장 현저성이 높은 부위이다. 신인 배우에게는 '얼굴'이 가장 현저성이 높으며, 인재에게는 '두뇌'가 그리고 부동산 투자자에게는 돈을 거래하는 '손'이 가장 현저성이 높기 때문에 전체를 가리키는 환유 매체로 사용되었다.

이러한 분석을 바탕으로, 노무현 대통령, 문재인 대통령, 김대중 대통령 등의 얼굴 이름을 살펴보고, 각 사례에서 도상성, 개념적 은유, 개념적 환유가 어떻게 작용하는지 구체적으로 분석할 것이다. 먼저 노무현 대통령 얼굴 이름을 분석하고자 한다.

(49) [노무현] : 지문자 [ㄴ]을 해서 노무현 대통령의 성인 '노'를 나타내며, 지문

자 [ㄴ]을 한 채로 1지로 이마에 줄을 그어 주름진 이마를 표현함

노무현 대통령의 얼굴 이름은 '부분으로 전체를 나타내는 환유'와 도상성이 결합하여 형성되었다. 분석해보면 다음 〈도표 6〉과 같다.

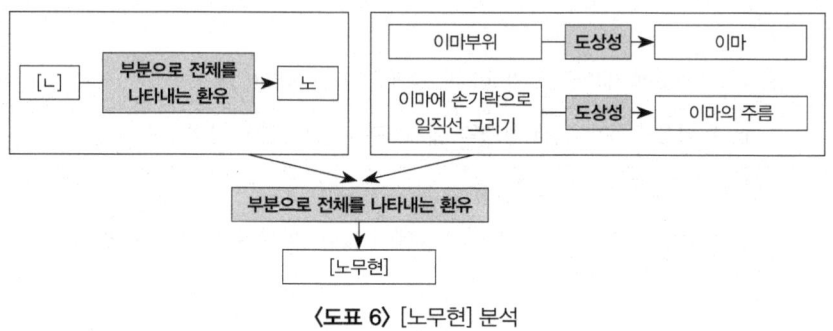

〈도표 6〉 [노무현] 분석

지문자 [ㄴ]은 그의 성씨 '노'를 나타내며, 이는 다시 '노무현'이라는 전체 이름을 지칭하는 환유적 기제에 의해 사용된다. 즉, 성씨가 전체 이름을 대체하는 과정에서 환유가 작용한다. 그다음, 지문자 [ㄴ]을 만든 상태에서 1지를 사용하여 이마에 일직선을 긋는 동작이 추가된다. 이마라는 신체 부위 자체는 이마를 의미하는 도상적 표현이지만, 이마에 선을 긋는 동작은 주름을 표현하는 방식으로 도상성이 더욱 강화된다. 여기서 '주름진 이마'라는 특징은 노무현 대통령의 외형적 특징을 반영하며, 이는 다시 '부분으로 전체를 나타내는 환유'가 작용하여 노무현 대통령을 의미하게 된다. 즉, 이마라는 특정 부위를 통해 인물 전체를 지칭하는 방식이다.

문재인 대통령의 얼굴 이름은 다양한 방식으로 형성되며, 세 가지 유형이 존재한다. 첫째, 그의 성씨인 '문'과 직책인 '대통령'을 결합한 형태이다. 이 방식은 직접적인 환유적 명명 방식으로, 성씨가 인물 전체를 대

체하는 역할을 한다. 둘째, '문'이라는 한글 발음을 영어식으로 해석하면 'moon(달)'이 된다는 점에 착안하여, [달]과 [대통령]을 결합하는 방식이 존재한다. 이는 개념적 은유가 포함된 방식으로, 음운적 유사성을 활용하여 명명하는 특징을 보인다. 셋째, 문재인 대통령이 노무현 대통령과 가까운 관계였다는 점에 착안하여, 그의 얼굴 이름을 형성할 때 노무현 대통령의 얼굴 이름이 일부 반영되기도 한다. 구체적으로, '재'의 초성 [ㅈ] 수형을 한 채로 노무현 대통령의 얼굴 이름에서 사용되는 '이마에 주름선 긋기' 표현을 사용하는 방식이다. 이는 문재인 대통령을 단독으로 명명하는 것이 아니라, 노무현 대통령과의 관계를 강조하여 형성된 얼굴 이름이라 할 수 있다.

(50) [문재인-대통령]: a. [문화+대통령]
　　　　　　　　　　 b. [달+대통령]
　　　　　　　　　　 c. [([ㅈ]수형으로-이마-주름선-긋기)+대통령]

첫 번째 얼굴 이름은 [문화]를 통하여 문재인 대통령의 성인 '문'를 나타내는데, 이는 한국어 음을 차용한 것이다.

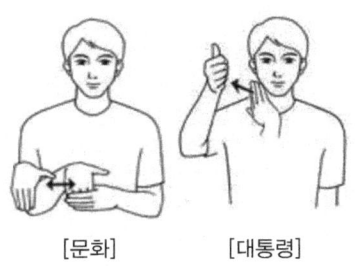

　　　　　　[문화]　　　　[대통령]

'부분으로 전체를 나타내는 환유'가 사용된 결과, '문'으로 '문재인'을 나타내고 [대통령]과 결합하여 '문재인 대통령'을 나타낸다.

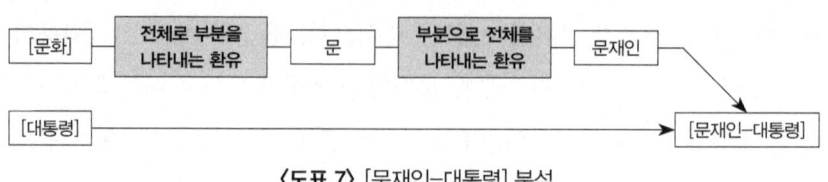

〈도표 7〉 [문재인-대통령] 분석

문재인 대통령의 두 번째 얼굴 이름은 [달]과 [대통령]의 결합이다. '문'이라는 한글 발음을 영어식으로 해석하면 'moon(달)'이 된다는 점에 착안하여, [달]과 [대통령]을 결합하여 표현한다. 이는 음운적 유사성을 활용하여 명명한 사례이다.

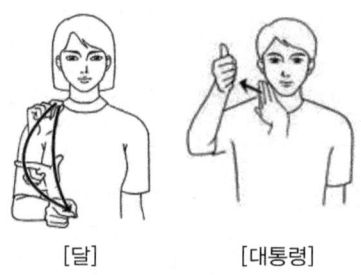

[달]　　　　　[대통령]

세 번째 노무현 대통령과의 친분을 활용한 방식은 다음과 같이 분석된다. '부분으로 전체를 나타내는 환유'를 활용하여 [ㅈ]으로 '재' 혹은 '재인'을 나타낸다. 이마와 이마에 일직선을 긋는 것은 도상적으로 '이마 주름'을 나타내고, '이마 주름'은 다시 '부분으로 전체를 나타내는 환유'를 통하여 노무현 대통령을 나타낸다. '노무현 대통령'이라는 의미가 [ㅈ]이 가리키는 '재인'과 결합하여 '문재인 대통령'을 의미하게 된다.

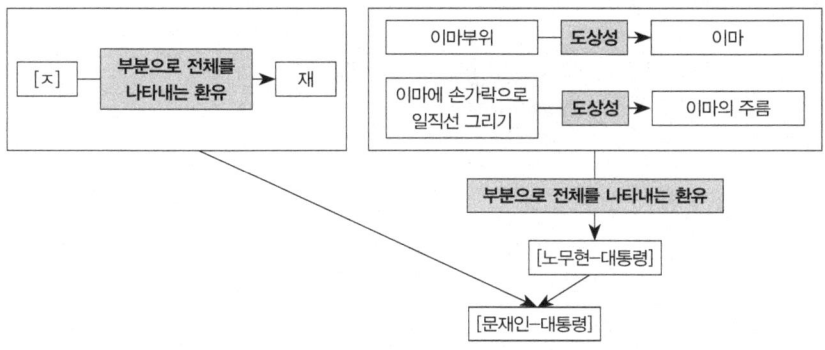

〈도표 8〉 [문재인-대통령] 세 번째 얼굴 이름 분석

[김대중 대통령]의 얼굴 이름은 [김씨]와 [크다], 그리고 [가운데]의 결합이다.

(51) [김대중-대통령]: [김씨+크다+가운데+대통령]

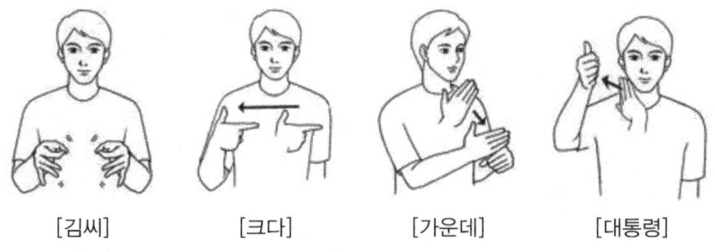

[김씨]   [크다]   [가운데]   [대통령]

김대중 대통령의 얼굴 이름은 [김씨]와 한자 음인 [대]와 [중]의 의미를 풀이하여 수어로 나타낸 것이다. 한자어의 의미를 풀이하여 얼굴 이름을 나타내고 있기 때문에, [노무현-대통령]과 [문재인-대통령]의 예시와는 다르게 '부분으로 전체를 나타내는 환유'가 사용되지는 않았다.

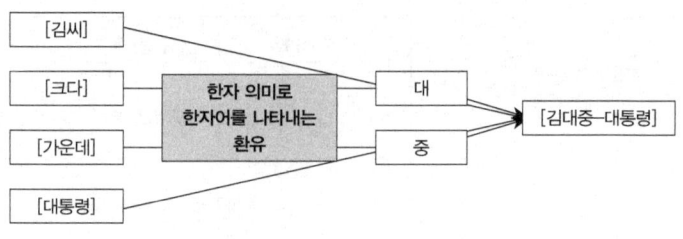

<도표 9> [김대중-대통령] 분석

한국수어에서 [예수]를 지칭하는 얼굴 이름은 2지를 사용하여 번갈아 가며 손바닥 가운데를 가리키는 동작으로 구성된다. 이는 예수가 십자가에 못 박혔을 때 손바닥에 생긴 못 자국을 나타낸 것이다. 즉, 시각적으로 못 박힌 상처를 직접적으로 표현하고 있다.

(52) 예수

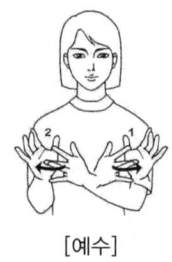

[예수]

손바닥의 못 자국은 '부분으로 전체를 나타내는 환유'를 통해 '고난'을 상징한다. 못자국은 십자가형에서 겪은 고난 전체를 대표하는 요소로 작용한다. 나아가, '고난'은 '속성으로 범주를 나타내는 환유'를 통해 '예수'를 의미하는 방식으로 확장된다. 즉, 예수의 삶과 가르침에서 '고난'이라는 속성은 핵심적인 요소로 작용하며, 특정 속성이 전체 범주를 나타내는 환유적 표현이 된다.

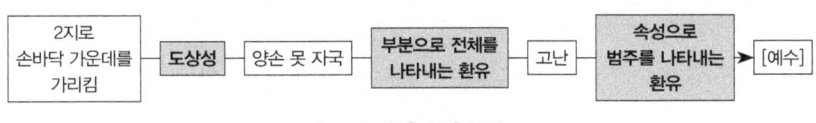

<도표 10> [예수] 분석

3.2 우리나라 대표 지역명에 나타나는 도상성과 은유 및 환유

우리나라 각 시와 도를 지칭하는 지명에서도 도상성과 환유를 찾아볼 수 있다. 우리나라 대표 지역명에 나타나는 환유는 '지역의 속성으로 지역을 나타내는 환유', '특산물로 지역을 나타내는 환유' '지리적 특성으로 지역을 나타내는 환유', '한자어의 일부로 지역을 나타내는 환유'가 발견된다.

3.2.1 지역의 속성으로 지역을 나타내는 환유

[충청북도]는 [예의]와 [춥다]를 결합한 합성어이다. [충청남도]는 [예의]와 [따뜻하다]를 결합한 합성어이다.

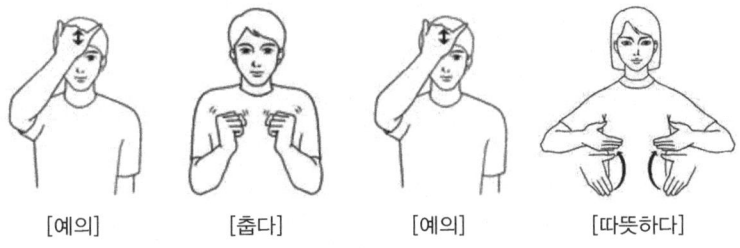

[예의]   [춥다]   [예의]   [따뜻하다]

충청도 사람들의 특징인 '예의바름'을 사용하여 충청도를 가리키고 있다. [춥다]는 '춥다'의 의미 외에도 추운 계절인 '겨울'을 의미하기도 하고 추운 지역인 '북쪽'을 의미하기도 한다. 북쪽과 남쪽의 특징인 추위와 따뜻함을 사용하여 그 지역을 나타내기 때문에 [남]과 [북] 모두 '지역의 속성으로 지역을 나타내는 환유'가 사용되고 있음을 알 수 있다.

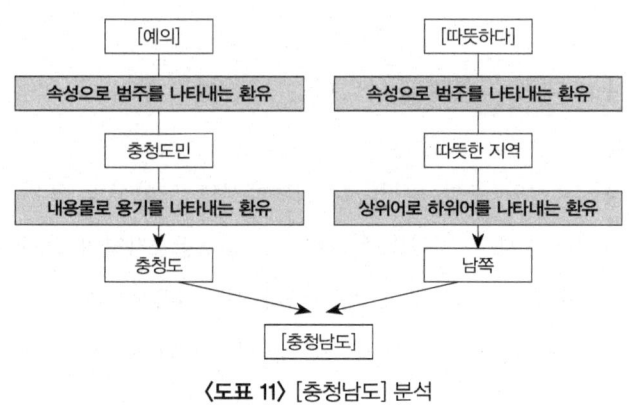

〈도표 11〉 [충청남도] 분석

3.2.2 특산물로 지역을 나타내는 환유

[대구]와 [강화도]는 특산물로 지역을 나타내는 환유가 사용되었다. [대구]는 [사과]와 수어가 같다. 사과가 대구를 대표하는 특산물이므로 [사과]로 [대구]를 가리킨다.

[대구]

[강화도]는 [인삼]과 [섬]이 순차적으로 결합하고 있다. [인삼]은 강화도

의 특산물이므로 [대구]와 마찬가지로 '특산물로 지역을 나타내는 환유'가 사용된 것이다.

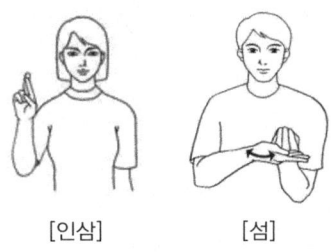

[인삼]   [섬]

3.2.3 지리적 특성으로 지역을 나타내는 환유

[강원도]는 [산]에 골짜기에 물이 흐르는 동작을 더하여 나타낸다. 강원도에는 산과 골짜기가 많기 때문에 형성된 수어로 '지리적 특성으로 지역을 나타내는 환유'가 사용되었다.

[강원도]

이외에도 [울산]에도 '지리적 특성으로 지역을 나타내는 환유'가 사용되었다. [울산]은 [초록]과 [산]이라는 수어를 순차적으로 결합한 수어로 울산의 지리적 특징을 통해 지역명을 나타내고 있음을 알 수 있다.

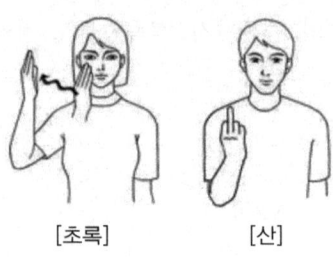

[초록]   [산]

[경주]는 [왕릉]과 [거북이]가 결합된 합성어로, [경주]에 왕릉이 많다는 지리적 특성을 통하여 지역명을 나타내고 있다.

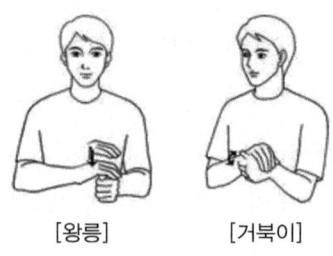

[왕릉]   [거북이]

3.2.4 한자어 일부로 지역을 나타내는 환유

[서울], [부산], [광주]는 모두 한자어의 모양을 손으로 그리듯이 표현하여 지역명을 나타내고 있다.

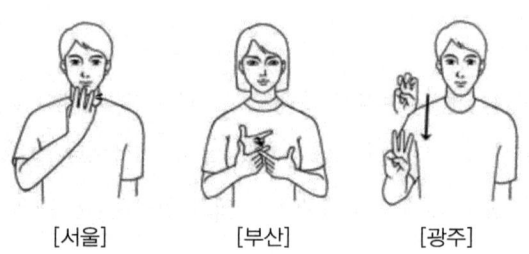

[서울]   [부산]   [광주]

[서울]은 구부린 1, 2, 3지의 끝을 턱에 대는 모습이다. 이는 도상적으로 적을 소(小)를 나타낸다. 소(小)만으로 서울 경(京)을 나타낼 수 있는 이유는 '부분으로 전체를 나타내는 환유'가 사용되었기 때문이다.

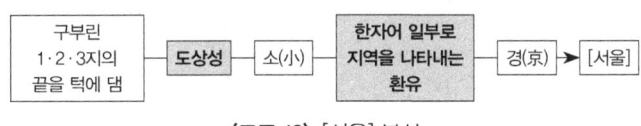

〈도표 12〉 [서울] 분석

[부산]은 오른손 1지로 왼손의 1지를 두 번 두드리는 모습으로 도상적으로 가마 부(釜)의 윗 부분을 나타내는 것이다. '부분으로' 전체를 나타내는 환유가 사용된 결과 부(釜)의 윗 부분만으로 부(釜) 전체를 나타낸다.

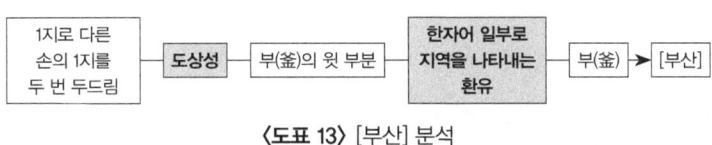

〈도표 13〉 [부산] 분석

[광주]는 위의 수어들과는 다르게 수어를 사용하여 빛 광(光)과 고을 주(州)를 표현한다. 주(州)는 구부린 1, 2, 3지를 주먹 쥔 상태에서 펴면서 내린다. 광(光)의 경우, 1, 2, 3지만 펴서 살짝 구부림으로써 광(光)의 윗 부분만 도상적으로 표현하고 있다. 따라서 광(光)에는 '한자어 일부로 지역을 나타내는 환유'가 사용되었다.

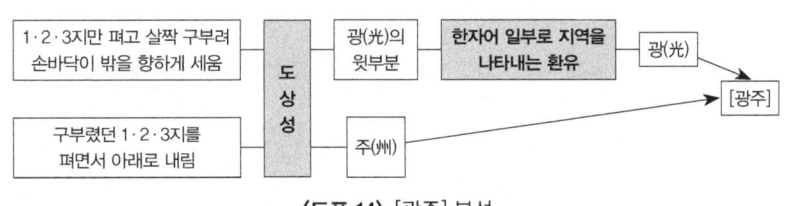

〈도표 14〉 [광주] 분석

3. 한국수어 고유명사에 나타나는 도상성과 은유 및 환유   127

3.3 국가명에 나타나는 도상성과 은유 및 환유

세계 여러 국가를 지칭하는 수어 지명에서도 도상성과 은유 및 환유가 발견된다. 국가명에 나타나는 언어적 기법으로는 '의류로 국가를 나타내는 환유', '특산물로 국가를 나타내는 환유', '국민의 신체적 특징으로 국가를 나타내는 환유'가 존재한다.

3.3.1 의류로 국가를 나타내는 환유

'의류로 국가를 나타내는 환유'를 사용한 수어로는 [대한민국], [중국1], [중국2], [인도1], [인도2], [독일], [영국]이 있다. 이들은 각각의 문화와 역사를 상징하는 전통 복장이나 모자, 귀걸이 등의 장신구를 통하여 국가를 나타내고 있다.

[대한민국]은 구부린 손가락을 머리 위쪽과 관자놀이에 댐으로써 갓을 도상적으로 표현한다. 조선시대 남성을 상징하는 '갓'은 '의류로 사람을 나타내는 환유'를 통하여 '한국 남성'을 나타낸다. '한국 남성'은 또다시 '하위어로 상위어를 나타내는 환유'로 인해 '한국인'을 나타내게 된다. '한국인'은 '내용물로 용기를 나타내는 환유'를 통하여 '대한민국'을 나타낸다.

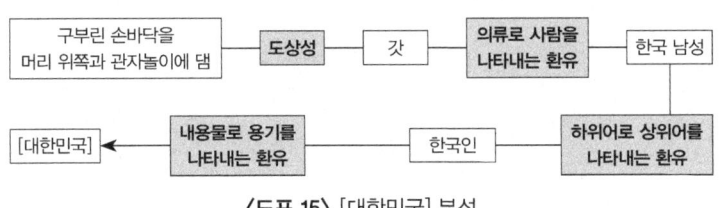

〈도표 15〉 [대한민국] 분석

[중국1]은 1지를 펴서 손 끝으로 목 아래에서 오른쪽으로 이동한다. 이는 중국의 전통의상인 '치파오'를 도상적으로 표현한 것이다. '치파오'는 '의류로 사람을 나타내는 환유'를 통하여 '중국인'을 나타낸다. '중국인'은 '내용물로 용기를 나타내는 환유'를 통하여 '중국'을 나타낸다.

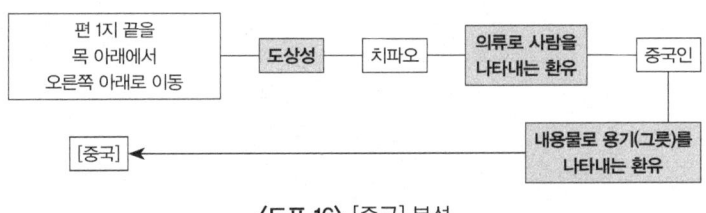

〈도표 16〉 [중국] 분석

[중국2]는 1지와 5지로 귓불을 잡은 다음에 가슴을 두 번 스쳐 내리는 모습으로 나타낸다. 중국 여성이 착용한 '중국 전통 귀걸이'를 도상적으로 표현한 것이다. '중국 전통 귀걸이'는 '의류로 사람을 나타내는 환유'를 통하여 '중국 여성'을 나타낸다. '중국 여성'은 '하위어로 상위어를 나타내는

환유'가 사용되어 '중국인'을 나타낸다. '중국인'은 '내용물로 용기를 나타내는 환유'로 인해 '중국'을 나타내게 된다.

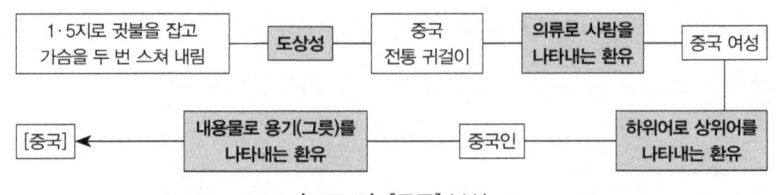

〈도표 17〉 [중국] 분석

[인도1]은 이마 가운데 점을 찍는 동작이며 이는 도상적으로 '빈디'를 표현한다. '빈디'는 다시 '의류로 사람을 나타내는 환유'를 통하여 '인도 여성'을 나타낸다. '인도 여성'은 다시 '하위어로 상위어를 나타내는 환유'를 통하여 '인도인'을 나타내고 '인도인'은 최종적으로 '내용물로 용기를 나타내는 환유'를 통해 '인도'를 나타낸다.

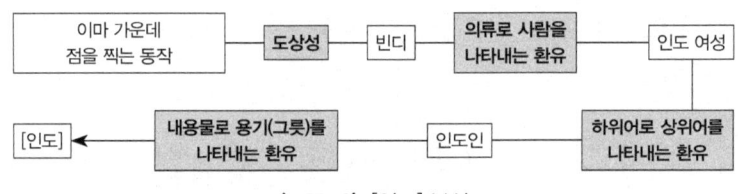

〈도표 18〉 [인도] 분석

[인도2]는 [하양]을 하고 두 손을 이마 중앙에 겹친 후 양옆으로 돌린다. 이는 도상적으로 인도의 문화와 역사를 상징하는 '터번'을 표현한 것이다. '터번'은 다시 '의류로 사람을 나타내는 환유'를 통하여 '인도인'을 나타내고 '인도인'은 '내용물로 용기(그릇)을 나타내는 환유'를 통하여 '인도'를 나타내게 된다.

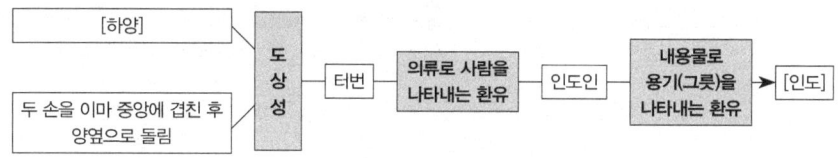

<도표 19> [인도] 분석

[독일]은 머리 위에 편 1지를 두는 모습이다. 도상적으로 '독일 중세 장교 모자'를 표현한 것이다. 독일 남성들이 착용한 '독일 중세 장교 모자'는 '의류로 사람을 나타내는 환유'를 통하여 '독일 남성'을 나타낸다. '독일 남성'은 '독일인'을 구성하는 요소이다. '하위어로 상위어를 나타내는 환유'가 사용되어 '독일인'을 나타내게 된다. '독일인'은 또다시 '내용물로 용기를 나타내는 환유'를 통하여 '독일'을 나타낸다.

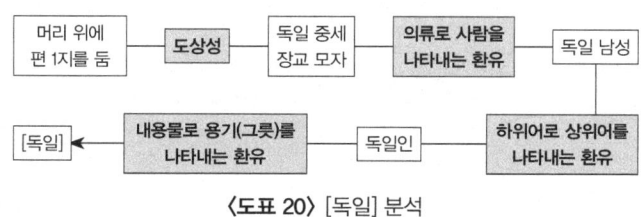

<도표 20> [독일] 분석

[영국]은 편 1지와 2지 그리고 5지의 바닥을 턱 좌우로 스쳐 올림으로써 도상적으로 '영국 근위병 턱끈'을 표현한다. 영국 근위병 모자는 영국 남성의 전유물로서 '의류로 사람을 나타내는 환유'를 통하여 '영국 남성'을 나타내게 된다. 이는 다시 '하위어로 상위어를 나타내는 환유'를 통하여 '영국인'을 나타낸다. '영국인'은 다시 '내용물로 용기를 나타내는 환유'를 통하여 '영국'을 나타내게 된다.

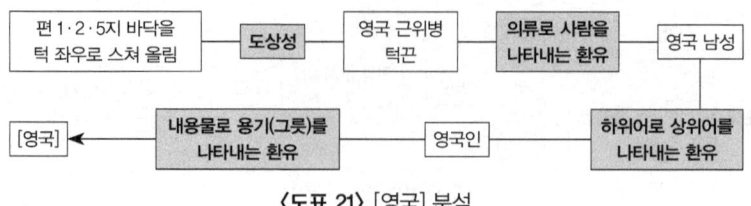

〈도표 21〉 [영국] 분석

3.3.2 특산물 & 상징물로 국가를 나타내는 환유

'특산물로 국가를 나타내는 환유'를 사용한 수어로는 [필리핀], [호주], [멕시코]가 있으며 '상징물로 국가를 나타내는 환유'에는 [이집트]가 있다. [필리핀]과 [호주]는 이미 수어에 존재하는 어휘인 [양]과 [달다]를 사용하여 각각의 국가를 나타낸다.

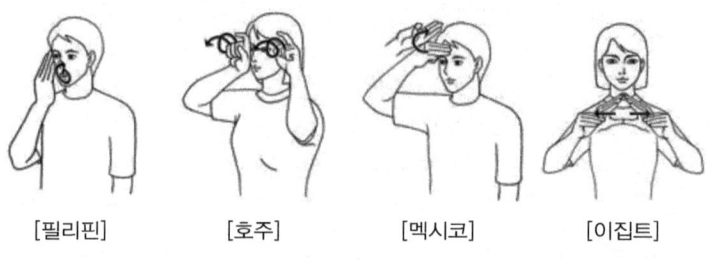

[필리핀] [호주] [멕시코] [이집트]

[호주]는 [양] 수어를 사용하여 나타낸다. [양]이라는 호주의 특산물로 [호주]를 나타내고 있다. [필리핀]은 [달다] 수어를 사용하여 나타낸다. [달다]는 '속성으로 범주를 나타내는 환유'를 통하여 '바나나'를 나타내게 된다. '바나나'는 다시 '특산물로 국가를 나타내는 환유'를 통하여 [필리핀]을 나타내게 된다.

〈도표 22〉 [필리핀] 분석

　[멕시코]는 1지, 2지, 3지의 바닥을 이마에 댔다가 밖으로 뒤집어 올림으로써 도상적으로 멕시코 전통 고깔 모자를 표현한다. 이 역시 '특산물로 국가를 나타내는 환유'를 통하여 '멕시코'를 나타낸 결과이다.

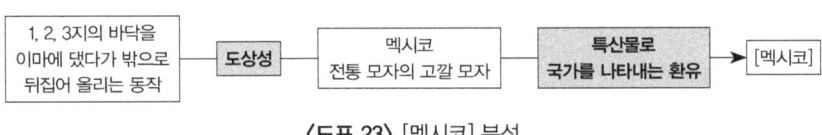

〈도표 23〉 [멕시코] 분석

　[이집트]는 두 손의 손끝을 맞댔다가 좌우로 비스듬히 내리는데 이는 도상적으로 '피라미드'를 표현한 것이다. 이집트의 상징물 피라미드가 [이집트]를 나타내고 있다.

〈도표 24〉 [이집트] 분석

3.3.3 국민의 신체적 특징으로 국가를 나타내는 환유

　'국민의 신체 특징으로 국가를 나타내는 환유'를 사용한 예시로는 [일본]과 [헝가리]가 있다. 일본]과 [헝가리]는 편 1지와 5지로 볼을 잡고 스쳐내고 편 1지와 5지를 코에서 오른쪽으로 올림으로써 해당 국가 남성 특징인 '콧수염'과 '카이젤 수염'을 도상적으로 표현하였다. 이들은 모두 '국민의 신체적 특징으로 국가를 나타내는 환유'를 사용하고 있다.

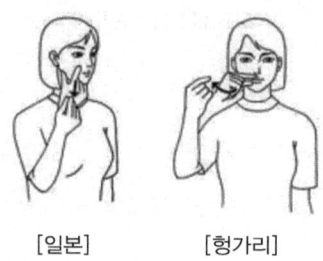

[일본]   [헝가리]

3.3.4 기타 환유

[미국]과 [캐나다] 수어에서는 '역사적 사건으로 국가를 나타내는 환유'와 '특정 행동으로 직업을 나타내는 환유'가 각각 발견되었다.

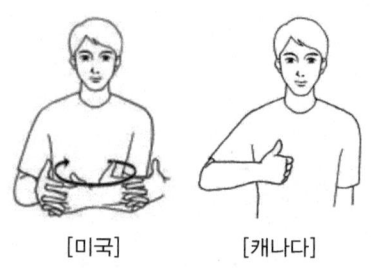

[미국]   [캐나다]

[미국]은 깍지 낀 두 손을 한 바퀴 돌린다. '울타리'를 도상적으로 표현한 것이다. '울타리'는 다시 '개체로 역사적 사건을 나타내는 환유'를 통하여 '초기 정착민이 인디언의 침입을 막기 위해 울타리를 두른 사건'을 나타내게 된다. '울타리를 두른 사건'은 '역사적 사건으로 국가를 나타내는 환유'를 통해 [미국]을 나타낸다.

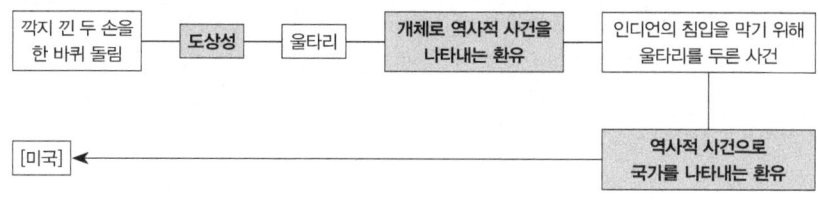

<도표 25> [미국] 분석

[캐나다]는 편 5지를 가슴에 댐으로써 도상적으로 캐나다 기마 경찰대의 모습을 나타내며 이것은 다시 '특정 행동으로 직업을 나타내는 환유'를 통하여 '캐나다 기마 경찰대'를 나타내게 된다. '캐나다 기마 경찰대'는 '하위어로 상위어를 나타내는 환유'를 통하여 '캐나다 남성을' 나타내는데, 캐나다 기마 경찰대는 캐나다 남성의 직업이기 때문이다. 이 역시 앞서 언급한 대로 '하위어로 상위어를 나타내는 환유'와 '내용물로 용기(그릇)를 나타내는 환유'가 사용되어 '캐나다'를 의미하게 된다.

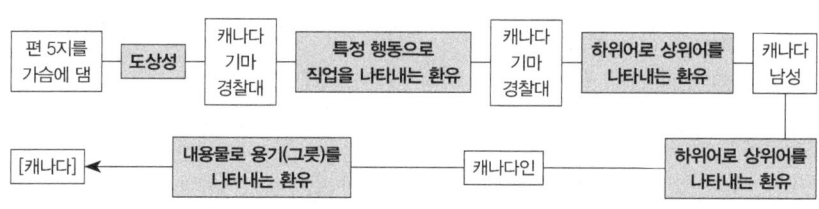

<도표 26> [캐나다] 분석

3.4 질병명에 나타나는 도상성과 은유 및 환유

한국수어에서 질병을 나타내는 표현은 도상성, 은유, 환유가 복합적으로 작용하여 형성된다. 질병의 명칭은 음운을 차용하는 방식과, 해당 질병의 주요 증상이나 감각적 특징을 반영하는 표현이 많다. 또한, 질병의 대표적인 속성을 활용하는 방식으로 개념적 은유와 환유가 적용되기도 한다.

3.4.1 [코로나]

[코로나]는 비우세손으로 알파벳 지문자 [C]를 한 채로 우세손에 갖다 댄 후 우세손의 손가락을 움직이면서 전체 손을 두 바퀴 돌려준다.

[코로나]

　[코로나]는 먼저 비우세손으로 알파벳 지문자 [C]를 하는데 이것은 코로나의 첫음절인 'COVID'를 나타내기 위함이다. [C]가 'COVID'를 의미하는 것은 '부분으로 전체를 나타내는 환유'가 사용되었기 때문이다. 비우세손으로 [C]를 한 상태에서 손가락을 구불거리는 우세손을 비우세손 뒤에 갖다 댄다. 이는 코로나 숙주의 돌기 모양을 도상적으로 표현한 것이며, 코로나 숙주의 돌기가 코로나 전체를 나타내는 것은 '부분으로 전체를 나타내는 환유'가 사용되었기 때문이다. 또한 비우세손과 우세손을 동시에 두 바퀴 돌리는 동작이 추가되는데 이는 도상적으로 '반복되는 움직임'을 표현한 것으로 '질병의 전파와 반복성'을 나타낸다. 이것은 또다시 '속성으로 범주를 나타내는 환유'로 인하여 전파력이 강한 코로나를 나타낸다.

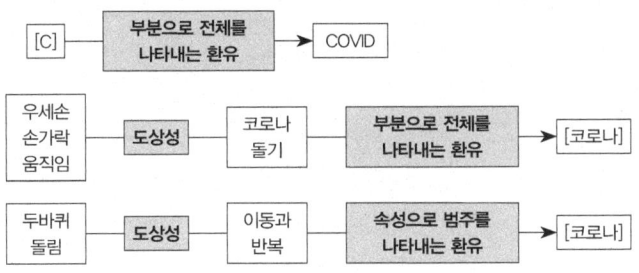

〈도표 27〉 [코로나] 분석

3.4.2 [파상풍]

[파상풍]은 구부린 우세손은 가슴 높이에, 구부린 비우세손 우세손보다 약간 아래에서 손끝을 밑으로 하여 좌우로 흔든 다음에 [질병]을 한다.

(손끝을-밑으로-하여-좌우로-흔듦)　　　　[질병]

[파상풍]은 구부린 우세손과 비우세손이 손 끝을 아래로 향한 상태에서 좌우로 흔드는데, 이는 도상적으로 '경련'을 표현한 것이다. 파상풍 증상인 '경련'을 통해 '파상풍'을 가리키고 있으므로 '속성으로 범주를 나타내는 환유'가 사용된 것이다.

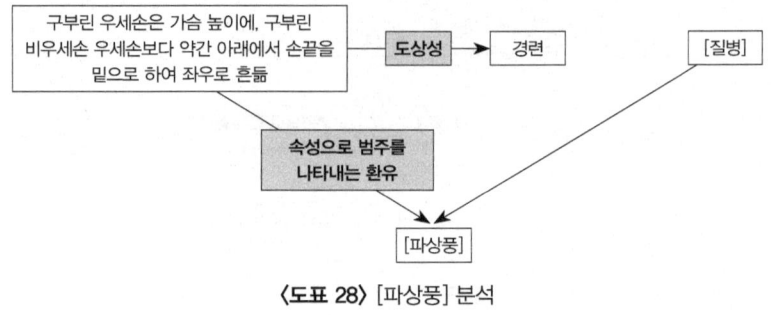

〈도표 28〉 [파상풍] 분석

3.5 인터넷 사이트명에 나타나는 도상성과 은유 및 환유

3.5.1 [카카오톡][1] & [텔레그램][2]

[카카오톡]은 지문자 [ㅋ]을 한 우세손으로 비우세손의 손바닥 위에서 스치듯 앞뒤로 움직이는 방식으로 표현된다. 여기서 한국어 지문자 [ㅋ]은 '카카오'의 첫 글자를 따온 것으로, '부분으로 전체를 나타내는 환유'가 사용되었다. 비우세손을 펼쳐 손바닥이 위를 향하게 하는 모습은 도상적으로 '스마트폰'을 나타내며, 비우세손의 손바닥 위에서 우세손의 손가락을 앞뒤로 움직이는 동작은 물건을 주고받는 모습을 형상화한 것이다. 이는 [의사소통은 물건전송]이라는 개념적 은유를 통해, 메시지를 주고받는 행위를 의미하게 된다. 결국, 이러한 도상성과 환유 및 은유가 결합하여 [카카오톡]을 상징하는 표현이 완성된다.

---

[1] https://www.youtube.com/shorts/heE6KLxDwZE
[2] https://www.youtube.com/watch?v=I2W3F8BXDN0

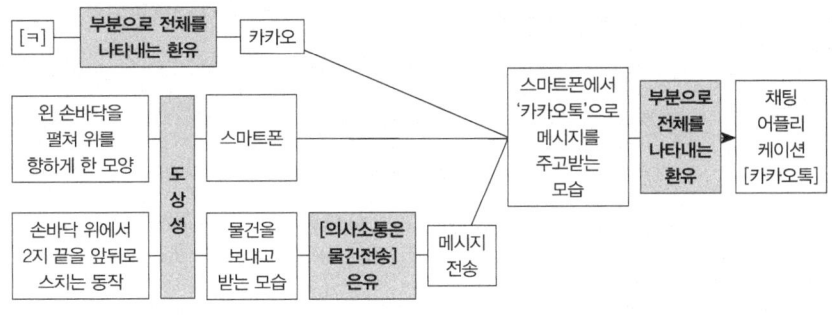

〈도표 29〉 [카카오톡] 분석

　　[텔레그램]은 우세손으로 지문자 [T]를 형성한 상태에서, 비우세손의 손바닥 위에서 앞뒤로 움직이며 표현된다. 이는 지문자 [T]가 사용된다는 점을 제외하면 [카카오톡]과 동일한 구조를 가진다.

3.5.2 [페이스북][3]

　　[페이스북]은 알파벳 지문자 [F]를 한 상태에서 [책]을 표현하는 방식으로 나타난다. 여기서 지문자 [F]는 '부분으로 전체를 나타내는 환유'를 통하여 'Facebook'의 'Face'를 가리키며, 'book'은 영어 의미를 번역하여 [책]으로 표현된다.

3.5.3 [트위터]

　　[트위터]는 먼저 [파랑]을 표현한 뒤, 주먹을 쥔 우세손의 1·5지를 앞으로 내민 상태에서 입 앞에서 손가락을 맞붙였다 떼었다를 반복하는 방식으

3　https://www.youtube.com/shorts/EOnPOSJcQrM

로 나타난다. 이는 도상적으로 새가 지저귀는 모습을 형상화한 것으로, 새의 울음소리를 시각적으로 표현한 것이다. 여기서 새가 지저귀는 모습은 '부분으로 전체를 나타내는 환유'를 통해 '새'를 의미하게 된다. 이후, [파랑]과 '새'가 결합하여 '파랑새'를 형성하는데, 이는 트위터의 로고를 나타낸다. 결국, '파랑새'는 '상징물로 범주를 나타내는 환유'를 통해 [트위터]를 지칭하는 역할을 하게 된다.

3.5.4 [Youtube][4]

[Youtube]는 비우세손으로 알파벳 지문자 [Y]를 하고, 우세손으로 [영상] 수어를 표현하는 방식으로 나타난다. 여기서 지문자 [Y]는 '부분으로 전체를 나타내는 환유'를 통해 'Youtube'를 가리키며, 유튜브가 제공하는 핵심 서비스인 동영상을 나타내기 위해 [영상] 표현을 사용한다. 핵심서비스인 [영상]으로 Youtube 전체를 나타내므로 '부분으로 전체를 나타내는 환유'가 사용된 것이다. 비우세손의 [Y]와 우세손의 [영상]이 결합하여 [Youtube]를 지칭하는 의미를 형성한다.

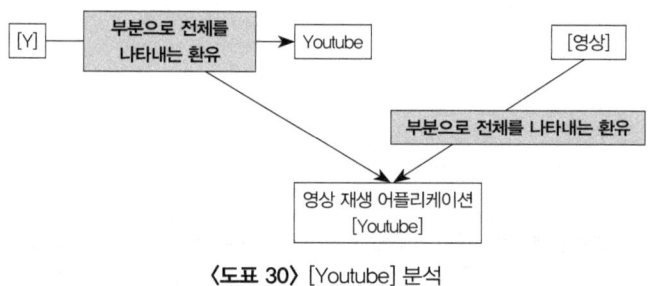

〈도표 30〉 [Youtube] 분석

---

4 https://www.youtube.com/watch?v=IvP3KoA2et8

3.6 고유명사 표현 분석 결과

본 장에서는 한국수어에서 사용되는 다양한 고유명사를 분석하여, 그 형성 과정에서 도상성, 개념적 은유, 개념적 환유가 어떻게 작용하는지를 살펴보았다. 분석 대상에는 얼굴 이름, 지역명, 나라 이름, 질병명, 인터넷 사이트명 등이 포함되었으며, 이를 통해 한국수어에서 고유명사가 명명되는 방식이 도상성과 개념적 은유 및 환유와 깊이 연결되어 있음을 확인할 수 있었다.

3.6.1 도상성의 역할

한국수어의 고유명사 명명 방식에서 도상성은 핵심적인 요소로 작용한다. 얼굴 이름의 경우, 특정 인물의 신체적 특징이나 습관적인 표정 및 동작을 직접적으로 반영하는 방식으로 형성되었으며, 노무현 대통령의 얼굴 이름에는 노무현 대통령의 신체 특징인 이마 주름을 나타내는 도상적 표현이 사용되었으며 예수의 얼굴 이름에서는 못 자국을 나타내는 도상적 표현이 사용되었다. 또한, 지역명과 나라 이름에서도 해당 지역의 지형적 특징이나 상징물 등을 시각적으로 표현하는 방식이 관찰되었다. 질병명에서도 질병이나 증상의 대표적인 특징이 도상적으로 표현되었으며, 인터넷 사이트명에서도 로고를 시각적으로 나타내는 방식이 도상성을 반영하고 있었다. [트위터]의 경우 새가 지저귀는 모습을 형상화하여 표현되었다.

3.6.2 개념적 환유와 개념적 은유의 역할

개념적 환유는 특정한 부분이나 속성을 통해 전체를 나타내는 방식으로 작용하며, 이는 한국수어의 고유명사 표현에서 필수적인 기제로 나타났다. 예를 들어, 얼굴 이름에서는 인물의 특정 신체 부위의 특징을 통해 그 인물 전체를 나타내는 방식이 사용되었으며, 인터넷 사이트명에서도 부분을 통해 전체를 나타내는 환유적 기제가 발견되었다. [페이스북]의 경우, 알파벳 지문자 [F]를 사용하여 'Face'를 대체하는 방식이 적용되었으며, [Youtube]에서는 지문자 [Y]가 '부분으로 전체를 나타내는 환유'를 통해 Youtube 전체를 지칭하였다.

고유명사의 형성 과정에서 개념적 은유는 개념적 환유에 비하여 자주 발견되지는 않았다. 그러나 [카카오톡]에서는 손가락을 왔다 갔다 하는 동작이 도상적으로 물건을 주고 받는 것을 의미하고 이러한 물건의 전달은 [의사소통은 물건전송]이라는 개념적 은유를 통해 '메시지 전송'을 의미하였다.

한국수어에서 고유명사가 명명되는 방식은 단순히 하나의 기제만을 활용하는 것이 아니라, 도상성, 개념적 은유, 개념적 환유가 서로 결합하여 더욱 직관적이고 효율적인 표현 방식을 만들어낸다는 점이 확인되었다. 예를 들어, [트위터]의 경우, 도상성을 통해 새가 지저귀는 모습을 형상화하면서, 부분으로 전체를 나타내는 환유를 통해 '새'가 트위터의 개념을 대변하고, 최종적으로 상징물로 범주를 나타내는 환유를 통해 트위터를 나타내는 방식으로 명명이 이루어졌다. 또한, 노무현 대통령의 얼굴 이름에서는 이마 주름을 나타내는 도상성, 이마를 통해 인물 전체를 지칭하는 환유, 지문자 [ㄴ]을 통한 성씨의 환유적 사용이 결합되어 더욱 명확한 지시성을 가지게 되었다.

3.6.3 결론

한국수어에서 고유명사의 명명 방식은 단순한 기호적 변환이 아니라,

인지적·문화적 요인과 깊이 연관된 체계적인 구조를 갖춘 과정임이 확인되었다. 도상성을 바탕으로 시각적 직관성을 확보하면서도, 개념적 은유와 환유를 활용하여 의미적 확장을 가능하게 하는 방식이 고유명사 명명에 광범위하게 적용되고 있다. 특히, 얼굴 이름과 질병명에서는 환유적 기제가 강하게 작용하였으며, 인터넷 사이트명에서는 은유와 환유가 결합된 방식이 주로 활용되었다. 이를 통해 한국수어의 고유명사가 단순한 기호적 변환이 아닌, 인지적·문화적 맥락을 반영하는 언어적 체계의 일환임을 밝힐 수 있었다.

4
한국수어 단일어에 나타나는 도상성과 은유 및 환유

이 장에서는 한국수어의 단일어에서 나타나는 도상성, 개념적 은유, 개념적 환유를 분석하고자 한다. 앞선 3장에서 한국수어의 고유명사 명명 방식에서 이러한 개념적 기제들이 어떻게 작용하는지를 살펴보았다면, 이번 장에서는 일반적인 어휘에서 이러한 기제들이 어떻게 형성되고 적용되는지를 체계적으로 분석할 것이다. 한국수어의 어휘는 단순한 기호적 표기가 아니라, 해당 개념의 시각적 특징을 반영한 도상적 표현, 개념의 밀접성을 기반으로 한 환유적 표현, 그리고 보다 추상적인 개념을 구체적인 개념으로 이해하는 개념적 은유가 복합적으로 작용하여 형성된다.

4.1 한국수어 단일어에 나타나는 도상성과 은유

본 장에서는 특히 개념적 은유를 중심으로 논의를 전개할 예정이다. 개념적 은유는 인간의 사고 방식이 표현에 반영되는 과정에서 중요한 역할을 하며, 한국수어에서도 특정한 추상 개념을 보다 친숙하고 구체적인 방식으로 이해하고 표현하는 데 사용된다. 본 장에서는 한국수어 단일어에 나타나는 주요 개념적 은유를 다음과 같이 분류하여 논의할 예정이다.

(53) a. [생각은 물건] & [마음은 그릇] 은유
　　　b. [의사소통은 물건전송] 은유
　　　c. [좋은 것은 위] & [나쁜 것은 아래] 은유
　　　d. [좋은 것은 앞] & [나쁜 것은 뒤] 은유
　　　e. [좋은 것은 안] 은유 & [나쁜 것은 밖] 은유
　　　f. [친밀함은 물리적 거리] 은유
　　　g. [강도(세기)는 수량] 은유
　　　h. [시간은 공간] 은유
　　　i. [분석은 매듭풀기] 은유
　　　j. [갈등은 물리적 충돌이나 마찰] 은유
　　　k. [사람은 물건] 은유
　　　l. [정신은 신체] 은유
　　　m. [중요한 것은 무거움] 은유
　　　n. [사건·일은 움직이는 물체] 은유
　　　o. [도덕성은 청결함] 은유
　　　p. [도덕성은 도형] 은유

　본 장의 분석을 통해, 한국수어의 단일어가 단순한 표기가 아니라 인지적 사고의 반영물이며, 개념적 은유가 언어 표현 형성에 중요한 역할을 한다는 점을 강조하고자 한다. 또한, 한국수어의 표현 방식이 단순히 한국어의 의미를 직역한 것이 아니라, 시각적·공간적 사고를 바탕으로 독자적으로 구성된 체계를 가지고 있음을 밝힐 것이다.

4.1.1 [생각은 물건] & [마음은 그릇] 은유

소리 언어에서 [생각은 물건] 은유와 [마음은 그릇] 은유는 매우 쉽게 발견되는 개념적 은유이다. 이는 인간이 사고하는 방식을 반영한 보편적인 개념 구조로, 한국어뿐만 아니라 다양한 언어에서 나타나는 패턴이다. 예를 들어, (54a)에서 '나는 한국인들을 늘 내 마음속에 담고 다닌다'라는 표현은 '생각'을 '마음이라는 그릇에 담겨 있는 물건'으로 개념화한 결과이다. 즉, 생각이 마치 물리적인 물체처럼 존재하며, 그것을 '담을 수 있다'는 개념화가 전제되어 있다.

(54b)에서도 같은 은유가 발견된다. '잊는 것'을 '그릇 속에 담겨 있던 생각이 빠져나가는 것'으로 이해하는 방식이다. 이는 '기억'이 마치 저장할 수 있는 물건처럼 간주되고, 강한 자극이 오면 그 물건이 밖으로 빠져나가 사라진다는 개념적 은유를 반영한다. (54c)에서 '생각을 비운다'는 것은, 원래 마음이라는 공간 속에 담겨 있던 생각이라는 물건을 제거하는 과정으로 개념화된다.

(54) a. 프란치스코 교황은 "..., 나는 한국인들을 늘 **내 마음속에 담고** 다닌다..."고 말했다고 청와대는 전했다.(한겨레 2021.10.30.)
b. (기억)된다 하더라도 견고하게 저장이 잘 안되므로 강한 자극이 오게 되면 **쉽게 빠져나가 잊힌다.** (https://suny2018.tistory.com/86)
c. 김종민 감독 말대로 **생각을 비우고** 자신이 잘할 수 있는 플레이를 해야 한다. (마이데일리 2023.12.14.)

한국수어에서도 [생각은 물건] 은유와 [마음은 그릇] 은유가 유사한 방식으로 나타난다. 예를 들어, '생각하다'는 표현에서 머리 근처에서 손을 움직이는 방식이 사용되며, 이는 '머리 속에 있는 물건을 다루는 것'처럼 형상화된다. 또한, [기억하다]와 [잊다], 그리고 [유식하다]와 [무식하다]와 같은 표현에서 머리 속에 물건을 담거나 꺼내는 동작이 수반되며, 이는 '마음'이 마치 물건을 보관하는 '그릇'과 같은 역할을 한다는 개념을 반영한다.

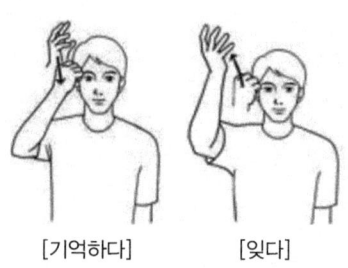

[기억하다]　　　[잊다]

머리 부위에서 수어를 하는 것은 머리를 나타내는 도상적 표현이며, 머리는 환유적으로 머릿속의 뇌를 의미한다. [잊다]는 쥐었던 손을 펼쳐 공간이 벌어지면서 어떤 물건이 빠져나가는 동작으로 표현된다. 이는 생각이 마치 그릇 속에 담겨 있다가 그릇이 열리면서 밖으로 빠져나가는 과정으로 개념화된다는 것을 보여준다.

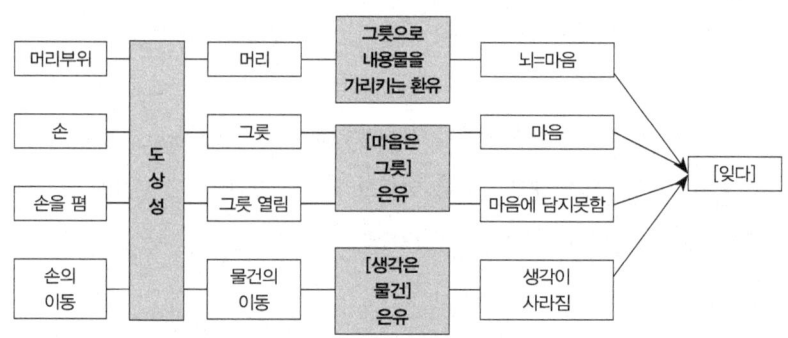

〈도표 31〉 [잊다] 분석

반면, [기억하다]는 [잊다]와 반대로 손으로 무언가를 붙잡아 움켜쥐는 동작으로 표현된다. 이는 그릇에서 물건이 빠져나가지 못하도록 닫아두는 모습을 형상화한 것이다. 머릿속에 생각이 저장되어 있는 상태를 그릇 속에 물건이 담겨 있는 것으로 개념화한 결과라 할 수 있다.

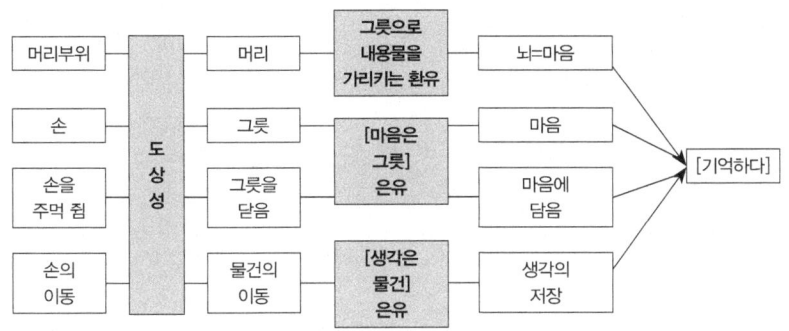

〈도표 32〉 [기억하다] 분석

[유식하다]와 [무식하다] 또한 같은 은유를 사용하여 개념화된다. 그릇 속에 물건이 쌓이거나 없어지는 과정에 따라 그릇의 크기가 커지거나 작아지는 방식으로 개념화되며, 이는 [생각은 물건] 은유와 [마음은 그릇] 은유가 적용된 결과이다.

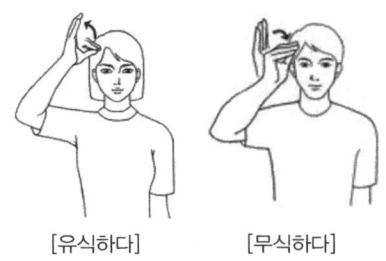

[유식하다]   [무식하다]

[유식하다]는 손을 벌려 표현하는데, 이는 생각이나 지식이 쌓이면서 머

릇속 저장 공간이 점점 높아지는 것을 은유적으로 나타낸 것이다. 즉, 지식이 많아질수록 저장 공간이 확장된다고 개념화하는 방식이다.

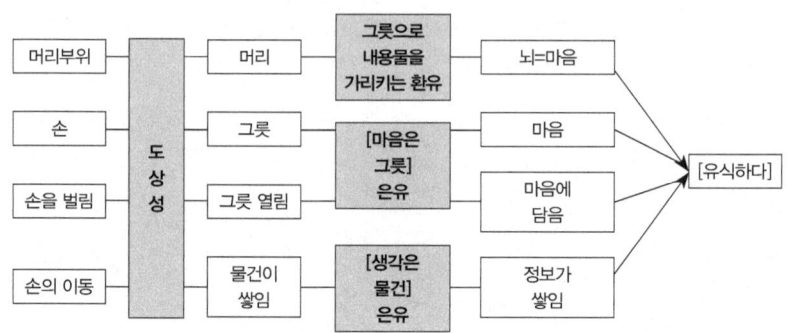

〈도표 33〉 [유식하다] 분석

[무식하다]는 손을 닫아 공간을 최소화하는 동작으로 표현되며, 이는 정보나 지식이 전혀 없음을 은유적으로 나타낸 것이다. 처음에는 어느 정도 공간이 벌려져 있던 손이 점점 줄어들며, 결국 손가락끼리 맞닿게 된다. 이 과정은 정보가 점차 사라지다가 최종적으로 하나도 남지 않게 되었을 때, 정보를 담고 있던 공간이 완전히 닫히는 모습을 묘사하는 것이다. 이러한 표현 방식은 [생각은 물건] 은유와 [마음은 그릇] 은유가 결합하여 작용한 결과로, 지식의 유무와 양적 변화를 물리적 공간의 축소와 소멸로 형상화하고 있다. 이를 통해 한국수어에서는 지식과 사고를 공간적 개념으로 인지하고, 그 증감에 따라 저장 공간이 변화하는 방식으로 표현하고 있음을 알 수 있다.

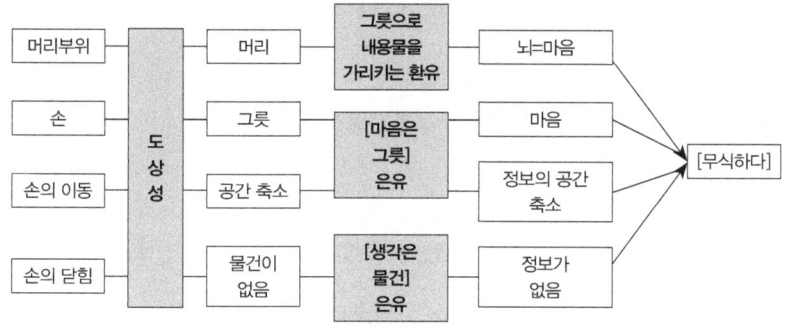

〈도표 34〉 [무식하다] 분석

[짜증]은 환유적으로 뇌를 가리키는 머리 부위에서 표현되는 수어로, [마음은 그릇] 은유와 [생각은 물건] 은유가 적용된 사례이다. 여기서 머리 부위를 이용한 표현은 감정과 사고의 중심을 머리로 인식하는 환유적 기제를 반영한다.

[짜증;신경질]

1지가 오르내리는 동작은 도상적으로 신경 곤두섰다가 차분해지는 과정을 반복적으로 나타내며, 이를 통해 불안정한 심리 상태를 은유적으로 묘사하고 있다. 즉, 짜증이라는 감정이 마치 머릿속에서 들끓는 물건처럼 올라왔다가 가라앉는 과정을 표현하는 방식이다.

이러한 표현 방식은 짜증이 단순한 심리적 상태가 아니라, 마치 물리적 대상처럼 축적되고 변화하는 개념으로 이해됨을 보여준다. 한국수어에서 감정과 사고를 공간적·물리적 개념으로 구조화하는 방식이 도상적 표현

4. 한국수어 단일어에 나타나는 도상성과 은유 및 환유   **151**

과 개념적 은유를 통해 자연스럽게 형상화되고 있음을 알 수 있다.

〈도표 35〉 [짜증] 분석

4.1.2 [의사소통은 물건전송] 은유

말이나 글을 통해 정보를 전달하고 의사를 표현하는 과정은 흔히 생각 혹은 정보를 주고받는 것으로 이해된다. 즉, 생각, 메시지, 정보는 물건이고, 의사소통은 그 물건을 전송하는 과정으로 개념화된다. 이는 우리가 의사소통을 단순한 행위가 아니라 구체적인 대상(정보)을 주고받는 물리적 과정으로 인식한다는 점을 보여준다. (55a)에서 '나의 생각을 다른 사람에게 전달해야 하는 어려움'이라는 표현은 생각을 물건처럼 전달할 수 있는 대상으로 개념화하고 있음을 보여준다. (55b)에서도 '브랜드와 메시지를 전달한다'라는 표현을 통해 메시지가 물리적으로 이동 가능한 대상으로 간주되고 있음을 알 수 있다. (55c)의 '정보를 주고받는다'라는 표현 역시 정보를 주고받는 물건처럼 개념화한 은유적 표현이다.

(55) a. 글을 쓰고 회의를 하고 발표를 하는 것, 이 모든 과정에는 나의 **생각을 다른 사람에게 전달해야** 하는 어려움이 따릅니다.
(인베스트 뉴스 2024.04.08.)

b. 구글 뉴스를 통해 브랜드와 **메시지를 전달하는** 효율적인 방법
(인터애드 2020. 07.18)

c. 언제부터인가 '대화'보다 '소통'이란 표현을 많이 사용하는 것 같다. 대화는 객관적인 **정보를 주고받는** 데 중점을 둔다.
(경기브레이크뉴스 2022.09.13.)

Taub(2001:98)는 미국수어에서 발견되는 [의사소통은 물건전송] 은유를 분석하며, 의사소통하는 과정을 물건을 주고받는 것처럼 표현하는 방식을 보고한 바 있다. 예를 들어, 미국수어의 COMMUNICATE ('의사소통하다')는 양손을 앞뒤로 움직이며, 마치 물건을 서로 주고받는 것처럼 묘사된다.

COMMUNICATE (Taub 2001, 98)

의사소통 과정에서 전달되는 생각이나 개념은 마치 물건처럼 취급된다. 즉, 말하거나 글을 쓰는 행위는 물건을 상대방에게 보내는 것과 같은 방식으로 개념화된다. 반대로, 상대방이 들은 말을 이해하는 것은 물건을 받아서 머릿속에 저장하는 과정으로 인식된다. 이러한 개념적 은유에서는 정보를 전달하는 사람이 물건을 보내는 사람으로, 듣거나 정보를 받아들이는 사람이 물건을 받는 사람으로 이해된다. 따라서 대화가 원활하지 않거나 의사소통에 문제가 생기는 상황은 마치 물건을 주고받는 과정에서 장애가 발생하는 것처럼 개념화된다. 결과적으로, 의사소통의 어려움은 물건이 제

대로 전달되지 않거나 받는 과정에서 문제가 생기는 것으로 표현되며, 이는 우리가 의사소통을 단순한 대화가 아니라 물리적 교환 과정으로 인식하고 있음을 보여준다.

SOURCE	TARGET
Objects	Ideas
Sending object	Articulating idea in language
Catching object (and putting it in head)	Understanding idea
Sender	Communicator
Receiver	Addressee
Difficulties in sending or catching	Difficulties in communication

〈도표 36〉 [의사소통은 물건전송] 은유(Taub 2001, 95)

한국수어에서도 이와 유사한 사례가 다수 발견된다. 먼저 [말하다]를 그 예로 들 수 있다. 한국수어에서 [말하다]는 일치동사로 사용되며, 화자가 상대에게 말을 할 때는 손을 상대방 쪽으로 이동시키면서 펴고, 반대로 상대가 화자에게 말을 할 때는 몸 앞쪽에서 몸쪽으로 손을 이동시키면서 펴는 방식으로 표현된다. 이러한 동작은 말이나 말 속에 담긴 생각을 물건처럼 전달하는 방식으로 개념화된 결과이다. 즉, 대화를 나누는 과정이 물리적인 물건을 주고받는 행위처럼 표현되며, 이는 [의사소통은 물건전송] 은유가 한국수어에서도 강하게 반영되어 있음을 보여준다.

[말하다1]

[말하다1]을 좀 더 구체적으로 분석해보면, 손의 형태는 그릇을 형상화한 것이며, 손을 펴서 앞으로 보내는 동작은 그릇을 열어 그 안의 물건을 내보내는 것을 형상화한 것이다.

이러한 표현 방식은 [마음은 그릇] 은유와 [생각은 물건] 은유가 결합된 결과이다. 언어는 은유적으로 생각을 담는 그릇으로 이해되며, 말을 하는 행위는 그릇을 열어 생각이라는 물건을 상대방에게 보내는 과정으로 개념화된다. 즉, 말이 단순한 음성적 전달이 아니라, 구체적인 물리적 대상의 이동과 유사한 방식으로 개념화되어 시각적으로 표현된다는 점을 보여준다.

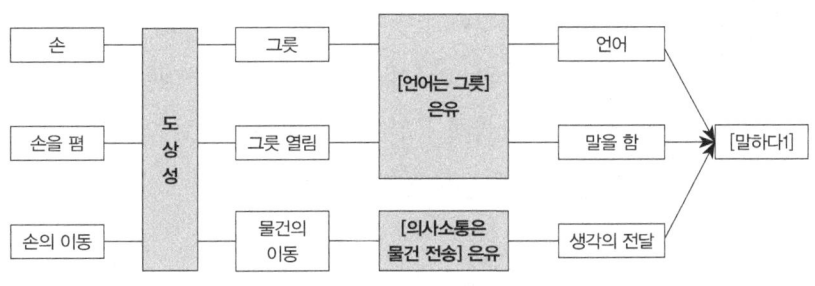

〈도표 37〉 [말하다1] 분석

[말하다2]도 [의사소통은 물건전송] 은유가 동일하게 사용되고 있다. 이 표현은 '다른 사람의 말을 전달하다'라는 의미로, 1지를 앞으로 내밀면서 표현된다. 이 동작은 도상적으로 물건을 전달하는 행위를 형상화한 것으

4. 한국수어 단일어에 나타나는 도상성과 은유 및 환유   **155**

로, 말이나 정보를 실체가 있는 물건처럼 인식하고 주고받는 방식으로 개념화한 결과이다.

[말하다2]

[대화]는 오른손과 왼손이 번갈아 가며 물건을 주고받는 동작으로 표현된다. 이는 대화하는 과정에서 서로 말이나 생각을 주고받는 모습을 형상화한 것으로, [의사소통은 물건전송] 은유가 강하게 반영된 표현이다. 이 표현에서는 생각을 물건으로 개념화하고, 손에 쥔 물건을 한쪽으로 보내고 다시 다른 손으로 받은 물건을 반대쪽으로 보내면서 서로의 생각을 교환하는 과정을 나타낸다. 한쪽 손이 펴짐과 동시에 다른 손은 주먹을 쥐게 되는데, 이는 물건을 보내고 그것을 붙잡는 모습을 도상적으로 재현한 것이다. 이처럼 [대화]의 표현 방식은 의사소통을 물리적 교환 행위로 개념화하는 구조를 반영하며, 대화를 실제 물건을 주고받는 것처럼 인식되는 사고방식이 한국수어에서도 시각적으로 구현되고 있음을 보여준다.

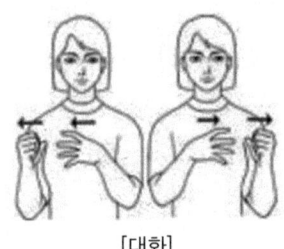

[대화]

[인터뷰]에서 양손이 번갈아 가며 이동하는 동작 역시 대화의 전달을 물건의 이동으로 개념화한 표현이다. 이는 인터뷰 진행자와 인터뷰 대상자가 서로 대화를 주고받는 모습을 형상화한 것으로, [의사소통은 물건전송] 은유가 반영된 결과이다.

[인터뷰]

[이해] 역시 '의사소통의 성공'을 나타내며, 이는 '물건을 주고받는 것'으로 개념화되어 있다. 우세손의 1지를 몸 앞으로 이동한 뒤 다시 몸쪽으로 이동하는 동작은 생각을 전달하고 전달받는 과정을 표현한다. 이는 [의사소통은 물건전송] 은유에 따라, 이해하는 과정이 단순한 인지적 과정이 아니라 생각이라는 물건을 받아들이는 행위로 개념화되었음을 보여준다.

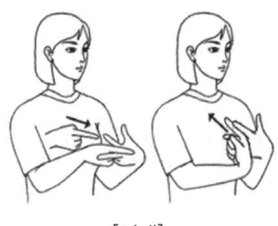

[이해]

[이해]를 좀 더 자세히 분석해보면, 우세손의 1지는 도상적으로 물건을 의미하고, 가로로 편 비우세손은 도상적으로 장벽을 의미한다. 이때 비우

세손의 1지와 2지 사이를 뚫고 우세손의 1지가 들어가는 동작은 장벽을 뚫고 물건이 이동하는 모습을 형상화한 것이다. 이 동작을 개념적으로 분석하면, 물건은 생각을, 장벽은 의사전달의 어려움을 나타내는 은유적 표현으로 사상된다. 즉, 물건이 장벽을 뚫고 전송되는 과정은 내 생각이 상대에게 전달되는 과정으로 개념화되며, 반대로 물건이 장벽을 뚫고 들어오는 것은 상대의 생각이 나에게 전달되는 과정으로 사상된다. 이러한 표현 방식은 의사소통 과정에서 발생하는 이해의 어려움과 그 극복 과정을 물리적인 장애물과 그 통과 과정으로 형상화한 것이다. 이를 통해 한국수어에서 '이해'라는 개념이 정보의 흐름과 장애물 극복이라는 동적인 과정으로 개념화됨을 확인할 수 있다.

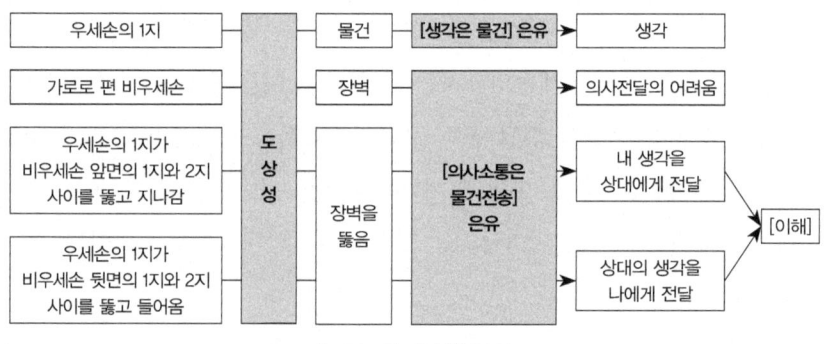

〈도표 38〉 [이해] 분석

[질문]도 [말하다]와 유사하게 [의사소통은 물건전송] 은유를 사용하고 있다.

[질문]

[질문]이 '질문'을 '물건의 전송'으로 개념화하고 있다는 것은 다양한 일치 현상에서 잘 드러난다. 손끝이 어디를 향하는지에 따라 질문의 대상이 결정되는데, 이는 질문이라는 개념이 단순한 언어적 행위가 아니라, 물건을 누군가에게 보내는 것과 같은 방식으로 이해되고 있음을 보여준다. 이러한 개념적 구조는 [의사소통은 물건전송] 은유가 적용된 결과이며, 물건을 보내는 방향이 곧 질문이 전달되는 방향과 일치하기 때문에 다양한 질문의 형태가 가능해진다. [상대에게-묻다]의 경우 손끝이 화자의 앞을 향하게 된다. 이는 질문이라는 물건이 상대방에게 전달됨을 형상화한 것이다. [나에게-묻다]는 손끝이 화자 자신을 향한다. 이는 질문이 상대방으로부터 화자에게 전달되는 방식으로 개념화된다. [제3자에게-묻다]: 손끝이 화자와 청자의 공간이 아닌 제3의 공간(화자의 우측이나 좌측)으로 향한다. 이는 질문이 특정한 상대가 아닌 다른 대상에게 전달됨을 나타내는 방식이다. 이처럼 질문의 방향성과 대상의 일치 관계는 한국수어에서 [질문] 실체가 있는 물건처럼 공간적 이동을 수반하는 과정으로 개념화되었음을 보여준다.

[상대에게-묻다]

[나에게-묻다]

[제3자에게-묻다]

이외에도 [대답], [말씀], [이야기], [전갈], [고백]과 같은 어휘들이 모두 [의사소통은 물건전송] 은유를 사용하고 있다.

생각이나 정보만이 물건의 전송으로 개념화되는 것은 아니다. [감염] 역시 [감염은 물건전송] 은유를 사용하여 개념화된다. [감염]의 기본형은 주먹 쥔 두 손의 손목을 수직으로 맞대어 반복하여 부딪치면서 앞으로 내미는 동작으로 표현된다. 이 표현에서 감염은 마치 물리적인 물건이 이동되는 것처럼 개념화되며, 감염이 확산되는 과정은 물건이 이동하여 다른 사

람에게 전해지는 과정과 유사하게 나타난다. 즉, 감염이라는 개념이 구체적인 대상(바이러스, 세균 등)이 직접적인 접촉을 통해 이동하는 과정으로 인식되고 있음을 보여준다. 이러한 표현 방식은 한국수어에서 질병의 전파와 같은 개념이 구체적인 물리적 전달 행위로 개념화됨을 반영하고 있다.

[감염]

[감염]은 일치동사로, '감염시키다'와 '감염되다'를 나타낼 때 손의 방향이 달라진다. '감염시키다'를 의미할 때는 몸쪽에서 몸 앞쪽으로 손목을 밀면서 부딪친다. 이는 감염이 화자로부터 다른 사람에게 전파됨을 시각적으로 형상화한 것이다. 반대로, '감염되다'를 의미할 때는 몸 앞쪽에서 몸쪽으로 손목을 잡아당기면서 부딪친다. 이는 감염이 다른 사람으로부터 화자에게 옮겨지는 과정을 표현한 것이다. 이러한 수어 표현 방식은 [감염은 물건전송] 은유가 강하게 반영된 결과로, 감염이라는 개념이 물리적 대상이 이동하는 것과 같은 방식으로 개념화된다는 점을 보여준다. [방역수칙]의 경우 몸 앞에서 몸쪽으로 잡아당기는 수어를 사용하고 있다. 이는 '감염되지 않도록 지키는 수칙'이라는 의미를 담고 있기 때문이다.

[감염]   [막다]   [목록]

또한 [비말감염]의 경우, 몸쪽에서 몸 앞쪽으로 밀어내는 동작을 사용한다. 이는 비말이 타인에게 전파되는 개념을 시각적으로 형상화한 것이다. 이러한 표현 방식은 손목의 이동을 통해 전달의 개념을 형상화하는 것으로, 감염을 '물건전송'으로 개념화하는 사고방식을 반영한다. 즉, 감염이 마치 물리적인 물건처럼 이동할 수 있는 대상으로 인식되고 있음을 보여준다.

[기침]   [감염]

4.1.3 [좋은 것은 위] & [나쁜 것은 아래] 은유

우리는 기쁘거나 행복할 때 자연스럽게 몸을 추켜세우고 고개를 들어 위쪽을 바라보게 된다. 반면, 힘들거나 슬플 때는 몸을 웅크리고 고개를 떨구는 경향이 있다. 이러한 신체적 경험을 통해, 사람들은 좋은 것은 위에, 나쁜 것은 아래에 위치한다는 개념을 형성하게 된다. 즉, 공간적 위치와 감정적·사회적 가치가 연결되면서, [좋은 것은 위] 은유와 [나쁜 것은 아래] 은유가 형성된다. 이러한 은유는 우리의 일상적인 언어 표현 속에 깊숙이 자리 잡고 있으며, 가치 평가나 긍정·부정의 개념을 공간적 이미지로 표현하는 데 널리 활용된다.

(56a)에서는 '솟아오르다'라는 표현을 사용하여, 혜민 스님의 도서가 과거와는 달리 좋은 반응을 얻고 있음을 나타내고 있다. 이는 아래에서 위로 상승하는 이미지를 통해 긍정적인 변화와 성취를 보여준다. (56b) 역시 '떠오르다'라는 표현을 사용하여, 완주군이 파크골프의 중심지로 자리 잡는 과정을 상향 이동의 이미지로 표현하고 있다. (56c)에서는 '승천'이라는 표현을 사용하여, 투수가 좋은 성과를 내며 명성이 높아지는 과정을 나타내고 있다. 이처럼 [좋은 것은 위] 은유는 사회적 성공, 인지도 상승, 긍정적인 변화 등을 나타내는 데 자주 활용된다.

(56) a. 교수 저자의 인기높은 도서들 틈바구니 속에서 혜민 스님의 도서가 이제 독보적으로 **솟아올랐다**. (EBN 2012.03.23.)
b. 스포츠 마케팅으로 지역 상권에 활력을 넣고 있는 전북자치도 완주군이 파크골프의 새로운 메카로 **떠오르고 있다**.
(아이뉴스24 2024.04.04.)
c. 롯데 신인투수 전미르(19)가 **승천할** 채비를 마쳤다.
(스포츠서울 2024.03.17.)

반면, (57a)는 '떨어지다'를 통하여 저하된 사기를 의미하고 있다. (57b)는 높은 곳에서부터 낮은 곳으로 이어지는 '내리막길'이 낮은 수익성을 나타내고 있다. (57c)의 경우, '저하'를 통하여 건강이 나빠졌다는 의미를 전달하고 있다.

(57) a. 사기가 **떨어지다** 보니 불미스러운 일들도 벌어지고 있다.
　　　(MK스포츠 2014.08.22.)

　　b. 수익성 측면에서도 **내리막길**이 이어지고 있다. (시사위크 2024.04.09.)

　　c. 부상 복귀전이었던 전날 경기에서 38분 33초를 소화했던 이현중은 체력 **저하**로 후반에 어려움을 겪었다. (바스켓코리아 2024.04.15.)

Taub(2001, 145)는 [좋은 것은 위]와 [나쁜 것은 아래] 은유가 미국수어에서 어떻게 나타나는지를 설명하면서, 공간적 위치와 손의 움직임이 개념적 의미와 연결되는 방식을 분석하였다. 미국수어에서는 비우세손의 손바닥, 손가락, 혹은 특정 공간을 기준점으로 설정한 뒤, 우세손이 그 기준점보다 위에 위치하거나 위로 움직이면 '좋은 것'에 사상되고, 반대로 우세손이 기준점보다 낮게 위치하거나 아래로 움직이면 '나쁜 것'에 사상된다. 이러한 공간상의 위치를 통해, 긍정적인 개념과 부정적인 개념이 물리적인 높낮이로 표현되는 것을 확인할 수 있다.

상황이 나빠졌다가 다시 좋아지는 경우를 묘사 Taub(2001, 148)

그 대표적인 예시가 IMPROVE(향상하다)이며, 여기서 비우세손의 팔이 기준점으로 사용된다. 팔에서 가장 높은 지점이 좋은 것에 사상되며, 우세손이 팔을 따라 위로 움직이면서 무언가가 점점 나아지는 과정을 표현한다. 이러한 방식은 신체의 특정 부위를 기준으로 설정한 뒤, 상향 이동을 긍정적인 변화로 개념화하는 구조를 보여준다.

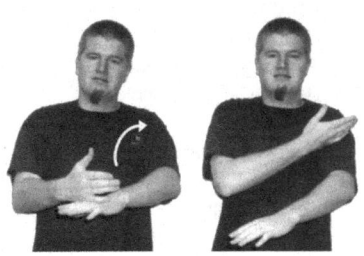

IMPROVE   Taub(2001, 148)

　비우세손의 팔은 도상적으로 '수치가 얼마나 높은가'에 사상되며, 이는 다시 은유적으로 '얼마나 좋은가'에 사상된다. 즉, 팔의 위치가 높을수록 높은 수치를 의미하고, 높은 수치는 다시 긍정적인 가치로 개념화된다. 비우세손의 어깨와 손목은 도상적으로 각각 '높은 수치'와 '낮은 수치'에 사상된다. 이러한 수치는 다시 은유적으로 '최고의 가치'와 '최악의 가치'를 나타내는 개념으로 연결된다. 이에 따라, 어깨에 가까울수록 높은 위치로 사상되며, 높은 위치는 다시 은유적으로 '좋은 질'로 개념화된다. 반면, 손목에 가까울수록 낮은 위치로 사상되며, 낮은 위치는 은유적으로 '나쁜 질'을 의미하게 된다. 결국, 어깨 쪽으로의 이동은 도상적으로 '위쪽으로 이동'하는 과정으로 사상되며, 이는 다시 은유적으로 '향상'이라는 개념으로 연결된다. 반대로, 손목 쪽으로 이동하는 것은 도상적으로 '아래쪽으로 이동'하는 과정으로 사상되며, 이는 은유적으로 '악화'를 의미하게 된다.

	ICONIC MAPPING	METAPHORICAL MAPPING
ARTICULATORS	SOURCE	TARGET
Nondominant arm	Up-down dimension	Scale of relative goodness
Nondominant shoulder	Top of up-down scale	Best possible value
Nondominant wrist	Bottom of up-down scale	Worst possible value
Closer to shoulder on arm	Higher location	Better quality
Closer to wrist on arm	Lower location	Worse quality
Movement toward shoulder along arm	Movement upward	Improvement
Movement toward wrist along arm	Movement downward	Deterioration

〈도표 39〉 팔과 어깨 위치와 움직임에 따른 이중사상 Taub(2001, 149)

한국수어에서도 [좋은 것은 위], [나쁜 것은 아래] 은유가 발견된다(최영주 2017). 이는 개념적 가치 평가가 공간적 위치와 연결되는 방식으로, 긍정적인 개념은 상향 이동을 통해 표현되고, 부정적인 개념은 하향 이동을 통해 형상화된다. 예를 들어, [훌륭하다]와 [우수하다]는 위쪽으로 이동하는 동작을 통해 표현된다. 특히, 인격적으로 훌륭한 것은 코에서 시작하여 위쪽으로 들어 올리는 동작을 사용하며, 지적으로 훌륭한 것은 머리에서 위로 들어 올리는 방식으로 표현된다. 이는 높은 위치가 곧 높은 가치를 의미한다는 개념적 구조를 반영한다. 반면, 부정적인 개념은 아래쪽으로 내려가는 동작으로 표현된다. [나쁘다]는 코에서 아래로 내리는 동작을 사용하며, [부패]는 원래 반듯하게 서 있던 팔이 아래로 쑥 내려가면서 '오래되다' 혹은 '부패하다'의 의미를 형성한다. 이는 생물이 부패하면 더 이상 반듯하게 서 있지 못하고 아래로 내려앉게 된다는 물리적 현상을 반영한 도상적 표현이며, 동시에 [나쁜 것은 아래] 은유를 통한 개념적 확장을 보여준다.

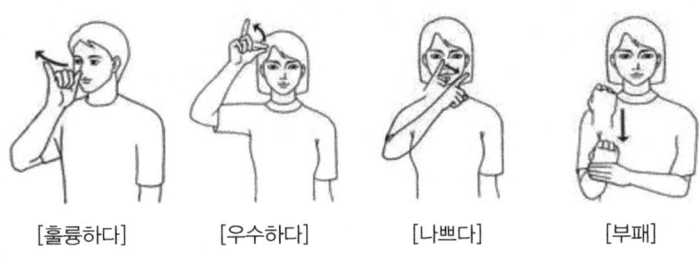

[훌륭하다]　　[우수하다]　　[나쁘다]　　[부패]

사람이 건강하지 못하면 자연스럽게 몸을 가누지 못하고 누워 있게 된다. 이러한 신체적 경험을 근거하여 [건강은 위]와 [허약은 아래]라는 은유가 형성되며, 이는 한국수어에서도 쉽게 발견된다. [건강]과 [허약] 역시 [좋은 것은 위], [나쁜 것은 아래] 은유가 적용되어 위와 아래의 공간적 개념으로 표현된다. [건강]은 신체가 강하고 활력 있는 상태를 의미하며, 팔을 위쪽으로 들어 올리는 동작을 통해 형상화된다. 반면, [허약]은 힘이 없고 기운이 없는 상태를 나타내며, 손을 쓸어 내리는 동작을 통해 표현된다. 이러한 표현 방식은 신체적 상태를 공간적 높낮이로 개념화한 것이다. 즉, 건강한 상태는 서 있거나 똑바로 선 모습으로 상향 이동을 통해 강조되고, 허약한 상태는 힘을 잃고 내려앉는 형태로 하향 이동을 통해 나타난다.

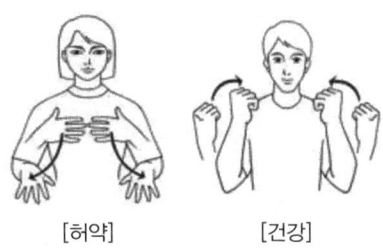

[허약]　　[건강]

[상승], [승리], [발전]과 같은 긍정적인 의미를 가진 수어는 모두 수동이 위를 향하는 동작으로 표현된다. 이는 [좋은 것은 위] 은유가 한국수어에

서 반영된 결과로, 긍정적인 변화와 향상되는 상태를 공간적으로 상향 이동을 통해 나타낸다. 특히, [상승]은 어떤 대상이 위로 올라가는 과정을 형상화하며, [승리]는 경쟁이나 대결에서 상대를 이기는 개념을 상징적으로 위쪽 동작으로 표현한다. 마찬가지로, [발전]은 더 나은 방향으로 나아가는 개념을 위쪽으로 들어 올리는 방식으로 형상화된다.

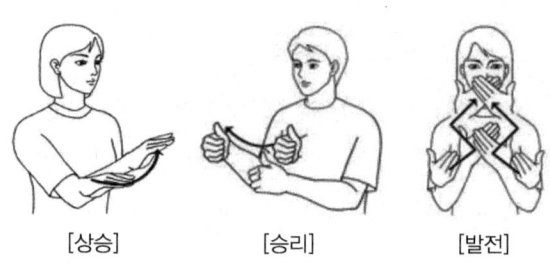

[상승]　　　　[승리]　　　　[발전]

[합격]과 [희망]의 수동이 위쪽을 향하는 것은 [좋은 것은 위] 은유가 적용된 결과이다. 긍정적인 개념은 상향 이동을 통해 표현되며, 이는 합격이나 희망과 같은 기대와 성취의 개념이 공간적으로 높은 위치와 연결된다는 점을 보여준다. [성공]은 [희망]과 [결과]가 결합된 합성어로, 수동이 위로 향해 있는 [희망] 수어를 포함하고 있다.

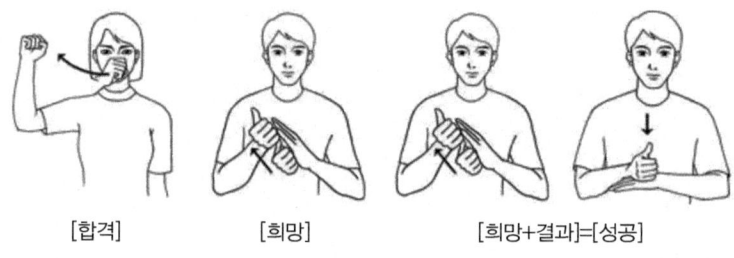

[합격]　　　[희망]　　　[희망+결과]=[성공]

[불합격]과 [실패]의 수동은 아래를 향하고 있는 것은 [나쁜 것은 아래]

은유가 사용된 결과이다.

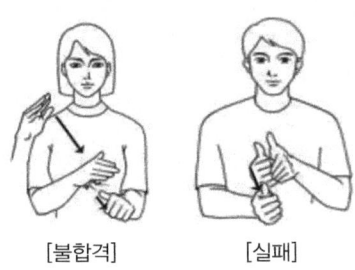

[불합격]   [실패]

[실패]를 분석해보면, 비스듬하게 편 비우세손을 목표지점으로 설정한 상태에서, 5지만 편 우세손이 스치면서 아래로 내려오는 동작을 포함한다. 이는 비우세손이 목표 지점을 의미하며, 우세손이 그 목표에 도달하지 못하고 미끄러져 내려오는 모습을 형상화한 것이다. [나쁜 것은 아래] 은유가 반영된 결과로, 우세손이 위쪽을 향하여 올라가는 [희망]과 달리, [실패]는 하향 이동을 통해 목표에 도달하지 못하고 떨어지는 과정을 시각적으로 표현하고 있다.

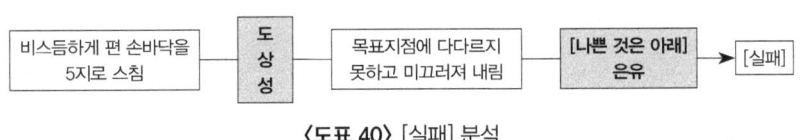

〈도표 40〉 [실패] 분석

[낙심]과 같은 부정적인 감정은 아래쪽으로 개념화된다. 이는 [나쁜 것은 아래] 은유가 적용된 결과로, 감정적으로 위축되거나 실망할 때 신체가 자연스럽게 아래로 축 처지는 경험에서 비롯된 개념화이다. [낙심]은 양손을 가슴 앞에서 아래쪽으로 움직이는 형태로, 이는 마음이 무거워지고 가라앉는 감정을 시각적으로 형상화한 것이다. 이러한 표현 방식은 실제로

마음이 아래로 내려가는 것처럼 개념화되었음을 보여준다.

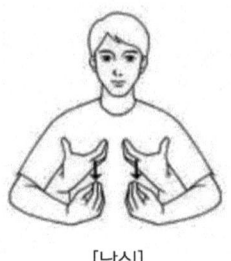

[낙심]

[대통령] 수어의 경우, [머리+장]으로 이루어져 있는데 [머리]라는 어휘를 위로 올려서 표현하며 [장]수어도 위로 올려서 표현한다. 이는 [권력은 위] 은유가 적용된 결과로, 권력이 높은 지위를 의미하며, 공간적으로 상향 이동을 통해 개념화되는 방식을 반영한다. [권력은 위] 은유는 보다 넓은 개념으로 보면 [좋은 것은 위] 은유의 일종이다. 사회적으로 높은 위치를 차지하는 것은 권위와 힘을 의미하며, 이러한 개념이 공간적으로 위쪽 방향과 연결되어 표현되는 것이다.

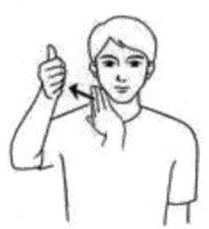

[대통령]

[꿍꿍이] 수어와 [계산] 수어를 비교해 보면, 두 표현은 수형과 수동이 동일하지만, 수향이 다르다는 점에서 차이가 나타난다. [계산]은 비우세손의 손바닥이 위를 향하는 반면, [꿍꿍이]는 아래를 향한다. 이러한 차이는

[나쁜 것은 아래] 은유가 적용된 결과이다. [계산]은 중립적이거나 긍정적인 의미를 가지는 반면, [꿍꿍이]는 부정적인 의미를 내포한다. 따라서 부정적인 개념을 강조하기 위해 비우세손의 손바닥이 아래로 향하며 우세손이 비우세손 아래에서 움직인다. '숨겨진 의도'나 '부정적인 계산'이라는 부정적 의미를 가지고 있기 때문에 [계산] 수어를 아래쪽으로 옮겨서 수행한다.

[계산]   [꿍꿍이]

[죽다] 수어는 양손의 엄지손가락을 세웠다가 눕히는 방식으로 표현된다. 이 동작은 [나쁜 것은 아래] 은유의 하위 은유인 [죽음은 아래] 은유에 해당한다. 사람이 생명을 유지하는 동안에는 몸을 똑바로 세운 상태로 생활하지만, 죽음에 이르면 땅에 눕거나 묻히게 된다. 이러한 경험적 사실이 반영되어, 죽음은 위에서 아래로 내려가는 개념으로 표현되며, 이는 한국수어에서도 손의 방향이 위에서 아래로 변화하는 방식으로 시각적으로 형상화된다.

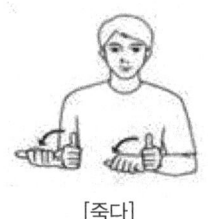

[죽다]

4.1.4 [좋은 것은 앞] & [나쁜 것은 뒤] 은유

한국어에서 [좋은 것은 앞] 은유와 [나쁜 것은 뒤] 은유는 쉽게 발견할 수 있다. 이는 공간적 개념을 바탕으로 형성된 인지적 구조로, 앞쪽은 발전과 긍정적인 상태를, 뒤쪽은 정체되거나 부정적인 상태를 나타내는 방식으로 개념화된다. 다음 예시에서도 연구, 기술, 발전 등의 능력이 뛰어나다는 의미를 전달하기 위해 '앞서다', '앞지르다', '추월하다'와 같은 표현이 사용되고 있다. 이러한 표현들은 모두 [좋은 것은 앞] 은유가 적용된 사례로, 능력이나 기술이 뛰어난 것은 상대적으로 앞에 위치하는 것과 같다는 개념적 사고에서 비롯되었다. 즉, 무언가가 발전하거나 우수한 상태가 되는 과정은 앞으로 나아가는 것으로 이해된다.

(58) a. 한국에선 삼성전기와 SKC가 연구개발과 양산에 가장 **앞서 있다**.
 (이코노믹리뷰 2024.04.15.)
 b. 외국인에 대한 폐쇄성으로 유명했던 일본은 "제도에 있어서는 한국을 **앞질렀다**"는 평가가 나올 정도로 혁신적인 변화에 나서고 있었다.
 (중앙일보 2023.05.23.)
 c. 경제수준에서도 한국은 일본을 이미 **추월했다**(IMF, 2017), K팝 등 폭넓은 한류를 비롯하여 대중문화와 과학기술에서도 대단한 주목을 끌고 있다. (프레시안 2024.04.05.)

[나쁜 것은 뒤] 은유를 사용한 예시는 다양한 형태로 나타난다. 이 은유는 부정적인 행위나 숨겨진 의도를 '뒤'에 배치하여 표현하는 방식으로, 투명하지 않거나 부정직한 상황을 나타낼 때 주로 사용된다. 예를 들어, '뒷광고', '뒷돈', '뒷거래'와 같은 표현은 합성어 형태로 나타나며, 모두 정상

적이지 않거나 숨겨진 거래, 비윤리적인 행위를 의미한다. 이는 사회적으로 바람직한 것은 앞에 공개적으로 존재해야 하고, 부정적인 것은 뒤에 숨겨져야 한다는 사고방식에서 비롯된 개념적 은유이다. 또한, (59c)에서 보이는 '뒤가 구리다'라는 관용 표현 역시 같은 은유적 개념화를 따른다. '뒤가 구리다'는 누군가가 숨기는 것이 있거나 정직하지 못한 행위를 했다는 의미를 담고 있으며, '뒤'가 곧 신뢰할 수 없는 행위나 의심스러운 정황과 연결됨을 보여준다.

(59) a. 2019년 '**뒷광고**' 제재 이후 더 교묘한 수법으로 최근까지도 발견되고 있었습니다. (SBS Biz 2024.02.14.)
b. 검찰이 전준경 전 민주연구원 부원장이 경기도 성남 백현동 개발업자로부터 억대 **뒷돈**을 받은 정황을 포착해 수사에 나섰습니다.
(MBC 2024.03.07.)
c. 부패한 관리는 정당하지 않은 **뒷거래**를 해서 **뒤가 구리다**.
(경기신문 2019.07.29.)

한국수어에서도 [좋은 것은 앞]과 [나쁜 것은 뒤] 은유가 나타난다. 이는 한국어와 마찬가지로 공간적 방향성을 활용하여 가치 판단을 표현하는 방식으로, 긍정적인 개념은 앞쪽으로, 부정적인 개념은 뒤쪽으로 배치하는 개념적 구조를 반영한다. 예를 들어, [미남] 수어는 양손으로 [남자] 수형을 만든 후, 우세손을 앞으로 내밀면서 표현된다. [미녀] 수어 역시 양손으로 [여자] 수형을 만든 후, 우세손을 앞으로 내밀면서 표현된다. 이는 남성과 여성 중에서 더 우수하거나 빼어난 외모를 강조하는 방식으로, [좋은 것은 앞] 은유가 적용된 결과이다. 즉, 미남과 미녀라는 개념을 단순히 남자와 여자의 속성으로만 표현하는 것이 아니라, 우수성을 강조하기 위해 공간적으로 '앞' 방향을 활용하는 것이다. 또한, [이기다] 수어 역시 우세손이 앞으로 나가는 동작을 포함하며, 이는 승리와 같은 긍정적인 개념이 공간적으로 앞쪽 방향으로 표현됨을 보여준다. 이는 경쟁에서 앞서는 것이 곧 승리를 의미하며, 승자가 전진하는 것과 패자가 뒤로 물러나는 개념이 시각적으로 반영된 표현 방식이다.

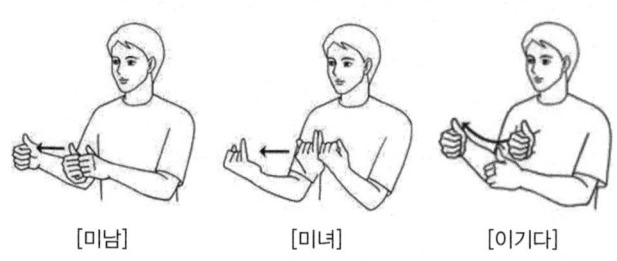

[미남]   [미녀]   [이기다]

반대로 [소극적]이라는 부정적 의미의 수어는 양 손을 뒤쪽으로 빼서 [나쁜 것은 뒤] 은유를 사용하고 있음을 보여주고 있다.

[소극적]

손의 앞면(손바닥)을 사용하는 경우와 뒷면(손등)을 사용하는 경우에서도 [좋은 것은 앞]과 [나쁜 것은 뒤] 은유가 반영된다. 예를 들어, [친구] 수어는 손바닥을 맞대어 부딪치는 방식으로 표현된다. 이는 긍정적인 관계, 친밀함, 협력을 상징하며, 손의 앞면(손바닥)이 좋은 것과 연결된다는 개념적 구조를 반영한다. 반면, [갈등], [대결], [전쟁]과 같은 수어는 손등을 비비거나 충돌시키는 동작으로 표현된다. 이는 대립과 충돌을 나타내며, 손의 뒷면(손등)이 나쁜 것과 연결된다는 은유적 개념화를 보여준다.

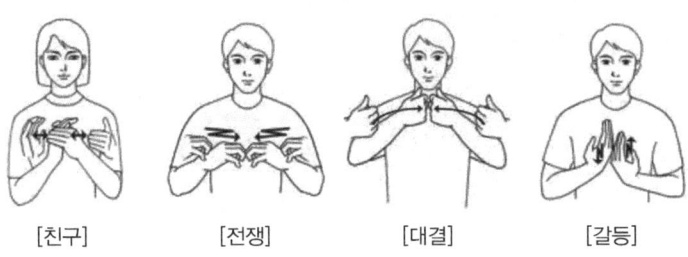

[친구]　　　[전쟁]　　　[대결]　　　[갈등]

[말하다]와 [뒷말하다] 수어를 비교해 보면, [좋은 것은 앞] 은유와 [나쁜 것은 뒤] 은유의 대조를 명확하게 확인할 수 있다. [말하다]는 수동이 전진하는 동작을 포함하며, 이는 의사소통이 개방적이고 정당하게 이루어지는 것을 의미한다. 반면, 부정적인 의미를 담고 있는 [뒷말하다]는 손으로 얼굴을 반쯤 가린채로 손등 뒤에서 말하는 형태를 보이며, 이는 은밀하거나 부정적인 방식으로 이루어지는 소통을 나타낸다.

[말하다]　　　[뒷말하다]

[제안하다]와 [거절당하다] 수어의 대조 역시 [좋은 것은 앞] 은유와 [나쁜 것은 뒤] 은유를 구별하는 명확한 사례이다. [제안하다]는 수동이 전진

하는 동작을 포함하며, 이는 아이디어나 의견을 적극적으로 내놓고, 상대방에게 전달하는 개념을 시각적으로 형상화한 것이다. 제안은 긍정적인 상호작용을 의미하며, 이를 앞쪽 방향으로 표현함으로써, 전달과 개방성을 강조한다. 반면, [거절당하다]는 수동이 후진하는 동작으로 표현된다. 이는 상대방이 제안을 받아들이지 않고 거부하는 부정적인 의미를 담고 있으며, 공간적으로 뒤쪽 방향으로 표현되면서 거부됨을 은유적으로 표현한다.

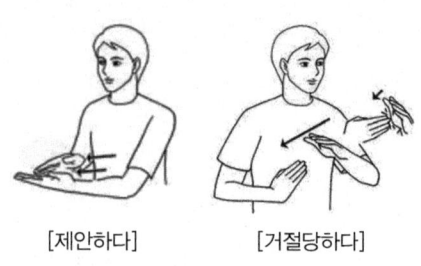

[제안하다]   [거절당하다]

마찬가지로 [추진하다]와 [기세가-꺾이다;의욕상실] 수어에 나타나는 의미의 대조가 수동의 전진과 후진을 통해 나타난다. [추진하다]는 수동이 전진하는 동작을 포함하며, 이는 어떤 목표나 계획을 적극적으로 앞으로 나아가며 밀어붙이는 개념을 시각적으로 형상화한 것이다. 추진하는 행위는 긍정적이고 진취적인 의미를 담고 있으며, 이를 앞쪽 방향으로 표현함으로써, 행동과 발전을 강조한다. 반면, [기세가-꺾이다;의욕상실]은 수동이 후진하는 동작으로 표현되며, 이는 원래 나아가던 기세가 약해지거나 꺾이는 부정적인 의미를 담고 있다. 공간적으로 뒤쪽 방향으로 표현되면서 후퇴와 동력 상실을 시각적으로 강조하는 방식이다.

[추진하다]　　　　　　[의욕상실]

　　[잘하다]와 [잘못하다] 수어는 팔을 쓸어내리거나 쓸어올리는 동작을 통해 표현되며, 수동의 전진과 후진을 이용하여 의미의 긍정과 부정을 대조적으로 나타내는 대표적인 사례이다. 우세손으로 팔을 쓸어내리는 경우, 수동이 몸 앞으로 전진하게 되며, 이는 [잘하다]의 의미를 형성한다. 이 동작은 앞으로 나아가는 방향성과 연결되면서 긍정적인 의미를 강조하며, [좋은 것은 앞] 은유가 적용된 표현 방식이다. 반대로, 우세손으로 팔을 쓸어올리는 경우, 수동이 몸 쪽으로 후진하게 되며, 이는 [잘못하다]의 의미를 형성한다. 이 동작은 뒤로 물러나는 방향성과 연결되면서 부정적인 의미를 강조하며, [나쁜 것은 뒤] 은유가 반영된 결과이다.

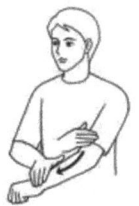 

[잘하다]　　　[잘못하다]

4. 한국수어 단일어에 나타나는 도상성과 은유 및 환유　　**177**

4.1.5 [좋은 것은 안] 은유 & [나쁜 것은 밖] 은유

일반적으로 좋은 것은 안에 있고, 나쁜 것은 밖에 있다고 인식하는 경향이 있다. 이는 공간적 개념을 활용하여 가치 판단을 표현하는 방식으로, [좋은 것은 안], [나쁜 것은 밖] 은유가 한국어에서도 널리 사용되고 있다. 다음 한국어 예시를 살펴보면, '눈밖에 나다'나 '관심 밖이다'와 같은 표현은 부정적인 의미를 담고 있다. 이는 중요하거나 긍정적인 것은 시선과 관심의 범위 안에 있어야 하고, 밖으로 벗어나는 것은 부정적인 것으로 간주되는 사고방식을 반영한다. 또한, '겉치레'와 '알맹이'는 대조적인 의미를 갖고 있다. '알맹이'는 '속알맹이'라고 표현되며, 핵심적인 내용이 내부에 존재하는 것을 강조하는 반면, '겉치레'는 겉으로만 그럴듯하게 꾸민 것을 의미하며 부정적인 의미를 포함한다. 이는 핵심적이고 중요한 것은 내부에 존재해야 하며, 외형적인 것은 부차적이거나 부정적으로 인식된다는 개념적 은유를 반영한다.

비슷한 예로, '인싸(인사이더)'와 '아싸(아웃사이더)'의 대비에서도 이러한 은유가 드러난다. '인사이더(Insider)'는 무리 안에 속해 있는 사람을 의미하며, 사회적으로 인기 있거나 소속감을 가진 사람을 나타낸다. 반면, '아웃사이더(Outsider)'는 무리 밖에 있는 사람을 의미하며, 사회적으로 소외되거나 관심 밖으로 밀려난 사람을 나타낸다. '인사이더'의 '인(In)'과 '아웃사이더'의 '아웃(Out)'은 각각 '안'과 '밖'을 의미하며, 이는 [좋은 것은 안]에 있고 [나쁜 것은 밖]에 있다는 개념적 구조를 보여주는 대표적인 사례이다.

(60) a. 하지만 이미 김광현은 세인트루이스 코치진의 **눈밖에 났고** 어차피 올 시즌을 끝으로 계약이 만료되는 상황에서 김광현을 달랠 필요가 없었다. (스포츠한국 2021.10.04.)

b. 경북도 저출생 극복 기부운동, 시장군수·시도의원은 '**관심 밖?**'

c. 특수 노린 수능마케팅, **알맹이** 없는 **겉치레** 올해도 여전

(뉴시스 2007.11.14.)

d. 동원참치 케이스에 '갤럭시 버즈' 넣으면 '**핵인싸**'

(파이낸셜뉴스 2024.03.07.)

e. 요즘 **인싸 건축의 대표** 격인 카페 건축과 스테이 건축이 범람하는 것은 독특한 한국만의 현상이다. 나도 이번에는 저렇게 하지 않으면 **아싸로 도태될까 봐** 곁눈질하게 되는 자신을 발견하고 때론 흠칫하기도 한다.

한국수어에서도 [좋은 것은 안] 은유가 발견된다. 특히, 안에 넣는 동작을 사용하여 긍정적인 의미를 전달하는 사례는 [보람]과 [유익] 수어에서 확인할 수 있다. [보람]과 [유익]은 손을 입에 대고 안쪽으로 넣는 동작을 포함하는데, 이는 음식을 섭취하는 모습을 형상화한 것이다. 음식이 몸 안으로 들어가면, 신체에 유익한 성분인 영양분이 흡수된다. 이러한 경험적 사실을 바탕으로, 몸 안으로 들어가는 것은 긍정적인 의미를 가진다는 개념적 구조가 형성되었다. 즉, [좋은 것은 안] 은유가 적용되어, 무언가를 몸 안으로 받아들이는 행위가 곧 유익하고 긍정적인 결과를 가져오는 과정으로 해석된 것이다.

[보람]　　　　　[유익]

4.1.6 [친밀함은 물리적 거리] 은유

인간 관계에서 친밀함은 종종 물리적 거리로 표현된다. 우리는 가까운 사람과는 자주 만나고 직접적인 상호작용을 하며, 멀어진 관계에서는 대면할 기회가 줄어들고 심리적 거리도 함께 멀어지는 경향이 있다. 이러한 경험을 바탕으로, 친밀한 관계는 가까운 거리로, 소원한 관계는 먼 거리로 개념화된다. 이러한 개념적 사고는 한국어에서 쉽게 확인할 수 있다. 예를 들어, '가깝다'와 '멀다'는 원래 물리적 거리를 나타내는 표현이지만, 사람 사이의 관계를 묘사할 때도 사용된다. 이는 우리가 물리적 거리를 친밀함의 정도를 나타내는 개념으로 확장하여 이해하고 있음을 보여주는 사례이다.

(61) a. **가까운** 사이일수록 감정과 말을 다듬어야 할 필요성을 별로 못 느끼기 때문에 여과 없이 말을 던지게 된다.

　 b. 때문에 중국과 **거리를 뒀던** 윤석열 정부가 전향적인 입장을 내게 만드는 총선 결과를 예상하고 있다는 것이다. (파이낸셜뉴스 2024.04.06.)

　 c. 일본 연예인들도 저에게 말을 잘 안 걸었다며 "배타적이지 않기 보다 외국에서 온 가수가 많지 않아 **동떨어진 느낌**"이라고 했다.
　 (엑스포츠뉴스 2024.03.30.)

Taub(2001, 115)에서는 [친밀함은 물리적 거리] 은유의 예시로 CLOSE-FRIEND(친한 친구), LOVE(사랑), RESIST(저항), DIVORCE(이혼)을 제시하고 있다. CLOSE-FRIEND와 LOVE의 경우, 양손이 가까워지거나 팔이 몸과 가깝게 표현되며, 이는 친밀한 관계를 신체적 거리의 근접성으로 개념화한 결과이다. 반면, RESIST와 DIVORCE의 경우에는 팔이 몸에서 멀어지거나 양손이 멀어지는 방식으로 표현되며, 이는 관계가 멀어지거나 소원해지는 과정을 공간적으로 형상화한 것이다. 이러한 표현 방식은 관계의 친밀함과 거리감을 물리적 위치 변화로 나타내는 은유적 개념화를 반영한다.

CLOSE-FRIEND　　　LOVE　　　　　RESIST　　　　　　　DIVORCE

(Taub 2001, 120~121)

양손은 각각의 손을 물리적 개체로 사상되며, 이 물리적 개체는 다시 은유적으로 두 명의 사람에 사상된다. 즉, 양손의 움직임은 단순한 신체적 동작이 아니라, 사람들 간의 관계를 나타내는 시각적 표현으로 개념화된다. 양손이 서로 가까워지거나 멀어지는 동작은 두 개체가 물리적으로 가까워지거나 멀어지는 과정에 사상된다. 이는 다시 은유적으로 두 사람 사이의 친밀도가 높아지거나 낮아지는 과정으로 연결된다. 즉, 손이 가까워지는 것은 관계가 친밀해지는 것을, 손이 멀어지는 것은 관계가 소원해지는 것을 의미한다.

ICONIC MAPPING		METAPHORICAL MAPPING
ARTICULATORS	SOURCE	TARGET
Two articulators (e.g., hands, fingers, body, spatial loci)	Two physical entities	Two referents (at least one is animate)
Degree of proximity of articulators	Degree of proximity of the entities	Degree of intimacy between the referents
Close articulators	Close entities	Strong intimacy between referents
Distant articulators	Distant entities	Little intimacy between referents
Movement of articulators together or apart	Movement of entities together or apart	Intimacy between referents becomes greater or lesser

〈도표41〉 [친근함은 가까움] 은유(Taub 2001, 119)

한국수어에서도 [친밀함은 물리적 거리] 은유가 발견된다. [친구] 수어는 양손을 두 번 포개어 표현하는데, 이는 양손이 물리적으로 가까운 상태를 시각적으로 형상화한 것이다. 이 표현 방식은 친한 관계를 물리적 거리의 근접성으로 개념화하는 구조를 반영하며, 두 사람이 친밀할수록 서로 가까이 있다는 개념적 사고를 보여준다. 즉, 양손이 서로 겹쳐지면서 가까워지는 동작을 통해, 친밀한 관계를 공간적으로 시각화하는 방식이 사용되고 있다. 이처럼 한국수어에서는 사람 사이의 관계를 물리적 거리로 표현하는 방식이 체계적으로 나타나며, 친밀한 관계는 가까운 위치에서, 소원한 관계는 멀어지는 동작을 통해 표현된다는 점을 확인할 수 있다.

[친구]

[결혼], [연애], [이혼]에서도 [친밀함은 물리적 거리] 은유가 발견된다. [결혼] 수어는 5지만 편 손과 4지만 편 손이 서로 만나는 동작으로 이루어진다. 여기서 5지만 편 수형은 '남성'을, 4지만 편 수형은 '여성'을 의미하며, 이 두 손이 가까워지는 것은 곧 남성과 여성이 결합하는 것을 시각적으로 형상화한 것이다. 즉, 결혼이란 두 사람이 가까워지는 관계이므로, 물리적 거리가 좁혀지는 동작으로 표현된다는 것을 알 수 있다. [연애] 수어 역시 남성과 여성이 물리적으로 매우 가까운 관계에 있음을 표현하는 방식으로 나타난다. 이는 연애가 결혼과 마찬가지로 두 사람 사이의 친밀함을 강조하는 관계이므로, 물리적 거리의 근접성을 활용하여 시각적으로 표현되고 있음을 보여준다.

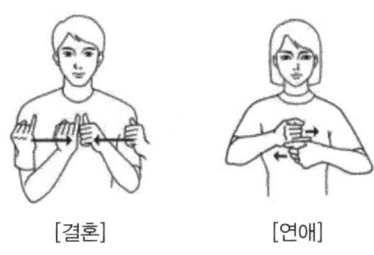

[결혼]　　　　[연애]

[이혼]은 그와 반대로 가까워진 양손이 서로 멀어지는 것으로 표현된다. 모두 물리적 거리로 '친근함'을 나타내고 있는 사례이다.

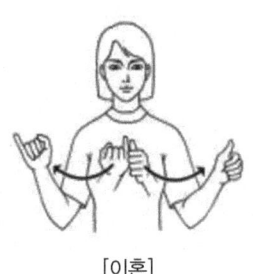

[이혼]

[만나다]와 [헤어지다]도 거리가 가까워지고 멀어지는 방식으로 표현된다. 이는 [친밀함은 물리적 거리] 은유가 적용된 결과이다. [만나다]는 두 손이 점점 가까워지는 동작으로 표현되며, 이는 두 사람이 서로 다가와 관계를 맺는 과정을 시각적으로 형상화한 것이다. 반대로 [헤어지다]는 두 손의 등을 마주 대었다가 양옆으로 벌리는 동작을 포함한다. 이는 도상적으로 두 사람이 등을 돌리고 멀어지는 모습을 나타내며, 여기에 은유적 사상이 결합되어 '이별'이라는 의미를 갖게 된다. 이처럼 한국수어에서는 친밀함과 거리감이 공간적 움직임을 통해 시각적으로 표현되며, 관계의 변화가 손의 거리 조절을 통해 은유적으로 전달된다.

[만나다]   [헤어지다]

4.1.7 [강도(세기)는 수량] 은유

소리 언어에서는 반복되는 어구에서 [강도(세기)는 수량] 은유를 발견할 수 있다. 이는 어떤 행위나 감정의 강도를 표현할 때, 그 횟수를 늘려 강조하는 방식으로, 강한 감정이나 의지가 마치 물리적인 양이 증가하는 것처럼 개념화되는 것이다. 예를 들어, 다음 예시들은 특정 어구를 한 번 이상 반복하여 의미를 강조하고 있다. (62a)에서는 '울고 더 울었다'를 사용하여 단순히 우는 것이 아니라 '심하게 울었다'는 의미를 전달하고 있다. 마찬가지로, (62b)에서는 '또 뛰고 뛰겠다'라는 표현을 통해 '열심히 뛰겠다'는 강한 의지를 나타내고 있다. (62c)에서는 '괜찮다. 괜찮다. 괜찮다. 모두 다 괜찮다. 애쓰고 애썼다'라는 반복적인 표현을 통해 '정말 괜찮고, 심하게 애썼다'는 의미를 강조하고 있다.

(62) a. 자식 앞세운 엄마가, 동료 먼저 보낸 노동조 활동가가, 또 온갖 차별에 설움 복받친 비정규 노동자가 **울고 더 울었다.**

(매일노동뉴스 2024.04.15.)

b. "세월을 잡을 때까지 무대에서 **또 뛰고 뛰겠다**"고 밝혔다.

(문화일보 2019.02.20.)

c. 또 '그동안 고생했다. **괜찮다. 괜찮다. 괜찮다. 괜찮다. 모두 다 괜찮다. 애쓰고 애썼다.** 그걸로 충분하다'라고 적혀있다.

(데일리안 2021.11.18.)

이러한 반복적 표현 방식은 [강도(세기)는 양] 은유가 적용된 결과로, 감정이나 의지를 강조하는 과정에서 반복을 통해 물리적인 수량이 많아지는 것처럼 개념화하는 방식이 사용된다. 즉, 더 많이 말하거나 더 많이 반복하는 것이 곧 강도를 증가시키는 역할을 하며, 이는 한국어뿐만 아니라 다양한 언어에서 보편적으로 나타나는 표현 방식이다.

수어에서는 조음기관을 다수 사용하여 강도나 세기를 나타내는 경우가 있다. 여기에는 [강도는 양] 은유가 적용되어, 조음기관의 수가 많아질수록 강도가 증가하는 개념으로 표현된다. 예를 들어, 기본형이 한 손을 사용하는 한손 수어인데 강도를 강조할 때 양손을 사용하는 경우가 있다. 또한, 기본형이 한두 개의 손가락을 사용하는 수어이지만, 때로는 모든 손가락을 사용하는 경우도 존재한다. 이러한 변화는 양손을 사용하거나 손가락을 모두 사용하는 것이 곧 많은 양의 발화 기관을 사용하는 것이라는 개념에서 비롯되며, 여기에는 [강도는 양] 은유가 적용되어 '심하다'라는 의미가 추가된다.

Taub(2001, 122)에서는 [강도는 양] 은유가 사용된 미국수어의 예로 DESIRE(원하다), STRONG-DESIRE(강하게 원하다), CRY(울다), WEEP(슬퍼 울다)를 제시하였다. 이들 표현은 모두 손가락 개수의 변화를 통해 강도(세기)를 조절하며, 손가락을 더 많이 사용할수록 강한 감정이나 세기가 강조되는 방식으로 형성된다. 이처럼 수어에서는 조음기관의 수를 조절하는 방식으로 강도와 세기를 나타내며, 이는 [강도는 양] 은유가 체계적으로 적용된 결과이다.

(Taub 2001, 123-124)

DESIRE는 원래 손가락 한 개를 발화기관으로 사용하지만, STRONG-DESIRE를 표현할 때는 손가락 전부를 발화기관으로 사용하여 보다 강한 열망을 표현한다. 마찬가지로, CRY는 손가락 한 개를 발화기관으로 사용하는 반면, WEEP은 손가락 전부를 발화기관으로 사용하여 슬픔의 강도를 강조한다. 손가락을 모두 사용하는 WEEP은 손가락 한 개를 사용하는 CRY보다 더 깊은 슬픔을 의미한다. 이는 [강도는 수량] 은유가 적용된 결과로, 손가락 개수의 증가를 통해 감정의 강도를 조절하는 방식이 사용된다. CRY와 달리, 깊은 슬픔을 표현하는 WEEP은 더 많은 발화기관을 사용함으로써 감정의 강도를 더욱 강하게 시각적으로 묘사하고 있다.

ICONIC MAPPING	METAPHORICAL MAPPING	
ARTICULATORS	SOURCE	TARGET
One finger	Small quantity	Low intensity
Four fingers	Large quantity	High intensity

〈도표 42〉 [강도는 양] 은유(Taub 2001, 125)

4.1.7.1 손가락의 수

한국수어에서도 미국수어와 마찬가지로 손가락의 개수를 늘려 강도를 나타내는 방식이 발견된다. [울다]는 기본적으로 1지와 5지를 맞대어 눈물이 아래로 흘러내리는 모습을 표현하는데, 보다 강한 울음을 나타낼 때는 모든 손가락을 구부려 아래로 내리면서 표현하기도 한다. 이때, 손가락 개수가 늘어나면서 '심하게 울다' 또는 '펑펑 울다'의 의미가 추가된다. 이는 [강도는 수량] 은유가 적용된 결과로, 더 많은 손가락을 사용함으로써 감정의 강도가 시각적으로 강조된다. 즉, 한국수어에서도 손가락을 활용한 조음기관의 증가가 감정의 세기를 조절하는 기능을 하며, 이를 통해 보다 강한 감정을 효과적으로 표현할 수 있다.

[울다]

4.1.7.2 수동의 범위

[맛있다] 수어의 동작 범위를 더 크게 하면 [정말-맛있다] 수어가 된다. 즉, 기본적인 [맛있다]의 표현보다 동작이 더욱 넓고 강하게 이루어지면서, 맛의 강도가 강조된다. [정말-정말-맛있다]를 표현할 때는 수동이 단순히 턱에서만 이루어지는 것이 아니라, 얼굴 전체를 한 바퀴 돌리면서 표현된다. 이는 단순한 맛 표현에서 벗어나, '극도로 맛있다'는 의미을 전달하는 방식이다. 이처럼 동작의 크기나 범위를 확대하는 방식으로 강도를 나타내는 것은 [강도는 수량] 은유가 적용된 결과이다. 즉, 더 강한 의미를 전달하기 위해 공간적 움직임이 확대되며, 이는 한국수어에서 감정이나 감각의 정도를 강조하는 데 중요한 표현 방식으로 활용되고 있음을 보여준다.

[맛있다]

4.1.7.3 수동 시간

[어둡다] 수어는 얼굴 양옆으로 펼쳐져 있던 양손을 눈 앞으로 가져와 눈을 가리는 동작으로 어두움을 나타낸다. 이때, 기본형은 상대적으로 짧고 간결한 동작으로 표현된다. 그러나 비수지를 동반하면서 수동을 천천히 진행하면 [칠흙같이-어둡다] 수어가 된다. 즉, 수동의 진행 시간이 늘어나면서 어두움의 강도가 더욱 강조된다. 이는 단순한 어두움이 아니라, 매우 깊고 짙은 어두움을 표현하는 방식이다. 이처럼 수어에서 수동의 지속 시간을 늘려 강도를 표현하는 방식은 [강도는 수량] 은유가 적용된 사례이다. 수동이 길어질수록, 개념의 강도가 증가하는 방식으로 의미가 확장되며, 이는 한국수어에서 감각적 상태를 더욱 강하게 전달하는 중요한 표현 방식이 된다.

[어둡다]

4.1.7.4 수동 횟수

[비오다] 수어는 손가락을 얼굴 양옆에서 편 상태로, 비가 내리는 모습을 형상화하며 아래로 내리는 동작으로 표현된다. 기본적으로 이 동작은 두 번 정도 반복되면서 일반적인 비가 오는 상황을 나타낸다. 그러나 수동을 여러 번 반복하면 [폭우가-쏟아지다]의 의미가 된다. 이는 비가 오는 강

도가 점점 강해지는 것을 강조하는 방식으로, 반복 횟수가 증가하면서 비의 강도 또한 더욱 강렬하게 표현된다. 이처럼 수동의 반복을 통해 강도를 표현하는 방식은 [강도는 수량] 은유가 적용된 사례이다. 수동이 많아질수록 개념의 강도가 증가하는 방식으로 의미가 확장되며, 이는 한국수어에서 자연현상이나 감각적 상태를 더욱 효과적으로 전달하는 중요한 표현 방식이 된다.

[비;강우;비가내리다]

4.1.8 [시간은 공간] 은유

시간의 개념은 인간이 직접 눈으로 볼 수 없기 때문에, 우리는 경험을 통해 익숙한 공간적 개념을 활용하여 시간을 이해한다. 이러한 개념적 구조를 바탕으로, [시간은 공간] 은유가 형성되었으며, 이는 시간의 흐름을 공간적 방향으로 표현하는 방식을 포함한다. 특히, 한국어와 한국수어에서는 시간의 위치를 위아래 혹은 앞뒤로 배치하여 개념화하는 경향이 있다. [과거는 위] & [현재는 아래] 은유는 시간의 흐름을 위에서 아래로 떨어지는 것으로 이해하는 방식이며, 이는 나뭇잎이 떨어지거나 물이 흐르는 자연 현상에서 비롯된 개념적 사고와 연결될 수 있다. 반면, [과거는 뒤] & [미래는 앞] 은유는 시간의 진행 방향을 인간의 이동과 연결하여 개념화한 것이다. 우리는 앞을 보며 나아가고, 지나온 것은 뒤에 위치한다는 경험적 사실을 바탕으로, 미래는 앞에 있고 과거는 뒤에 있다고 개념화한다. 이러한 시간 개념의 공간적 배치는 한국어뿐만 아니라 한국수어에서도 강하게 반영되며, 시간 표현이 공간적 이동과 밀접하게 연결된다는 점을 보여준다.

4.1.8.1 [과거는 위] & [현재는 아래] 은유

한국어에서는 시간을 공간적 개념으로 이해하는 [시간은 공간] 은유가 자주 발견되며, 그중에서도 [과거는 위]와 [현재는 아래] 은유가 활용되는 사례가 많다. 이는 과거에서 현재로의 시간 흐름을 위에서 아래로 이동하는 과정으로 개념화하는 방식이다. (63a)에서 '대대로 지켜 내려오는', (63b)에서 '옛부터 전해 내려오는', (63c)에서 '후손에게 이어져 내려와'라는 표현은 모두 과거의 사건이 현재까지 이어지는 과정을 나타내며, 과거가 높은 곳에 위치하고 현재로 내려오는 개념적 구조를 반영한다. 반대로, 과거를 회고할 때는 (63d)처럼 '거슬러 올라가'라는 표현을 사용하여, 현재에서 과거로 가는 과정을 아래에서 위로 올라가는 것으로 형상화한다. 또한, (63e)에서는 선조를 '윗대'라고 표현하고 있어, 시간적 계보를 위아래의 공간적 개념으로 나타내고 있다.

(63) a. 미국 역사보다 오래된 씨간장은 탐라 고씨 장흥백파 양진재 문중에서 **대대로 지켜 내려오는** 귀한 보물이다. (cpn 문화재 TV 2020.01.21.)

  b. **옛부터 전해 내려오는** 요리의 지혜 22가지
  (https://brunch.co.kr/@pjh5101/543)

  c. 그윽한 차의 향기는 **후손에게 이어져 내려와** 수제 녹차의 향과 맛을 음미해 볼 수 있는 후손이 운영하는 다향산방
  (https://m.blog.naver.com/top4343/220445753089)

  d. 조선시대로 거슬러 올라가 '느림의 미학' 되새긴다

(부산일보 2011.11.18.)

e. 뿌리찾은 윤석열 , **윗대 선조** 윤증 선생 고택 방문, 4백여 지지자 "열광
"(굿모닝논산&계룡 2021.08.30.)

    최화니(2019: 146)는 한국수어의 시간 은유를 분석하며, 시간이 전후, 좌우, 상하의 모든 공간을 활용하여 표현된다고 보고하였다. 그중에서도 [시간은 공간] 은유 중 [과거는 위] [현재는 아래]의 개념이 한국수어에서 어떻게 나타나는지를 분석한 바 있다. 한국수어에서 [역사], [전통], [대대로], [계승]을 표현할 때는 위에서 아래로 내려오는 움직임을 사용한다. 이는 시간의 흐름을 위에서 아래로 이동하는 과정으로 개념화한 것으로, 과거에서 현재로 내려오는 연속성을 시각적으로 형상화한 것이다. 반면, [선조;조상]을 표현할 때는 아래에서 위로 올라가는 움직임을 사용하고 있다. 이는 현재 시점에서 과거를 되돌아보는 개념을 아래에서 위로 올라가는 방식으로 표현하는 것으로, 과거를 위쪽에 위치시키는 개념적 사고를 반영한다. 이러한 표현 방식은 한국수어도 시간을 공간적 위치로 개념화하는 경향이 강하며, 과거와 현재의 관계가 공간적 이동을 통해 체계적으로 표현되고 있음을 보여준다.

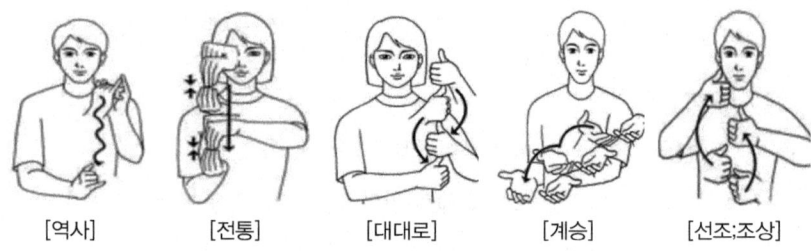

[역사]   [전통]   [대대로]   [계승]   [선조;조상]

4.1.8.2 [과거는 뒤] & [미래는 앞] 은유

다음 (64)의 한국어 예시는 [시간은 공간] 은유 중 [과거는 뒤], [미래는 앞] 은유를 사용한 사례이다. 우리는 시간의 흐름을 공간적 이동으로 개념화하며, 과거는 뒤쪽에, 미래는 앞쪽에 있다고 인식하는 경향이 있다. 이러한 사고방식은 인간이 앞으로 나아가면서 새로운 경험을 맞이하고, 지나온 일들은 뒤에 남겨진다는 경험적 사실에서 비롯된 것이다. (64a)에서는 총선거가 끝났음을 표현하기 위해 '지나갔다'라는 표현을 사용하고 있다. 이는 과거의 사건이 마치 공간적으로 뒤쪽으로 이동하는 것처럼 개념화되었음을 보여준다. (64b)는 '돌이켜서 과거를'이라는 표현을 통해 과거를 회상하는 것을 나타내고 있으며, 이는 과거를 뒤쪽에 위치한 것으로 인식하고 있음을 시사한다. (64c)에서는 '과거를 뒤로하고'라는 표현이 사용되어, 과거를 뒤에 두고 앞으로 나아간다는 개념이 강조되고 있다. 이처럼 (64)의 예문들은 모두 과거를 뒤에 위치한 것으로 개념화하고 있으며, 이는 [과거는 뒤] 은유가 반영된 결과이다.

(64) a. 22대 국회의원 **총선거가 지나갔다.** (매일노동뉴스 2024.04.16.)
  b. 아빠가 "**돌이켜서 과거를** 생각하면 다 기억을 하실 거 아니냐"라며 지난 상처를 들췄다. (텐아시아 2023.12.31.)
  c. 멤버 에릭이 작사에 이름을 올렸고 '**과거는 뒤로하고** 찬란한 미래와 이상을 향해 달려 가겠다'라는 희망적인 메시지가 담겼다.
  (KBS 연예 2024.03.22.)

반면, (65)의 경우 [미래는 앞] 은유를 사용하여 미래를 앞에 있는 것으로 개념화한 사례들이다. (65a)에서는 '코 앞에'라는 표현을 사용하여 가까운 미래에 시즌 개막이 있을 것임을 나타내고 있다. (65b)에서는 '다가오고 있다'라는 표현을 사용하여 머지않아 어촌과 임촌 소멸이 현실화될 것이라는 의미를 전달하고 있다. (65c)에서는 '미래를 향하여 앞으로 나아가고 있다'라는 표현을 사용하여 4차 산업혁명으로 인해 전 세계가 변화해 나갈 것이라는 의미를 강조하고 있다.

(65) a. 롯데 자이언츠 애런 윌커슨이 초반 2피홈런에도 불구하고 역투를 펼쳤지만, 시즌 첫 패배를 **코 앞**에 뒀다. (데일리스포츠한국 2024.03.23.)
 b. 농촌뿐만 아니라 어촌과 임촌 소멸이 현실로 **다가오고 있다.** (한국경제 2024.04.18.)
 c. 4차 산업혁명으로 전 세계는 더욱 발전된 **미래를 향하여 앞으로 나아가고 있다.** (뉴스메이커 2019.01.06.)

미국수어에서도 과거는 뒤에, 미래는 앞에 위치하는 것으로 개념화된다. 이는 발화자의 위치를 기준점으로 삼아, 기준점이 현재를 나타내고, 기준점 앞은 미래, 기준점 뒤는 과거로 사상되는 방식이다. 이러한 개념적 구조는 인간의 경험적 인식과 밀접하게 연결되어 있다. 우리는 물리적으로 앞을 바라보며 나아가고, 지나온 것은 뒤에 남는다는 경험을 바탕으로, 미래는 앞으로 다가오는 것, 과거는 뒤로 남겨진 것이라는 시간 개념을 형성한다. 이처럼 미국수어에서도 시간의 흐름이 공간적 이동과 결합하여 표현되며, 이는 [과거는 뒤] [미래는 앞] 은유가 수어에서도 체계적으로 적용되고 있음을 보여준다.

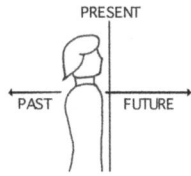

〈그림 15〉 [과거는 뒤]&[미래는 앞] (Taub 2001, 116)

[과거는 뒤] [미래는 앞] 은유를 사용한 수어로는 ONE-YEAR-IN-FUTURE(1년 후), ONE-YEAR-IN-PAST(1년 전), REMINISCE(회상에 잠기다)와 같은 표현이 있다.

(Taub 2001, 116)

ONE-YEAR-IN-FUTURE는 손의 움직임이 앞으로 나아가는 방향으로 진행되며, 이는 미래가 앞에 있다는 개념을 반영한 것이다. 반대로, ONE-YEAR-IN-PAST는 손이 뒤쪽으로 이동하면서 표현되며, 이는 과거가 뒤에 남겨져 있다는 개념을 시각적으로 나타낸다. 또한, REMINISCE 는 일반적으로 손이 머리에서 뒤쪽으로 움직이는 방식으로 표현되는데, 이는 과거를 되돌아보는 행위를 물리적으로 뒤를 향하는 동작으로 형상화한 것이다. 이러한 수어 표현들은 모두 시간의 흐름을 공간적으로 배치하는 개념적 구조를 반영하고 있으며, 인간이 과거는 뒤에, 미래는 앞에 있다고 인식하는 사고방식이 수어에서도 체계적으로 나타남을 보여준다.

한국수어에서도 [과거는 뒤]와 [미래는 앞] 은유가 발견된다. 이는 시간 개념을 공간적 이동으로 표현하는 방식으로, 과거는 뒤쪽에, 미래는 앞쪽에 위치하는 것으로 개념화된다. [과거] 수어는 편손을 얼굴 뒤쪽으로 이동시키면서 표현되며, 이는 시간이 지나간다는 개념을 물리적으로 뒤쪽 방향으로 나타낸 것이다. 반대로, [미래] 수어는 얼굴 앞쪽으로 손을 내밀면서 표현되는데, 이는 아직 도래하지 않은 미래가 앞에 있다는 개념적 구조를 반영한다. [오늘] 수어는 몸 앞에서 편손을 내리면서 표현되며, 현재 시점이 몸의 정면에서 이루어지는 개념적 구조를 따른다. [지금] 수어는 [오늘] 수어와 같은 방식이지만, 수형이 지문자 [ㅈ]으로 교체되어 몸 앞에서 반듯하게 내리는 형태로 표현된다.

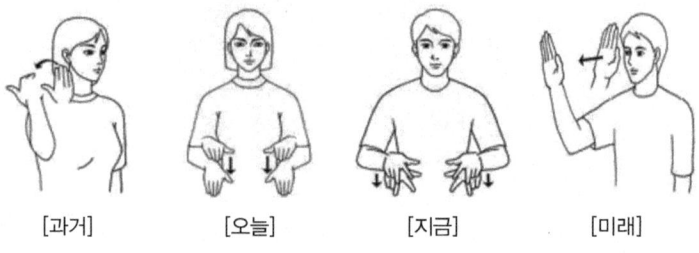

[과거]   [오늘]   [지금]   [미래]

[어제] 수어는 1지만 편 손을 얼굴 뒤쪽으로 보내면서 표현되며, 이는 시간이 지나간 과거를 물리적으로 뒤쪽에 배치하는 개념적 구조를 반영한 것

이다. 반대로, [내일] 수어는 1지만 편 손을 얼굴 앞쪽으로 내밀면서 표현되며, 이는 아직 도래하지 않은 미래를 앞쪽에 위치시켜 개념화한 것이다. [3일 후] 수어는 손가락을 사용하여 숫자 3을 표현한 후, 손을 얼굴 앞쪽으로 이동시키는 방식으로 표현된다. [4일 후] 수어는 손가락을 사용하여 숫자 4를 표현한 후, 손을 얼굴 앞쪽으로 이동시키는 방식으로 표현된다. 이러한 동작은 [미래는 앞] 은유를 반영한 것으로, 시간이 앞으로 진행됨을 나타내는 방식이다. 숫자를 나타내는 손 모양과 미래 방향을 가리키는 공간적 이동이 결합되어, '현재로부터 3일 후' 혹은 '현재로부터 4일 후'라는 개념을 시각적으로 표현하고 있다. [다음-주] 손을 역시 앞으로 이동시키면서 '현재로부터 7일 후'라는 개념을 표현한다.

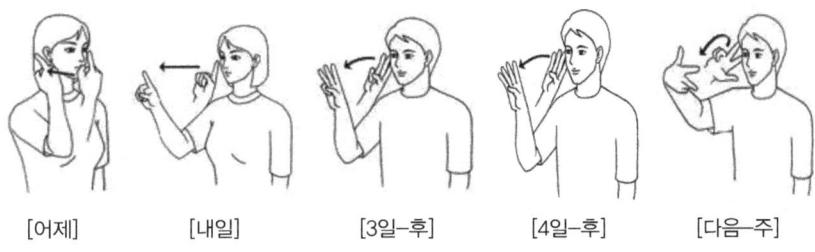

[어제]　　　　[내일]　　　　[3일-후]　　　　[4일-후]　　　　[다음-주]

　이러한 표현 방식은 한국수어에서도 [과거는 뒤] [미래는 앞] 은유가 체계적으로 적용되고 있음을 보여준다. 시간의 흐름을 공간적 이동으로 표현함으로써, 시각적이고 직관적인 방식으로 개념을 전달할 수 있도록 구성된 것이다.

4.1.9 [분석은 매듭풀기] 은유

우리는 복잡한 개념이나 문제를 이해하고 해결하는 과정을 물리적인 행위에 빗대어 표현하는 경우가 많다. 특히 분석하는 과정은 얽혀 있는 것을 정리하고 이해하는 과정이므로, 이를 실이나 매듭을 푸는 행위와 연결하여 개념화한다. 이러한 사고방식은 [분석은 매듭풀기] 은유로 나타나며, 문제해결이나 연구 과정에서 실마리를 찾고, 얽혀 있는 개념을 정리하며, 복잡한 구조를 해체하는 방식으로 이해된다. 다음 예시에서는 분석을 매듭이나 실마리처럼 얽혀 있는 것을 푸는 과정으로 인식하고 있음을 확인할 수 있다.

(66) a. 모든 두뇌를 사용해 **문제를 풀다** 마지막에 답이 나오면 내가 해냈다는 자신감과 함께 온몸에 짜릿함이 든다. (헬스조선 2016.04.11.)
  b. 역사적 사건과 관련된 **암호를 풀다보면** 수학에 대한 이해와 흥미도 새삼 생긴다. (뉴시스 2009.03.11.)
  c. 건국대 연구팀이 B형 간염바이러스로 인한 만성 간염의 근본적인 원인의 **실마리를 풀어낸** 연구결과를 발표했다. (이코노미뉴스 2016.11.18.)

(66a)에서는 '문제를 풀다'라는 표현을 사용하여, 문제 해결을 마치 매듭을 풀듯이 진행하는 과정으로 개념화하고 있다. 문제를 해결하는 과정이 얽혀 있는 것을 푸는 것과 같다는 사고방식이 반영된 표현이다. (66b)에서도 '암호를 풀다'라는 표현을 사용하여, 암호 해독을 마치 실타래를 풀어내는 것처럼 개념화하고 있다. 암호가 하나의 단서에서 시작하여 차례로 풀려나가는 과정이 물리적인 매듭을 푸는 것과 유사하다는 점에서 [분석은 매듭풀기] 은유가 적용된 사례이다. (66c)에서는 '실마리를 풀어내다'라는 표현을 사용하여 연구 과정에서 원인을 밝혀내는 것을 매듭을 푸는 것으로

개념화하고 있다. 실마리는 본래 실의 끝을 의미하는 단어인데, 여기서는 연구의 단서를 발견하고 문제의 원인을 규명하는 과정으로 확장되어 사용되고 있다. 이처럼 분석적 사고와 문제 해결 과정은 얽혀 있는 매듭을 하나씩 풀어가는 것과 같은 방식으로 이해되며, 이를 통해 연구, 문제 해결, 암호 해독 등의 개념이 물리적 행위와 연결되어 표현되고 있음을 확인할 수 있다.

미국수어에서는 '분석(ANALYSIS)'을 '깊이 파기(DIGGING)'로 개념화한다. 이는 분석하는 과정을 단순히 표면적인 것을 보는 것이 아니라, 보다 깊이 있는 정보를 탐색하는 행위로 이해하는 방식이다. 이를 이해하기 위해 먼저 SURFACE(표면)과 DEEP(깊이)에 대한 도상적 사상과 은유적 사상을 살펴보아야 한다.

SURFACE　　　　　　DEEP

(Taub 2001, 155~156)

두 수어에서 가로로 평평하게 놓인 비우세손은 도상적으로 '표면'에 사상된다. '표면'은 다시 은유적으로 '가장 간단하고 잘 정리된 정보'에 사상된다. 이는 정보를 처음 접할 때 기본적인 내용만을 파악하는 과정과 연결된다. 가로로 평평하게 놓인 비우세손 아래 부분은 '표면 아래'에 사상되고, '표면 아래'는 은유적으로 '알아내야 하는 자세한 정보'에 사상된다. 이는 단순한 정보가 아닌, 심층적인 분석과 탐구가 필요한 정보를 나타낸다. 우세손의 위치는 '표면 아래 깊이'에 사상되고, '표면 아래 깊이'는 은유적으로 '현재 가지고 있는 정보가 얼마나 자세한가'에 사상된다. 즉, 손이 아래로 이동할수록 정보의 깊이와 세밀함이 증가하는 개념적 구조를 반영한다. 우세손의 1지가 비우세손의 1지와 2지 사이를 뚫고 내려가는 것은 '표면 아래로 내려가는 것'에 사상되며, 이는 은유적으로 '현재 가지고 있는 정보에 점점 더 자세한 내용을 담게 되는 과정'을 의미한다.

ICONIC MAPPING		METAPHORICAL MAPPING
ARTICULATORS	SOURCE	TARGET
Nondominant B-hand	Surface as reference level	Simplest, most summarized information
Locations below nondominant B-hand	Area below surface	Detailed information requiring effort to figure out
Level of dominant hand	Actual depth level being described	Amount of detail in the current information
Dominant B-hand co-located with nondominant B-hand	Actual depth level located at the surface	Current information has minimal detail
Dominant I-shape descends below surface	Actual depth level descends below surface	Current information contains more and more detail

〈도표 43〉 표면과 깊이를 나타내는 이중사상(Taub 2001, 155)

ANALYZE 수어는 양손의 1지와 2지를 약간 구부려서 붙인 다음 양손을 벌리면서 아래쪽으로 내려간다.

ANALYZE

(Taub 2001, 156)

구부린 V형 수어는 도상적으로 '표면'에 사상된다. '표면'은 다시 은유적으로 '가장 간단하고 잘 정리된 정보'에 사상된다. 'V'형 수어를 한 처음 위치의 아래 부분은 '표면 아래'에 사상되며 '표면 아래'는 다시 은유적으로 '알아내는 데 노력이 필요한 정보'에 사상된다. 그리고 구부린 'V'형 수어가 간격을 넓히며 아래로 내려가는 동작은 도상적으로 표면 아래를 긁어 파는 사람'에 사상되고 이는 은유적으로 '더 자세한 내용을 알아내는 사람'에 사상된다. 즉, 분석이란 단순한 표면적 정보에서 벗어나 보다 깊이 있는 내용을 탐색하는 과정으로 개념화되며, 이러한 개념적 구조가 미국수어의 ANALYZE 수어에서도 공간적 이동과 손의 형태 변화를 통해 시각적으로 형상화되고 있다.

ICONIC MAPPING		METAPHORICAL MAPPING
ARTICULATORS	SOURCE	TARGET
Bent-V hands' initial position in signing space	Surface	Simplest, most summarized information
Regions in signing space below hands' initial position	Area below surface	Information that requires effort to figure out
Bent-V hands contract and descend in space	Person digs and descends below surface	Person figures out more details

〈도표 44〉 ANALYZE 이중사상(Taub 2001, 157)

한국수어에서는 [분석은 매듭풀기] 은유가 존재하며, '분석'과 '해석'의 의미를 갖는 [분석] 수어가 그 대표적인 예이다. [분석]은 양손의 1지를 'X'자로 맞댔다가 양옆으로 벌리는 동작으로 이루어진다. 이는 얽혀 있거나 복잡하게 엉킨 것을 푸는 모습을 시각적으로 형상화한 것으로, 분석이란 복잡한 개념이나 정보를 정리하고 해석하는 과정이라는 개념적 구조를 반영하고 있다. [추론]은 [생각]과 [분석]이 결합된 합성어로, 얽힌 것을 풀어가며 생각하는 과정을 표현한다. 이는 분석적 사고가 복잡한 정보나 논리를 해체하여 새로운 결론을 이끌어내는 과정임을 보여주며, 한국수어에서도 분석적 사고를 매듭을 풀어 정리하는 방식으로 개념화하고 있음을 확인할 수 있다.

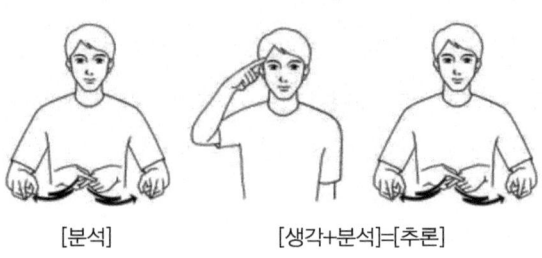

[분석]　　　　　[생각+분석]=[추론]

4.1.10 [갈등은 물리적 충돌이나 마찰] 은유

인간 사회에서 갈등은 단순한 의견 차이에서부터 심각한 대립까지 다양한 형태로 나타난다. 이러한 갈등 상황을 우리는 종종 물리적 충돌이나 마찰에 빗대어 표현한다. 이는 물리적 세계에서 두 개체가 부딪치거나 마찰을 일으킬 때 저항과 긴장이 발생하는 것과 유사하게, 사람들 사이의 갈등도 서로의 입장이 부딪치면서 긴장과 대립을 초래한다는 개념적 사고에서 비롯된 것이다.

한국어에서도 이러한 개념적 구조가 반영되어 있으며, 의견 갈등이나 관계 악화, 혹은 전쟁과 같은 대립 상황을 물리적 마찰이나 충돌로 이해하는 표현들이 발견된다. (67a)와 (67b)에서는 '충돌'이라는 어휘를 사용하여 당원들 간의 갈등을 설명하고 있다. (67a)에서 '정면 충돌'이라는 표현은 물리적으로 두 대상이 마주 보고 부딪치는 상황을 연상시키며, 민주당 내부에서 강한 의견 대립이 있었음을 강조한다. (67b)에서도 '재충돌'이라는 표현을 사용하여, 특정 정치 세력 간의 갈등이 반복적으로 발생하는 모습을 물리적 충돌로 개념화하고 있다. (67c), (67d)에서는 '마찰'이라는 어휘를 사용하여 국가 간의 무역 갈등을 설명하고 있다. (67c)의 '미·일 무역 마찰'은 미국과 일본 간의 경제적 이견이 지속적으로 발생하고 있음을 나타내며, 마치 물리적 표면이 서로 스치며 저항을 일으키는 것처럼 국가 간 긴장 상태를 표현하고 있다. (67d) 역시 '미·중 무역 마찰'이라는 표현을 통해, 미국과 중국 간의 무역 갈등이 가시화되면서 긴장과 저항이 증가하고 있음을 전달하고 있다.

(67) a. '폭탄 혁신안' 다음날… 민주당 최고위서 정면 **충돌**
　　　 (경향신문 2023.08.11.)
　　b. '공천·전대' 앞두고 친명-비명 **재충돌**..사법 리스크로 갈등
　　　 (KBC광주방송 2023.12.03.)
　　c. 미·일무역 **마찰** 년초부터 격화 (매일경제 1982.01.08.)
　　d. 트럼프 정부 출범 전 미·중 무역 **마찰** 가시화 전망
　　e. 특히 하마스와 레바논 모두 이란의 지원을 등에 업고 있는 만큼, 이스라엘과 이란간 **마찰이** 표면화될 경우 사태가 걷잡을 수 없는 방향으로 치달을 수 있다는 우려가 나온다. (매일경제 2023.10.08.)

한국수어에서도 [갈등은 물리적 충돌·마찰] 은유가 나타나며, [대립], [전쟁], [갈등]과 같은 어휘에서 이를 확인할 수 있다. 먼저 [대결]은 양 주먹이 맞부딪치는 동작으로 표현된다. 이는 의견이나 세력 간의 대립을 물리적 충돌로 형상화한 것으로, 두 개체가 직접적인 힘의 경쟁을 벌이는 모습을 시각적으로 전달한다. [전쟁]은 양손의 손가락을 구부린 상태에서 손

등을 부딪치는 동작으로 표현되며, 이는 무력 충돌이 실제로 발생하는 모습을 도상적으로 나타낸 것이다. 전쟁이란 국가나 집단 간의 극단적인 갈등을 의미하며, 이를 손등의 충돌로 형상화함으로써 긴장과 대립의 강도를 강조하고 있다. [갈등]은 양손을 편 채로 손 등을 비비는 동작으로 표현된다. 이는 물리적 마찰을 통해 긴장이 발생하는 모습을 형상화한 것으로, 의견이나 관계에서 지속적인 충돌과 마찰이 존재한다는 개념을 반영한다.

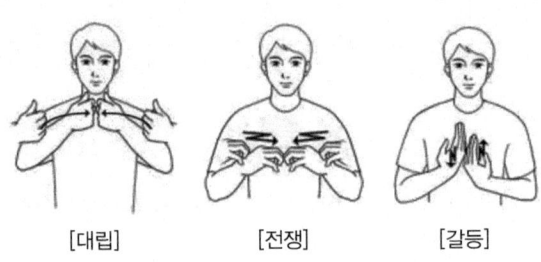

[대립]   [전쟁]   [갈등]

[대립]에서 양손은 도상적으로 두 사람을 의미하며, 두 주먹이 맞부딪치는 동작은 물리적 충돌을 나타낸다. 두 사람이 충돌하는 모습은 은유적으로 의견이나 입장이 강하게 대립하는 상황을 의미하게 된다.

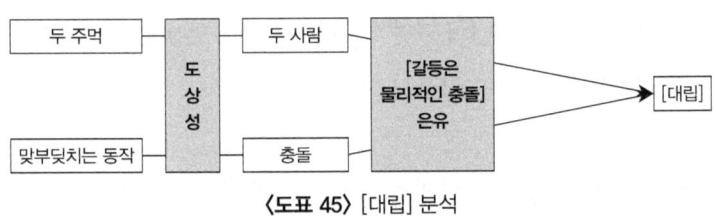

〈도표 45〉 [대립] 분석

[전쟁]은 주먹을 쥔 채로 엄지손가락만 올린 사람 수형을 사용하는 [대립]과는 달리, 손가락을 모두 사용하여 표현된다. 반쯤 구부려진 손가락들은 복수의 형태로 여러 사람을 나타내며, 이는 개인 간의 충돌이 아니라 집

단 간의 대립임을 강조한다. 또한, [대립]에서는 부딪치는 동작이 한 번으로 끝나는 반면, [전쟁]에서는 부딪치는 동작이 두 번 반복된다. 이는 전쟁이 단순한 순간적인 충돌이 아니라, 싸움과 전투가 반복되고 지속되는 과정이라는 점을 시각적으로 형상화한 것이다.

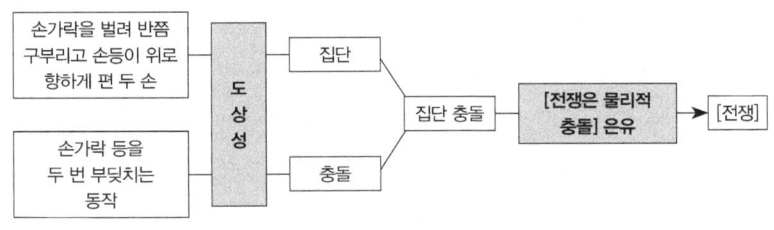

〈도표 46〉 [전쟁] 분석

[갈등]은 부딪치는 동작을 사용하지 않고 손 등끼리 비비면서 마찰을 일으키는 동작을 사용한다. [갈등은 물리적 마찰] 은유가 사용되었다. 편 손의 등을 비비는 동작을 통하여 도상적으로 마찰을 나타내고 [갈등은 물리적 마찰] 은유를 통하여 '갈등'을 의미하게 된다.

〈도표 47〉 [갈등] 분석

[고민] 역시 [갈등은 물리적 마찰] 은유로 설명할 수 있다. [고민] 수어는 주먹을 쥔 양손의 1지와 5지를 살짝 편 상태에서, 한 손의 5지 끝으로 다른 손의 1지 끝을 두번 스치는 방식으로 표현된다.

[고민]

　여기에서 1지와 5지 끝이 두 번 스치는 동작은 물리적 '마찰'을 나타내며, 이는 내적인 갈등과 충돌을 시각적으로 형상화한 것이다. 이러한 표현 방식은 고민을 단순한 생각의 흐름이 아니라, 내부에서 지속적으로 마찰이 일어나며 충돌하는 과정으로 이해하고 있음을 보여준다. 즉, [갈등은 물리적 마찰] 은유를 통해 고민이란 마음속에서 서로 다른 생각이나 감정이 충돌하고 저항하는 상태로 개념화된다.

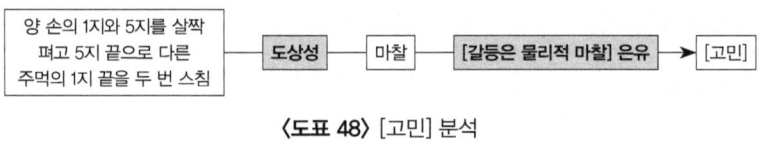

〈도표 48〉 [고민] 분석

4.1.11 [사람은 물건] 은유

　우리는 종종 사람을 물건에 빗대어 개념화하는 표현을 사용한다. 이러한 개념적 구조는 한국수어에서도 발견되며, 사람의 상태를 물건의 사용 여부와 연결 지어 표현하는 방식으로 나타난다. [묵히다] 수어는 '물건을 사용하지 않고 오래 두다'라는 의미를 가지지만, 사람이 할 일이 없는 상태인 '한가하다'의 의미로도 사용된다. 이는 사람을 물건처럼 개념화하여, 활용되지 않고 있는 상태를 표현하는 사례이다.

[묵히다]

예시문을 살펴보면 '엄마가 만들어 준 맛있는 반찬을 묵혀두었다'라는 의미의 문장에서 [묵히다] 수어가 사용되어 '활용하지 않고 버려두었다'를 의미하고 있다. 이 표현에서 [묵히다]는 '물건'을 사용하지 않고 오랫동안 두는 것을 의미한다.

(68) [엄마] [맛있다] [반찬] [만들다] [가져오다] [묵히다]: '엄마가 만들어 준 맛있는 반찬을 묵혀두었다' (한국수어누리사전)

[엄마]   [맛있다]   [반찬]   [만들다]   [가져오다]   [묵히다]

하지만, 같은 수어가 사람이 할 일이 없는 상태를 나타내는 '한가하다'의 의미로도 확장되어 사용된다. 다음 예시문은 물건이 아닌 사람에게 [묵히다] 표현을 사용하고 있다. 이 문장은 친구가 일을 그만두고 쉬고 있는 상태이기 때문에, 여행을 함께 가자고 제안한 상황을 설명하고 있다. 특히 [묵히다]가 사용된 것은 친구가 현재 적극적으로 무언가를 하고 있는 것이 아니라, 마치 물건처럼 사용되지 않고 한가하게 있는 상태라는 개념을 반영한 것이다.

(69) a. [나] [친구] [일] [마치다] [자리-내려오다] [실업] [묵히다] [보다] [해보다] [여행] (친구-부르기)[가다]: '내 친구가 일을 그만두고 쉬고있어서 같이 여행가자고 했다' (한국수어누리사전)

원래 [묵히다]는 물건이 제 역할을 못하고 오랫동안 사용되지 않은 상태를 의미하지만, 이 표현이 사람이 할 일을 하지 않고 한가하게 있는 상태를

나타내는 데에도 사용되고 있다. 이는 [사람은 물건] 은유가 적용된 결과로, 사람이 일정 기간 동안 활용되지 않는 상태를 마치 물건이 방치된 것처럼 개념화하고 있음을 보여준다.

4.1.12 [정신은 신체] 은유

정신적인 것을 신체적인 것으로 이해하는 [정신은 신체] 은유 사례는 다양하게 나타난다. 인간은 정신적 상태를 직접 볼 수 없기 때문에, 신체적 경험과 연결하여 개념화하는 경향이 있다. 예를 들어, '어깨에 진 짐'이 '정신적 부담'으로 개념화되거나, '신체를 어딘가에 기대는 것'이 '정신적 의지'로 사상되는 표현이 있다. (70a)에서 '어깨에 짊어져야 할 짐이 무겁다'라는 표현은 물리적으로 무거운 짐을 지는 것이 아니라, 정신적으로 큰 책임이나 부담을 지고 있다는 의미로 사용된다. (70b)에서도 '부담이 부모의 어깨를 짓누르다 못해 결국 등골을 부서뜨린다'라는 표현을 통해, 경제적 부담이 마치 실제로 신체에 압력을 가하는 것처럼 개념화되고 있다.

(70) a. **어깨에 짊어져야 할 짐이** 무겁다. (브릿지경제 2023.12.17.)
　　　b. 보육비, 교육비, 등록금 등 **부담이** 부모의 **어깨를 짓누르다** 못해 결국 등골을 부서뜨린다는 의미다. (머니투데이 2012.12.04.)

한국수어에서도 이러한 개념적 구조가 반영되어 있다. 한쪽 어깨가 내려간 모습을 통해 [짐] 수어를 표현하는데, 이는 실제로 무거운 짐을 어깨에 얹고 있는 모습을 시각적으로 형상화한 것이다. 그러나 [짐] 수어는 단순히 물리적인 짐을 의미하는 것이 아니라, '부담'의 의미도 함께 지니고 있다. 이는 [정신은 신체] 은유의 하위 개념인 [부담은 짐] 은유가 적용된 사례이다. [책임] 수어는 [짐] 수어와 유사한 형태를 지닌다. [짐] 수어는 어깨를 아래로 내리는 동작을 포함하는 반면, [책임] 수어는 어깨를 내리지 않는다. 한국어에서도 '책임을 지다'와 '짐을 지다'처럼, '책임'과 '짐'을 신체적으로 무거운 것을 지는 행위로 표현한다. 하지만 한국수어에서는 [부담]의 경우 어깨를 내리는 [짐] 수어를 사용함으로써, [책임]보다 심리적으로 더 무거운 상태를 반영하는 차이를 보인다.

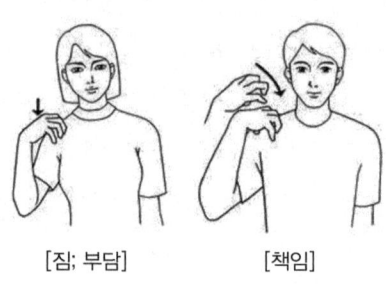

[짐; 부담]   [책임]

이처럼 한국어와 한국수어에서는 [정신적 부담은 물리적 짐]이라는 개념이 공통적으로 나타난다.

한국어에서는 '정신적으로 의지하는 것'을 '신체적으로 어딘가에 기대는 것'으로 이해하는 사례를 쉽게 발견할 수 있다. 사람은 신체적으로 힘들 때 벽이나 기둥과 같은 외부의 구조물에 몸을 기대어 지탱하는 경험을 한다. 이러한 경험이 확장되어, 정신적인 의지 또한 물리적으로 기대는 행위와 동일한 방식으로 개념화된다. (71a)에서 '민간에 투자를 기대고 있다'는 표현은 정부가 독립적으로 정책을 추진하는 것이 아니라, 민간의 투자에 의존하고 있음을 나타낸다. 그러나 여기서 사용된 '기대고 있다'는 원래 신체를 무언가에 기대어 몸을 지탱하는 행위를 의미하며, 이러한 개념이 정신적 의존을 표현하는 데 확장되어 사용되고 있다. (71b)에서도 '수익을 내연기관에 기대고 있다'라는 표현을 사용하여, 자동차 회사가 전기차보다 기존의 내연기관 차량에서 주로 수익을 창출하고 있음을 나타낸다. 마찬가지로, '기대다'라는 동사는 원래 신체적으로 기대는 행위를 의미하지만, 여기서는 경제적 의존 상태를 나타내는 의미로 확장되어 사용되었다.

(71) a. 미국뿐 아니라 전세계 국가들이 보조금을 뿌리며 유치 경쟁에 나선 상황인데, 정작 반도체 강국인 우리나라는 **민간에 투자를 기대고 있다는** 지적이 나옵니다. (SBS Biz 2024.03.21.)
b. 시작 자체가 EV인 신생 완성차기업과 달리 전통적 의미의 자동차회사는 여전히 **수익을 내연기관에 기대고 있어서다.**
(오토타임즈 2024.04.16.)

한국수어에서도 이와 유사한 개념이 발견된다. [의지] 수어는 줄을 잡고 기대는 모습을 형상화하여, '누군가에게 심적으로 의지하고 있음'을 표현한다. 이는 [정신은 신체] 은유가 적용된 사례로, 정신적 의존을 신체적 기대는 행위로 개념화하고 있음을 보여준다.

[의지]

이처럼 한국어와 한국수어 모두에서 정신적 의지는 신체적 기대는 행위와 연결되어 개념화되며, 이는 인간이 신체적 경험을 바탕으로 추상적 개념을 이해하는 방식이 언어에 반영된 결과라고 볼 수 있다.

우리는 흔히 '구속이나 속박에서 풀리는 것'을 '자유'로 이해하며, 이는 [정신은 신체] 은유의 대표적인 사례이다. 물리적으로 손이나 몸이 묶여 있으면 움직일 수 없고 제한된 상태에 놓이게 되며, 이러한 신체적 경험이 확장되어 정신적 구속과 속박을 표현하는 방식으로 사용된다. (72a)에서 '신용불량자 족쇄에서 풀려나다'라는 표현은 문자 그대로는 물리적인 족쇄에서 벗어나는 것을 의미하지만, 실제로는 경제적 제약과 신용 제한에서 해방된다는 뜻으로 사용되었다. 신체적 속박이 풀리는 것이 곧 사회적·경제적 자유를 의미하는 방식으로 개념화된 것이다. (72b)에서도 '모든 속박을 풀고 자유로워진다'는 표현이 등장하는데, 여기서 '속박'은 실제 신체를 묶는 것이 아니라, 정신적·심리적 제한이나 억압을 의미한다. 그러나 이를 표현하는 방식은 신체적으로 묶인 것을 푸는 행위로 형상화되어 있으며, '자유로워진다'는 표현 역시 물리적 구속에서 벗어나는 것과 같은 개념적 구조를 가진다.

(72) a. 다음달 26일부터 세금 체납자나 법원 채무 불이행자는 신용불량자 기록에서 제외돼 15만명 정도가 신용불량자 **족쇄에서 풀려날** 것으로 보인다. (국민일보 2004.03.28.)

b. 나를 묶어 놓았던 모든 **속박을 풀고 자유로워진다**는 건 단순한 일일 수 있지만 고통받고 있는 당사자에게는 이 말처럼 어려운 일도 없을 것이다. (불교신문 2016.12.14.)

이러한 개념적 구조는 한국수어에서도 동일하게 반영된다. [자유] 수어는 묶인 양손을 푸는 동작을 통해 표현되며, 이는 물리적 결박에서 벗어나는 모습을 시각적으로 형상화한 것이다. 신체적 속박에서 벗어나는 것이 곧 정신적·사회적 자유를 의미하는 개념적 사고가 수어에서도 체계적으로 나타나고 있음을 보여준다.

[자유]

다음 도식은 [자유] 수어의 개념적 구조를 설명하고 있다. 주먹 쥔 양 팔을 엇갈리게 상하로 두 번 돌리는 동작은 도상적으로 묶인 손을 푸는 모습을 의미하며 신체적 속박에서 풀려나는 것이 곧 정신적·사회적 해방이라는 은유적 개념으로 확장된다. 이는 [정신은 신체] 은유가 적용된 사례이다.

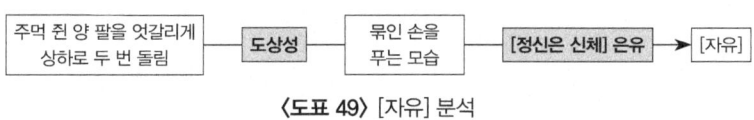

〈도표 49〉 [자유] 분석

[자유] 수어는 '제멋대로'라는 의미로도 사용되는데, 이는 자유로움이 주어졌을 때 함부로 행동하는 부정적인 결과로 이어질 수 있기 때문이다. 여기에는 '원인으로 결과를 나타내는 환유'가 적용되어 있다. 즉, 자유라는 개념이 본래 긍정적인 의미를 가지지만, 그 자유가 절제 없이 발현될 경우 무책임하거나 통제되지 않는 행동으로 연결될 수 있다는 인식이 반영된 것이다. 이러한 개념적 연결을 통해 [자유] 수어는 맥락에 따라 긍정적인 의미뿐만 아니라 '제멋대로'라는 부정적인 의미까지 포함하게 된다.

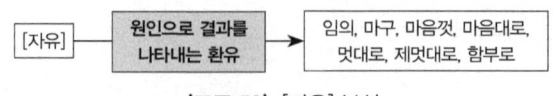

〈도표 50〉 [자유] 분석

다음 예시들은 '감정의 해소'나 '문제 해결'을 '물리적으로 묶인 것을 푸는 것'으로 이해하는 사례이다. '얽힌 실타래를 풀다'와 '얽힌 난마를 풀다'는 '문제 해결'을 의미한다. '마음의 응어리를 풀다'와 '한을 풀다'는 '감정을 해소하다'의 의미이다. 모두 감정적인 해결이나 정신적인 해결을 물리적으로 묶인 것을 푸는 것으로 이해한 사례들이다.

(73) a. 조희대 대법원장 후보자는 5일 사법부 불신을 부르고 있는 '재판 지연' 문제와 관련해 "세심하고 다각적인 분석을 통해 **얽혀있는 실타래를 풀어나가겠다**"고 다짐했다. (아시아투데이 2023.12.05.)

b. 커뮤니케이션을 통해 **얽힌 난마를 풀어나갈** 수 있기 때문이다. (충청투데이 2019.12.31.)

c. 서로에게 평생 얽힌 **마음의 응어리를 풀지 못한 채** 영원히 이별해야했던 한 부자(父子)의 이야기가 시청자들의 눈시울을 붉혔다. (오마이뉴스 2023.01.28.)

d. 아들인 피펜 주니어가 NBA에 입성, 조던에 맺힌 **아빠의 한을 풀어줄 수 있을지** 주목된다. (마니아타임즈 2022.04.28.)

유사한 은유가 한국수어의 [해결]에서도 발견된다. [해결] 수어는 양손의 손가락을 교차하여 얽힌 상태를 만든 후, 이를 풀어내는 동작으로 표현된다. 이는 문제나 갈등을 마치 물리적으로 얽힌 매듭이나 실타래를 푸는 것과 같은 방식으로 개념화한 것이다.

[해결]

 손바닥이 X자 모양으로 포개지는 동작은 개체들이 얽혀 있다는 것을 의미하며, 이는 문제나 갈등이 복잡하게 얽혀 있는 상태를 시각적으로 형상화한 것이다. 이후 포개진 양손을 양옆으로 벌리는 동작은 얽힌 것을 풀어내는 과정을 나타내며, 이를 통해 문제 해결을 마치 복잡하게 얽힌 것을 푸는 것과 같은 과정으로 개념화하고 있음을 보여준다.

〈도표 51〉 [해결] 분석

 이러한 표현 방식은 [정신은 신체] 은유와 연결되며, 복잡한 상황이나 문제를 해결하는 과정이 신체적으로 얽힌 것을 풀어내는 행위로 개념화된 사례이다. 이는 '얽힌 실타래를 풀다'나 '한을 풀다'와 같은 한국어 표현에서도 동일하게 나타나며, 감정적·정신적 해결이 신체적 경험을 바탕으로 이해되고 표현되고 있음을 보여준다.

4.1.13 [중요한 것은 무거움] 은유

중요함이 무거움으로 이해되는 개념적 구조는 일상 언어에서 쉽게 발견된다. 어떤 문제를 '무겁게 다룬다'는 것은 그 문제를 매우 중요하고 신중하게 고려한다는 의미이며, 반대로 '가볍게 다룬다'는 것은 그 문제를 심각하게 여기지 않는다는 뜻으로 사용된다. 또한, '경중을 따지다'라는 표현에서도 이 같은 개념이 드러난다. 여기서 '경(輕)'은 가벼움을, '중(重)'은 무거움을 의미하며, 무거울수록 더 중요한 사안으로 여긴다. 즉, 어떤 사안의 중요도를 판단하는 것을 무게를 비교하는 것으로 개념화하고 있는 것이다. 이러한 표현들은 [중요한 것은 무거움] 은유가 언어 속에 체계적으로 자리 잡고 있음을 보여준다.

(74) a. 성진, '독재정부 미화' 논란…청와대 **"무겁게** 다루고 있다"
 (전자신문 2017.08.31.)
 b. **가볍게** 생각하는 우울증!…깊어지면 안돼요 (메디포뉴스 2009.03.08.)
 c. **경중**이 있다는 것은 상식입니다. 의도적으로인지 사회 현상인 건지 **경중을** 따지지 않고 **가벼운 것과 무거운 것을** 동일하게 취급하는 일이 많아지는 것 같습니다. (클리앙 2022.05.16.)

한국수어에서도 [중요한 것은 무거움] 은유가 발견된다. [귀중하다] 수어는 비우세손의 손바닥을 우세손으로 누르며 아래로 내리는 동작을 통해 표현되는데, 이는 무게가 상당히 나가는 것처럼 보이게 하여 중요성을 강조하는 방식이다. 이러한 동작은 물리적으로 무거운 사물을 다룰 때 신중하게 내려놓는 모습과 유사하며, 이를 통해 '무거운 것은 중요한 것'이라는 개념이 시각적으로 형상화된다. 즉, 한국수어에서도 어떤 것이 중요할수록 더 무거운 것으로 인식되는 개념적 은유가 체계적으로 반영되고 있음을 확인할 수 있다.

[귀중하다]

4.1.14 [사건·일은 움직이는 물체] 은유

사건이나 일은 본래 움직이지 않지만, 우리는 이를 움직이는 물체로 개념화하여 이해한다. 이는 [사건·일은 움직이는 물체] 은유가 적용된 결과로, 사건이나 일이 특정한 방향으로 진행되거나 예상치 못한 방향으로 흘러가는 것을 물리적 이동으로 개념화하는 방식이다. (75a)의 '사건은 더욱 미궁 속으로 빠져들었다'라는 표현은 사건이 마치 스스로 움직여 미궁이라는 공간으로 들어가는 것처럼 개념화한 것이다. 여기서 사건은 정적인 것이 아니라, 복잡하게 얽힌 미궁으로 이동하면서 해결이 어려워지는 움직이는 대상으로 표현된다. (75b)의 '행사를 매끄럽게 진행하다'는 표현 역시 행사라는 개념이 마치 일정한 방향으로 흘러가는 물체처럼 이해되고 있음을 보여준다. 여기서 '매끄럽게'라는 표현은 물체가 장애물 없이 부드럽게 움직이는 상황을 연상시키며, 행사가 원활하게 이루어지는 것을 강조하는 방식으로 사용되었다. 반면, (75c)의 '마찰로 인해 입주가 지연되다'는 표현은 사건의 진행이 방해를 받는 상황을 나타낸다. 실제로 물체가 이동할 때 바닥이 매끄럽지 않으면 마찰로 인해 이동이 어려워지는 것처럼, '마찰'이라는 개념이 사건의 진행을 어렵게 만드는 요소로 사용되고 있다. 여기서는 '물체가 이동하는 것'이 '일이 진행되는 것'에 사상되고, '마찰'이 '진행의 어려움'으로 은유적으로 이해되는 과정이 반영되었다.

(75) a. 이후 DNA, 지문 등을 검사한 결과 그 여인은 강임숙 씨가 아닌 것으로 드러나면서 **사건은 더욱 미궁 속으로 빠져들었다**.
(영남일보 2024.04.13.)
b. 대학들도 동계 학위수여식과 입학식을 비대면 행사로 **매끄럽게 진행하고** 있다. (경향신문 2021.02.22.)
c. 이번엔 시행사와 시공사 간의 **마찰**로 인해 입주가 지연되면서다.
(파이낸셜뉴스 2022.08.23.)

이처럼 [사건·일은 움직이는 물체] 은유는 사건이나 일이 특정한 방향으로 전개되거나 장애물에 부딪혀 어려움을 겪는 과정을 물체의 이동과 물리적 원리에 빗대어 개념화하는 방식으로, 한국어에서 자연스럽게 사용되고 있는 표현 구조임을 확인할 수 있다.

한국수어에서도 [일은 움직이는 물체] 은유가 적용된 사례가 [기름] 수어의 다양한 의미 확장에서 발견된다. [기름]은 본래 기름의 물리적 특성인 '미끄럽다'는 의미를 가지며, 이는 마찰이 없는 '매끄러운 상태'를 나타낸다. 이러한 개념이 확장되면서, 일이 마치 움직이는 물체처럼 이해될 때, '마찰 없이 매끄럽게 진행되는 것'이 '순조로움'을 의미하게 된다. 즉, [기름] → [매끄러움] → [순조로움] → [능숙함]이라는 의미 확장의 과정이 [일은 움직이는 물체] 은유를 기반으로 형성된 것이다.

아래 예시에서도 이러한 개념이 잘 드러난다. 먼저 [처음], [입사], [서툴다]를 순차적으로 발화하여 '처음 입사했을 때는 일이 서툴렀다'는 의미를 전달한다. 이어서 [자주], [발전]을 순차적으로 발화하며 '점차 나아졌다'는 의미를 나타낸다. 마지막으로 [기름]을 발화하면서 '일을 익숙하게 잘 한다'는 의미를 강조하는데, 여기서 [기름] 수어는 마찰 없이 일의 흐름이 원활하게 진행되는 상태를 나타내며, 결과적으로 능숙함을 의미하게 된다. 이처럼 한국수어에서도 [일은 움직이는 물체] 은유가 체계적으로 적용되며, 이를 통해 일의 진행 상태를 물체의 이동과 연결하여 개념화하고 있음을 확인할 수 있다.

(76) [처음] [입사] [서툴다] [자주] [발전] [기름]: '나는 입사 초기에는 일이 서툴렀지만, 점차 나아지면서 능숙해졌다.' (한국수어사전)

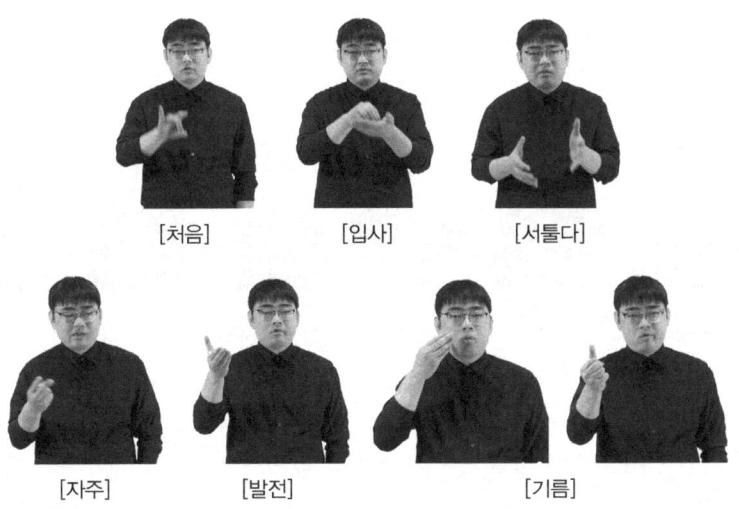

[처음] [입사] [서툴다]

[자주] [발전] [기름]

[기름] 수어가 '~이 빈번하게 발생하다'의 의미를 갖는 것은, '일이 순조롭다' 예시와 유사하게 '사건'을 움직이는 물체로 이해하기 때문이다. 사건이 마치 움직이는 물체처럼 개념화되면서, 빈번한 발생은 물체가 계속해서 움직이는 것과 같은 방식으로 표현된다.

아래 예문에서도 이러한 개념이 잘 나타난다. 먼저 [장소]와 [지시]를 순차적으로 발화하여 '저 장소'를 의미하고, [차-충돌] 수어를 반복하여 차의 충돌이 여러 번 일어나는 상황을 나타낸다. 이어서 [발생하다] 수어를 반복적으로 발화하여 '충돌사고가 자주 발생한다'는 의미를 전달한다. 마지막으로 [기름] 수어를 사용하여 '그런 일이 빈번하다'는 의미를 강조하는데, 이는 사건이 반복적으로 일어나면서 마치 미끄러지듯이 계속 발생하는 것처럼 개념화되었기 때문이다. 이처럼 한국수어에서도 [사건은 움직이는 물체] 은유가 적용되며, 이를 통해 사건의 빈번한 발생이 마찰 없는 연속적인 움직임으로 개념화되고 있음을 확인할 수 있다.

(77) [장소] [지시] [차-충돌++] [발생하다++] [기름]: '저곳은 교통사고가 빈번히 발생하는 곳이다' (한국수어사전)

| [장소] | [지시] | [차-충돌++] | [발생하다++] | [기름] |

이러한 은유적 개념화를 은유적 사상으로 나타내면 다음 도표와 같다.

〈도표 52〉 [사건은 움직이는 물체] 은유 (최영주2021, 124)

　　일이나 사건이 움직이는 물체로 개념화되면, 일이 진행되지 않고 정체되어 있다는 것은 마치 물체가 제자리에서 움직이지 않는 것과 같은 상태를 의미하게 된다. 반대로, 물체가 이동하는 것은 일이 진행되고 있다는 의미로 확장된다. 물체를 이동시키는 힘은 일을 추진하는 원동력과 연결되며, 물체의 이동 속도는 일이 진행되는 속도를 나타낸다. 물체의 이동 속도는 바닥 상태에 영향을 받는데, 이를 은유적으로 해석하면 일의 진행 속도는 '일의 순조로운 정도'와 연관된다. 바닥이 매끄러우면 물체가 쉽게 이동하듯이, 일이 순조롭게 진행될 때는 장애물이 적고 마찰이 없는 상태로 이해된다. 반면, 바닥이 거칠거나 장애물이 많을 경우 물체의 이동이 어렵듯이, 일이 원활하게 진행되지 않으면 마찰과 장애물이 많아 진행이 어렵다는 의미로 연결된다.

　　[기름]이 '일이 순조롭다'를 의미하는 것이나 '사건이 빈번하게 발생하다'를 의미하는 것은 모두 [사건이나 일은 움직이는 물체] 은유를 사용한 결과이다. 기름을 손가락으로 비비는 동작은 매끄러운 촉각을 표현하며, 이는 마찰 없이 부드럽게 움직이는 상태를 의미한다. 이러한 촉각적 경험이

4. 한국수어 단일어에 나타나는 도상성과 은유 및 환유　　221

확장되어, 일이 순조롭게 진행될 때 [기름]이 사용되며, 반대로 사건이 자주 발생하는 경우에도 미끄러지듯 계속해서 일어나는 것으로 개념화된다.

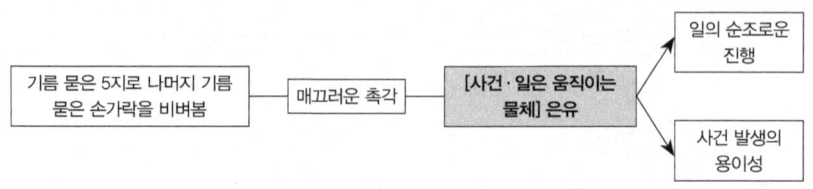

〈도표 53〉 [기름] 분석 (최영주2021, 125)

4.1.15 [도덕성은 청결함] 은유

도덕성과 청결함의 개념은 언어 속에서 밀접하게 연결되어 있다. 우리는 도덕적으로 올바른 행동을 '깨끗한 것'으로, 부정직하거나 부도덕한 행동을 '더러운 것'으로 개념화하여 표현하는 경향이 있다. 이러한 인식은 한국어에서도 쉽게 발견되며, 공직자의 청렴성, 마음의 정직함, 정당하게 번 돈 등이 모두 '깨끗함'으로 표현되고, 부정직한 행위나 비윤리적인 행동은 '더럽다'는 표현과 연결된다.

최영주 (2022b)에서는 한국어에서 도덕성을 신체적 청결함으로 이해하는 사례를 다음과 같이 제시하고 있다. 공직자의 청렴함, 마음의 정직함, 정직하게 번 돈은 모두 '깨끗한 것'으로 설명하고 있으며 그렇지 못한 경우를 들어 '더러운 것'으로 표현하고 있다.

(78) a. "고위 공직자로서 도덕성 시비가 **깔끔해서** 기대를 갖게 한다"
(한국세정신문 2019.06.29.)
b. 시복식서 연주한 백건우 "교황 뜻따라 우리도 **깨끗한 마음** 가졌으면"
(아주경제 2014.08.16.)

(79) a. "1등만 기억하는 **더러운 세상**"외치다 1등 개그맨 돼 가네요

(중앙일보 2009.12.31.)

b. [삶의 단상] **인간성 더러운 사람** (중앙일보 2009.03.31.)

(80) a. 이준석, 이재명 겨냥? "尹은 **깨끗한 돈**으로 승리할 것"

(국민일보 2021.12.17.)

b. [CEO 심리학] 부정하게 번 **더러운 돈**은 절대 정승처럼 쓸 수 없다

(매일경제 2016.01.22.)

c. 금융당국, 4대 코인 거래소 '**돈세탁**' 검사 나선다 (한겨레 2022.01.16.)

(최영주 2022, 130)

최영주(2022b)에서는 한국수어에서도 [도덕성은 청결함] 은유가 발견된다고 보고하였다. [깨끗하다]는 편 손으로 얼굴을 스쳐내리는 수동으로 표현하는데, 이는 얼굴이 깨끗하다는 개념을 시각적으로 형상화한 것이다. 반면, [더럽다]는 1지로 콧볼 주변을 쓸고 지나가는 수동으로 표현되는데, 이는 콧볼에 낀 피지를 가리킨 것이다. 이들 모두 신체 일부분의 깨끗함이나 더러움을 통해 환유적으로 '청결'과 '불결'을 의미하며, 이를 기반으로 도덕적 개념을 형성하는 방식이 한국수어에서도 나타나고 있음을 보여준다.

[깨끗하다]   [더럽다]

최영주(2022b)에서는 한국수어에서 [깨끗하다]와 [더럽다]가 문장 속에

서 사용되어 도덕성을 나타낸다는 점을 보여주고 있다. 예를 들어, '정치인에게 가장 중요한 것은 청렴함이다'라는 문장에서 [깨끗하다]가 사용되어 '청렴함'을 의미하고 있으며, '내 친구는 도덕적인 사람이다'라는 의미의 문장에서도 [깨끗하다]가 사용되어 '도덕성'을 나타내고 있다. 이는 [도덕성은 청결함] 은유가 한국수어에서도 체계적으로 반영되고 있음을 보여주는 사례로, 도덕적 올바름을 신체적 깨끗함과 연결하여 개념화하는 방식이 언어 속에서 일관되게 나타난다는 점을 시사한다.

(81) [정치] [가장] [중요하다] [무엇] 〈휴지〉 [깨끗하다]: '정치인에게 가장 중요한 것은 청렴함이다' (최영주 2022b, 138)

(82) [나] [친구] 〈휴지〉 [바르다] [깨끗하다]: '내 친구는 도덕적인 사람이다'
    (최영주 2022b, 139)

반면 [더럽다]를 문장에 사용하여 부도덕함을 의미하기도 한다. 예를 들어, '부도덕한 행동을 일삼던 과거를 청산했다'는 의미의 문장에서 [더럽다]가 사용되어 '부도덕함'을 나타내고 있다. 이는 부정직하거나 윤리적으로 문제가 있는 행동을 '더러운 것'으로 개념화하는 방식으로, [도덕성은 청결함] 은유가 한국수어에서도 부정적인 도덕적 평가를 표현하는 데 적용되고 있음을 보여준다.

(83) [행동] [더럽다] [습관] [끊다]: '부도덕한 행동을 일삼던 과거를 청산했다'
    (최영주 2022b, 140)

4. 한국수어 단일어에 나타나는 도상성과 은유 및 환유   225

4.1.16 [이해는 잡아채기] 은유

'이해'라는 인지적 과정을 물리적으로 무언가를 잡아채는 행위로 개념화하기도 한다. 한국어에서는 '잡다', '채다', '파악하다'와 같은 동작과 관련된 어휘들이 '이해하다' 혹은 '알다'의 의미로 확장되어 사용된다. 이는 [이해는 잡아채기] 은유가 작용한 결과로, 새로운 정보를 얻거나 개념을 이해하는 과정을 손이나 신체로 무언가를 잡는 행위로 개념화하는 방식이다.

(84a)에서는 '감을 잡았다'라는 표현이 사용되었는데, 이는 단순히 감각을 느끼는 것이 아니라, 무언가를 확실히 이해하고 익혔다는 의미로 확장되어 쓰이고 있다. (84b)에서는 '낌새를 채다'라는 표현을 통해 '이상한 낌새를 알아차렸다'는 의미를 전달하고 있으며, 이는 '이해'라는 개념을 감각적으로 잡아채는 것으로 개념화한 사례이다. (84c)에서는 '파악하다'라는 표현이 사용되었는데, 본래 '잡아 쥐다'라는 의미에서 출발한 '파악'이 '정보를 정확하게 이해하고 분석하다'는 의미로 확장되었다. 이처럼 [이해는 잡아채기] 은유는 새로운 정보를 습득하거나 알아차리는 과정을 신체적 동작과 연결하여 개념화하는 방식으로, 한국어에서 체계적으로 나타나고 있다.

(84) a. 첫날 2언더파를 기록한 뒤 사흘 연속 이븐파를 때리는 등 언더파 점수를 지켜 내며 **감을 잡았다**. (서울신문 2024.04.12.)

b. 이상한 **낌새를 챈** 경찰이 팔에 주사를 놓는 듯한 행동을 하자 남성은 고개를 끄덕거렸습니다. (JTBC뉴스 2022.09.29.)

c. 독자의 콘텐츠 소비 데이터를 **파악하기** 위한 움직임을 점검하고, 독자와 직접 소통하는 기자들의 활약상도 전한다.

(한국기자협회 2019.01.02.)

한국수어에서도 이러한 개념적 은유가 발견된다. Choi (2022)에서는 한국수어의 [이해는 잡아채기] 은유에 대해 논의하면서, [잡아채다] 수어가 문장 속에서 '알다'의 의미로 사용된다는 점을 보여주고 있다. [잡아채다] 수어는 손을 날쌔게 당겨 무언가를 쥐는 동작으로 표현된다. 이는 물리적으로 어떤 대상을 빠르게 붙잡는 행위를 나타내지만, 은유적으로는 정보를 즉각적으로 습득하거나 어떤 개념을 이해하는 과정과 연결된다. 즉, 무언가를 잡아채는 것이 새로운 정보를 포착하고 인식하는 것으로 개념화되면서 '이해하다'의 의미를 갖게 된 것이다. 한국수어에서도 [잡아채다] 수어가 '이해하다'의 의미로 사용된다는 점은, 인지가 단순한 정신적 과정이 아니라 신체적 경험과 깊이 연관되어 개념화된다는 것을 보여주는 사례라고 할 수 있다.

[잡아채다]

(85) 예시처럼 [잡아채다]가 문장에서 사용될 경우, '알다'의 의미로 사용된다. 문장에서 [잡아채다]는 단순히 무언가를 손으로 빠르게 붙잡는 의미가 아니라, 정보를 즉각적으로 습득하고 이해하는 과정을 나타낸다. 특히, 아래 문장에서 [위]와 [아래]를 표현한 후 [잡아채다]를 사용하여 '척척박사이다'라는 의미를 전달하고 있다.

(85) [교사][지식][위][아래][잡아채다]: '선생님이 척척박사이다'(Choi 2022, 659)

(86)에서는 '혼자 가능하겠어?'라는 A의 물음에 B가 [잡아채다]를 사용함으로써 '알다'를 표현하고 있다. 이때 [잡아채다]는 단독으로 사용되는 것이 아니라 [눈]과 함께 쓰여 '보니까 알겠네'라는 의미를 전달한다. 이는 시각적 정보를 빠르게 인식하는 과정을 무언가를 잡아채는 동작으로 개념화한 것이다.

(86) A: [혼자] [가능]: '혼자 할 수 있겠어?'

B: [눈] [눈] [눈] [잡아채다]: '보니까 알겠네' (Choi 2022, 660)

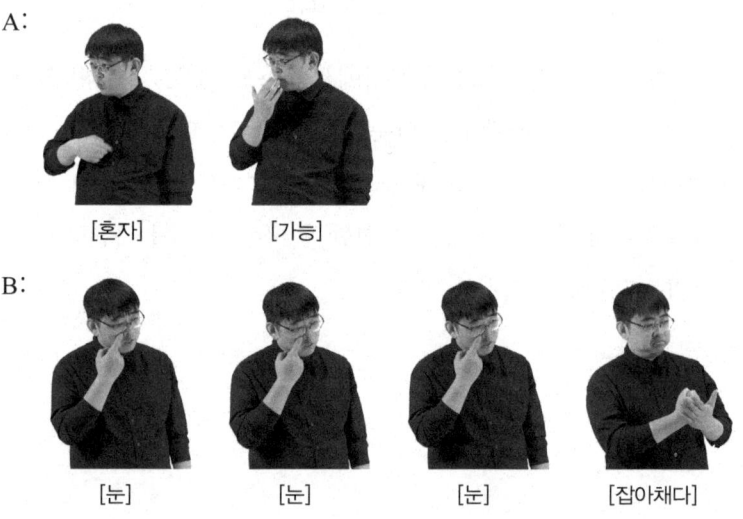

다음 예시들은 시각, 미각, 후각, 촉각과 같은 감각이 [잡아채다]와 함께 쓰이며, 각각의 감각을 통해 알게 되었음을 표현하고 있다. 이는 감각을 통한 인식이 신체적으로 잡아채는 동작으로 개념화됨을 보여준다. 즉, [이해는 잡아채기] 은유가 감각적 경험과 결합하여, 시각적·미각적·후각적·촉각적 인지를 빠르게 습득하는 행위로 표현되고 있음을 확인할 수 있다. 미각인 [맛]이 [잡아채다]와 함께 쓰여 '미각을 통하여 맛을 알아보다'를 의미한다. (87)에서는 '전국을 돌아다니며 음식을 먹어본 후 지금 이 맛을 보니 전라도 맛이라는 것을 알겠다'를 의미하고 있다.

(87) [전국] [이동하다] [맛] [잡아채다] 〈휴지〉 [지금] [맛보다] [전라도]: '전국을 돌아다니며 음식을 먹어본 후 지금 이 맛을 보니 전라도 맛이라는 것을 알겠다' (Choi 2022, 661)

(88)에서는 후각을 나타내는 [냄새]가 [잡아채다]와 결합하여 '훤히 알다'라는 의미를 형성한다. 이는 후각적 경험이 인지적 이해로 확장되는 개념적 은유를 보여준다. 또한, [결혼]과 [20년]을 순차적으로 발화함으로써 '결혼 20년 되었다'는 의미를 전달한다. 마찬가지로, [남편], [냄새], [잡아채다]를 순차적으로 발화하면 '남편에 대해 모르는 것이 없다'는 의미로 해석된다.

(88) [결혼] [20년] [남편] [냄새] [잡아채다] '결혼한지 20년이 되니 남편에 대해 모르는 것이 없다'(Choi 2022, 662)

[결혼]　　[20년]　　[남편]　　[냄새]　　[잡아채다]

(89)에서는 한국수어의 관용어인 [냄새] [잡아채다]를 사용하고 있다. 여기서도 [잡아채다]가 '알다'의 의미로 사용되어 '그가 원하는 것이 무엇인지 눈치를 챘다'를 의미하게 된다. 후각적 경험이 인지적 이해로 확장되는 사례이다.

(89) [원하다] [무엇] 〈휴지〉 [냄새] [잡아채다]: '그가 원하는 것이 무엇인지 눈치를 챘다'(Choi 2022, 663)

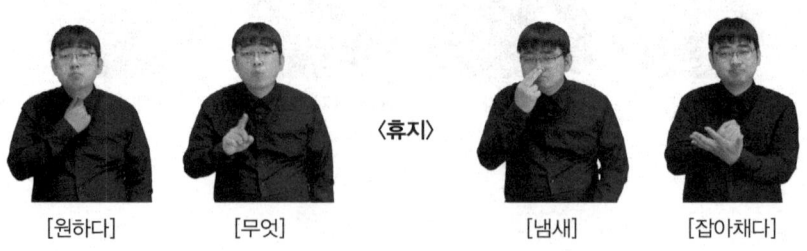

[원하다]　　[무엇]　　〈휴지〉　　[냄새]　　[잡아채다]

4.1.17 [도덕성은 도형] 은유

한국수어에서 도덕성을 표현하는 방식은 도형의 선 개념을 활용하여 시각적으로 구조화된다. 특히 '도덕성'을 '직선'으로 개념화하는 표현이 존재한다. 이는 곧 올바른 행동을 직선적인 경로로 나타내고, 부정하거나 비도덕적인 행동을 이탈하거나 구부러진 경로로 표현하는 방식으로 구현된다. 이러한 은유적 표현은 도덕적 판단이 물리적 경로와 유사한 방식으로 인지됨을 시사한다.

(90) a. "사람이 되게 **건전하고 똑바르다**"라며 "농구하는 동네 형 같기도 하고 인간적이고 되게 좋다"라고 격한 애정을 드러냈다.
   (마이데일리 2023.04.13.)
   b. 야구만 잘하는 것이 아니라 **사람이 바르다.** (스포츠서울 2022.06.23.)
   c. 코가 날렵하고 반듯하여 **성품도 반듯하다.** (이코노미조선 2023.11.13.)

(90)의 예시는 [도덕성은 도형] 은유가 한국어에서 어떻게 나타나는지를 보여준다. 이들은 도덕적 바름과 신체적 또는 행동적 곧음을 연결하는 방식으로 개념화된다. (90a)에서 '사람이 되게 건전하고 똑바르다'라는 표현은 물리적 곧음이 아닌 도덕적 올바름을 의미한다. 여기서 똑바르다는 사람이 정직하고 성품이 단정하며 도덕적으로 올곧음을 나타내는 개념으로 사용된다. (90b)에서 '야구만 잘하는 것이 아니라 사람이 바르다'라는 문장은 바르다라는 형용사가 단순한 신체적 형태가 아닌 '도덕적으로 정직하고 윤리적이다'는 의미로 확장되어 사용됨을 보여준다. 이는 도덕성을 직선의 속성과 연결하는 은유적 사고를 반영한다. (90c)에서는 '성품도 반듯하다'라는 표현을 통해 신체적 특성과 성격이 연결되는 방식을 볼 수 있다. 코가

반듯하다는 물리적 형태를 묘사하는 표현이지만, 이를 도덕적 특성으로 확장하여 성품도 반듯하다라는 문장으로 이어진다. 즉, 신체의 똑바름이 성격의 올바름과 연결되는 개념적 연관성을 보여준다.

한국수어에서도 도덕성을 도형으로 이해하는 [성품은 도형] 은유 사례가 발견된다. 다음 [바르다]와 [솔직하다] 수어는 수평이나 수직의 직선 이동을 통하여 표현된다. 직선은 똑바른 일직선을 말한다.

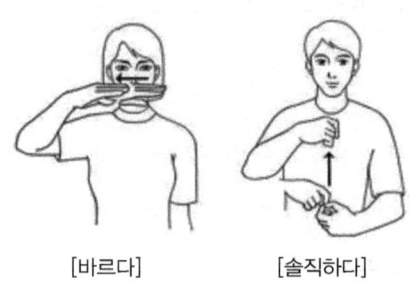

[바르다]　　　　[솔직하다]

4.1.18 한국수어 단일어에 나타나는 개념적 은유 요약

한국수어에서 나타나는 다양한 은유적 개념화는 인간의 신체적 경험과 깊이 연결되어 있으며, 이를 통해 추상적 개념이 구체적이고 시각적인 방식으로 표현된다. 본 논의에서는 [생각은 물건] & [마음은 그릇], [의사소통은 물건전송], [좋은 것은 위] & [나쁜 것은 아래], [좋은 것은 앞] & [나쁜 것은 뒤], [좋은 것은 안] & [나쁜 것은 밖], [친밀함은 물리적 거리], [강도는 양], [시간은 공간], [분석은 매듭풀기], [갈등은 물리적 충돌이나 마찰], [사람은 물건], [정신은 신체], [중요한 것은 무거움], [사건·일은 움직이는 물체], [도덕성은 청결함], [도덕성은 직선] 등의 은유가 한국수어에서 체계적으로 사용되고 있음을 살펴보았다.

먼저, [생각은 물건] & [마음은 그릇] 은유에서는 생각을 물건으로, 마음을 물건을 담는 그릇으로 개념화하여 [기억하다] 수어에서 손으로 무언가를 쥐는 동작이 기억을 잡아두는 것으로 표현되며, [잊다] 수어에서 손을 펴는 동작이 기억을 흘려보내는 것으로 나타난다. [의사소통은 물건전송] 은유에서는 말이나 정보의 전달을 물건을 주고받는 행위로 개념화하여, [말하다] 수어는 손을 앞으로 내밀며 생각을 전달하는 동작으로 표현되고, [이해] 수어는 자신의 생각을 상대에게 주고 자신이 상대방의 생각을 받는 동작으로 나타난다.

다음으로, [좋은 것은 위] & [나쁜 것은 아래] 은유는 건강, 도덕성, 능력 등 긍정적인 개념을 위쪽으로, 부정적인 개념을 아래쪽으로 배치하는 방식으로 나타난다. [훌륭하다] 수어는 손을 위쪽으로 들어 올려 표현되며, 반대로 [부패하다] 수어는 손이 아래로 축 처지는 방식으로 표현된다. [좋은 것은 앞] & [나쁜 것은 뒤] 은유에서는 전진하는 방향이 긍정적인 의미를, 후퇴하는 방향이 부정적인 의미를 갖도록 개념화된다. [이기다] 수어는 손을 앞으로 뻗으며 승리를 의미하고, [뒷말하다] 수어는 손이 뒤로 움직이며 부정적인 의미를 나타낸다. [좋은 것은 안] & [나쁜 것은 밖] 은유에서는 중요한 것은 내부에 있고, 덜 중요한 것은 외부에 있다는 개념이 반영된다. [보람] 수어에서 무언가를 입으로 넣는 동작이 사용되며, 이는 유익한 것이 몸 안으로 들어오는 것으로 개념화된다.

[친밀함은 물리적 거리] 은유에서는 친밀한 관계를 가까운 거리로, 소원한 관계를 먼 거리로 개념화하여 [친구] 수어는 손바닥이 서로 맞닿는 동작으로 표현되고, [헤어지다] 수어는 두 손이 멀어지는 동작으로 나타난다. [강도는 양] 은유를 통해 조음기관의 개수가 많아질수록 강도가 높아지며, 동작의 범위나 반복 횟수에 따라 의미의 강조가 이루어진다. [울다] 수어에서 손가락 개수가 많아지면 '펑펑 울다'의 의미로 강화되고, [맛있다] 수어에서 동작의 범위를 넓히면 '정말 맛있다'는 의미가 된다.

[시간은 공간] 은유에서는 과거를 뒤에, 미래를 앞에 배치하는 방식으로 시간이 공간적으로 표현된다. [과거] 수어는 손이 얼굴 뒤쪽으로 이동하며, [미래] 수어는 손이 얼굴 앞쪽으로 나아가는 방식으로 표현된다. [분석은 매듭풀기] 은유에서는 복잡한 문제를 매듭을 푸는 과정으로 이해하여 [분석] 수어는 얽힌 손가락을 풀어내는 동작으로 나타난다. [갈등은 물리적 충돌이나 마찰] 은유에서는 의견 대립을 충돌이나 마찰로 표현하여 [대결] 수어는 양 주먹이 부딪치는 동작으로, [갈등] 수어는 손등끼리 마찰을 일으키는 동작으로 표현된다.

[사람은 물건] 은유에서는 사람이 물건처럼 다루어져, [묵히다] 수어는 '사용하지 않고 오랫동안 두다'라는 의미에서 '한가하다'의 의미로 확장된다. [정신은 신체] 은유에서는 정신적 개념이 신체적 경험을 통해 이해된다. [부담] 수어는 무거운 짐을 어깨에 짊어지는 동작으로 표현되며, [의지] 수어는 기대는 동작으로 나타난다. [중요한 것은 무거움] 은유에서는 중요한 개념이 무거운 것으로 개념화된다. [귀중하다] 수어는 손을 아래로 누르는 동작을 사용하여 '무게감'을 강조한다. [사건·일은 움직이는 물체] 은유에서는 사건의 진행을 물리적 이동으로 개념화하며, [기름] 수어의 의미가 '매끄럽다'의미와 '순조롭다' 혹은 '빈번하다'의 의미를 갖는 것은 [사건을 움직이는 물체] 은유를 통해 개념화된 것이다.

[도덕성은 청결함] 은유에서는 도덕적인 것은 깨끗한 것으로, 부도덕한 것은 더러운 것으로 개념화된다. [깨끗하다] 수어는 얼굴을 쓸어내리는 동작으로, [더럽다] 수어는 콧볼을 손가락으로 문지르는 동작으로 표현된다. [도덕성은 직선] 은유에서는 정직성과 올바름이 직선과 연결된다. [올바르다] 수어는 손을 곧게 세우고 이동하는 동작을 사용하며, [비뚤어지다] 수어는 손이 구불구불하게 움직이며 부정적인 의미를 나타낸다.

이러한 분석을 통해, 한국수어는 소리언어와 마찬가지로 추상적 개념이 인간의 신체적 경험을 바탕으로 개념화되는 언어임을 확인할 수 있다. 은유적 개념화는 단순한 수어 표현 방식이 아니라, 인간이 세상을 인식하고 이해하는 근본적인 사고 방식의 반영이며, 이를 통해 한국수어가 어떻게 의미를 형성하고 확장하는지를 보다 명확하게 이해할 수 있다.

4.2 한국수어 단일어에 나타나는 도상성과 환유

본 논의에서는 한국수어 단일어에서 나타나는 다양한 환유적 표현을 체계적으로 분석하고자 한다. 먼저, '부분으로 전체를 나타내는 환유'에서는 신체 일부나 사물의 특징적인 부분을 통해 전체 개념을 지칭하는 방식을 살펴본다. 다음으로, '범주로 속성을 나타내는 환유'에서는 특정 범주를 지칭함으로써 그것의 속성을 나타내는 사례를 살펴본다. 또한 '속성으로 범주를 나타내는 환유'에서는 특정 범주가 가진 대표적인 속성이 환유적으로 개념화되는 사례를 다룬다. 속성 환유의 세부 유형으로는 '색채', '모양', '움직임' 등과 같은 속성을 통해 전체 개념을 나타내는 방식을 분석할 예정이다.

또한, '결과로 원인을 나타내는 환유'와 '원인으로 결과를 나타내는 환유'에서는 사건의 인과관계에서 한 요소가 다른 요소를 대신하여 표현되는 방식에 대해 논의한다. 이어서, '하위어로 상위어를 나타내는 환유'와 '하위 사건으로 전체 사건을 나타내는 환유', 그리고 '상위어로 하위어를 나타내는 환유'를 분석함으로써, 개념 간 위계적 관계 속에서 어떻게 특정 표현이 보다 넓은 범위의 개념이나 보다 좁은 범위의 개념을 대체할 수 있는지를 살펴본다.

마지막으로, '사람과의 상호작용으로 대상을 나타내는 환유', '요리되는 모습으로 대상을 나타내는 환유', '용기(그릇)로 내용물을 나타내는 환유'에서는 인간이 사물과 상호작용하는 방식을 기반으로 개념이 형성되는 사례들을 분석할 것이다. 이러한 환유적 기제는 한국수어의 단일어가 개념을 효율적으로 조직하고 표현하는 데 핵심적인 역할을 하며, 수어의 언어적 특성을 더욱 명확하게 이해하는 데 기여할 것이다.

4.2.1 부분으로 전체를 나타내는 환유

한국어에서는 신체 부위의 일부분을 사용하여 사람 전체를 나타내는 사례가 흔하게 발견된다. (91a)에서는 '손과 발'을 통하여 대통령을 가리키며, (91b)에서는 '손'을 통해 운전사라는 사람 전체를 나타낸다. 또한, (91c)에서는 '머리'를 통해 서로 마주하며 의논하는 사람 전체를 의미하고 있다.

(91) a. 대통령 임기가 3년 남았지만, 사실상 정부의 **손발**이 완전히 묶이게 됐다. (한국경제 2024.04.11.)
   b. 미국에서는 트럭 운전사들이 계속 퇴직해 약 8만명의 운전사가 모자라 항구에 쌓인 컨테이너를 내륙으로 옮길 **손**이 모자라다.
   (파이낸셜뉴스 2021.10.26.)
   c. 도시가스 안전관리 고도화를 위해 업계와 학계가 **머리**를 맞댔다.
   (에너지플랫폼뉴스 2024.03.06.)

이러한 '부분으로 전체를 나타내는 환유'는 한국수어에서도 활발하게 나타난다. 특히 동물을 나타내는 수어에서는 해당 동물의 특징적인 부위를 사용하여 전체 개념을 표현하는 방식이 일반적이다. 예를 들어, [소] 수어는 소의 뿔을 나타내는 동작을 사용하며, [개] 수어는 개의 귀를 강조하는 동작으로 표현된다. [돼지] 수어는 돼지의 코를, [닭] 수어는 닭의 벼슬을 강조하여 해당 동물 전체를 나타낸다.

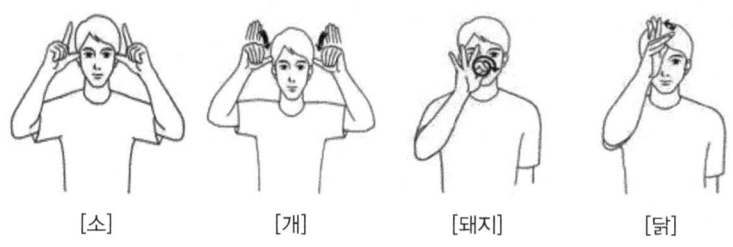

[소]   [개]   [돼지]   [닭]

[토끼], [호랑이], [코끼리], [코뿔소] 수어 역시 '부분으로 전체를 나타내는 환유'를 활용하여 동물의 대표적인 특징을 강조하는 방식으로 표현된다. [토끼] 수어는 토끼의 긴 귀를 세우는 동작을 사용하여 전체 개념을 나타낸다. 또한, [호랑이] 수어는 호랑이의 수염과 발톱으로 호랑이를 가리킨다. [코끼리] 수어는 코끼리의 긴 코를 손으로 표현하여 전체 동물을 가리키며, [코뿔소] 수어는 크고 뚜렷한 뿔을 나타내는 동작을 통해 전체 동물을 가리킨다. 이처럼 한국수어에서 동물을 나타내는 표현은 특정한 신체 부위를 시각적으로 강조함으로써 해당 동물 전체를 나타내는 방식으로 형성된다.

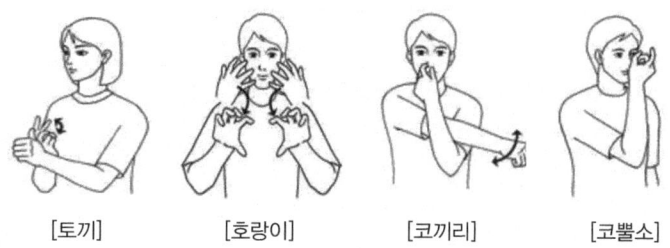

[토끼]   [호랑이]   [코끼리]   [코뿔소]

스포츠를 나타내는 수어에서도 '부분으로 전체를 나타내는 환유'가 활발하게 사용된다. 특정 스포츠의 가장 대표적인 동작이나 특징적인 기술을 강조하여 그 스포츠 전체를 표현하는 방식이 일반적이다. 예를 들어, [유도] 수어는 유도의 대표적인 기술인 업어치기 동작을 활용하여 표현된다. 이는 유도의 가장 특징적인 동작을 강조함으로써 스포츠 전체를 나타내는 방식이다. 마찬가지로, [태권도] 수어는 정권 지르기 동작을 사용하여 태권도의 기본 공격 기술을 통해 그 전체 개념을 전달한다.

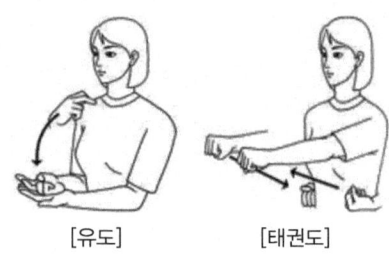

[유도]   [태권도]

과일, 식물, 채소를 나타내는 수어 또한 '부분으로 전체를 나타내는 환유'가 사용되고 있다. 대상의 특징을 잘 나타내는 동작을 통하여 그 전체를 표현하고 있다. [복숭아]는 오목하게 들어간 꼭지 부분으로, [나무]는 나뭇가지로, [소나무]는 솔잎으로, [보리]는 보리쌀의 가운데 선으로, [파]는 파뿌리로 나타내고 있다.

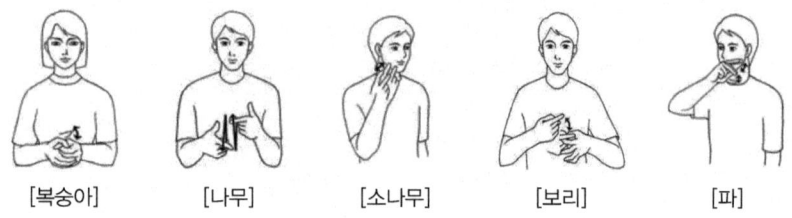

[복숭아]   [나무]   [소나무]   [보리]   [파]

이러한 예시들은 '부분으로 전체를 나타내는 환유'가 수어 단어 형성의 중요한 기제로 작용하고 있음을 시사한다.

4.2.2 범주로 속성을 나타내는 환유

한국어에서 발견되는 '범주로 속성을 나타내는 환유'는 특정한 동물이 가진 대표적인 속성을 활용하여 보다 넓은 개념을 표현하는 방식으로 나타난다. 인간이 직접 기르거나 동화나 이야기 속에서 자주 접하는 동물들은 특정한 특성을 강하게 연상시키며, 이러한 속성들이 언어 표현에서 일반적인 의미로 확장된다. (92a)에서는 황소의 이미지를 통해 절대 꺾이지 않는 강한 고집을 나타내고 있으며, (92b)에서는 '여우'를 통해 여우의 속성인 교활함을 가리킨다.

(92) a. 황소 같은 고집을 살려 그대로 밀고 나갔다. 할아버지마저 꺾은 황유민(20·롯데)의 **황소고집**의 결과는 생애 첫 우승이라는 달콤한 열매로 이어졌다. (스타뉴스 2023.07.09.)

b. 권민아 "'**여우짓**' 인정…남친 前 여친에게 사과" (뉴시스 2021.07.05.)

이러한 방식은 한국수어에서도 유사하게 나타난다. 예컨대, [여우]는 '범주로 속성을 나타내는 환유'가 사용되어 '여우' 뿐만 아니라 '교활함'으로 의미가 확장된다. [거북이], [호랑이], [기린] 역시 '거북이', '호랑이', '기린'의 의미 외에도 각각의 대표 속성인 '느림'과 '무서움', '큰 키'를 의미한다. [거북이]는 '행동이 굼뜨고 느린 사람', [호랑이]는 '무섭게 화난 사람', [기린]은 '키가 보통보다 아주 큰 사람'이라는 의미가 추가적으로 존재한다. 이러한 의미 확장에도 '범주로 속성을 나타내는 환유'가 사용되었다.

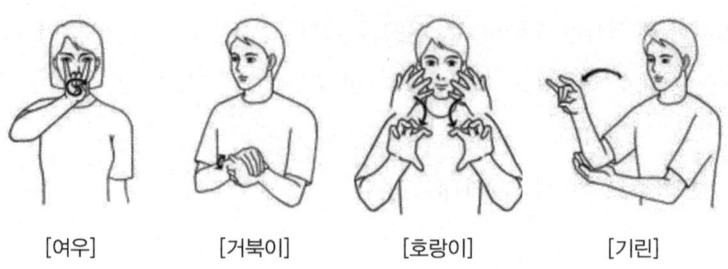

[여우]　　　　[거북이]　　　　[호랑이]　　　　[기린]

　무생물을 나타내는 수어에도 '범주로 속성을 나타내는 환유'가 사용된 경우가 발견된다. 이는 특정한 사물의 대표적인 속성을 강조하여 보다 추상적인 개념을 전달하는 방식으로 작용한다. 예를 들어, [기름] 수어는 원래 '기름'이라는 의미를 가지지만, '매끄럽다'는 의미로도 확장되어 사용된다. 이는 기름이 미끄러운 성질을 가지고 있기 때문에, '일이 순조롭게 진행된다'거나 '능숙하다'는 의미로도 활용될 수 있다. 마찬가지로, [깨] 수어는 '깨'라는 식재료를 나타내는 것뿐만 아니라 '자세한' 혹은 '꼼꼼한'이라는 의미를 가지기도 한다. 작은 깨알처럼 세세하고 정밀한 특성이 강조된 것이다. 또한, [가시] 수어는 본래 '가시'라는 물리적 개념을 표현하지만, '예민한 성격'을 의미하는 데도 사용된다. 이는 날카롭고 뾰족한 가시의 속성이 예민한 성격과 연관되어 환유적으로 확장된 결과이다.

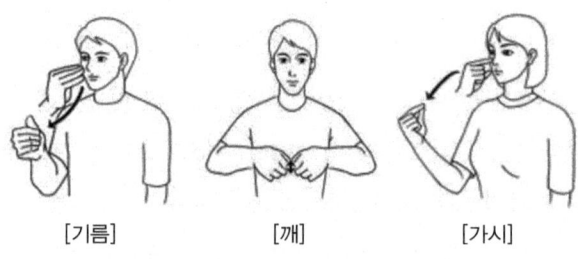

[기름]　　　　　[깨]　　　　　[가시]

　[귀신]이 '없어지다' 혹은 '사라지다'의 의미나 '순식간'의 의미를 갖는 것은

'귀신'이 빠르게 사라지는 속성을 나타내는 방식으로 의미 확장된 것이다.

(93) a. [영수증] [귀신]: '영수증이 없어졌다'
    b. [아이] [귀신]: '아이가 없어졌다'
    c. [생각] [귀신]: '생각이 나지않는다' (남기현 2022, 10)

[영수증]   [귀신]

[아이]   [귀신]

[생각]   [귀신]

(94) a. [깨끗하다] [귀신]: '순식간에 치웠다.'
   b. [낭비하다] [귀신]: '순식간에 다 써버렸다' (남기현 2022, 11)

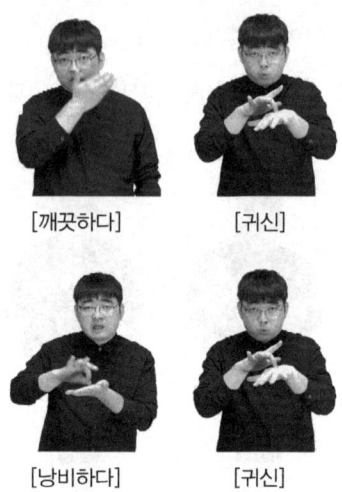

[깨끗하다]   [귀신]

[낭비하다]   [귀신]

또한, [귀신]이 '원인을 알 수 없음'을 의미할 때가 있다.

(95) a. [전염] [귀신]: '어디서 왜전염되었는지모르겠다'
   b. [죽다] [귀신]: '(식물, 애완동물을 키우는데) 왜 죽는지 모르겠다'

(남기현 2022, 11)

[전염]   [귀신]

[죽다]　　　[귀신]

　　[귀신]으로 '범주로 속성을 나타내는 환유'를 통해 귀신의 속성인 '갑작스러움'을 가리키고 '결과로 원인을 나타내는 환유를 통하여', '근원이 없음'이라는 의미를 나타낸다.
　　마지막으로, [귀신]이 '초월적 능력을 가짐'을 의미할 때가 있다.

(96) [지시-천장] [불가능하다] [깨끗하다] [수리] [만들다] [기술] [귀신]: '고치기 힘든 것을 손을 보더니 고쳤다. 기술이 탁월하다'　　(남기현 2022, 12)

[지시-천장]　[불가능하다]　[깨끗하다]　　[수리]

[만들다]　{nms:구경하는-모습}　[기술]　[귀신]

　　[귀신]으로 '범주로 속성을 나타내는 환유'를 통해 귀신의 속성인 '초월적 능력을 가짐'을 가리키고 '속성으로 범주를 나타내는 환유'를 통하여 '도

사'의 의미를 나타낸다.

〈도표 54〉는 [귀신] 수어가 문맥에서 '범주로 속성을 나타내는 환유'를 통하여 의미 확장되는 내용을 도식화한 것이다.

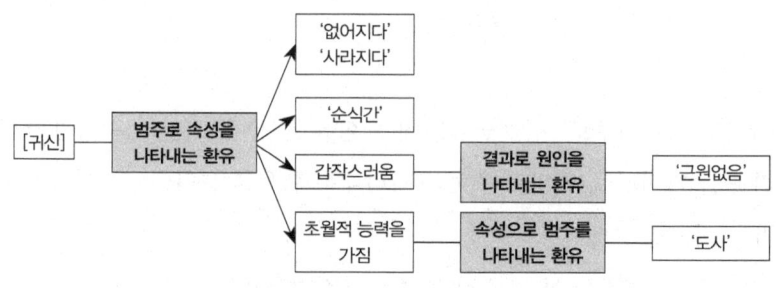

〈도표 54〉 [귀신] 수어의 의미 확장

한국수어 색채어에서도 '범주로 속성을 나타내는 환유'가 사용되며, 이는 특정한 신체 부위나 사물의 색상을 강조하여 해당 색을 대표하는 방식으로 나타난다. 한국수어에서는 색상을 직접적으로 나타내기보다, 색과 밀접한 관련이 있는 신체적 특징이나 사물을 이용하여 색을 표현하는 방식을 자주 사용한다. 예를 들어, [빨강] 수어는 입술을 가리키는 동작을 통해 빨간색을 나타낸다. 이는 사람의 입술이 붉은색을 띠고 있다는 점을 반영한 것이다. [노랑] 수어는 치아에 쌓인 치석을 가리켜 노란색을 표현하는데, 치석이 시간이 지나면서 노란색으로 변하는 특징을 반영한 것이다. 또한, [파랑] 수어는 면도를 한 후 볼에 나타나는 푸르스름한 색을 가리켜 파란색을 표현한다. 이는 수염이 짧게 깎였을 때 피부에 남는 푸른빛에서 유래한 것이다. [하양] 수어는 치아를 가리키는 동작을 사용하여 흰색을 나타내는데, 이는 치아가 보통 하얀색을 띠기 때문이다. [검정] 수어는 머리를 가리켜 검은색을 표현하는데, 이는 한국인의 머리색이 검기 때문이다. 이처럼 한국수어에서는 특정 색을 직접 표현하는 대신, 그 색을 가장 뚜렷하게 연상시킬 수 있는 신체 부위나 사물을 활용하여 색을 나타낸다.

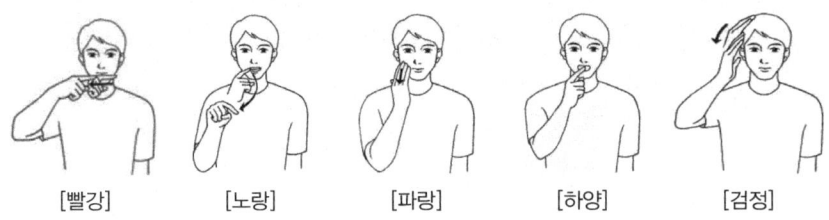

[빨강]   [노랑]   [파랑]   [하양]   [검정]

대상의 움직임이나 특징적인 모습을 활용하여 색을 표현하는 수어도 존재하며, 이 역시 '범주로 속성을 나타내는 환유'가 사용된 사례이다. 이러한 색채 수어들은 특정한 대상이 가지고 있는 대표적인 색상을 이용하여 해당 색을 직관적으로 전달하는 방식으로 형성된다. 예를 들어, [회색] 수어는 [쥐] 수어에서 유래되었는데, 이는 쥐의 털색이 대개 회색 계열이라는 점을 반영한 것이다. 마찬가지로, [보라색] 수어는 [포도] 수어에서 유래되었으며, 보라색 포도의 색상이 대표적으로 떠오르기 때문에 이와 연결되었다. 또한, [밤색] 수어는 [칡] 수어를 기반으로 하는데, 이는 칡의 껍질이 짙은 갈색(밤색)이라는 점에서 유래된 것이다. [초록] 수어는 [잎] 수어에서 비롯되었으며, 나뭇잎이 초록색이라는 점을 활용하여 초록색을 표현하는 데 사용된다.

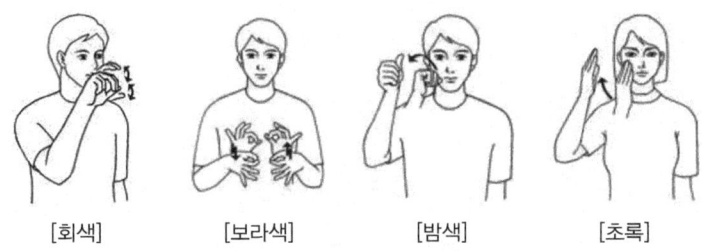

[회색]   [보라색]   [밤색]   [초록]

범주로 속성을 나타내는 환유는 한국수어에서 개념을 효율적으로 표현하는 중요한 기제로 작용한다. 특정한 대상이 가진 대표적인 속성을 활용하여 개념을 확장함으로써, 보다 직관적이고 시각적인 방식으로 의미를 전달할 수 있다. 이는 동물, 무생물, 색채 등의 표현에서 두드러지게 나타나며, 한국수어가 시각언어로서 개념을 조직하고 확장하는 방식을 잘 보여준다.

4.2.3 속성으로 범주를 나타내는 환유

속성으로 범주를 나타내는 환유는 특정한 속성을 강조하여 그 속성이 대표하는 전체 범주를 지칭하는 방식이다. 한국어에서는 특정한 색상이 그 색과 관련된 대상이나 개념 전체를 나타내는 '속성으로 범주를 나타내는 환유'가 자주 사용된다. 이는 색이 특정한 직업, 민족, 성별 등의 대표적인 속성으로 인식되면서 자연스럽게 해당 범주를 지칭하는 역할을 하게 되는 것이다.

(97a)의 화이트칼라(White-collar)와 블루칼라(Blue-collar)는 각각 사무직과 생산직 노동자를 나타내는 표현으로, 그들이 작업 중에 입는 와이셔츠와 작업복의 색깔에서 유래한 것이다. 이는 색상이 단순한 속성이 아니라, 해당 직업군을 상징하는 전체 개념으로 확장된 사례이다. (97b)에서는 백의민족이라는 표현을 통해 한국인의 전통적인 흰옷 착용 문화를 기반으로 우리 민족 전체를 나타내고 있다. (97c)의 핑크텍스(Pink Tax)는 여성들이 주로 구매하는 비싼 제품을 상징하는 표현으로, 핑크색이 전통적으로 여성성과 연결되어 사용되는 점을 반영한 것이다.

(97) a. 직업별로는 주부(71%)와 **화이트칼라**(70%), **블루칼라**(69%)를 비롯해 전 직업군에서 후보들 중 가장 높은 지지를 얻었다.

(뉴시스 2024.04.02.)

b. 블랙핑크 지수가 프랑스에서 **백의민족**의 아름다움을 뽐냈다.
(일간스포츠 2023.01.24.)

c. 우리나라에서도 '**핑크텍스**'에 반발하는 움직임이 있었습니다.
(CJB청주방송 2023.03.08.)

속성으로 범주를 나타내는 환유는 한국수어에서도 다양하게 나타나며, 특히 색채, 모양, 움직임, 맛과 같은 속성을 활용하여 보다 넓은 개념을 표현하는 방식으로 사용된다. 이러한 환유적 표현은 특정 속성이 해당 범주를 대표할 수 있도록 하여, 개념을 보다 직관적이고 경제적으로 전달하는 역할을 한다.

첫째, 속성(색채)으로 범주를 나타내는 환유에서는 특정 색상이 해당 색을 대표하는 대상 전체를 지칭하는 역할을 한다. 둘째, 속성(모양)으로 범주를 나타내는 환유에서는 특정한 형태가 해당 형태를 대표하는 대상 전체를 나타낸다. 셋째, 속성(움직임)으로 범주를 나타내는 환유에서는 특정한 움직임이 그 움직임을 대표하는 개념 전체를 가리킨다. 넷째, 속성(맛)으로 범주를 나타내는 환유에서는 특정한 맛이 그 맛을 대표하는 범주 전체를 의미한다.

4.2.3.1 속성(색채)으로 범주를 나타내는 환유

속성(색채)으로 범주를 나타내는 환유는 특정한 색상이 그 색과 밀접하게 연관된 개념을 대표하는 방식으로 사용되는 현상이다. 최영주(2022a)는 한국수어에서 색채어가 단순한 색상을 넘어서, 해당 색이 두드러진 범주를 나타낼 수 있음을 보고하였다. 예를 들어, [빨강] 수어는 '속성으로 범주를 나타내는 환유'를 통하여 혈액과 빛을 의미할 수 있다. 혈액은 빨간색이라는 속성을 가지고 있기 때문에, [빨강] 수어가 '피'를 의미하는 데 사용될 수 있다.

'체내 혈액이 부족하니 주의해라' 수어 문장(최영주 2022a, 621)

이와 유사하게, 한국어에서도 '적자'라는 표현이 금전적 손해를 의미하는 것처럼, [빨강] 수어는 빚과 관련된 의미로 확장된다. 적자가 났을 때 붉은 색 펜으로 글씨를 쓰던 관습에서 비롯된다. 빚은 빨간색이라는 두드러진 속성을 가지고 있기 때문에 [빨강]으로 '빚'을 가리킨다.

'빚을 갚아 마음이 홀가분하다' 수어 문장(최영주 2022a, 621)

마찬가지로, [파랑] 수어도 '속성으로 범주를 나타내는 환유'를 통해 의미가 확장될 수 있다. 아래 예문에서 보듯이, [파랑] 수어는 '멍'을 의미하기도 한다. 이는 멍이 들었을 때 피부가 푸르스름하게 변하는 현상에서 기인한 것이다. 즉, [파랑] 수어가 단순히 색상을 나타내는 것이 아니라, 해당 색이 두드러지게 나타나는 현상인 '멍'을 가리키게 되는 것이다. 한국어에서도 "온몸이 시퍼렇게 멍들었다"라는 표현처럼, 파란색이 멍과 관련된 개념으로 사용되는 경우를 쉽게 찾아볼 수 있다.

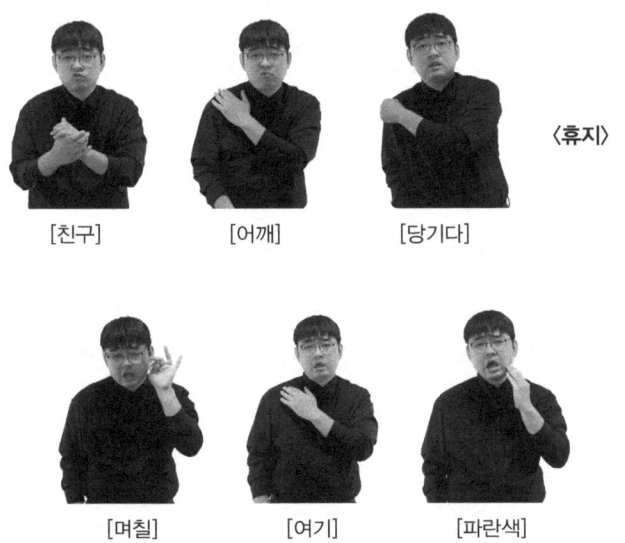

'친구가 어깨를 세게 잡아당겨 며칠 후에 보니 멍들었다' 수어 문장(최영주 2022a, 622)

[초록] 수어 역시 '속성으로 범주를 나타내는 환유'를 통해 의미가 확장된다. 아래 예문에서 보듯이, [초록] 수어는 '새싹'을 의미하기도 한다. 이는 새싹이 초록색이라는 속성을 기반으로 하여, 초록색이 단순한 색상을 넘어서 새싹을 대표하는 개념으로 확장된 결과이다. 즉, [초록] 수어는 단순히 색을 나타내는 것이 아니라, 그 색이 두드러지게 나타나는 자연물을 가리키는 역할을 하게 된다. 이는 한국어에서도 "초록이 생생한 새싹이 돋아났다"와 같은 표현에서 볼 수 있듯이, 초록색과 새싹이 밀접하게 연결되어 있기 때문에 가능해진다.

'봄에는 새싹이 돋아난다'의 수어 문장(최영주 2022a, 622)

[밤색] 수어도 '속성으로 범주를 나타내는 환유'를 통해 의미가 확장될 수 있다. 아래 예문에서 보듯이, [밤색] 수어는 '콜라'를 의미하기도 한다. 이는 콜라의 색깔이 밤색이라는 점에서 기인한 것이다. 즉, [밤색] 수어는 단순히 색상을 나타내는 것이 아니라, 그 색이 두드러지게 나타나는 대표적인 대상인 '콜라'를 가리키는 방식으로 사용된다. 이는 한국어에서도 "콜라색"이라는 표현을 통해 콜라의 짙은 갈색(밤색) 색깔을 강조하는 것과 유사한 방식으로 작용한다.

'운전을 해야 해서 맥주 대신 콜라를 마셨다' 수어 문장(최영주 2022a, 623)

[하양] 수어도 '속성으로 범주를 나타내는 환유'를 통해 의미가 확장될 수 있다. 아래 예문에서 보듯이, [하양] 수어는 '치아'를 의미하기도 한다. 이는 치아가 일반적으로 흰색이라는 점에서 기인한 것이다. 즉, [하양] 수어는 단순히 색상을 나타내는 것이 아니라, 그 색이 두드러지게 나타나는 대표적인 대상인 '치아'를 가리키는 방식으로 사용된다. 이는 한국어에서도 "새하얀 치아"라는 표현처럼 치아의 색을 강조하는 방식과 유사하다.

[흰색]   [검사]   [게으르다]   [부패하다]

'치아검진을 잘 하지 않아 충치가 생겼다' 수어 문장

이처럼 특정한 색상이 그 색과 밀접하게 연관된 개념을 대표하는 방식은 한국수어에서 체계적으로 활용되며, 시각적인 언어적 특성을 반영하는 중요한 기제이다.

4.2.3.2 속성(모양)으로 범주를 나타내는 환유

시각언어의 특성상, 여러 수어에서 대상의 모양을 활용하여 '속성으로 범주를 나타내는 환유'가 적극적으로 사용되고 있으며, 특히 자연물을 표현하는 수어에서 이러한 특징이 두드러진다. 예를 들어, [마늘] 수어는 마늘쪽이 둥글게 붙어 있는 모양을 반영하여 형성되었으며, [호박] 수어는 호박에 꼭지가 달린 모습을 도상적으로 표현한다. 또한, [도토리] 수어는 도토리의 둥근 형태와 꼭지가 달린 모습을 본떠 형성되었고, [포도] 수어는 포도알이 주렁주렁 열린 모양을 반영하여 표현된다.

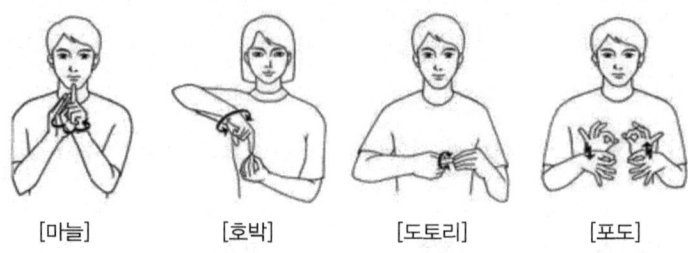

[마늘]   [호박]   [도토리]   [포도]

 [대나무] 수어는 대나무의 마디가 나누어진 길쭉한 모양을 본떠 형성되었으며, [산] 수어산 모양을 반영하여 표현된다. 또한, [언덕] 수어는 산의 형태와 함께 완만한 마루턱의 모양을 반영하여 나타내며, [번개] 수어는 번개가 하늘에서 번쩍 빛을 뿜으며 퍼지는 모습을 형상화하여 표현된다.

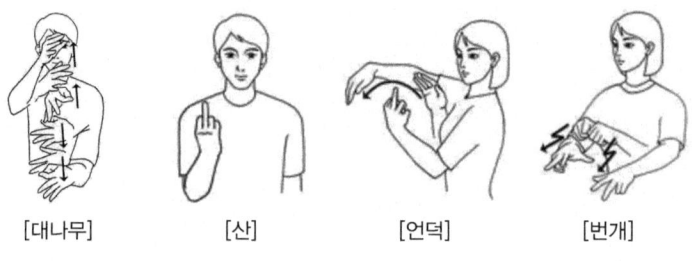

[대나무]   [산]   [언덕]   [번개]

 자연물뿐만 아니라 인공적으로 만들어진 물건들도 '속성(모양)으로 범주를 나타내는 환유'를 활용하여 표현되는 경우가 많다. 이러한 수어들은 대상의 대표적인 형태적 특징을 반영하여, 마치 모양을 그리듯이 시각적으로 직관적으로 전달한다. 예를 들어, [비행기] 수어는 날개가 펼쳐진 비행기의 모습을 본떠 형성되었으며, [안경] 수어는 안경의 유리알 모양을 양손으로 표현하는 방식으로 나타난다. 또한, [솥] 수어는 솥뚜껑의 둥근 형태를 강조하여 표현하며, [에스컬레이터] 수어는 에스컬레이터가 작동하며 위아래로 움직이는 모습을 반영하여 표현된다.

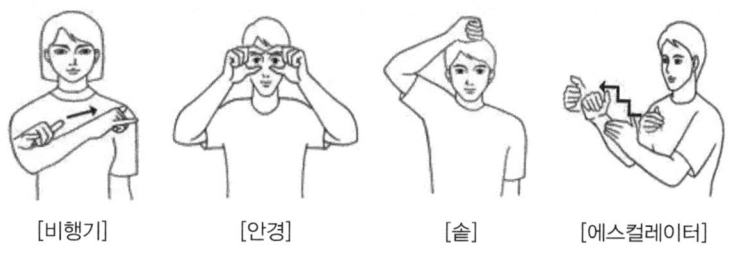

[비행기] [안경] [솔] [에스컬레이터]

의복이나 장신구에서도 '속성(모양)으로 범주를 나타내는 환유'가 활발하게 사용되고 있다. 이는 특정한 의류나 액세서리를 착용했을 때의 대표적인 형태적 특징을 반영하여, 마치 해당 물건의 모양을 그리듯이 시각적으로 표현하는 방식이다. 예를 들어, [브래지어], [치마], [드레스], 등의 수어는 사람이 해당 의류를 착용했을 때의 모양을 손동작으로 형상화하여 표현한다. [나비넥타이]는 나비 모양의 넥타이를 목에 맨 모습을 본떠 표현되며, [귀걸이]는 귀에 걸린 액세서리를 강조하는 동작으로 나타난다. 또한, [허리띠]는 허리에 둘러지는 형태를 손으로 감싸듯이 표현하며, [손목시계]는 손목에 차는 모습을 강조하여 표현된다. [단추] 역시 옷에 부착된 둥근 단추의 형태를 본떠 수어로 나타낸다.

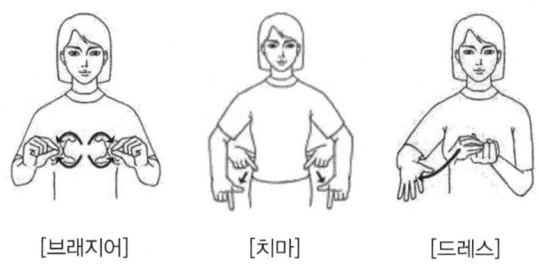

[브래지어] [치마] [드레스]

4. 한국수어 단일어에 나타나는 도상성과 은유 및 환유 **253**

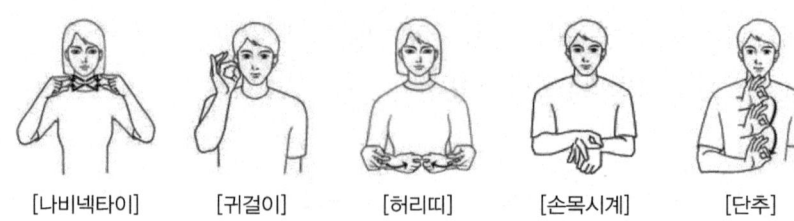

[나비넥타이]   [귀걸이]   [허리띠]   [손목시계]   [단추]

　[미니스커트]는 다른 의복과는 달리 단순히 의복의 형태를 그리듯이 표현하지 않고, 치마 길이가 짧게 올라간 모습을 강조하여 나타낸다. 이는 '속성(모양)으로 범주를 나타내는 환유'를 활용한 것으로, 특정 의류의 특징적인 속성을 부각하여 개념을 전달하는 방식이다. 즉, [치마]가 일반적인 치마의 형태를 손동작으로 형상화하는 반면, [미니스커트]는 치마의 길이가 짧아진다는 점에 초점을 맞추어 짧은 길이를 표현하는 방식으로 수어가 구성된다.

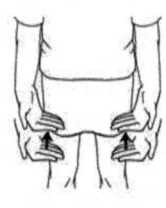

[미니스커트]

　이처럼 한국수어에서는 특정한 사물의 주요 특징을 반영하여 의미를 전달하는 방식이 체계적으로 사용되며, 이러한 환유적 표현 방식은 개념 전달을 보다 효과적이고 직관적으로 만든다.

4.2.3.3 속성(움직임)으로 범주를 나타내는 환유

　공간을 활용할 수 있는 수어의 특성상, 움직임을 통해서도 '속성으로 범주를 나타내는 환유'가 존재한다. 이는 특정한 대상이 보이는 대표적인 움직임을 반영하여, 해당 대상 전체를 지칭하는 방식으로 나타난다. 예를 들어, [뱀] 수어는 뱀이 구불구불 기어가는 움직임을 손의 형태로 표현하며, [물고기] 수어는 물고기가 물속에서 헤엄치는 모습을 본떠 나타낸다. 또한, [조개] 수어는 조개가 입을 벌렸다가 닫는 움직임을 재현하여 표현된다.

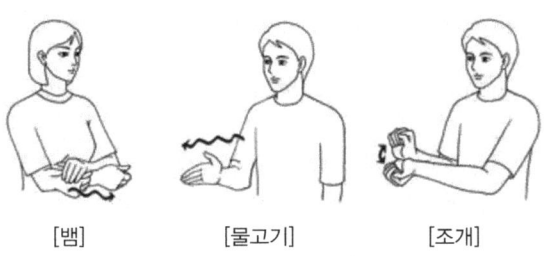

[뱀]   [물고기]   [조개]

무생물을 나타내는 수어에서도 움직임을 통해 '속성으로 범주를 나타내는 환유'가 사용된다. 이는 특정 무생물이 보이는 대표적인 움직임을 반영하여, 해당 개념을 직관적으로 전달하는 방식이다. 예를 들어, [화산] 수어는 화산이 마그마를 분출하는 모습을 손의 움직임으로 표현하여 화산을 나타낸다. 이는 화산의 형태 자체를 그리기보다는, 화산 활동의 가장 두드러진 특징인 분출하는 움직임을 강조하여 개념을 전달하는 방식이다.

[화산]

이처럼 한국수어에서는 특정 대상을 지칭할 때 그 대상의 형태뿐만 아니라, 대표적인 움직임을 활용하여 환유적으로 표현하는 방식이 체계적으로 사용되고 있으므로 '속성(움직임)을 통하여 범주를 나타내는 환유'가 활발하게 나타난다.

4.2.3.4 그 외 속성으로 범주를 나타내는 환유

모양, 색채, 움직임 외에도 다양한 속성을 활용하여 범주를 나타내는 환유가 한국수어에서 발견된다. 이는 특정 대상이 가지는 대표적인 속성을 반영하여 전체 개념을 효과적으로 전달하는 방식이다. 예를 들어, [친구] 수어는 '손발이 잘 맞는다'는 속성을 반영하여 표현된다. 이는 친구 관계에서 중요한 요소인 협력과 조화를 강조하는 방식으로, 단순히 친구라는 개념을 직접 지칭하는 것이 아니라, 그 관계의 특징적인 속성을 통해 개념을 전달하는 환유적 표현이다.

[친구]

두 손을 두 번 맞잡는 수동은 도상적으로 손발이 잘 맞는 모습을 표현하고 있다. '손발이 잘 맞는다'는 표현은 단순한 신체적 조화뿐만 아니라, 마음이나 의견이 잘 맞아 조화를 이루는 관계를 의미한다. 이러한 특징을 반영하여, '손발이 잘 맞음'이라는 속성이 '속성으로 범주를 나타내는 환유'를 통해 '친구'를 나타내게 된다. 즉, 신체적 조화라는 속성이 친구 관계의 본질적인 특징으로 개념화되어 수어 표현으로 확장된 것이다.

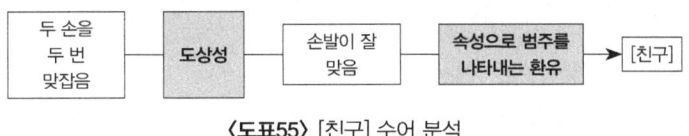

〈도표55〉 [친구] 수어 분석

환유가 연쇄적으로 사용된 예로 [양파] 수어를 들 수 있다.

[양파]

[양파]는 주먹을 눈 밑에 대고 상하로 흔들면서 표현되는데, 이는 도상적으로 양파의 매운맛 때문에 눈물이 나는 모습을 형상화한 것이다. 여기서 먼저 '눈물이 난다'는 결과를 통해 '매운맛'이라는 원인을 떠올리게 되므로 '결과로 원인을 나타내는 환유'가 사용되었다. 이어서 '매운맛'은 양파의 대표적인 속성이므로, 다시 '속성으로 범주를 나타내는 환유'를 통해 '양파' 전체를 나타내게 된다.

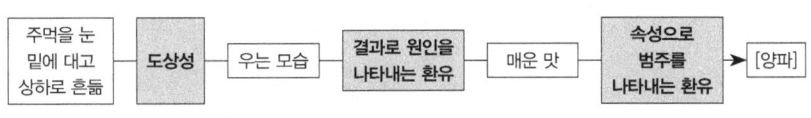

〈도표 56〉 [양파] 수어 분석

4. 한국수어 단일어에 나타나는 도상성과 은유 및 환유   257

4.2.4 결과로 원인을 나타내는 환유

'결과로 원인을 나타내는 환유'는 어떤 현상이 발생한 결과를 통해 그 원인을 가리키는 방식으로 작용한다. 이는 감정, 신체 변화, 사물의 상태 등을 통해 그 원인을 표현하는 데 활용된다.

한국어에서 '결과로 원인을 나타내는 환유'를 사용한 예로는 다음 사례들이 있다. (98a)에서는 군인과 노동자의 피땀이 전쟁에서 승리하기 위한 노력의 결과로 나타나며, 이를 통해 '노력'이라는 원인을 환유적으로 가리키고 있다. (98b)는 힘없이 축 처진 물고기의 상태를 통해 물고기가 물 밖으로 나왔음을 유추할 수 있도록 하며, (98c)에서는 혈색이 좋지 않은 상태를 건강 이상과 연결하여 원인을 나타내고 있다.

(98) a. 전쟁은 전장의 군인뿐 아니라 후방 노동자들의 **피땀**으로 지탱된다. (한국일보 2024.04.01.)
   b. 물고기를 어항에서 잡은 뒤 실온에 놓았을 때 물고기가 **힘없이 축 처지다** 죽을 수 있는 것과 같은 논리다. (헬스조선 2023.07.21.)
   c. 혈관이 좁아지면 혈액이 잘 통과되지 못해 **혈색이 안 좋아** 보일 수 있다. (헬스조선 2024.01.24.)

감정을 나타내는 수어에서 '결과로 원인을 나타내는 환유'는 매우 중요한 개념적 확장 방식으로 작용한다. 감정은 눈에 보이지 않지만, 감정이 유발한 신체적 반응은 관찰될 수 있기 때문에, 감정의 결과로 나타나는 신체적 변화를 통해 감정의 원인을 표현하는 방식이 자주 사용된다.

예를 들어, [기쁨] 수어는 가슴이 뛰는 모습을 표현하여 기쁨이 느껴졌을 때 심장이 두근거리는 신체적 반응을 반영하고 있다. [분노]는 속에서

화가 치밀어 오르는 동작을 통해 분노로 인해 발생하는 내면적 변화를 표현한다. [행복]은 전통적으로 양반들이 밥을 맛있게 먹으며 수염을 쓸어내리는 모습을 형상화하여 만족감과 즐거움을 나타낸다. [힘들다]는 한숨이 나오는 모습으로 나타나며, 이는 신체적으로 피로할 때 나오는 반응을 감정의 원인과 연결한 것이다. 마찬가지로, [피곤]은 몸이 축 처지는 동작을 통해 신체적 피로를 강조하며, [우울]은 얼굴을 찌푸리는 모습을 통해 내면의 우울한 감정을 나타낸다. 또한, [부끄럽다]는 볼이 빨개지는 모습을 반영하여 수줍음이나 당황스러움을 표현하는 방식으로 구현된다.

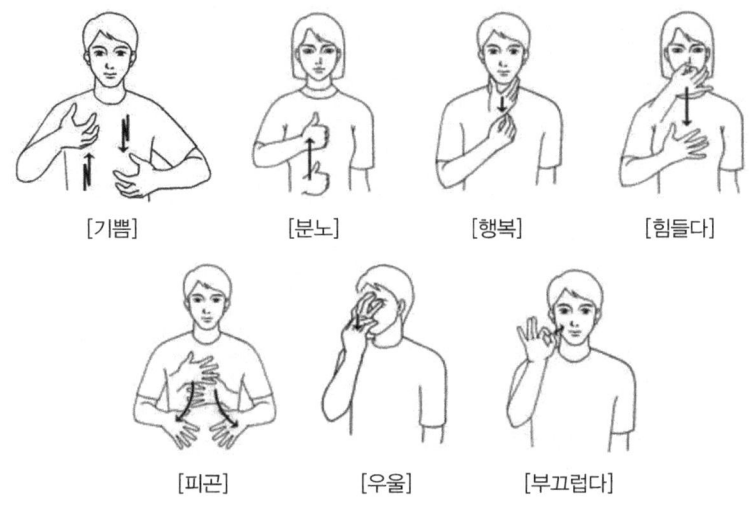

온도나 날씨를 나타내는 수어에서도 '결과로 원인을 나타내는 환유'가 적극적으로 활용되고 있다. [뜨겁다]는 뜨거운 것을 만진 후 반사적으로 손을 급히 떼는 모습을 통해 뜨거움을 표현하고 있으며, [추위]는 차가운 환경에서 몸이 떨리는 반응을 시각적으로 형상화하여 추운 상태를 나타낸다. 또한, [더위]는 더운 날씨에 스스로를 식히기 위해 손부채질하는 모습을 통해 더위를 의미한다. 이처럼, 온도 변화에 대한 신체 반응을 기반으로

원인을 표현하는 방식은 수어에서 자연스럽게 나타나는 환유적 표현 방식이라 할 수 있다.

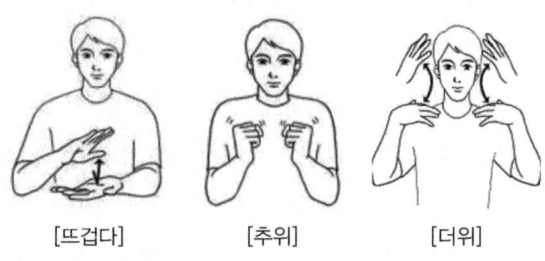

[뜨겁다]   [추위]   [더위]

이외에도 다양한 수어에서 '결과로 원인을 나타내는 환유'가 사용되고 있다. [지진]은 지진이 발생하여 땅이 흔들리는 모습을 시각적으로 표현하여 지진을 나타내고 있으며, [시다]는 신 음식을 먹었을 때 본능적으로 얼굴을 찡그리는 반응을 통해 '시다'라는 개념을 전달한다. 또한, [무섭다]는 공포를 느낄 때 몸이 저절로 떨리는 모습을 도상적으로 표현하여 '무섭다'는 감정을 나타낸다.

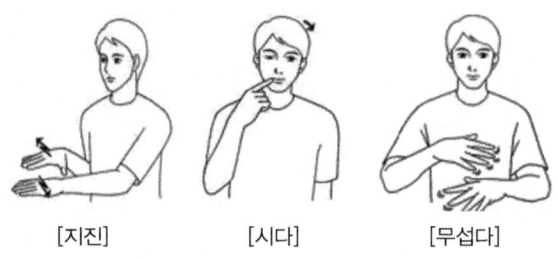

[지진]   [시다]   [무섭다]

이처럼 감각적 경험이나 자연 현상에서 비롯된 신체 반응을 시각적으로 구현하는 방식은 수어에서 원인을 나타내는 중요한 전략으로 작용하고 있다.

4.2.5 원인으로 결과를 나타내는 환유

'원인으로 결과를 나타내는 환유'는 원인 행위를 통해 그로 인해 발생하는 결과를 나타내는 방식으로 한국어와 한국수어에서 모두 발견된다. 한국어에서는 (99)에서처럼 '술을 마신 행위'를 통해 '술에 취한 상태'를 나타내는 표현이 사용된다. 이처럼 원인이 되는 행위를 언급함으로써 그 행위의 결과를 암시하는 방식은 일상 언어에서도 자주 나타난다.

(99) 주막에서 **거하게 한 잔 걸친** 이들이 그 길을 걷다 무수히 빠져 죽었노라는 이야기도 전해 온다. (위클리포유, 2015.05.08.)

한국수어에서도 '원인으로 결과를 나타내는 환유'가 사용된다. 예를 들어, [자유] 수어는 묶인 손을 푸는 동작을 통해 자유로운 상태를 표현한다. 손이 묶여 있다는 것은 자유가 제한된 상태이며, 그 손이 풀리면 자유를 얻게 된다는 점에서 '손을 푸는 것'이라는 원인이 '자유로워지는 상태'라는 결과를 나타내는 방식으로 개념화된 것이다. 이처럼 원인이 되는 동작을 직접적으로 표현함으로써 결과를 가리키는 환유적 방식은 시각언어에서 효과적으로 활용되고 있다.

[자유]

4.2.6 하위어로 상위어를 나타내는 환유

'하위어로 상위어를 나타내는 환유'는 특정한 개별 대상이나 개념(하위어)을 사용하여 보다 넓은 범주(상위어)를 의미하는 방식이다. 이는 하위 개념이 상위 개념을 대표하거나 상징할 때 발생하며, 한국어와 한국수어 모두에서 이러한 환유적 표현이 발견된다. 다음 한국어의 예시를 보면 스카치테이프, 대일밴드, 타이레놀, 등과 같은 특정 회사의 상품명으로 테이프, 밴드, 두통약이라는 상위어를 가리키고 있다. '하위어로 상위어를 나타내는 환유'가 사용된 결과이다.

(100) a. 누리꾼들은 "문방구에서 산 **스카치테이프**와 똑같다", "발렌시아가는 부자들을 호구로 보는 것 아닌가" 등의 반응을 보였다.
(중앙일보 2024.03.14.)
b. 약국에 가서 **"대일밴드 주세요"** 말해보지 않은 사람이 있을까.
(경남도민일보 2020.02.21.)
c. 코로나19 예방백신 접종자들의 해열진통제 수요 급증에 **타이레놀**의 인기가 지속되고 있습니다 (SBS Biz 2021.12.13.)

한국수어에서는 승부를 가리는 상황에서 '하위어로 상위어를 나타내는 환유'가 사용된다. 예를 들어, [대결]은 승부를 가리는 다양한 경쟁이나 시합을 포함하는 개념이지만, 물리적 충돌의 방식으로 표현된다. 또한, [피해]는 다양한 형태의 손실이나 타격을 의미할 수 있지만, 특정한 피해 상황을 통해 일반적인 개념을 나타낸다. 이러한 방식으로 특정한 하위 개념이 보다 포괄적인 상위 개념을 대표하는 역할을 하게 된다.

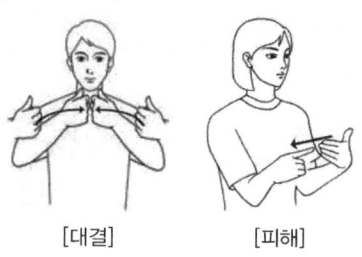

[대결]　　　[피해]

승부를 가리는 수어 외에도 '하위어로 상위어를 나타내는 환유'가 다양한 영역에서 사용된다. 예를 들어, [맥주] 수어는 특정 브랜드인 O와 B를 사용하여 'OB맥주'를 가리키지만, 이 표현이 확장되어 맥주 전체를 의미하게 된다. 이는 특정 브랜드(하위어)가 전체 범주(상위어)를 대표하는 방식으로 사용된 사례이다.

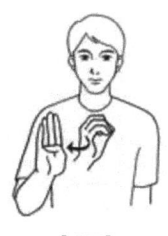

[맥주]

먼저, 한국수어에서 [맥주]를 표현할 때 O와 B 지문자를 사용하는데, 이는 특정 맥주 브랜드인 'OB맥주'를 가리키는 요소이다. 이러한 표현 방식은 도상성을 기반으로 하며, 'OB맥주'의 명칭을 직접 반영하여 손모양으로 시각화하고 있다. 'OB맥주'는 특정한 브랜드(하위어)이지만, 한국수어에서는 이를 통해 맥주 전반(상위어)을 지칭하는 역할을 하게 된다. 즉, 특정 브랜드명이 전체 제품군을 대표하는 방식으로 확장된 것이다. 이 도표는 특정 브랜드명이 해당 제품군 전체를 대표하는 방식으로 사용되는 환유적 개념화의 사례를 보여주고 있다.

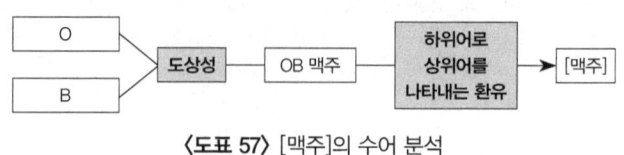

〈도표 57〉 [맥주]의 수어 분석

4.2.7 하위 사건으로 전체 사건을 나타내는 환유

특정한 하위 사건이 전체 사건을 대표하는 방식으로 사용되는 경우가 많다. 이는 '하위 사건으로 전체 사건을 나타내는 환유'의 개념에 해당하며, 특정한 행위나 동작이 보다 넓은 개념의 사건 전체를 지칭하는 역할을 한다.

한국어에서 '하위 사건으로 전체 사건을 나타내는 환유'의 예시는 다음과 같다. (101a)의 '돈을 손대다'는 '돈을 훔치다'라는 의미로 사용된다. 여기에서 '돈에 손을 대는 행위'는 돈을 훔치는 전체 사건의 하위 사건으로, 돈을 훔치는 과정의 시작 단계를 나타낸다. 따라서 '돈에 손을 대다'라는 표현이 전체적인 '도둑질'을 의미하게 된다. (101b)에서도 '손을 떼다'는 '일을 그만두다'라는 의미로 쓰인다. 특정 업무나 책임을 내려놓기 위해서는 먼저 손을 떼는 행위가 선행되어야 한다. 즉, '손을 떼다'라는 동작이 '일을 그만두는 전체 사건'의 일부를 이루기 때문에, 하위 사건이 전체 사건을 나타내는 환유가 적용된 것이다. (101c)의 경우, '마주 앉다'라는 표현이 사용되었는데, 이는 '타협'이라는 전체 사건을 대표하는 하위 사건이다. 타협을 하려면 우선 상대와 마주 앉아 대화를 시작해야 하므로, '마주 앉는 행위'가 '타협 과정 전체'를 상징하는 방식으로 확장되었다. 이러한 예시들은 모두 특정한 행위가 보다 큰 의미의 사건을 대표하는 방식으로 환유적 개념화를 이루고 있음을 보여준다.

(101) a. 이어 행정직이 6차례(예금 3건, 보험 3건) 고객 **돈에 손댔다**.
   (현대경제신문 2015.04.28.)
   b. 그는 일선 경영에서 **손을 떼고** 회장 직함을 맡게 된다.
   (서울신문 2023.01.20.)
   c. '희생' 혁신안 수용 여부를 두고 대립했던 김기현 국민의힘 대표와 인요한 혁신위원장이 파국을 막기 위해 6일 **마주 앉았다**.
   (한국일보 2023.12.06.)

한국수어에서도 '하위 사건으로 전체 사건을 나타내는 환유'가 활용된 사례들이 발견된다. [요리] 수어는 요리 과정의 일부인 칼질하는 동작을 사용하여 요리 전체를 나타낸다. 요리는 다양한 과정으로 이루어져 있지만, 칼질은 대표적인 조리 과정 중 하나이기 때문에 요리라는 전체 개념을 상징하는 하위 사건으로 사용된다. [소화] 수어는 소화 과정 중 하나인 위에서 음식물을 분해하는 동작을 표현하여 전체적인 소화 과정을 나타낸다. 소화는 음식 섭취부터 소화기관을 거쳐 흡수되는 복합적인 과정이지만, 위에서 음식물이 분해되는 단계가 핵심적인 역할을 하므로 이를 통해 전체 과정을 대변하는 방식이다. [사용] 수어의 경우, 사용의 일부인 돈을 지불하는 동작을 통해 '사용' 전체를 표현한다. 무언가를 사용하기 위해서는 먼저 그것의 존재와 위치를 확인한 후, 필요한 경우 비용을 지불하는 등의 일련의 과정이 수반된다. 따라서 돈을 지불하는 행위가 사용의 중요한 하위 과정으로 인식되며, 이를 통해 전체 개념을 나타내는 방식으로 확장된 것이다. 이러한 사례들은 특정한 하위 사건이 보다 큰 개념의 전체를 대표하는 방식으로 환유적 개념화가 이루어지고 있음을 보여준다.

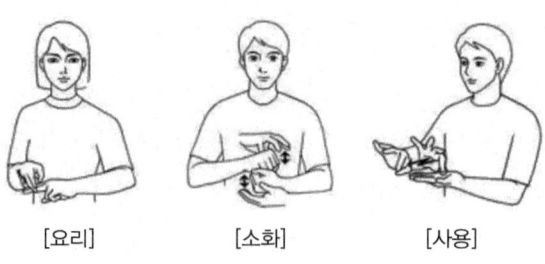

[요리]   [소화]   [사용]

4.2.8 상위어로 하위어를 나타내는 환유

'상위어로 하위어를 나타내는 환유'는 보다 넓은 개념을 사용하여 특정한 하위 개념을 지칭하는 방식으로 나타난다. 이는 포괄적인 개념이 개별적인 개념을 대신하여 사용될 수 있음을 보여주는 사례로, 다양한 어휘에서 이러한 환유적 표현이 발견된다. 예를 들어, (102)의 '빨간약'은 머큐로크롬의 두드러지는 색상인 빨간색과 약의 결합을 통해 머큐로크롬을 지칭하는 표현이다. 빨간색을 가진 약에는 다양한 종류가 존재하지만, 이 표현은 특정한 약을 의미하므로 '상위어로 하위어를 나타내는 환유'가 사용된 것이다.

(102) 상처가 나면 **빨간약**을 찾는 사람이 많다. (헬스조선, 2023.10.12.)

한국수어에서도 '상위어로 하위어를 나타내는 환유'가 존재하며, 그 예로 [전쟁]과 [기름]을 들 수 있다. [전쟁] 수어는 '집단의 충돌'로 표현되지만 다양한 종류의 집단 충돌 중 전투만을 의미하므로 '상위어로 하위어를 나타내는 환유'의 사례이다. [기름] 수어 또한 일반적으로는 기름을 의미하지만, 맥락에 따라 특정한 종류의 기름, 예를 들면 식용유나 엔진오일 등을 나타낼 수 있다. 이는 상위 개념인 '기름'이 특정한 하위 개념을 대신하여 사용된 사례이며, '상위어로 하위어를 나타내는 환유'가 적용된 것이다.

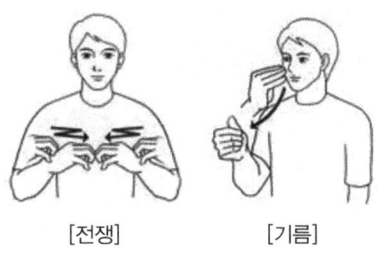

[전쟁]   [기름]

　[전쟁] 수어는 집단이 충돌하는 모습을 표현하며, 이는 집단 간의 다양한 충돌 형태 중 하나인 '전쟁'을 나타내고 있다. 집단 충돌에는 전쟁뿐만 아니라 분쟁, 갈등, 대립 등 여러 유형이 존재하지만, 이 수어로는 '전쟁'을 의미한다. 따라서 '집단 충돌'이라는 상위 개념을 통해 특정한 하위 개념인 '전쟁'을 나타내는 방식으로, 이는 '상위어가 하위어를 나타내는 환유'의 사례로 볼 수 있다.

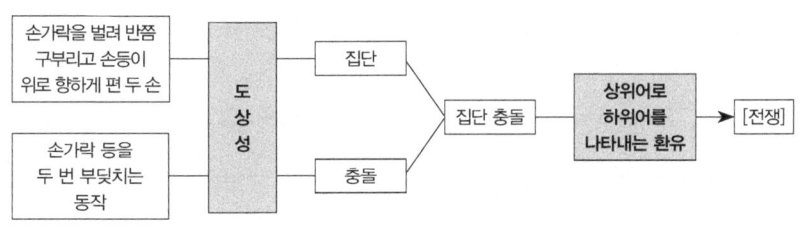

〈도표 58〉 [전쟁] 수어 분석

　[기름] 수어는 문맥에 따라 '머리카락의 윤기', '음식에 사용하는 식용유 및 참기름', '자동차의 엔진 오일' 등을 가리킨다. 이는 '기름'이라는 상위 개념이 특정한 하위 개념을 나타내는 방식으로, '상위어로 하위어를 나타내는 환유'가 사용된 사례이다. 기름의 공통적인 속성인 미끄러움과 유동성을 바탕으로 다양한 종류의 기름을 하나의 수어로 표현하고 있으며, 문맥

에 따라 의미가 달라질 수 있다.

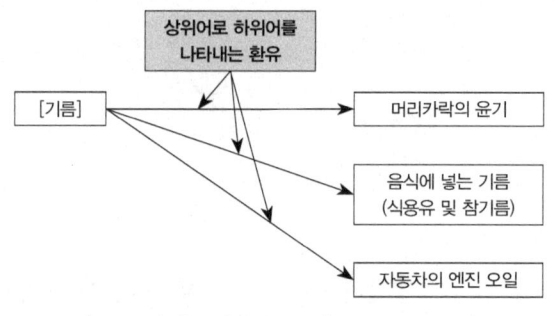

〈도표 59〉 [기름]수어 분석 (최영주 2021, 119)

4.2.9 사람과의 상호작용으로 대상을 나타내는 환유

한국수어에서는 특정 대상이 그 대상과의 전형적인 상호작용을 통해 개념화되는 경우가 있다. 이는 '사람과의 상호작용으로 대상을 나타내는 환유'로, 특정 대상이 어떻게 사용되거나 다루어지는지를 통해 그 자체를 지칭하는 방식이다.

음식이나 물체를 나타내는 수어에서 '사람과의 상호작용으로 대상을 나타내는 환유'가 자주 사용된다. 이는 해당 대상이 인간과 어떻게 상호작용하는지를 기반으로 개념화되는 방식이다. 예를 들어, 악기를 나타내는 수어는 해당 악기를 연주하는 방식과 깊이 연결되어 있다. [하모니카]는 하모니카를 부는 동작으로, [피아노]는 피아노 건반을 두드리는 동작으로, [첼로]는 활을 이용해 연주하는 동작으로, [바이올린]은 바이올린을 켜는 동작으로, [기타]는 기타 줄을 튕기는 동작으로, [드럼]은 드럼을 치는 동작으로 표현된다. 이처럼 사람과의 전형적인 상호작용을 반영하여 특정 대상을 나타내는 방식은 한국수어에서 매우 중요한 개념화 전략 중 하나이다.

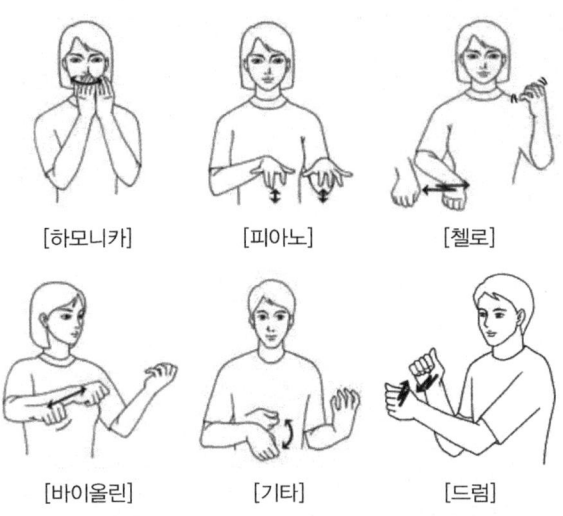

[하모니카] [피아노] [첼로]

[바이올린] [기타] [드럼]

음식과 관련된 수어에서도 '사람과의 상호작용으로 대상을 나타내는 환유'가 광범위하게 사용된다. 이는 해당 음식을 먹는 방식이 수어 표현의 주요한 요소로 작용한다는 것을 의미한다. 예를 들어, [옥수수]는 옥수수를 먹는 모습으로, [수박]은 수박을 먹는 모습으로, [아이스크림]은 아이스크림을 핥아 먹는 동작으로, [국수]는 젓가락으로 국수를 집어 먹는 모습으로, [껌]은 껌을 씹는 모습으로 표현된다. 이처럼 특정 대상과의 물리적 상호작용을 반영하여 개념화하는 방식은 한국수어에서 매우 중요한 특징 중 하나이다.

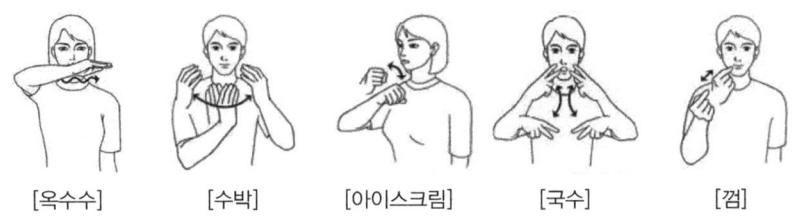

[옥수수] [수박] [아이스크림] [국수] [껌]

[바나나]와 [귤]은 모두 껍질을 벗기는 동작을 통해 표현되며, 이는 '사람과의 상호작용으로 대상을 나타내는 환유'가 사용된 사례이다. 바나나는 길쭉한 형태의 껍질을 벗기는 방식으로, 귤은 손으로 껍질을 쉽게 벗길 수 있는 특성을 반영하여 표현된다. 또한, [고구마]는 고구마를 반으로 자르는 동작을 통해 나타나며, 이는 고구마를 먹기 전에 주로 반으로 가르는 행동에서 비롯된 것이다.

[바나나]   [귤]   [고구마]

[만두]는 손으로 반죽을 빚는 동작을 통해 표현되며, 이는 '사람과의 상호작용으로 대상을 나타내는 환유'가 사용된 사례이다. 만두를 직접 빚는 행동을 반영하여 대상을 나타내는 방식이다. [케이크]는 케이크 위에 꽂힌 촛불을 불어 끄는 동작으로 표현되며, [차]는 컵에 차를 타서 저어 마시는 모습을 통해 표현된다.

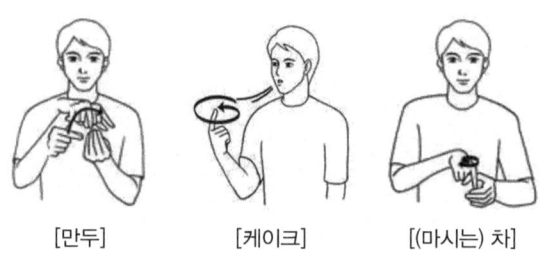

[만두]   [케이크]   [(마시는) 차]

이외에도 다양한 수어에서 '사람과의 상호작용으로 대상을 나타내는 환유'가 발견된다. 특히 사람의 손이나 손가락이 직접 대상물이 되어, 사람이 그것을 사용할 때 나타나는 움직임을 반영하는 경우가 많다. 예를 들어, [빗자루]는 우세손이 빗자루가 되어 바닥을 쓸어내리는 모습을 통해 표현된다. [책]은 양손이 책의 형태를 만들어 펼쳐지는 동작을 통해 나타난다. [주전자]는 손을 주전자의 형태로 만들어 물을 따르는 모습을 표현하한다. [칫솔]의 경우, 우세손의 1지를 칫솔로 형상화하여 치아를 닦는 동작을 수행하며 표현된다.

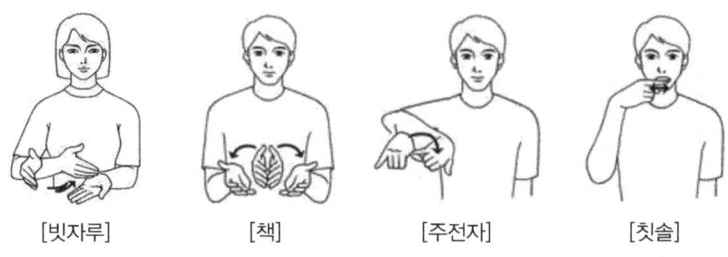

[빗자루] [책] [주전자] [칫솔]

사람이 사물을 사용하는 동작을 통해 사물을 대신하여 나타내는 경우도 발견된다. [윷], [망치], [이불], [서랍], [리모컨] 등이 그 예이다. [윷]은 윷을 손에 쥐고 던지는 동작으로 표현되며, [망치]는 망치를 들고 내리치는 동작으로 나타난다. [이불]은 이불을 손으로 쥐고 몸에 덮는 동작을 통해 표현되며, [서랍]은 서랍을 잡아당겨 여는 동작으로 나타난다. 또한 [리모컨]은 손에 쥐고 버튼을 누르는 동작을 수행함으로써 표현된다. 이처럼 한국수어에서는 사물을 직접 묘사하기보다는 사람이 그 사물을 사용하는 방식이나 동작을 반영하여 대상물을 나타내는 경우가 다수 발견된다.

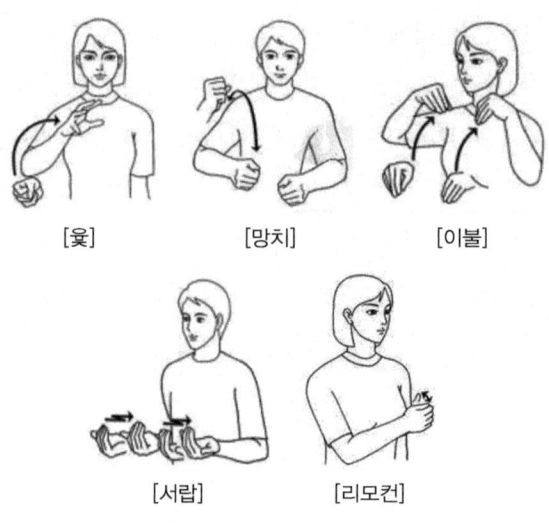

[윷]   [망치]   [이불]

[서랍]   [리모컨]

　[만화], [카메라], [비누], [성냥] 등의 수어도 사람이 사물을 사용하는 동작을 통해 사물을 표현하는 방식이 적용되었다. [만화]는 한 손에 만화책을 들고 페이지를 넘기는 동작으로 표현되며, [카메라]는 카메라를 들고 셔터를 누르는 동작을 통해 나타난다. [비누]는 손에 비누를 들고 거품을 내는 동작으로 표현되며, [성냥]은 성냥을 성냥갑에 그어 불을 붙이는 동작으로 나타난다.

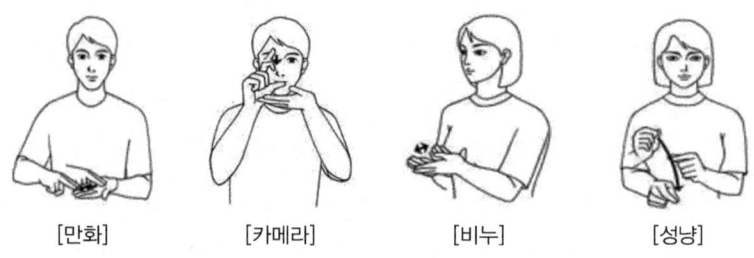

[만화]   [카메라]   [비누]   [성냥]

　이처럼 한국수어에서는 사람과의 상호작용을 묘사함으로써 특정 대상물을 나타내는 사례가 다수 발견된다. 단순히 사물의 형태를 묘사하는 것이 아니라, 해당 사물을 사용하는 방식이나 상호작용하는 동작을 시각적으로 반영하여 나타낸다.

4.2.10 요리되는 모습으로 대상을 나타내는 환유

한국수어에서는 조리 과정을 시각적으로 반영하여 음식을 표현하는 경우가 많다. 즉, '요리되는 모습으로 대상을 나타내는 환유'가 사용되어, 특정 음식이 만들어지는 과정이나 특징적인 조리 동작을 통해 그 음식을 나타내는 방식이 발견된다. '요리되는 모습으로 대상을 나타내는 환유'의 예로는 [빵]과 [찌개]가 있다. [빵]은 반죽이 부풀어 오르는 모습으로 표현되며, 이는 빵이 구워지는 과정에서 일어나는 변화를 시각적으로 반영한 것이다. [찌개]는 불 위에서 냄비를 끓이는 모습을 나타내며, 이는 찌개가 조리되는 대표적인 특징을 활용한 표현이다. 이러한 방식은 한국수어에서 특정 음식의 조리 과정이나 특징적인 움직임을 활용하여 의미를 전달하는 환유적 표현의 사례로 볼 수 있다.

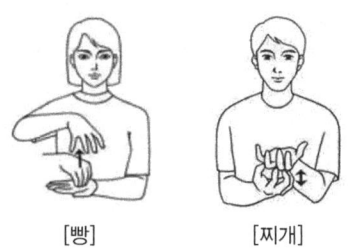

[빵]　　　　[찌개]

4.2.11 용기(그릇)로 내용물을 나타내는 환유

'용기(그릇)로 내용물을 나타내는 환유'는 그릇이나 용기를 통해 그 안에 담긴 내용물을 지칭하는 방식으로 이루어진다. 이는 한국어에서도 쉽게 발견되는 표현 방식이며, 한국수어에서도 이러한 환유적 표현이 활용되고 있다.

[생각] 수어는 발화기관이 머리 부근에서 이루어지며, 이는 '용기(그릇)로 내용물을 나타내는 환유'가 사용된 사례이다. 머리 부위는 도상적으로 '머리'를 나타내며, 머리 속에 저장된 생각의 원천인 뇌가 '생각'을 의미하는 것으로 확장된다. 따라서 머리를 용기(그릇)로 개념화하고 그 안에 담긴 뇌를 생각의 저장소로 이해하는 방식이 반영된 것이다.

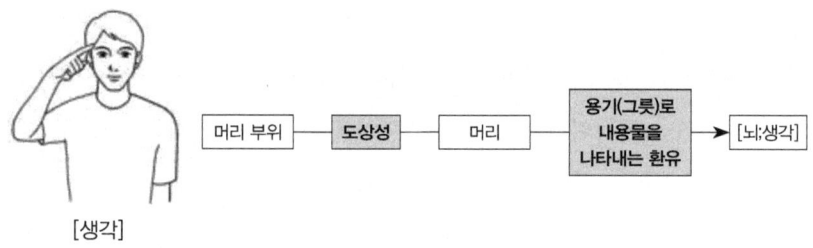

〈도표 60〉 [생각] 수어 분석

[배] 수어는 배 부근에서 발화되며, 이는 도상적으로 '배'를 나타낸다. 이 때 '배'는 '용기(그릇)로 내용물을 나타내는 환유'를 통해 '양심'이나 '마음'을 의미하게 된다.

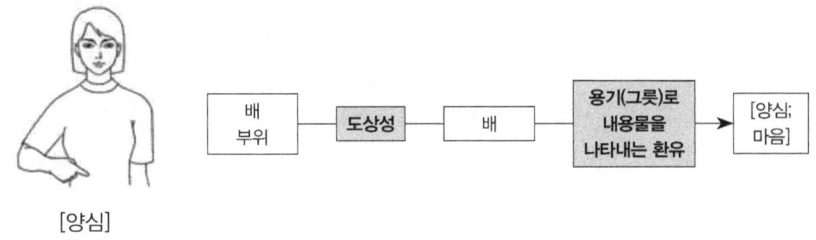

〈도표 61〉 [양심] 수어 분석

4.2.12 한국수어 단일어에 나타나는 개념적 환유 요약

지금까지 한국수어의 단일어에서 발견되는 다양한 환유를 살펴보았다. 먼저, '부분으로 전체를 나타내는 환유'에서는 특정한 신체 부위나 특징적인 요소를 통해 대상을 지칭하는 방식이 두드러진다. 예를 들어, [소]는 소의 뿔로, [돼지]는 돼지의 코로, [개]는 개의 귀로 표현되며, [유도]는 업어치기 동작을 통해 유도 전체를 나타낸다. '범주로 속성을 나타내는 환유'에서는 특정한 범주에서 도출된 속성이 전체 개념을 대표하게 된다. 예컨대, [기름]은 미끄러움이라는 속성을 통해 '매끄럽다'의 의미를 갖고, [가시]는 날카로움을 바탕으로 '예민함'을 나타낸다.

'속성으로 범주를 나타내는 환유'에서는 특정한 속성이 그 범주 전체를 지칭하는 역할을 한다. [빨강]이 혈액과 빛을, [파랑]이 멍을, [초록]이 새싹을 나타내는 것은 이러한 환유적 개념화의 결과이다. 또한, 사물의 '모양'이 범주를 나타내는 경우도 많은데, [대나무]는 마디가 나뉜 길쭉한 형태로, [번개]는 번개가 번쩍이는 모습으로 표현된다. '움직임'을 통해 대상을 나타내는 환유도 존재하며, [뱀]은 뱀의 유동적인 움직임을, [조개]는 입을 벌렸다 닫는 동작을 통해 조개를 나타낸다.

'결과로 원인을 나타내는 환유'에서는 감정이나 상태의 결과를 통해 원인을 나타내는 방식이 자주 사용된다. [기쁨]은 가슴이 뛰는 모습으로, [분노]는 속에서 화가 치밀어 오르는 모습으로, [부끄럽다]는 볼이 빨개지는 모습으로 표현된다. 반대로, '원인으로 결과를 나타내는 환유'에서는 원인을 통해 결과를 유추하는 방식이 사용되며, [자유]는 묶인 손을 푸는 동작으로 자유로워진다는 결과를 나타낸다.

'하위어로 상위어를 나타내는 환유'와 '상위어로 하위어를 나타내는 환유'도 한국수어에서 발견된다. 예를 들어, [맥주]는 OB맥주 브랜드로 전체 맥주를 나타낸다. 반대로 '상위어로 하위어를 나타내는 환유'도 발견되는데 [기름]이라는 수어가 문맥에 따라 '엔진오일', '식용유', '머리윤기' 등 다양한 하위어의 의미로 사용된다. 또한, '사람과의 상호작용으로 대상을 나타내는 환유'에서는 사람이 해당 대상을 사용하는 방식을 시각적으로 반영한다. [피아노]는 피아노를 치는 동작으로, [주전자]는 물을 따르는 모습으로, [빗자루]는 바닥을 쓸어내는 동작으로 표현된다. 이와 유사하게, '요리되는 모습으로 대상을 나타내는 환유'에서는 조리 과정이 대상의 의미를 형성한다. [빵]은 부풀어 오르는 모습으로, [찌개]는 냄비를 끓이는 모습으로 나타난다. 마지막으로, '용기(그릇)로 내용물을 나타내는 환유'에서는 신체 일부를 그릇처럼 개념화하여 내용을 나타내는 방식이 발견된다. [생각]은 머리를 용기로 하여 그 안에 담겨 있는 것으로 가리키며 [양심]은 배를 가리켜서 '배'가 양심을 담고 있는 용기로 간주함을 알 수 있다.

5
한국수어 합성어에 나타나는 도상성과 은유 및 환유

 이 장에서는 한국수어의 합성어에서 나타나는 도상성, 개념적 은유, 개념적 환유를 분석하고자 한다. 앞선 4장에서 한국수어의 단일어에서 이러한 개념적 기제들이 어떻게 작용하는지를 살펴보았다면, 이번 장에서는 합성어에서 이러한 기제들이 어떻게 형성되고 적용되는지를 체계적으로 분석할 것이다. 한국수어의 어휘는 단순한 기호적 표기가 아니라, 해당 개념의 시각적 특징을 반영한 도상적 표현, 개념의 밀접성을 기반으로 한 환유적 표현, 그리고 보다 추상적인 개념을 구체적인 개념으로 이해하는 개념적 은유가 복합적으로 작용하여 형성된다.

5.1 한국수어 합성어에 나타나는 도상성과 은유

 본 논의에서는 한국수어 합성어에 나타나는 대표적인 개념적 은유와 도상성을 분석하고자 한다. 예를 들어, [생각은 물건] 은유에서는 사고(思考)가 물리적 대상으로 개념화되며, [나쁜 것은 아래] 은유에서는 부정적인 개념이 아래 방향으로 표현된다. 또한, [친밀함은 가까움] 은유는 관계의 친밀도를 거리로 나타내고, [권위는 위] 은유는 높은 위치가 권위를 의미하는 방식으로 사용된다.

이와 함께, [아는 것은 보는 것] 및 [아는 것은 잡아채기] 은유는 인지가 시각적 경험이나 물리적 접촉과 연결됨을 보여준다. 도덕성 관련 개념도 공간적·감각적 은유를 통해 표현되는데, [도덕성은 청결함] 은유에서는 도덕적 순수성이 물리적 깨끗함과 연결되며, [도덕성은 도형] 은유에서는 바른 행동이 특정한 기하학적 형태로 나타난다. 또한, 감정과 감각적 경험의 관계를 반영하는 은유적 표현도 주목할 만하다. [열정은 온도] 은유는 열정의 강도를 온도의 높낮이로 표현하며, [취향은 액체] 은유에서는 취향이 유동적이거나 흘러가는 것으로 개념화된다.

이러한 개념적 은유와 도상성을 분석함으로써, 한국수어가 개념을 시각적으로 구조화하는 방식을 고찰하고, 언어적 의미가 공간적·신체적 경험을 통해 어떻게 형성되는지를 탐구하고자 한다.

5.1.1 [생각은 물건] 은유

한국수어 합성어에서 [생각]을 물리적 대상으로 개념화한 사례가 몇 가지 발견된다. 생각이 실체를 가진 물건처럼 존재하며, 이를 제거하거나, 소유하거나, 생성하거나, 조작할 수 있다는 개념이 수어 표현에 반영된다. 다음 (103)의 합성어들은 이러한 개념을 구체적으로 보여준다.

(103) a. [생각+없애다]   =   [시원하다]
　　　b. [생각+빼앗기다] =   [현혹]
　　　c. [생각+분석]   =   [추론]

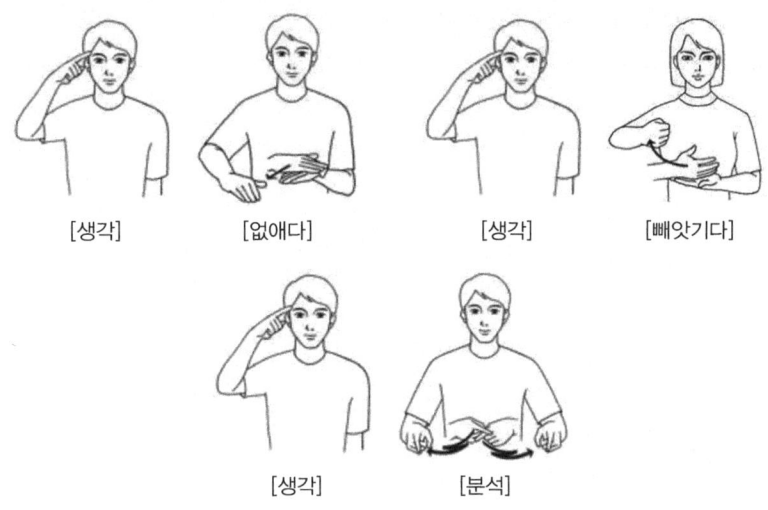

[생각]　　[없애다]　　[생각]　　[빼앗기다]

[생각]　　[분석]

[시원하다]는 [생각]과 [없애다]의 합성어로 형성되며, 이는 [생각은 물건] 은유뿐만 아니라 [마음(두뇌)은 그릇] 은유를 통해 '머릿속에 생각이 없음'을 의미한다. 생각이 없으면 마음이 평화로워지므로, 이 수어는 '평화'와 '화평'의 의미로도 확장된다. 한국어에서도 '머릿속을 비우다' 혹은 '머리가 가볍다'라는 표현을 사용하여 복잡한 생각이 사라진 상태를 나타내며, 반대로 '머리가 무겁다' 혹은 '머릿속이 생각으로 가득하다'라는 표현은 마음이 불안하고 복잡한 상태를 의미한다. 이러한 점에서 [시원하다] 수어는 한국어의 개념적 은유와 일맥상통하는 표현이라 할 수 있다.

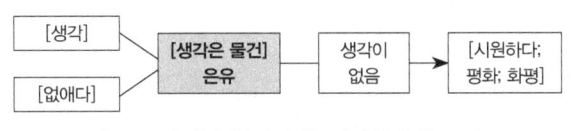

〈도표 62〉 [생각+없애다] = [시원하다] 분석

[현혹]은 [생각]과 [빼앗기다]의 합성어로 구성되며, 이는 생각이 소유물

처럼 다른 대상에 의해 강제로 사라질 수 있음을 나타낸다. '생각이나 정신을 어딘가에 빼앗겼다'는 것은 부정적인 표현으로 '어딘가에 현혹되다'를 의미한다.

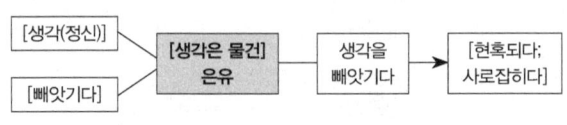

〈도표 63〉 [생각+빼앗기다] = [현혹] 분석

[추론]은 [생각]과 [분석]이 결합된 합성어이다. 두 어휘의 결합 자체로는 [생각은 물건] 은유가 분명하게 드러나지 않지만, [분석]의 의미 형성을 살펴보면 [생각]을 물건으로 간주하고 있음을 알 수 있다. [분석]은 어떤 대상을 구성 요소로 나누어 이해하는 과정을 의미하며, 이는 물리적 대상이 해체되고 검토되는 방식과 유사하다. 즉, [생각]이 물리적 사물처럼 분해되고 조작될 수 있는 개념으로 이해되고 있음을 보여준다. 따라서 [추론]이라는 합성어는 단순히 사고 과정을 나타내는 것이 아니라, 사고를 물리적 대상으로 다룬다는 점에서 [생각은 물건] 은유의 틀 안에서 형성된 표현이라 할 수 있다.

(104) [생각+분석] = [추론]

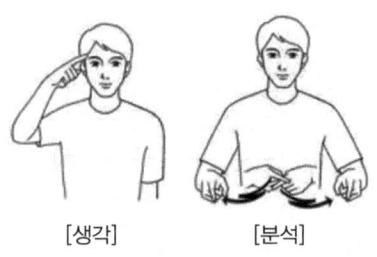

[분석]이라는 어휘는 양손의 1지를 교대로 맞대면서 '매듭지어져 있거나 묶여 있다'는 개념을 도상적으로 표현한다. 맞댄 1지를 풀어내는 동작을 반복함으로써 매듭이나 '묶인 것을 풀어 헤치는 과정'을 지속적으로 나타낸다. 이러한 표현 방식은 [생각은 물건] 은유와 밀접한 관련이 있다. 생각이 물리적 대상처럼 실체를 가지고 있으며, 그것이 묶이거나 복잡하게 엉켜 있을 수 있다는 개념이 반영된 것이다. 분석 과정은 이러한 묶임을 하나씩 풀어가며 사고를 명확하게 정리하는 행위로 표현되며, 이는 인지적 활동을 물리적 조작으로 개념화한 것이다. 따라서 [분석]이라는 어휘는 사고 과정을 물리적 해체와 연결하여 시각적으로 표현하는 한국수어의 도상성과 개념적 은유를 동시에 반영한다고 볼 수 있다.

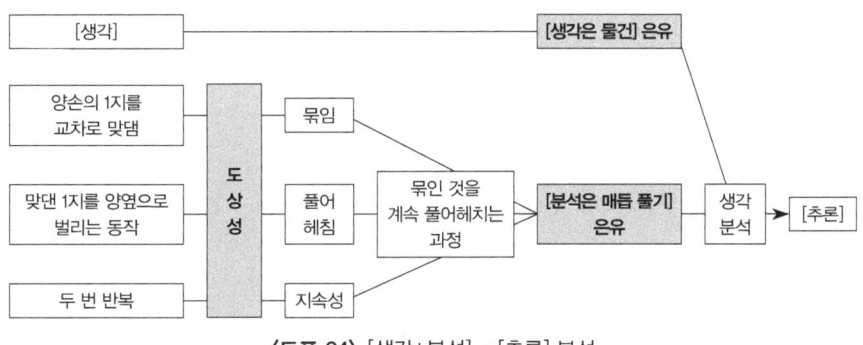

〈도표 64〉 [생각+분석] = [추론] 분석

5.1.2 [나쁜 것은 아래] 은유

[나쁜 것은 아래] 은유는 부정적인 개념을 공간적으로 '아래'에 위치시키는 방식으로 나타난다. 이러한 은유는 인간 경험에서 비롯되며, 위쪽은 긍정적인 것, 아래쪽은 부정적인 것으로 인식되는 경향과 연결된다. 한국수어에서도 이러한 개념이 도상적으로 표현되며, [지옥]이라는 합성어에서

그 구조를 확인할 수 있다.

[지옥]은 [도깨비]와 [지하]가 결합한 합성어로, [나쁜 것은 아래] 은유를 반영한다. 이때 [지하]는 물리적으로 낮은 위치를 나타내며, 동시에 부정적인 의미를 강화하는 역할을 한다. [도깨비]는 지옥과 연관되며, 두 요소가 결합하여 '나쁜 것'이 '아래'에 존재한다는 개념을 형성한다. 이러한 표현 방식은 인간이 나쁜 것, 위험한 것, 부정적인 것을 아래로 인식하는 방식과 일치하며, 한국수어에서 공간적 위치를 활용한 개념적 은유의 사례로 볼 수 있다.

(105) [도깨비+지하] = [지옥]

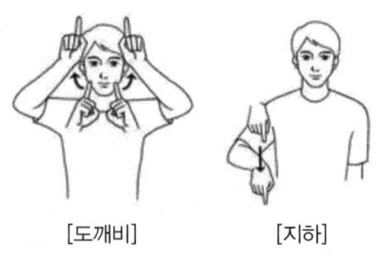

[도깨비]　　　[지하]

[지하]는 한 손으로 아래쪽을 가리키면서 표현되며, [나쁜 것은 아래] 은유를 통해 '악'을 나타낸다. 이는 공간적으로 낮은 위치가 부정적인 개념과 연결되는 개념적 은유를 반영한다. 악을 상징하는 [도깨비]는 '범주로 속성을 나타내는 환유'를 통해 '악'을 의미하게 된다. 도깨비는 부정적인 힘이나 두려움을 상징하며, 이러한 속성이 악과 연결된다. [도깨비]와 [지하]는 모두 '악'이라는 개념을 포함하고 있으며, '악'은 '지옥'의 속성이므로 '속성으로 범주를 나타내는 환유'를 통해 '지옥'을 의미하게 된다. 즉, 개별 요소들이 각각 악을 상징하는 의미를 가지며, 이들이 결합함으로써 '지옥'이라는

개념이 형성된다.

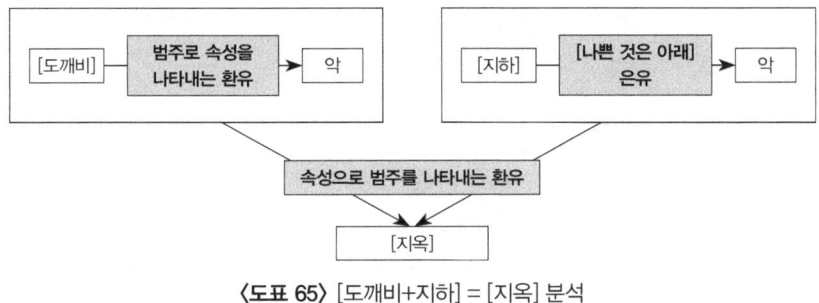

〈도표 65〉 [도깨비+지하] = [지옥] 분석

5.1.3 [친밀함은 가까움] 은유

[친밀함은 가까움] 은유는 물리적 거리와 인간 관계의 심리적 거리를 연결하는 방식으로 나타난다. 가까운 거리는 친밀함을, 먼 거리는 거리감을 상징하며, 이는 인간의 경험에서 비롯된 보편적인 개념적 은유 중 하나이다. 한국수어에서도 이러한 개념이 시각적으로 구현되며, 친밀한 관계를 표현하는 [절친]이라는 합성어에서 이를 확인할 수 있다.

[절친] 수어는 [냄새]와 [가깝다]가 결합한 합성어로, [친밀함은 가까움] 은유를 반영하고 있다. 여기서 [가깝다]는 물리적 거리의 축소를 의미하지만, 은유적으로는 친밀한 관계를 나타낸다. 또한, [냄새]는 가까운 거리에서만 감지될 수 있는 감각적 요소로, 친밀한 관계가 물리적 근접성을 필요로 한다는 개념을 강조한다. 한국수어가 개념적 은유를 활용하여 인간 관계의 친밀도를 표현하는 방식을 보여준다.

(106) [냄새+가깝다] = [절친]

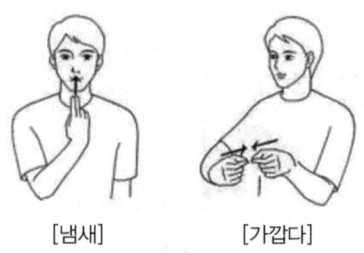

[냄새]   [가깝다]

[가깝다] 수어는 실제로 손의 위치를 좁히면서 표현되며, 이는 물리적 거리가 줄어드는 이미지를 시각적으로 형상화한다. 이러한 표현 방식은 [친밀함은 가까움] 은유를 더욱 확신하게 만든다.

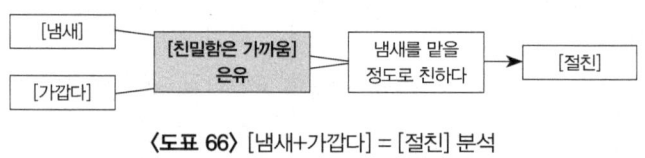

〈도표 66〉 [냄새+가깝다] = [절친] 분석

5.1.4 [권위는 위] 은유

[권위는 위] 은유는 사회적 지위와 공간적 위치를 연결하는 방식으로 나타난다. 인간은 신체적 경험을 통해 위쪽을 높은 위치, 아래쪽을 낮은 위치로 인식하며, 이는 권력과 위계질서를 개념화하는 데에도 반영된다. 권위자는 위에 위치하고, 권위를 따르는 사람은 아래에 위치한다는 공간적 구성이 언어적 표현에 영향을 미친다. 한국수어에서도 이러한 은유적 사고가 시각적으로 구현되며, [보고]와 [명령]이라는 합성어에서 이를 확인할 수 있다.

[보고]는 [올리다]와 [말하다]가 동시에 결합한 합성어로, [권위는 위] 은

유를 반영하여 '권위자에게 말하다'는 의미를 나타낸다. 반대로, [명령]은 [내리다]와 [말하다]가 결합하여 형성되며, 동일한 은유를 기반으로 '윗사람이 아랫사람에게 지시를 내리는 행위'를 표현한다. 권위자는 위에 있는 것으로 개념화되며, 명령을 받는 사람은 아래에 있는 것으로 개념화되기 때문에, [명령]은 아래쪽으로 내리면서 말을 하는 방식으로 표현된다.

(107) a. [올리다/말하다] = [보고]
   b. [내리다/말하다] = [명령]

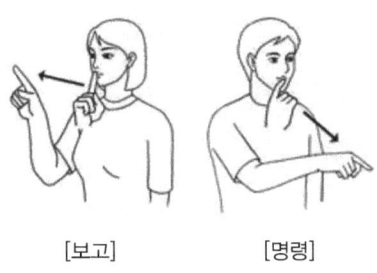

[보고]   [명령]

[말하다]는 1지를 수평으로 앞으로 내밀면서 표현되는데, [보고]를 할 때는 [말하다] 수어가 [올리다] 수어와 결합하여 수동을 위쪽으로 올리면서 표현한다. 이는 [권위는 위] 은유를 반영하며, 권위자를 향한 발화가 물리적으로 높은 위치를 향하는 방식으로 나타난다. 도표에서 볼 수 있듯이, [올리다]와 [말하다]가 결합하여 [권위는 위] 은유를 형성하며, '권위자에게 말하다'는 개념을 표현하게 된다. 그 결과, [보고]라는 합성어가 형성되며, 이는 권위 있는 상대에게 정보를 전달하는 의미를 갖는다. 한국어에서도 '보고서를 윗사람에게 올려드렸다'와 같은 표현을 사용하며, '올리다'라는 동사를 통해 물리적 위치인 '위'가 권위와 연결되는 개념적 은유가 반영됨을 확인할 수 있다. 이러한 점에서 한국수어와 한국어 모두 권위와 위계

를 공간적 위치를 통해 개념화하고 있음을 알 수 있다.

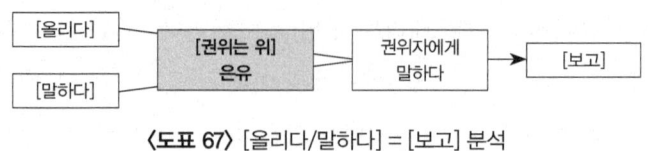

⟨도표 67⟩ [올리다/말하다] = [보고] 분석

5.1.5 [아는 것은 보는 것 & 아는 것은 잡아채기] 은유

[아는 것은 보는 것] 은유와 [아는 것은 잡아채기] 은유는 지각적 경험과 인지적 과정을 연결하는 방식으로 나타난다. 인간은 시각적 경험을 통해 정보를 얻고 이를 바탕으로 판단하며, 이러한 인지적 과정이 '보다'라는 행위와 연결된다. 또한, 중요한 정보를 빠르게 인식하는 능력은 물리적으로 '잡아채는' 동작과 유사하게 개념화될 수 있다. 한국수어에서도 이러한 개념적 은유가 시각적으로 구현되며, 지각적 경험과 인지적 과정을 연결하는 [눈치가-빠르다]와 [눈치가-느리다], 그리고 [파악]이라는 합성어에서 이를 확인할 수 있다.

[눈치가-빠르다]와 [눈치가-느리다] 수어는 [눈] 수어와 [빠르다] 및 [느리다]가 결합하여 형성된 합성어이다. 여기에서 [눈] 수어는 '보다'를 의미하게 되는데, '보는 것'이 '아는 것' 혹은 '판단하는 것'에 사상되어 '눈치'를 의미하게 된다. 즉, 정보를 보고 빠르게 인지하는 것이 '눈치가 빠르다'로 개념화되며, 반대로 정보를 즉각적으로 인지하지 못하는 상태는 '눈치가 느리다'로 표현된다.

(108) a. [눈+빠르다] = [눈치가-빠르다]
b. [눈+느리다] = [눈치가-느리다]

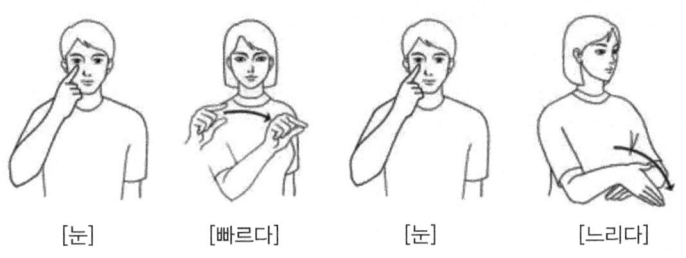

[눈]   [빠르다]   [눈]   [느리다]

　[눈]은 '신체 부위로 기능을 나타내는 환유'를 통해 '보다'의 의미로 확장된다. 즉, 눈이라는 신체 부위가 시각적 기능을 수행하는 역할을 하면서 '보다'라는 의미를 가지게 된다. 이러한 환유적 과정을 거친 [눈]에 [빠르다]가 결합하면 '빨리 보다'의 의미가 형성된다. 여기에서 [아는 것은 보는 것] 혹은 [판단하는 것은 보는 것] 은유가 적용되면, '빨리 보다'는 단순한 시각적 행위를 넘어 '빨리 알다' 혹은 '빨리 판단하다'로 의미가 확장된다. 결국, 이러한 개념적 변화는 '눈치가 빠르다'라는 표현으로 이어지며, 이는 시각적 인지가 곧바로 빠른 이해나 판단과 연결됨을 나타낸다.

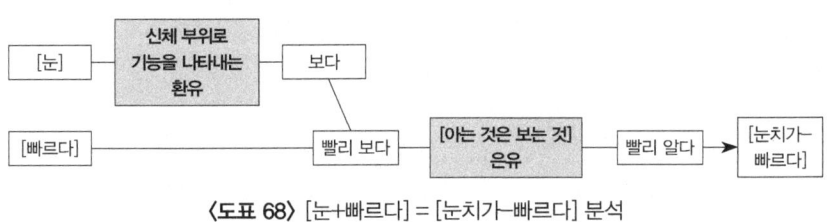

〈도표 68〉 [눈+빠르다] = [눈치가+빠르다] 분석

　[파악]은 [완전히-알다]와 [잡아채다]의 합성어로, [아는 것은 잡아채기] 은유가 사용되어 '알다'를 나타낸다. 여기에서 [잡아채다]는 빠르게 무언가를 움켜쥐는 동작을 가리키며, 이를 통해 정보를 순간적으로 이해하는 과정을 물리적 행동으로 개념화하고 있음을 알 수 있다.

(109) [완전히-알다+잡아채다] = [파악]

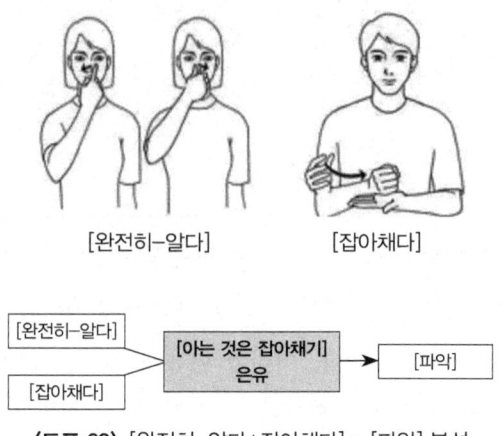

〈도표 69〉 [완전히-알다+잡아채다] = [파악] 분석

이러한 은유적 표현 방식은 한국어에서도 발견되며, '파악'이라는 단어가 '잡아 쥐다'라는 의미를 내포하는 것과 유사하다. 따라서, 한국수어와 한국어 모두에서 이해의 과정이 물리적 동작인 '잡아채기'와 연결되며, 정보 습득이 신체적 경험을 기반으로 개념화되는 방식을 보여준다.

5.1.6 [도덕성은 청결함] 은유

[도덕성은 청결함] 은유는 도덕적 순수성과 물리적 깨끗함을 연결하는 방식으로 나타난다. 인간은 위생과 청결을 유지하는 것이 건강과 직결된다는 경험을 바탕으로, 도덕적인 올바름 역시 깨끗한 상태와 동일시하는 경향이 있다. 반대로, 더러움은 부정적이고 부도덕한 것으로 개념화되며, 이는 한국수어 합성어에서도 발견된다. [범죄]는 [더럽다]와 [으뜸], 그리고 [정하다]의 동시 합성어로, [도덕성은 청결함] 은유를 반영하여 '신체의 더

러움'이 '부도덕함'을 의미하게 된다. [더럽다]는 물리적 오염을 의미하는 동시에 부정적 가치 판단을 내포하며, [정하다]는 '깨끗함'의 개념과 관련된다. 이러한 요소들이 결합하면서 범죄라는 개념이 '도덕적 더러움'으로 표현된다.

(110) [더럽다/으뜸/정하다] = [범죄]

[범죄]

[부도덕]이라는 개념이 [으뜸]과 [정하다]와 결합하면 '가장 부도덕한 것으로 정한 것'이라는 의미가 된다. 여기에서 [으뜸]은 최상급의 의미를 강조하며, [정하다]는 특정 개념을 결정하는 행위를 나타낸다. 따라서 '가장 부도덕한 것으로 결정한 것'은 '범죄'라는 개념을 형성하게 된다. 이 도표는 한국수어에서 도덕적 개념이 청결과 오염의 대비를 통해 구조화되는 방식을 보여주며, '더러움'이 단순한 물리적 상태를 넘어 도덕적 가치 판단과 연결됨을 표현하는 과정을 나타낸다.

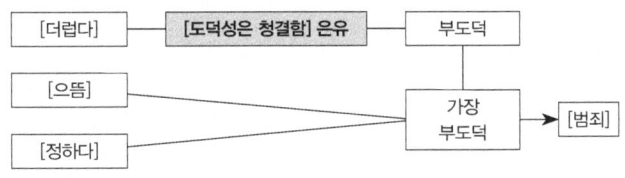

〈도표 70〉 [더럽다/으뜸/정하다] = [범죄] 분석

이러한 표현 방식은 한국어에서도 확인되며, '더러운 짓을 하다' 또는 '깨끗한 사람'이라는 표현에서 도덕성과 청결함이 연결됨을 알 수 있다. 한국수어에서도 도덕적 가치를 표현하는 데 있어 청결과 오염의 대비를 활용하며, 이는 개념적 은유가 신체적 경험과 밀접하게 연관되어 있음을 보여준다.

5.1.7 [도덕성은 도형] 은유

[도덕성은 도형] 은유는 도덕적 가치와 기하학적 형태를 연결하는 방식으로 나타난다. 인간은 균형 잡힌 구조나 반듯한 형태를 안정적이고 이상적인 것으로 인식하며, 이러한 개념이 도덕적 올바름과 연결된다. 반면, 비뚤어진 형태나 불규칙한 구조는 일탈이나 부정적인 의미를 내포하는 경우가 많다. 한국수어에서도 이러한 개념적 은유가 시각적으로 구현되며, 도덕적 개념을 기하학적 형태로 표현하는 [건전]이라는 합성어에서 이를 확인할 수 있다.

[건전] 수어는 [정신]과 [바르다]가 결합한 합성어이다. 여기에서 [바르다]는 물리적으로 반듯한 직선의 형태를 의미하지만, 은유적으로는 도덕적 올바름을 나타낸다. 이는 바른 형태가 균형과 정돈을 상징하듯이, 도덕적인 사고와 행동 역시 반듯하고 바른 것으로 개념화되는 방식과 연결된다. 이러한 표현 방식은 한국수어가 공간적·시각적 요소를 활용하여 도덕적 개념을 구조화하는 방식을 보여준다.

(111) [정신+바르다] = [건전]

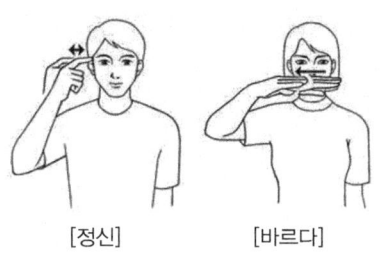

[정신]　　　　[바르다]

먼저, [정신]은 [정신은 물건] 은유를 통해 구체적인 대상으로 개념화된다. 이는 추상적인 정신적 개념을 물리적 대상처럼 다룰 수 있게 하는 인지적 방식이다. 그다음, 정신이 '똑바르다'는 표현이 등장하는데, 이는 [도덕성은 도형] 은유를 활용하여 도덕적·윤리적 올바름을 직선적인 형태로 개념화하는 방식이다. 즉, 정신이 곧고 반듯하다는 것은 도덕적으로 올바르고 건전하다는 의미를 갖는다. 이를 통해 [건전]이라는 개념은 정신이 곧바르고 안정된 상태를 의미하는 것으로 형성된다. 한국어에서도 '삐뚤어진 생각'과 같은 표현이 존재하는데, 이는 한국수어에서도 도덕적 가치가 기하학적 형태로 구조화되는 방식을 보여주는 사례라 할 수 있다.

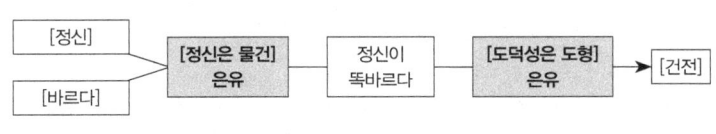

〈도표 71〉 [정신+바르다] = [건전] 분석

5.1.8 [열정은 온도] 은유

[열정은 온도] 은유는 감정의 강도를 물리적 온도로 개념화하는 방식으로 나타난다. 인간은 체온 변화나 열기의 증가를 통해 감정적 흥분을 경험하며, 이러한 신체적 반응이 열정과 같은 심리적 상태를 표현하는 데 활용

된다. 특히, 높은 온도는 강한 감정이나 활력을 의미하는 반면, 낮은 온도는 감정이 식거나 무관심한 상태를 나타낸다. 한국수어에서도 이러한 개념적 은유가 시각적으로 구현되며, 열정과 온도의 관계를 반영하는 [혈기]와 같은 합성어에서 이를 확인할 수 있다.

[혈기]는 [빨강]과 [뜨겁다]의 합성어이다. [빨강]은 [뜨겁다]와 결합하여 '뜨거운 피'를 의미하며, 이는 신체적 열기와 감정적 에너지를 연결하는 개념적 구조를 형성한다. [뜨겁다]는 본래 물리적인 온도를 나타내는 표현이지만, 여기에서는 '열정' 혹은 '왕성한 활동 기운'에 은유적으로 사상된다. 이는 한국어에서도 '뜨거운 열정', '차가운 태도'와 같은 표현에서 확인할 수 있다.

(112) [빨강+뜨겁다] = [혈기]

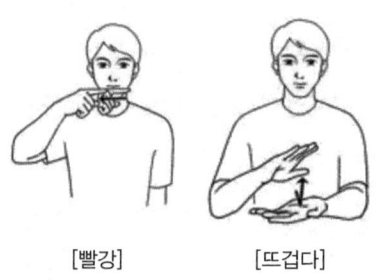

[빨강]   [뜨겁다]

[빨강]은 '속성으로 범주를 나타내는 환유'를 통해 '피'를 의미하게 된다. 즉, 빨간색이라는 속성이 혈액과 환유적으로 연결되면서 피를 나타낸다. [피]가 [뜨겁다]라는 의미와 결합하면 '뜨거운 피'라는 개념이 형성된다. 이는 신체적으로 높은 온도가 활력과 강한 감정 상태를 반영하는 경험적 기반을 가진다. [열정은 온도] 은유를 통해 '뜨거운 피'는 곧 '혈기'를 의미하게 된다. 열정이 높을수록 뜨거운 것으로, 열정이 낮을수록 차가운 것으로 개

념화되며, 이는 감정의 강도를 물리적 온도로 표현하는 방식과 연결된다.

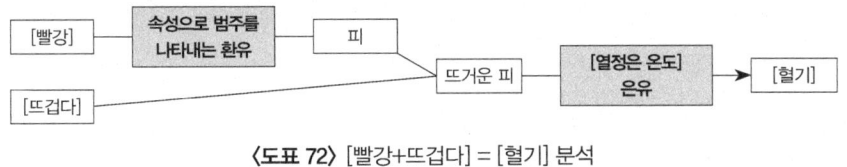

〈도표 72〉 [빨강+뜨겁다] = [혈기] 분석

5.1.9 한국수어 합성어에 나타난 개념적 은유 요약

지금까지 한국수어 합성어에 나타난 개념적 은유를 살펴보았다. [생각은 물건] 은유에서는 '생각'이 물리적 대상으로 개념화되어, [생각+없애다]의 합성어인 [시원하다]는 '머릿속에 생각이 없어 마음이 평화롭다'는 의미를 전달한다. 또한, [나쁜 것은 아래] 은유에서는 부정적인 개념이 아래 방향으로 표현되어, [지옥]은 [도깨비]와 [지하]의 합성어로 '악'을 나타낸다.

[친밀함은 가까움] 은유에서는 관계의 친밀도를 거리로 나타내어, [절친하다]는 [냄새]와 [가깝다]의 합성어로 '냄새를 맡을 정도로 가까운 사이'를 의미한다. [권위는 위] 은유에서는 높은 위치가 권위를 의미하여, [보고]는 [올리다]와 [말하다]의 합성어로 '권위자에게 말하다'를 나타낸다.

또한, [아는 것은 보는 것] 및 [아는 것은 잡아채기] 은유는 인지가 시각적 경험이나 물리적 접촉과 연결됨을 보여준다. 예를 들어, [눈치가-빠르다]는 [눈]과 [빠르다]의 합성어로 '빨리 알다'를 의미하며, [파악]은 [완전히-알다]와 [잡아채다]의 합성어로 '정보를 즉각적으로 습득하다'는 뜻을 가진다.

도덕성 관련 개념도 공간적·감각적 은유를 통해 표현된다. [도덕성은 청결함] 은유에서는 도덕적 순수성이 물리적 깨끗함과 연결되어, [범죄]는

[더럽다], [으뜸], [정하다]의 합성어로 '가장 부도덕한 것으로 정한 것'을 의미한다. 감정과 감각적 경험의 관계를 반영하는 은유적 표현도 주목할 만하다. [도덕성은 도형] 은유에서는 바른 행동이 특정한 기하학적 형태로 나타나며, [건전]은 [정신]과 [바르다]의 합성어로 '정신이 곧고 반듯하다'는 의미를 전달한다. [열정은 온도] 은유에서는 열정의 강도를 온도의 높낮이로 표현하여, [혈기]는 [빨강]과 [뜨겁다]의 합성어로 '뜨거운 피'를 의미하며, 이는 '열정'과 연결된다.

5.2 한국수어 합성어에 나타나는 도상성과 환유

한국수어의 합성어에서도 개념적 환유가 잘 드러난다. 개념적 환유는 한 대상의 일부나 특징을 통해 전체를 나타내거나, 관련된 개념을 통해 다른 개념을 표현하는 인지적 기제이다. 이러한 환유는 한국수어 합성어의 형성과 의미 확장에 중요한 역할을 한다. '부분으로 전체를 나타내는 환유', '범주로 속성을 나타내는 환유', '속성으로 범주를 나타내는 환유', '원인으로 결과를 나타내는 환유', '상위어로 하위어를 나타내는 환유', '하위어로 상위어를 나타내는 환유', '도구로 행위를 나타내는 환유', '용기(그릇)로 내용물을 나타내는 환유', '하위 사건으로 전체 사건을 나타내는 환유'에 대하여 예시를 들어 설명할 예정이다.

5.2.1 부분으로 전체를 나타내는 환유

부분으로 전체를 나타내는 환유는 사물이나 개념의 일부를 통해 전체를 지칭하는 표현 방식이다. 이는 한국수어의 합성어에서 자주 나타나며,

의미 전달의 효율성을 높이는 데 기여한다. 예를 들어, [지금], [요양시설], [한약], [고향] 등의 합성어에서 이러한 환유적 표현이 발견된다.

(113) a. [오늘/ㅈ]=[지금]
b. [ㅛ/보호+기관]=[요양시설]

[지금]은 [오늘]과 [ㅈ]이 동시에 결합하여 형성된 합성어이다. 이 수어는 [ㅈ]의 수형을 사용하며, [오늘]의 수위, 수동, 수향을 그대로 따른다. 이를 통해 '현재'라는 의미를 전달한다.

[지금]

〈도표 73〉은 [지금]이라는 한국수어 합성어가 개념적 환유를 통해 형성되는 과정을 보여준다. 먼저, [오늘]은 '현재'를 의미하는 개념으로 사용되며, 이는 하위어로 상위어를 나타내는 환유를 반영한다. 즉, 하루의 특정 시점인 '오늘'이 보다 넓은 개념인 '현재'로 확장되어 사용되는 것이다. 다음으로, [ㅈ]은 '지금'의 첫 자음으로, 부분으로 전체를 나타내는 환유를 통해 '지금'이라는 개념을 대표한다. 이는 특정 음소가 전체 단어를 상징하는 방식으로 사용되는 예를 보여준다. 이러한 두 가지 환유적 요소가 결합하여, [지금]이라는 합성어가 형성된다.

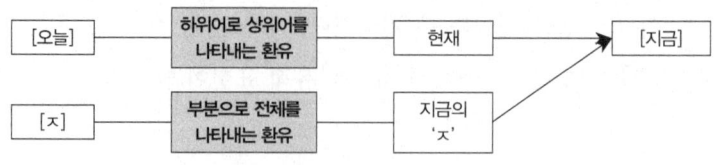

〈도표 73〉 [오늘/지문자 'ㅈ'] = [지금] 분석

[요양시설]에서도 지문자를 활용하여 의미를 전달하는 방식이 나타난다. [요양병원]은 지문자 [ㅛ]와 [보호]가 동시에 결합된 합성어이다. 여기에서 [ㅛ]는 비우세손으로 표현되며, [보호]는 우세손으로 표현된다. 양손을 활용한 동시 결합을 통해 보호시설 중에서도 '요양'과 관련된 시설임을 의미하게 된다. 특히, [ㅛ]는 '부분으로 전체를 나타내는 환유'를 반영하며, '요양'이라는 의미를 전달하기 위해 '요양'의 일부인 지문자 [ㅛ]만 사용된다. 이는 특정한 음소가 전체 단어의 개념을 대변하는 방식으로, 한국수어에서 개념적 환유가 어떻게 활용되는지를 보여준다.

[ㅛ/보호]   [기관]

〈도표 74〉는 한국수어에서 [요양시설]이라는 개념이 부분으로 전체를 나타내는 환유를 통해 형성되는 과정을 보여준다. 먼저, [ㅛ]는 '요양'을 대표하는 지문자로 사용되며, 이는 부분으로 전체를 나타내는 환유의 대표적인 사례이다. 즉, '요양'이라는 단어의 일부인 [ㅛ]가 전체 개념을 대신하여 사용된다. 또한, [보호]는 요양과 관련된 보호 기능을 나타내는 요소로 결

합된다. 여기에 [기관]이 추가되어 요양과 보호가 이루어지는 장소적 개념이 형성되며, 최종적으로 [요양시설]이라는 합성어가 완성된다.

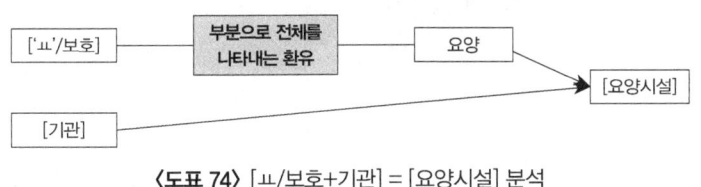

〈도표 74〉 [ㅛ/보호+기관] = [요양시설] 분석

5.2.2 범주로 속성을 나타내는 환유

범주로 속성을 나타내는 환유는 특정 범주가 그 속성을 강조하는 방식으로 사용되는 개념적 환유이다. 이는 한국수어의 합성어에서 의미를 압축적으로 전달하는 역할을 한다.

예를 들어, [골목길]과 [하느님]에서 이러한 환유적 표현이 발견된다.

(114) a. [쥐+길] = [골목길]
     b. [우주+주인] = [하느님]

[골목길]은 [쥐]와 [길]이 결합한 합성어이다. 여기에서 [쥐]는 좁고 구불구불한 곳을 다니는 동물로서, 골목길의 특징적인 속성을 반영한다. 즉, '쥐'라는 범주가 '좁고 구불구불함'이라는 속성을 나타내는 방식으로 사용되며, 이는 범주로 속성을 나타내는 환유의 사례가 된다.

[쥐]   [길]

[하느님]은 [우주]와 [주인]이 결합한 합성어이다. 여기에서 [우주]는 광대하고 거대한 공간을 의미하며, [주인]은 이를 다스리는 존재를 나타낸다. 즉, '우주'라는 범주가 '신성하고 절대적인 존재'라는 속성을 강조하는 방식으로 사용되며, 이는 범주로 속성을 나타내는 환유의 사례가 된다.

[우주]   [주인]

〈도표 75〉은 [주인]이 범주로 속성을 나타내는 환유를 통해 '관장, 관리, 통솔'의 의미를 갖게 된다는 점을 보여준다. 이는 특정 대상이나 사물을 소유하는 주인이 가진 속성을 강조하는 방식이다. 이러한 환유적 과정을 거친 [주인]은 [우주]와 결합하여 '우주 통치'라는 개념을 형성한다. 여기에서 '우주 통치'는 속성으로 범주를 나타내는 환유를 통해 확장되며, 우주를 통치하는 속성을 가진 존재인 '하느님'을 의미하게 된다.

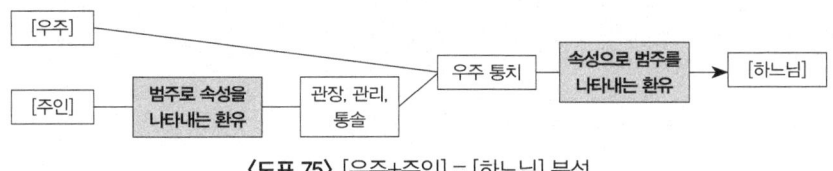

〈도표 75〉 [우주+주인] = [하느님] 분석

5.2.3 속성으로 범주를 나타내는 환유

속성으로 범주를 나타내는 환유는 특정한 속성이 전체 범주를 대표하는 방식으로 개념화되는 현상을 의미한다. 한국수어에서 속성으로 범주를 나타내는 대표적인 합성어는 [하늘]이다. [하늘]은 [파랑]과 [밝다]의 합성어이다.

(115) [파랑+밝다] = [하늘]

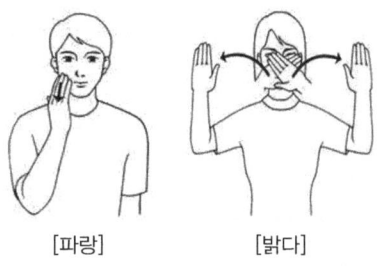

[파랑]과 [밝다]는 대표적인 '하늘'의 속성으로, 이를 통해 [하늘]을 지칭하게 된다. 이는 속성으로 범주를 나타내는 환유의 사례로 볼 수 있다. 즉, '파란색'과 '밝음'이라는 하늘의 주요한 감각적 속성이 '하늘'이라는 범주를 지칭하게 된다.

5. 한국수어 합성어에 나타나는 도상성과 은유 및 환유 **299**

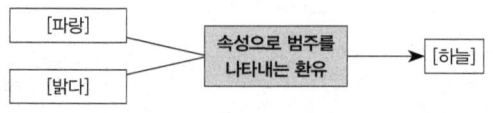

〈도표 76〉 [파랑+밝다]=[하늘] 분석

[하늘]이 '하늘'의 다양한 속성 중에서도 [파랑]이라는 색채어를 사용하고 있는데, 이와 비슷하게 한국수어의 여러 합성어에서 색채어를 활용하는 사례가 다수 발견된다. 이는 특정 색상이 해당 개체의 대표적인 속성으로 사용되면서, 속성으로 범주를 나타내는 환유가 적용되는 방식이다. 최영주(2022a)에서는 이러한 현상을 다양한 예시를 통해 설명하고 있으며, 특히 동식물을 색채어로 구별하는 경우가 많음을 지적하였다. 예를 들어, [새] 수어에 [희다]와 [검다]가 결합하면 각각 [백조]와 [까마귀]를 나타내며, [벌레] 수어에 [빨강]과 [검다]가 결합하면 각각 [지렁이]와 [개미]를 나타낸다. [꽃] 수어에 [희다], [노랗다], [빨강]이 결합하면 각각 [백합], [개나리], 그리고 [장미]를 의미하게 된다.

(116) a. [희다+새]   = [백조]
      b. [검다+새]   = [까마귀]
(117) a. [빨강+벌레]   = [지렁이]
      b. [검다+벌레]   = [개미]
(118) a. [희다+꽃]   = [백합]
      b. [노랗다+꽃]   = [개나리]
      c. [빨강+가시+꽃] =   [장미]

동식물뿐만 아니라 과일, 곡식, 채소 등의 명칭에서도 색채어가 사용되어 합성어를 이루는 경우가 많다. 이는 특정 색상이 해당 개체의 대표적인 속성으로 작용하면서, 속성으로 범주를 나타내는 환유가 적용되는 방식이다. 예를 들어, [빨강]과 [감]을 결합하면 [토마토]를 의미하게 된다. [콩] 수어에 [빨강]과 [초록]을 결합하면 각각 [팥]과 [녹두]를 나타낸다. (무-모양)이라는 생산적 수어에 [희다]와 [빨강]을 결합하면 각각 [무]와 [당근]을 의미하게 된다.

(119) a. [빨강+감]　　　= 　[토마토]
(120) a. [초록+콩]　　　= 　[녹두]
　　　b. [빨강+콩]　　　= 　[팥]
　　　c. [희다+(무-모양)] = 　[무]
　　　d. [빨강+(무-모양)] = 　[당근]

의복이나 보석 종류에서도 색채어를 활용하여 구별하는 사례가 발견된다. 이는 특정 색상이 해당 개체의 대표적인 속성으로 작용하면서, 속성으로 범주를 나타내는 환유가 적용되는 방식이다. 예를 들어, [바지]에 [파랑]을 결합하면 [청바지]가 된다. [드레스]에 [희다]를 결합하면 [웨딩드레스]를 의미하게 된다. [보석]에 [노랗다]와 [흰색]을 결합하면 각각 [금]과 [은]을 나타낸다.

(121) a. [파랑+바지]　　= 　[청바지]
　　　b. [희다+드레스] = 　[웨딩드레스]
(122) a. [노랗다+보석] = 　[금]
　　　b. [희다+보석]　 = 　[은]

[일요일]과 [빛]과 같은 어휘도 색채어를 활용한 합성어로 형성되며, 모

두 속성으로 범주를 나타내는 환유를 사용하고 있다. [일요일]은 달력에서 붉은 글씨로 표기되는 특징이 반영되어, [빨강]이 사용되었다. 즉, '일요일'이라는 범주가 '빨강'이라는 색채 속성을 통해 대표되는 방식이다. 마찬가지로, [빚]도 과거에 붉은 글씨로 기록했던 전통적 관습에 의해 [빨강]을 활용하여 표현된다. 이는 빚이라는 개념이 특정 색상과 연결되면서, 해당 색이 범주를 대표하는 역할을 하게 되는 과정이다.

(123) a. [빨강+결석] = [일요일]
　　　b. [빨강+빌리다] = [빚]

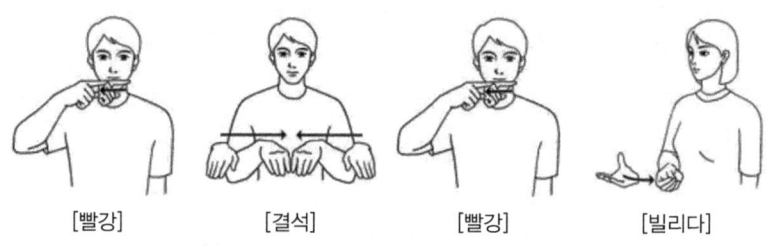

[빨강]　　[결석]　　[빨강]　　[빌리다]

〈도표 77〉은 [일요일]이라는 한국수어 합성어가 개념적 환유를 통해 형성되는 과정을 보여준다. 먼저, [빨강]은 속성으로 범주를 나타내는 환유를 반영하며, 달력에서 공휴일이 빨간색으로 표시되는 특징을 반영한다. 이를 통해 '공휴일'이라는 개념이 형성된다. 다음으로, [결석]은 원인으로 결과를 나타내는 환유를 사용하여 '휴식'이라는 개념과 연결된다. 공휴일과 휴식의 개념이 결합되면서, 일요일의 의미적 요소가 형성된다. 그 후, '공휴일'은 상위어로 하위어를 나타내는 환유를 통해 특정한 휴일인 '일요일'을 나타내게 된다. 또한, '휴식'은 속성으로 범주를 나타내는 환유를 통해 일요일과 연결된다.

〈도표 77〉 [빨강+결석] = [일요일] 분석

〈도표 78〉는 [빚]이라는 한국수어 합성어가 속성으로 범주를 나타내는 환유를 통해 형성되는 과정을 보여준다. 먼저, [빨강]은 과거에 빚을 기록할 때 붉은 글씨를 사용했던 전통적 방식에서 비롯된 표현으로, 특정한 색상이 '빚'이라는 개념을 대표하는 역할을 하게 된다. 이는 속성으로 범주를 나타내는 환유의 사례로, '빨강'이라는 색채 속성이 전체 개념인 '빚'을 대신하여 사용되는 것이다. 또한, [빌리다]는 채무와 관련된 행위를 의미하며, '빚'이라는 개념과 직접적으로 연결된다. 결과적으로, [빨강]과 [빌리다]의 개념이 결합되면서 [빚]이라는 의미가 형성되며,

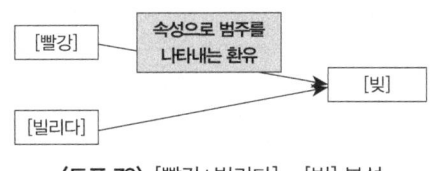

〈도표 78〉 [빨강+빌리다] = [빚] 분석

이러한 표현 방식은 한국수어에서 특정한 감각적 속성을 활용하여 개념적 범주를 명확하게 구분하는 방식을 보여준다. 즉, 색채어가 단순한 수식어를 넘어, 해당 개체를 대표하는 중요한 의미 요소로 기능하면서 환유적 역할을 수행하게 된다.

[힌두교]와 [불교]는 [믿다]라는 속성을 통하여 그 범주인 [종교]를 의미하고 있으므로 '속성으로 범주를 나타내는 환유'의 또 다른 사례라고 할 수

있다.

(124) a. [인도+믿다] = [힌두교]
　　　b. [목탁+믿다] = [불교]

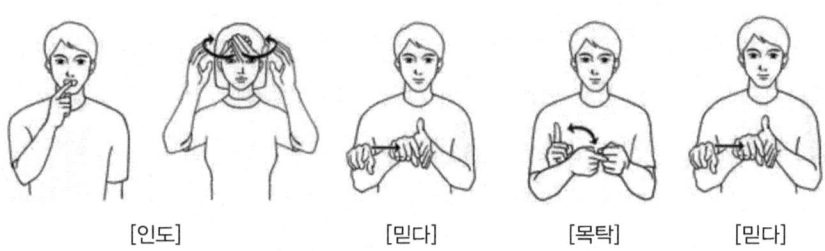

　　　[인도]　　　　　[믿다]　　　　　[목탁]　　　　　[믿다]

이러한 환유적 기제는 색채뿐만 아니라 다른 속성에서도 동일하게 작용한다. 예를 들어[힌두교]는 [인도]와 [믿다]의 합성어로서 [믿다]는 속성을 활용하여 종교를 의미한다. 〈도표 79〉는 [힌두교]라는 한국수어 합성어가 개념적 환유를 통해 형성되는 과정을 보여준다. 여기에서 [믿다]는 종교적 신앙 행위를 나타내며, 이는 '속성으로 범주를 나타내는 환유의 사례'가 된다. 즉, 특정한 행위(믿음)가 '종교'를 대신하는 방식이다. 다음으로, [인도]와 '종교'가 결합하면서 '인도의 종교'라는 개념이 형성되며, 이는 하위어로 상위어를 나타내는 환유를 통해 특정한 종교인 [힌두교]를 의미하게 된다.

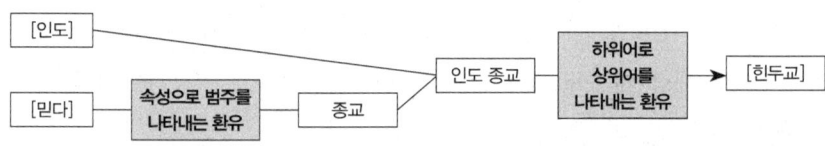

〈도표 79〉 [인도+믿다] = [힌두교] 분석

유사한 사례로 [불교]의 예를 들 수 있다. [불교]는 [목탁]과 [믿다]의 합성어로 종교의 속성인 '믿음'이 종교를 대신하는 사례이다. 〈도표 80〉은 [불교]라는 한국수어 합성어가 개념적 환유를 통해 형성되는 과정을 보여준다. 먼저, [믿다]는 종교적 신앙 행위를 의미하며, 이는 속성으로 범주를 나타내는 환유를 통해 '종교'라는 개념을 형성한다. 또한, [목탁]은 불교에서 의식을 행할 때 사용하는 도구로, 이는 개체로 행위를 나타내는 환유를 통해 '목탁을 치는 행위'와 연결된다. 이때, '목탁을 치는 모습'은 불교의 대표적인 수행 방식이므로, 하위 사건으로 전체 사건을 나타내는 환유를 통해 '불교'라는 개념을 형성한다. [불교]의 [믿다]도 [힌두교]의 [믿다]와 마찬가지로 '속성으로 범주를 나타내는 환유'를 통해 '종교'를 나타내고 있음을 확인할 수 있다. 또한, 특정한 의식 행위인 [목탁]이 불교를 대표하는 요소로 사용되면서, 개체와 행위가 종교 개념을 형성하는 데 중요한 역할을 하고 있음을 보여준다.

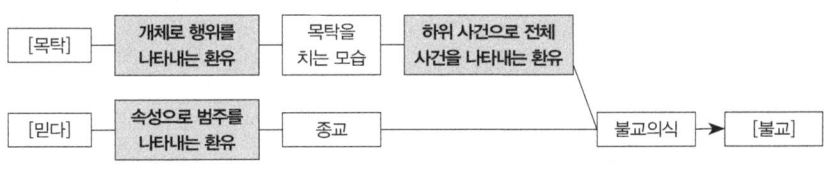

〈도표 80〉 [목탁+믿다] = [불교] 분석

이와 같이, 특정한 속성이 개념적 범주를 대표하는 방식은 종교뿐만 아니라 사람을 나타내는 표현에서도 동일하게 나타난다. [할머니]와 [할아버지]는 [주름]이 사용된 합성어이다. 이때 [주름]은 고령자의 속성으로, 고령자를 가리키는 역할을 한다. 따라서, 합성어에서 '속성으로 범주를 나타내는 환유'가 사용되었음을 확인할 수 있다. 즉, 노화의 대표적인 특징인 '주름'이 노인을 대신하는 개념으로 사용되는 방식이다.

(125) a. [주름+여자] = [할머니]
　　　b. [주름+남자] = [할아버지]

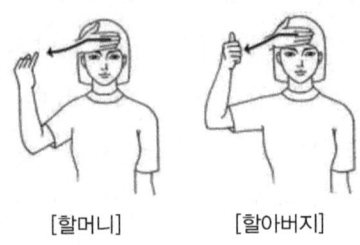

[할머니]　　　[할아버지]

5.2.4 원인으로 결과를 나타내는 환유

원인으로 결과를 나타내는 환유는 특정한 원인이 그로 인해 발생한 결과를 나타내는 방식으로 개념화되는 현상이다. 이는 한국수어의 합성어 [일요일]에서 발견된다. [일요일]은 [빨강]과 [결석]의 합성어로 구성되며, 여기에서 [결석]은 원인으로 결과를 나타내는 환유를 반영한다. 즉, 공휴일에는 학교나 직장에 출석하지 않는다는 사실에서 '결석'이 발생하며, 이 결과적 상태가 일요일의 개념과 연결되는 것이다.

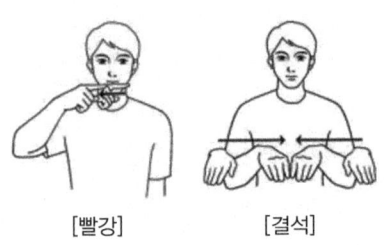

[빨강]　　　[결석]

〈도표 81〉은 [일요일]이라는 한국수어 합성어 형성과정을 보여준다. 먼저, [빨강]은 '속성으로 범주를 나타내는 환유'를 반영하며, 달력에서 공휴일이 빨간색으로 표시되는 특징으로 인하여 '공휴일'을 지칭하게 된다. 다

음으로, [결석]은 '원인으로 결과를 나타내는 환유'를 통해 '휴식'이라는 개념과 연결된다. 결과적으로, 결석이 곧 '휴식'이라는 개념으로 확장되며, 이는 일요일의 중요한 속성으로 작용하게 된다. 이후, '공휴일'은 '상위어로 하위어를 나타내는 환유'를 통해 특정한 공휴일인 '일요일'을 나타낸다.

〈도표 81〉 [빨강+결석] = [일요일] 분석

5.2.5 상위어로 하위어를 나타내는 환유

상위어로 하위어를 나타내는 환유는 보다 넓은 개념(상위어)이 그 하위 개념을 대표하는 방식으로 사용되는 환유적 기제이다. 이는 한국수어의 [비말-차단용-마스크], [일요일], [한약], [후유증]과 같은 복합어에서 발견된다.

(126) a. [마스크+파랑] = [비말-차단용-마스크]
      b. [빨강+결석] = [일요일]
      c. [맥+짜다] = [한약]
      d. [병+남다] = [후유증]

[비말-차단용-마스크]는 [마스크]와 [파랑]이 결합한 합성어로, '파랑 마스크'라는 상위 개념으로 특정한 기능을 가진 '비말 차단용 마스크'를 의미한다.

[마스크]　　　　　　　　[파랑]

〈도표 82〉은 상위어로 하위어를 나타내는 환유가 [비말-차단용-마스크]라는 개념을 형성하는 과정에서 어떻게 작용하는지를 보여준다. 먼저, [마스크]와 [파랑]이 결합하여 '파란색 마스크'라는 개념이 형성된다. 이후, '상위어로 하위어를 나타내는 환유'가 적용되면서, 특정한 목적(비말 차단)을 가진 [비말-차단용-마스크]가 최종적으로 형성된다. 상위 개념인 '파랑 마스크'가 하위 개념인 '비말 차단용 마스크'를 가리키고 있다.

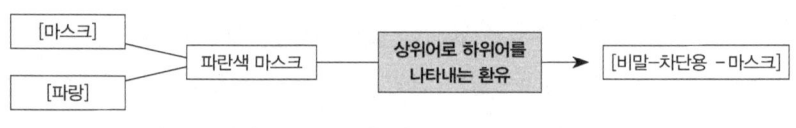

〈도표 82〉 [마스크+파랑] = [비말-차단용-마스크] 분석

〈도표 83〉은 [한약]이라는 한국수어 합성어가 '상위어로 하위어를 나타내는 환유'와 '부분으로 전체를 나타내는 환유'를 통해 형성되는 과정을 보여준다. 먼저, [맥]은 손목의 맥을 짚는 동작에서 비롯된 표현으로, 도상성을 반영하며, '진맥하는 모습'으로 연결된다. 이는 한의학적 진단 과정에서 중요한 행위로, 한약과 관련된 개념적 요소를 형성한다. 다음으로, [짜다]는 한약재를 짤 행위를 나타내며, 이는 '상위어로 하위어를 나타내는 환유'를 반영한다. 즉, 끓인 약재를 짜는 행위가 한약을 만드는 전반적인 과정과 연결되면서, 한약이라는 개념을 지칭하는 데 기여한다. 마지막으로,

'부분으로 전체를 나타내는 환유'가 적용되면서, 특정한 행위, 즉 맥을 짚거나 끓인 한약재를 짜는 행위가 '한약'이라는 개념을 지칭하게 된다.

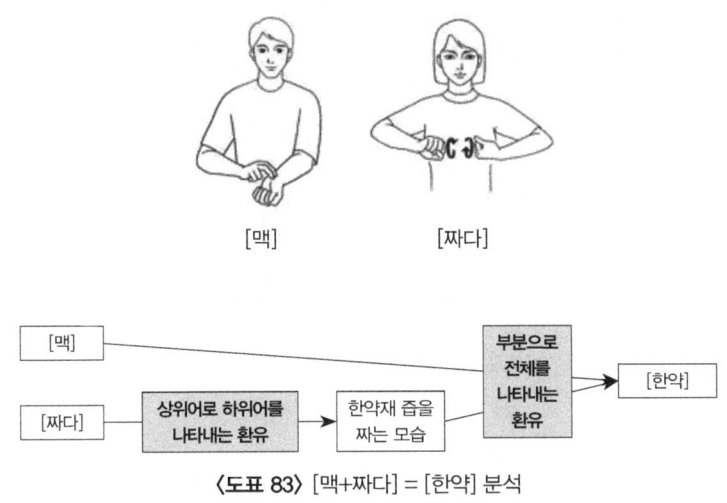

〈도표 83〉 [맥+짜다] = [한약] 분석

[후유증]은 [병]과 [남다]의 합성어이다.

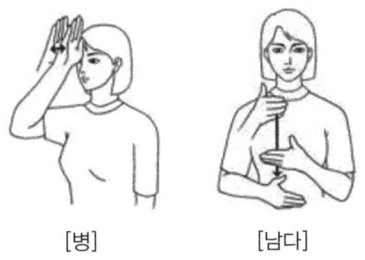

〈도표 84〉은 [후유증]이라는 개념이 환유적 과정을 통해 형성되는 방식을 보여준다. 먼저, [병]은 단순히 질환 자체를 의미하는 것이 아니라, 질병이 발생한 이후의 시간적 흐름을 포함하는 개념으로 확장된다. 이는 '사

5. 한국수어 합성어에 나타나는 도상성과 은유 및 환유   309

건으로 시간을 나타내는 환유'를 반영하며, '병 이후'라는 개념이 형성된다. 다음으로, [남다]는 '특정한 것이 지속적으로 유지됨'을 의미하며, 이는 '상위어로 하위어를 나타내는 환유'를 통해 '남은 증세'라는 개념을 형성한다. 최종적으로, '후유증'을 의미하는 '병 이후 남은 증세'라는 개념이 형성된다.

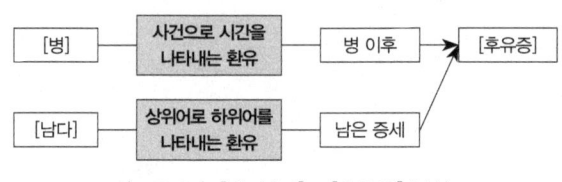

〈도표 84〉 [병+남다] = [후유증] 분석

5.2.6 하위어로 상위어를 나타내는 환유

하위어로 상위어를 나타내는 환유는 특정한 하위 개념이 더 넓은 상위 개념을 대신하는 방식으로 사용되는 개념적 환유이다. [지금]과 [힌두교]에서 이러한 환유적 표현이 발견된다.

(127) a. [오늘/지문자'ㅈ'] = [지금]
   b. [인도+믿다] = [힌두교]

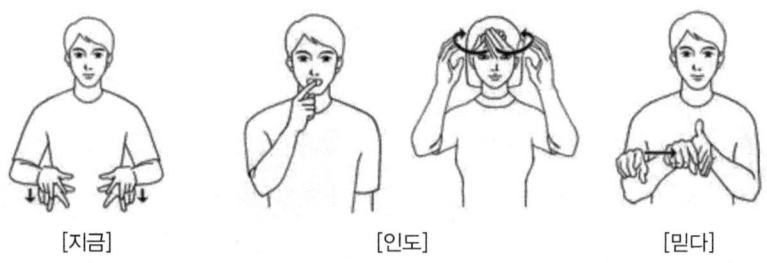

[지금]은 [오늘]과 [ㅈ]이 결합한 합성어로, 여기에서 [오늘]은 하루라는 특정한 하위 개념이지만, 이를 통해 상위 개념인 '현재'를 대표하게 된다. 즉, '오늘'이라는 한정된 시간 개념이 '현재'라는 보다 포괄적인 개념으로 사용된다.

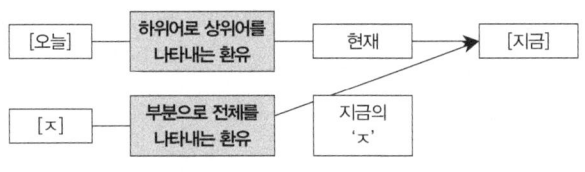

〈도표 85〉 [오늘/지문자 'ㅈ'] = [지금] 분석

[힌두교]는 [인도]와 [믿다]가 결합한 합성어이다. 두 어휘가 합성되어 '인도의 종교'라는 뜻이 형성된다. 인도를 비롯한 여러 나라가 힌두교를 국가 종교로 삼고 있지만, 여기에서 '인도의 종교'라는 표현으로 '힌두교'를 나타내는 것은 '하위어로 상위어를 나타내는 환유'가 사용되었기 때문이다. 즉, 특정한 국가의 종교인 '인도의 종교'가 상위 범주의 '힌두교'를 나타내는 방식으로 의미가 확장되었다.

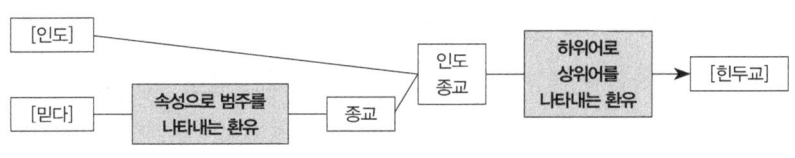

〈도표 86〉 [인도+믿다] = [힌두교] 분석

5.2.7 도구로 행위를 나타내는 환유

'도구로 행위를 나타내는 환유'는 특정한 개체가 그와 관련된 행위를 대

표하는 방식으로 사용되는 개념적 환유이다. 이는 개체와 그 개체를 사용하는 행동 간의 밀접한 연관성을 바탕으로 의미가 확장되는 과정에서 나타난다. [불교]는 [목탁]과 [믿다]가 결합한 합성어이다. 여기에서 [목탁]은 불교 의식에서 수행자가 치는 도구로 사용되며, 이를 통해 '목탁을 치는 행위'를 의미하게 된다. 즉, '도구로 행위를 나타내는 환유'가 적용되어, 목탁이라는 특정한 물체가 이를 사용하는 수행 행위를 대표하게 된다.

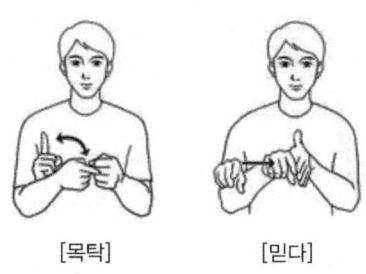

[목탁]　　　　[믿다]

〈도표 87〉은 [불교]라는 개념이 여러 환유적 과정을 거쳐 형성되는 방식을 보여준다. 먼저, [목탁]은 불교 의식에서 수행자가 사용하는 도구로, 이는 '개체로 행위를 나타내는 환유'를 통해 '목탁을 치는 행위'라는 의미를 형성한다. 즉, 특정한 물체인 '목탁'이 이를 사용하는 수행 행위를 지칭하는 방식이다. 다음으로, [믿다]는 종교적 신앙 행위를 의미하며, 이는 '속성으로 범주를 나타내는 환유'를 통해 '종교'라는 개념과 연결된다. 이후, '목탁을 치는 행위'는 불교 의식에서 중요한 역할을 하기 때문에, '하위 사건으로 전체 사건을 나타내는 환유'를 통해 '불교 의식' 전체를 의미하게 된다. 최종적으로, '불교 의식'은 '불교'라는 개념으로 확장된다.

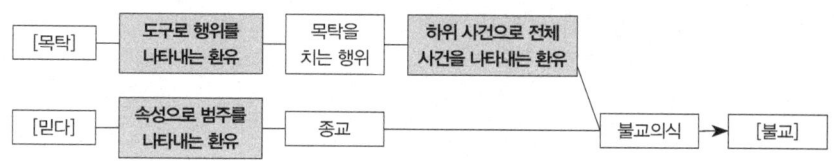

<도표 87> [목탁+믿다] = [불교] 분석

또한, [곡괭이]와 [사람]을 결합한 합성어인 [인부]에서도 '도구로 사건을 나타내는 환유'와 '하위어로 상위어를 나타내는 환유'가 발견된다.

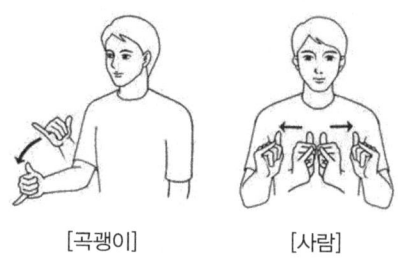

[곡괭이]   [사람]

<도표 88>은 [인부] 합성어에 사용된 환유와 의미 형성 과정이 잘 보여주고 있다. [곡괭이]는 도구로 '도구로 사건을 나타내는 환유'를 통해 '곡괭이를 사용해서 하는 일'을 나타내며, '곡괭이를 사용해서 일하는 사람'이라는 뜻은 '하위어로 상위어를 나타내는 환유'를 통해 곡괭이질을 하는 인부뿐만 아니라 다양한 일을 수행하는 '인부'를 가리킨다.

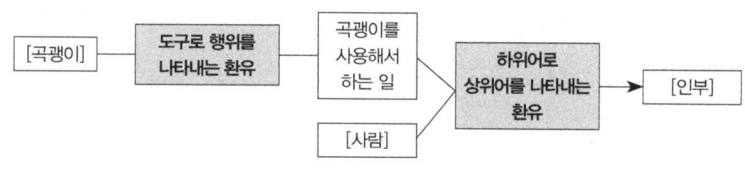

<도표 88> [곡괭이+사람] = [인부] 분석

5.2.8 용기로 내용물을 나타내는 환유

'용기로 내용물을 나타내는 환유'는 특정한 용기나 담는 구조가 그 안에 담긴 내용물을 대표하는 방식으로 사용되는 개념적 환유이다. 이는 한국수어의 합성어에서도 발견되며, 의미 확장의 중요한 기제로 작용한다. [뭉치다]와 [용감하다] 합성어에서 이러한 환유적 표현이 발견된다.

(128) a. [(배-가리킴)+모으다] = [뭉치다]
   b. [배+결정] = [용감하다]

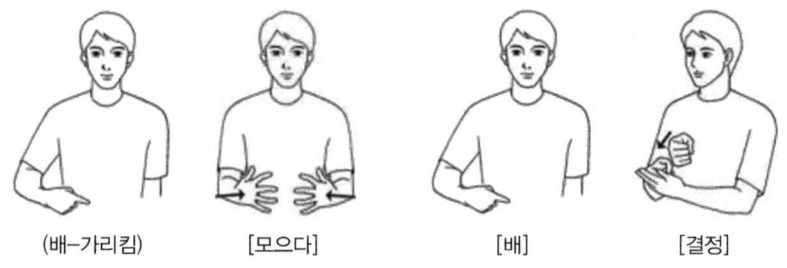

(배-가리킴)　　[모으다]　　[배]　　[결정]

〈도표 89〉는 [뭉치다]라는 개념이 용기로 내용물을 나타내는 환유를 통해 형성되는 과정을 보여준다. 먼저 배를 가리키는 동작이 사용되며, 이는 도상성을 반영한다. 배는 신체의 중심을 의미하는 동시에 감정과 정신을 담는 용기로 개념화된다. 이 과정에서 '용기(그릇)로 내용물을 나타내는 환유'가 적용되어, 배(용기)가 그 내용물인 '마음'을 지칭한다. '마음'이 [모으다]와 결합하여 '마음을 모으다'라는 의미를 형성하고 그것은 다시 '뭉치다'를 의미하게 된다.

<도표 89> [배+모으다] = [뭉치다] 분석

<도표 90>은 [용감하다]라는 개념이 용기로 내용물을 나타내는 환유를 통해 형성되는 과정을 보여준다. 먼저, [배]는 신체의 중심부로, 감정과 의지를 담는 공간으로 개념화된다. 여기에 '용기(그릇)로 내용물을 나타내는 환유'를 반영하게 되면 [배]가 '마음'을 가리키게 된다. 다음으로, '마음'이 [결정]과 결합하게 되면 '마음을 정하다'라는 개념이 형성된다. 즉, 배(용기) 안에 있는 내용물인 '마음'을 단단히 정하는 행위가 용기를 내는 행동을 의미하게 된다. 이러한 과정에서, '마음을 정하는 것'이 곧 '용기를 내는 것'과 같은 개념으로 확장되며, 최종적으로 '용감하다'라는 개념이 형성된다.

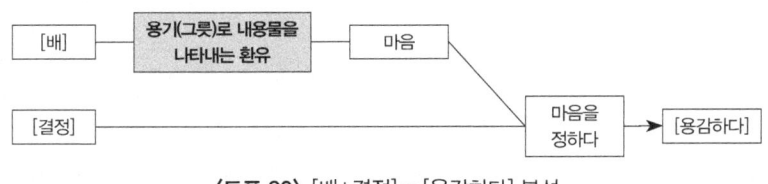

<도표 90> [배+결정] = [용감하다] 분석

5.2.9 하위 사건으로 전체 사건을 나타내는 환유

하위 사건으로 전체 사건을 나타내는 환유는 특정한 작은 사건이나 행위가 전체적인 사건이나 개념을 대표하는 방식으로 사용되는 환유적 기제이다. 이는 한국수어의 합성어에서 의미를 압축적으로 전달하는 중요한 역할을 한다. [불교], [승차진료], [한약], [고향]과 같은 합성어에서 이러한 환유적 표현이 발견된다. [불교]와 [한약]에 대한 설명은 이미 이루어졌으므로 여기에서는 [승차진료]와 [고향]에 대해서 설명하고자 한다.

(129) a. [(차-다가옴)+(입-찌르기)+검사]=[승차-진료]
　　　 b. [낳다+곳]=[고향]

[승차-진료]는 (차-다가옴)이라는 생산적 수어와 (입-찌르기)라는 생산적 수어, 그리고 [검사]를 결합한 합성어이다.

(차-다가옴)　　　　(입-찌르기)　　　　[검사]

(입-찌르기) 동작은 '하위 사건으로 전체 사건을 나타내는 환유'를 통해 코로나 검사의 여러 과정의 일부이다. 코로나 검사에는 '입을 찌르는 행위' 외에도 다양한 절차가 있는데 가장 현저성이 높은 (입-찌르기) 동작으로 코로나 검사를 대표하고 있다.

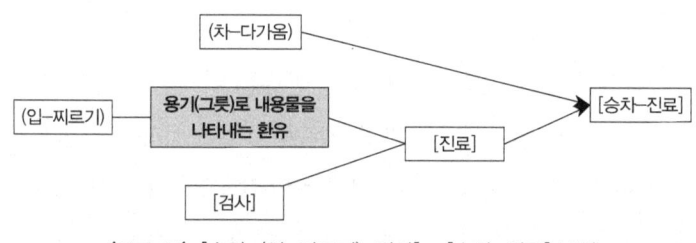

〈도표 91〉 [승차+(입-찌르기)+검사] = [승차-진료] 분석

[고향]은 [낳다]와 [곳]의 합성어이다.

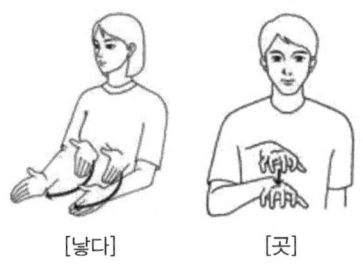

[낳다]   [곳]

[낳다]는 '부분으로 전체를 나타내는 환유'를 통하여 '낳고 자라다'를 의미한다. 고향은 태어난 곳이라는 의미 외에도 자란 곳, 또는 부모님이 살고 계신 곳을 의미하기 때문이다.

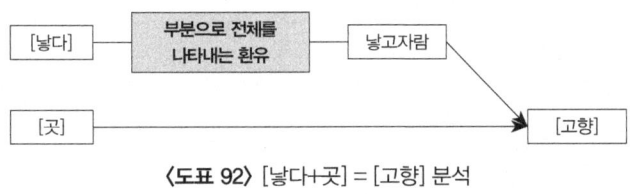

〈도표 92〉 [낳다+곳] = [고향] 분석

5.2.10 한국수어의 합성어에 나타나는 개념적 환유 요약

지금까지 개념적 환유가 한국수어의 합성어 형성에 중요한 의미 확장 기제로 작용하고 있음을 살펴보았다. 우선, '부분으로 전체를 나타내는 환유'는 한 대상의 특정 부분이 전체를 대표하는 방식으로 사용된다. 예를 들어, [지금]은 [오늘]과 지문자 [ㅈ]이 결합하여 형성된 합성어로, 여기서 [ㅈ]은 '지금'의 일부를 가리킨다. 또한, [요양시설]은 [ㅛ]와 [보호]가 결합하여 이루어지며, 여기서 [ㅛ]는 '요양'을 대표하는 지문자로 사용되어 전체 개념을 대변한다. 이외에도 동물의 특징적인 부분을 묘사함으로써 동물 전체를 나타내는 사례도 다수 발견된다.

다음으로, '범주로 속성을 나타내는 환유'는 특정 범주가 그 속성을 강조하는 방식으로 사용된다. 예를 들어, [골목길]은 [쥐]와 [길]이 결합하여 형성되며, 쥐가 좁고 구불구불한 곳을 다니는 특성을 반영하여 '골목길'을 의미하게 된다. 반대로, '속성으로 범주를 나타내는 환유'는 특정한 속성이 전체 범주를 대표하는 방식으로 사용된다. 대표적인 예로 [하늘]이 있다. [하늘]은 [파랑]과 [밝다]의 결합으로 이루어지며, 하늘의 주요 속성인 '파란색'과 '밝음'이 '하늘'이라는 개념을 나타내게 된다. 색채어를 활용한 환유적 표현은 한국수어에서 매우 생산적인 방식으로 나타난다. [백조]는 [희다+새], [까마귀]는 [검다+새]로 표현되는 방식에서 확인할 수 있다. 이는 특정한 색이 해당 개체를 대표하는 속성으로 사용되면서 범주를 지칭하는 방식이다. 또한, '원인으로 결과를 나타내는 환유'는 특정한 원인이 그로 인해 발생한 결과를 나타내는 방식으로 개념화된다. 예를 들어, [일요일]은 [빨강]과 [결석]의 합성어로, [결석]이 '원인으로 결과를 나타내는 환유'를 통해 '쉬다'의 개념을 형성한다.

'상위어로 하위어를 나타내는 환유'는 보다 넓은 개념(상위어)이 특정한 하위 개념을 대표하는 방식으로 사용된다. 예를 들어, [비말-차단용-마스크]는 [마스크]와 [파랑]이 결합하여 형성되며, '파랑 마스크'라는 상위 개념이 특정한 기능을 가진 '비말 차단용 마스크'를 의미하게 된다. 또한, [한약]은 [맥]과 [짜다]의 조합으로, '짜다'라는 상위 개념이 그 하위 개념인 '한약재를 짜는 행위'를 가리키고 있다. 반대로, '하위어로 상위어를 나타내는 환유'는 특정한 하위 개념이 보다 넓은 상위 개념을 대신하는 방식으로 사용된다. 예를 들어, [힌두교]는 [인도]와 [믿다]가 결합한 합성어로, 특정한 국가의 종교인 '인도의 종교'라는 개념이 전체적인 범주의 '힌두교'를 의미하게 된다.

'개체로 행위를 나타내는 환유'는 특정 개체가 그와 관련된 행위를 대표하는 방식으로 나타난다. 예를 들어, [불교]는 [목탁]과 [믿다]의 합성어로, [목탁]은 불교 의식에서 대표적으로 사용되는 개체로 '개체로 행위를 나타내는 환유'를 통해 '목탁을 치는 불교의 의식 행위'를 의미한다. '용기(그릇)로 내용물을 나타내는 환유'는 특정한 용기나 담는 구조가 그 안의 내용을 대표하는 방식으로 사용된다. 예를 들어, [뭉치다]는 배(용기)를 가리키는 동작과 [모으다]가 결합하여 '마음을 모으다'라는 의미를 형성한다. 또한, [용감하다]는 배(용기)와 [결정]이 결합하여 '마음을 정하다'가 '용기를 내다'로 확장되는 방식으로 개념화된다. 이 때 '배'는 '마음'을 담고 있는 그릇으로 그 그릇을 통해 그 안에 있는 '마음'을 나타낸다.

마지막으로, '하위 사건으로 전체 사건을 나타내는 환유'는 특정한 작은 사건이나 행위가 전체적인 사건을 대표하는 방식으로 사용된다. 예를 들어, [승차진료]는 (차-다가옴), (입-찌르기), [검사]가 결합하여 이루어진 합성어이다. 여기서 '입-찌르기' 동작은 코로나 검사의 여러 과정 중 하나지만, 가장 현저한 부분이기 때문에 전체 검사를 대표하는 요소로 사용된다. 이와 유사하게, [고향]은 [낳다]와 [곳]의 합성어로, [낳다]는 고향과 관련된 하위 사건으로 '낳고 자라다'와 같은 전체 사건을 나타낸다.

이와 같이, 한국수어의 합성어는 개념적 환유를 활용하여 의미를 효과적으로 확장한다. 이러한 환유적 기제는 한국수어에서 특정한 속성, 행위, 하위 개념 등을 활용하여 그와 개념적으로 근접한 개념을 효율적으로 전달하는 데 중요한 역할을 한다.

6
한국수어 관용표현에 나타나는 도상성과 은유 및 환유

지금까지 한국수어의 고유명사, 단일어, 복합어에 나타나는 개념적 은유와 개념적 환유를 살펴보았다. 이를 통해 한국수어에서 개념적 구조가 어떻게 형성되고 확장되는지를 이해할 수 있었다. 다음 장에서는 한국수어의 관용표현 전반을 조사하고, 그 표현에 나타나는 도상성과 개념적 은유, 그리고 도상성과 개념적 환유를 분석할 예정이다.

이를 보다 구체적으로 살펴보기 위해 6.1에서는 한국수어 관용표현에 나타나는 개념적 은유를 논의할 것이다. 주요 은유 표현으로는 [생각은 물건], [감정은 물건], [정신은 신체], [삶은 전쟁], [도덕성은 위], [도덕성은 청결함], [논쟁은 전쟁], [기억은 음식], [감각은 인식], [아는 것은 보는 것], [아는 것은 잡아채는 것], [진실성은 맛], [만족감은 맛]이 포함된다.

6.2에서는 한국수어 관용표현에서 발견되는 다양한 환유적 개념을 살펴볼 예정이다. 이를 통해 신체적, 공간적, 인지적 요소들이 어떻게 수어 표현에 반영되는지를 분석할 것이다. 논의할 환유 유형으로는 '신체 부위로 기능을 나타내는 환유', '범주로 속성을 나타내는 환유 & 속성으로 범주를 나타내는 환유', '결과로 원인을 나타내는 환유 & 원인으로 결과를 나타내

는 환유', '대상으로 행위를 나타내는 환유', '부분으로 전체를 나타내는 환유', '하위어로 상위어를 나타내는 환유 & 상위어로 하위어를 나타내는 환유', '용기(그릇)로 내용물을 나타내는 환유', '상태로 이유를 나타내는 환유', '수량으로 정도를 나타내는 환유', 그리고 '기타 관용표현'이 포함된다

6.1 한국수어 관용표현에 나타나는 도상성과 은유[1]

6.1.1 [생각은 물건] 은유

한국수어에서 [생각]은 물리적 대상으로 개념화되며, 이를 기반으로 다양한 표현이 형성된다. [생각] 수어에 (우세손-검지를-비우세손-엄지와-검지-사이에서-돌림) 동작을 결합하면 '아무 생각없다', '정신없다', '태평하다', '망중한'의 의미를 나타낸다. 이는 '생각'을 '물건'으로 간주하고, 그 물건이 텅 비어있음을 나타내는 방식으로 표현된다.

비우세손의 엄지와 검지 사이가 그릇이라고 가정하고, 그 안에서 우세손의 검지가 스치듯이 돌리는 동작을 반복하는 것은 그 그릇이 비어있음을 나타낸다. 즉, 생각이 없는 상태를 시각적으로 표현하는 것이다. 이러한 표현 방식은 [생각은 물건] 은유를 반영하며, 생각이 물리적 대상처럼 존재하거나 사라질 수 있다는 개념적 구조를 따른다. 이는 '머릿속이 비었다', '머리가 텅 비었다'와 같은 한국어 표현과도 상응하는 개념으로, 한국수어에서 추상적인 사고 과정을 물리적인 형태로 나타내는 방식을 보여준다.

---

[1] 여기에 나오는 관용표현은 남기현(2018, 2020)과 장진권(2004)를 참조한 것이다.

(130) [생각]+[(우세손-검지를-비우세손-엄지와-검지-사이에서-돌림)++]: '별 생각 없다'

[생각]　　(우세손-검지를-비우세손-엄지와-검지-사이에서-돌림)++

〈도표 93〉은 '별 생각 없다'라는 개념이 한국수어에서 도상성과 개념적 은유를 통해 형성되는 방식을 보여준다. 먼저, 도상성이 적용되어 '별 생각 없다'에 해당하는 표현이 시각적으로 형상화된다. 비우세손 1지와 5지가 사용되며 '그릇'을 도상적으로 형상화한다. 우세손 1지로 돌리는 동작이 결합되어 '물건이 없이 그릇이 텅 비어 있다'는 의미를 도상적으로 형성한다. [생각은 물건] 은유와 [마음은 그릇] 은유가 적용되면, 그릇이 비어 있는 상태가 '생각 없음'을 나타낸다.

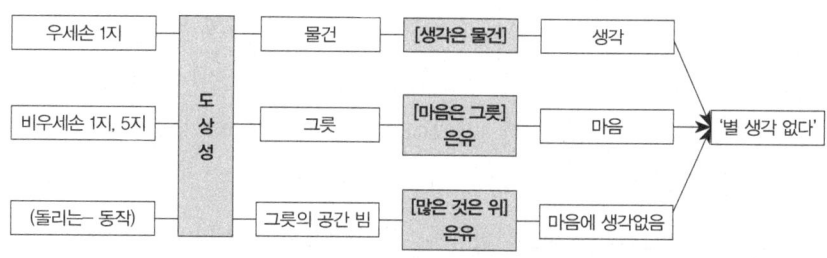

〈도표 93〉 [생각]+[(우세손-검지를-비우세손-엄지와-검지-사이에서-돌림)++]
'별 생각 없다' 관용 표현 분석

(131)에서와 같이 '별 생각 없다'에 해당하는 관용표현이 '태평하다' 혹은

6. 한국수어 관용표현에 나타나는 도상성과 은유 및 환유　　**323**

'망중한'을 의미하기도 한다. '태평하다'로 의미가 확장되는 것은 머릿속에 생각이나 계획이 없는 상태를 '천하태평한 상태'로 해석하기 때문이다. 즉, 걱정할 것이 없고 마음이 가벼운 상태가 생각의 부재와 연결된다. '망중한'은 머릿속에 생각이 없는 상태를 '무념무상의 상태'로 해석하기 때문에 의미가 확장된다. 생각이나 근심이 사라진 상태에서 얻어지는 여유와 평온함이 강조되며, 이는 생각이 담긴 그릇이 비어 있는 상태로 개념화된다. 이러한 의미 확장은 모두 '생각'을 마음 혹은 머릿속이라는 그릇에 담긴 물체로 은유적으로 개념화한 결과이다. 그릇이 가득 차 있으면 고민과 계획이 많은 상태, 그릇이 비어 있으면 무념무상의 상태라는 개념이 한국수어에서도 반영되고 있음을 보여준다.

(131) a. [일][계획][별-생각-없다][1년][벌써] : 나는 천하태평으로 회사를 다녔더니 1년이 훌쩍 지나갔다

b. [일][바쁘다][시간][쉬다][커피][마시다][별-생각-없다]: 바쁘게 일을 하다 잠시 쉬면서 커피를 마시며 망중한을 즐겼다.

[생각] 수어에 (다리에-매달리는-모습)을 결합하면 관용적으로 '열광하다'를 의미한다. 이는 '생각을 붙잡고 매달리는 모습'을 통해 특정한 대상이나 개념에 몰입하는 상태를 표현하는 방식이다. 이러한 표현 방식에도 [생각은 물건] 은유가 반영된다. 즉, 생각이 물리적 대상으로 개념화되며, 그것을 붙잡고 놓지 않는 동작을 통해 강한 집착이나 몰입을 나타낸다. 한국어에서도 '어떤 생각에 사로잡히다', '한 가지에 집착하다'와 같은 유사한 표현이 발견된다. 결과적으로, '열광하다'는 단순한 감정적 상태를 넘어, 특정한 대상에 대한 강한 관심과 몰입을 나타내며, 이는 생각을 물리적 대상으로 인식하고 그에 매달리는 도상적 표현을 통해 시각적으로 구현된다.

(132) [생각]+(다리에-매달리는-모습): '열광하다'

[생각]   (다리에-매달리는-모습)

⟨도표 94⟩는 '열광하다'라는 개념이 한국수어에서 [생각은 물건] 은유와 '원인으로 결과를 나타내는 환유'를 통해 형성되는 과정을 보여준다. 먼저, [생각] 수어에 (다리에-매달리는-모습)이 결합된다. 다리에 매달리는 동작은 특정한 대상에 강하게 집착하는 상태를 표현한다. [생각은 물건] 은유가 적용되어, 생각이 물리적 대상으로 개념화된다. 이때, 다리를 붙잡고 매달리는 동작은 생각에 대한 강한 집착을 의미하게 된다. 또한, '원인으로 결과를 나타내는 환유'가 적용되면서, 생각에 집착하는 행위가 결국 '열광하다'라는 감정적 상태로 확장된다. 즉, 어떤 대상에 대한 강한 몰입과 집착이 원인이 되어, 그 결과로 열광하는 상태를 나타내게 된다.

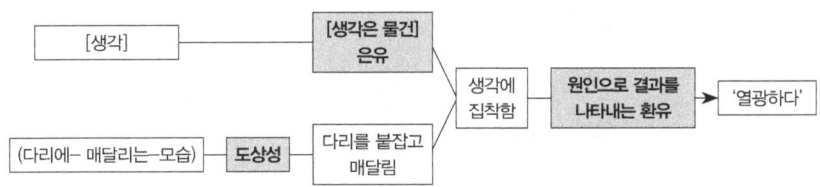

⟨도표 94⟩ [생각]+(다리에-매달리는-모습) '열광하다' 관용 표현 분석

[생각은 물건] 은유는 [깨끗하다]와 [주다]가 결합한 관용표현에서도 발

견된다. [깨끗하다]와 [주다]가 결합하면 관용적으로 '솔직하게 말하다'를 의미한다.

(133) [깨끗하다]+[주다]: '솔직하게 말하다'

[깨끗하다]   [주다]

〈도표 95〉 '솔직하게 말하다'라는 개념이 한국수어에서 [도덕성은 청결함] 은유, [생각은 물건] 은유, 그리고 [의사소통은 물건전송] 은유를 통해 형성되는 방식을 보여준다. 먼저, [깨끗하다]는 [도덕성은 청결함] 은유를 반영하며, '깨끗함'이 '도덕적 순수성'과 '정직함'을 의미하는 방식으로 개념화된다. 다음으로, [주다]는 [생각은 물건] 은유와 [의사소통은 물건전송] 은유를 포함하여, 생각이 물리적 대상처럼 전달될 수 있는 것으로 개념화된다. 즉, 생각이나 의견이 마치 물건처럼 상대에게 건네지는 것으로 인식된다.

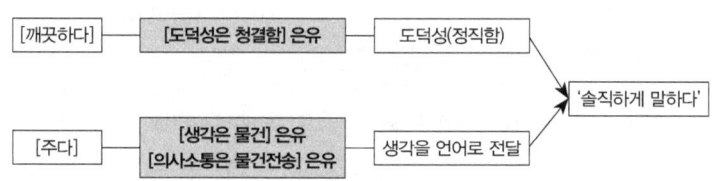

〈도표 95〉 [깨끗하다]+[주다] '솔직하게 말하다' 관용표현 분석

6.1.2 [감정은 물건] 은유

'자비'나 '동정심'과 같은 감정을 물건으로 이해하는 [감정은 물건] 은유가 [맹;눈감다]+[주다], [눈물]+[주다], [눈물]+[0점]과 같은 관용표현에서 발견된다. 예를 들어, [맹]+[주다]에서는 [감정은 물건] 은유가 적용되어, 감정을 마치 물리적인 대상처럼 주고받을 수 있는 것으로 개념화된다. 이는 '잘못을 눈감아 주다' 혹은 '마음을 베풀다'의 의미로 확장되며, 용서나 관용이 마치 물건을 건네듯이 전달될 수 있는 개념으로 표현된다.

(134) [맹]+[주다]: '잘못을 눈감아 주다'

[맹]　　　　　　　　[주다]

〈도표 96〉은 '잘못을 눈감아 주다'라는 표현이 한국수어에서 [감정은 물건] 은유, [감정소통은 물건전송] 은유, [아는 것은 보는 것] 은유, 그리고 '원인으로 결과를 나타내는 환유'를 통해 형성되는 방식을 보여준다. 먼저, [맹]은 '보지 않는다'는 의미를 가지며, 이는 '원인으로 결과를 나타내는 환유'를 반영한 것이다. 즉, 보지 않는 행위가 결과적으로 잘못을 묵인하는 것과 연결된다. 또한, [아는 것은 보는 것] 은유가 적용되어, '보지 않는 것'이 '모르다'를 의미하게 된다. 다음으로, [주다]는 [감정은 물건] 은유와 [감정소통은 물건전송] 은유를 통하여 동정심과 같은 감정을 마치 물리적 대상처럼

주고받을 수 있는 것으로 개념화한다. 즉, 동정이나 관용이 마치 물건을 건네듯이 전달될 수 있는 개념으로 표현된다. 이러한 과정에서, '모르다'와 '동정'이 결합되어 최종적으로 '잘못을 눈감아 주다'라는 의미가 형성된다.

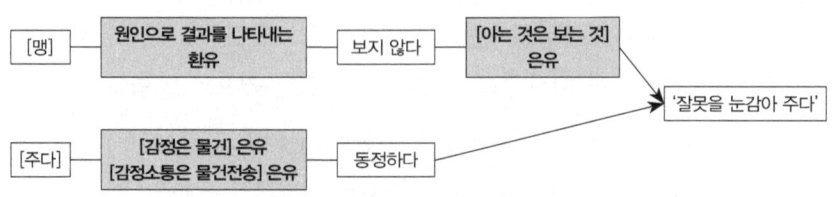

〈도표 96〉 [맹]+[주다] '잘못을 눈감아 주다' 관용표현 분석

[눈물]과 [주다]가 결합한 관용표현은 '동정심을 베풀다' 혹은 '봐주다'의 의미를 가진다. 여기에서 [눈물]은 '결과로 원인을 나타내는 환유'를 통해 '동정심'을 의미하게 된다. 즉, 눈물이 흐르는 결과가 동정심이라는 감정의 원인과 연결되면서, '눈물'이 곧 '동정심'을 나타내는 방식으로 확장된다. 여기에 [주다]가 결합하면, 동정심과 같은 감정을 주고받는 물건처럼 해석하는 개념이 형성된다. 이는 '동정심을 베푸는 것'을 '주는 행위'로 이해하는 것으로, 상대에게 관심을 가지고 마음을 쓰는 것을 '물건을 건네는 것'으로 개념화하는 방식이다.

(135) [눈물]+[주다]: '봐주다'

[눈물]　　　[주다]

〈도표 97〉은 '동정심을 베풀다' 혹은 '봐주다'라는 표현이 한국수어에서 '결과로 원인을 나타내는 환유', '원인으로 결과를 나타내는 환유', [감정은 물건] 은유, [감정 소통은 물건전송] 은유를 통해 형성되는 방식을 보여준다. 먼저, [눈물]은 '결과로 원인을 나타내는 환유'를 반영하며, [눈물]이라는 결과가 '동정심'이라는 원인을 나타내는 방식으로 의미가 확장된다. 즉, 눈물을 흘리는 행위가 감정적인 동정심과 연결되면서, [눈물]이 곧 '동정심'을 의미하게 된다. 다음으로, [주다]는 [감정은 물건] 은유와 [감정 소통은 물건전송] 은유를 반영하며, 동정심과 같은 감정을 마치 물건처럼 주고받을 수 있는 것으로 개념화한다. 즉, '동정심을 베푸는 것'이 '주는 행위'로 표현되며, 상대에게 관심을 가지고 마음을 쓰는 것이 물건을 전달하는 것과 같은 방식으로 구조화된다. 이러한 과정에서, '동정심을 베풀다'라는 개념이 형성되며, 이는 다시 '원인으로 결과를 나타내는 환유'를 통해 '봐주다'라는 의미로 확장된다.

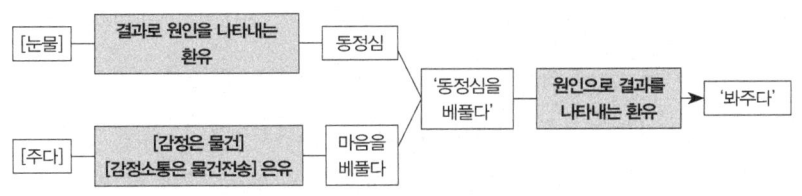

〈도표 97〉 [눈물]+[주다] '봐주다' 관용표현 분석

[눈물]과 [0점]이 결합하는 관용표현에도 [감정은 물건] 은유가 발견된다. [눈물]과 [0점]이 결합하면 '무자비함' 혹은 '몹시 엄격함'을 의미한다.

(136) [눈물]+[0점]: '무자비함'

〈도표 98〉은 '무자비함' 혹은 '몹시 엄격함'이라는 표현이 한국수어에서 '결과로 원인을 나타내는 환유'와 '감정은 물건' 은유를 통해 형성되는 방식을 보여준다. 먼저, [눈물]은 '결과로 원인을 나타내는 환유'를 반영하며, [눈물]이라는 결과가 '동정심'이라는 원인을 나타내는 방식으로 의미가 확장된다. 즉, '눈물이 존재한다'는 것은 감정적 연민이나 동정심이 있다는 의미로 연결되며, 반대로 '눈물이 없다'는 것은 이러한 감정이 없다는 것을 나타낸다. 또한, [0점]이 결합하면 [감정은 물건] 은유가 적용되어, 감정이 마치 물리적 대상으로 개념화되고, 그것이 존재하지 않음을 표현하는 방식으로 해석된다. 이는 '눈물이 없다'는 것이 단순히 눈물을 흘리지 않는 상태가 아니라, 동정심이나 연민이 없는 상태를 의미하게 만든다. 이러한 과정을 통해, '눈물이 없다'는 표현이 '무자비함' 또는 '몹시 엄격함'을 의미하게 된다.

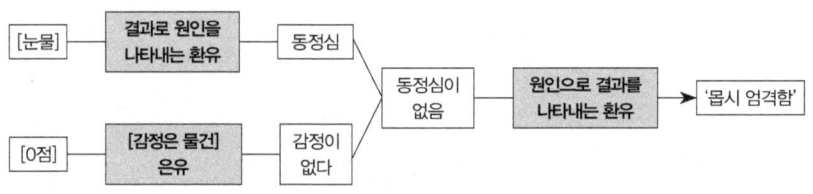

〈도표 98〉 [눈물]+[0점] '무자비' 관용표현 분석

6.1.3 [정신은 신체] 은유

[정신은 신체] 은유는 정신적 개념을 신체적 경험으로 이해하는 방식으로 한국수어의 관용표현에 다양하게 나타난다. 예를 들어, [먹다]와 결합한 [힘]은 [정신은 신체] 은유를 반영하여 '정신적 능력'을 의미하게 된다. 이는 신체의 힘이 정신력과 동일한 개념으로 개념화되기 때문이다. 즉, 신체적으로 힘을 기르는 것이 정신적으로 강한 의지나 능력을 가지는 것에 사상된다.

(137) [먹다]+[힘]: '잘 먹다'; '지속적으로 먹다'

[먹다]   [힘]

[힘]은 원래 신체의 강건함을 나타내는 수어이다. 팔을 위로 올리면서 신체의 힘을 보여주는 방식으로 표현되며, 이를 통해 신체적 강건함을 의미하는 수어라는 점이 명확히 드러난다. 이처럼 신체의 힘을 나타내는 [힘] 수어가 정신적 능력을 의미하게 되는 것은 [정신은 신체] 은유로 인한 것이다. 신체적으로 강한 힘이 정신적 능력이나 의지의 강함과 연결되면서, '정신적인 힘'이 '신체적인 힘'과 동일한 방식으로 개념화된다. 다음 예시는 [힘] 수어가 [먹다]와 [일]과 결합하여 정신력을 나타내는 방식으로 사용되는 사례를 보여준다.

(138) a. [먹다++]{상대방을-반복해서-쳐다보다}[또][힘][먹다]+[힘][지시/남자][몸][마르다][그러나][먹다]+[힘][지시/남자]

'또 먹네. 쉬지 않고 먹네. 말랐는데도 잘 먹네.'

b. [그만두다][없다][매진하다][일하다]+[힘]

'그만두지 않고 꾸준히 일하는 것이다.' (남기현 2018: 109 일부 기호 수정)

정신적 능력, 즉 지적 능력이나 지구력이 있으면 무엇인가를 잘하거나 지속할 수 있다. 따라서 원인(정신적 능력)으로 결과(지속성과 우수성)를 가리키는 환유를 통해 '~를 잘하다' 또는 '~를 지속하다'의 의미가 형성된다. 이러한 [힘]의 의미가 [먹다]와 결합하면, '잘 먹다' 혹은 '지속적으로 먹다'의 의미로 확장된다. 이는 신체적 힘이 정신적 능력으로 개념화되는 [정신은 신체] 은유와 함께, 정신적 능력이 지속성과 우수성을 나타내는 환유적 관계를 반영하는 방식으로 나타난다.

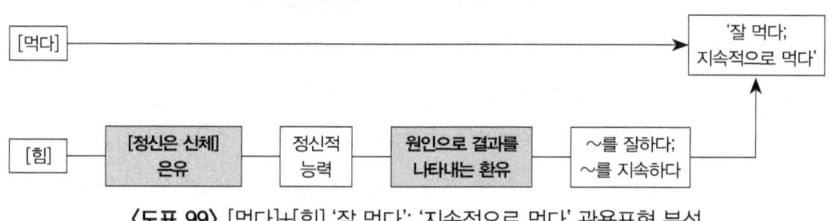

〈도표 99〉 [먹다]+[힘] '잘 먹다'; '지속적으로 먹다' 관용표현 분석

6.1.4 [도덕성은 청결함] & [도덕성은 위] 은유

[도덕성은 청결함] & [도덕성은 위] 은유가 [깨끗하다]와 [주다]가 결합하여 '솔직하게 말하다'를 의미하는 관용표현과 [얼굴]과 [서다]가 결합하

여 '책임을 지다'를 의미하는 관용표현에서 각각 발견된다.

(139) a [깨끗하다]+[주다]: '솔직하게 말하다' : [도덕성은 청결함] 은유
b. [얼굴]+[서다]: '책임을 지다': [도덕성은 위] 은유

[깨끗하다]와 [주다]가 결합하여 관용적으로 '솔직하게 말하다'를 의미하는 사례는 이미 6.1.1에서 설명한 바 있다. 신체의 청결함으로 정직함을 의미하므로 [도덕성은 청결함] 은유가 사용된 것으로 분석되었다. [도덕성은 청결함]은 [정신은 신체] 은유의 하위 은유이다. 신체의 청결함은 신체에 관련된 것이고 도덕성은 정신에 관련된 것이기 때문이다.

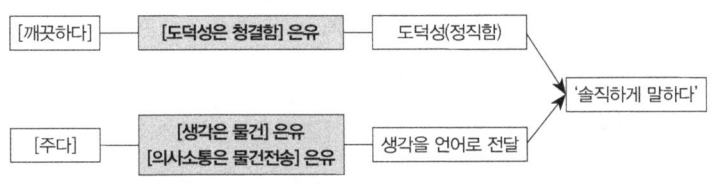

〈도표 100〉 [깨끗하다]+[주다] '솔직하게 말하다' 관용표현 분석

[도덕성은 위] 은유는 도덕적 책임과 사회적 역할을 공간적 개념으로 표현하는 방식으로, 한국수어에서도 이러한 개념적 구조가 반영된다. [얼굴]과 [서다]의 결합은 '책임을 지다'라는 의미를 가지며, 여기에서 [서다]는 [도덕성은 위] 은유를 반영하고 있다. 서 있는 것은 '위'이고, 앉아 있거나 누워 있는 것은 '아래'로 인식되기 때문에, 도덕적 책임을 다하는 행위를 '서 있는 것'으로 개념화한다.

(140) [얼굴]+[서다] : '책임을 지다'

[얼굴]   [서다]

　[얼굴]은 '체면'을 의미한다. [얼굴]에 [서다]를 결합하여 '체면이 서도록 도덕적으로 행동하다'를 의미하는 것은 [도덕성은 위] 은유를 통해서이다. 한국어에서 '체면이 서다'라고 하여 '서다'라는 표현을 하는 것도 같은 은유를 사용하고 있기 때문이다. '체면이 서도록 도덕적으로 행동하는 것'은 '상위어로 하위어를 나타내는 환유'를 통하여 '책임을 지다'를 의미하게 된다. 도덕적 행동(상위어)의 한 종류가 책임지는 행동(하위어)이기 때문이다.

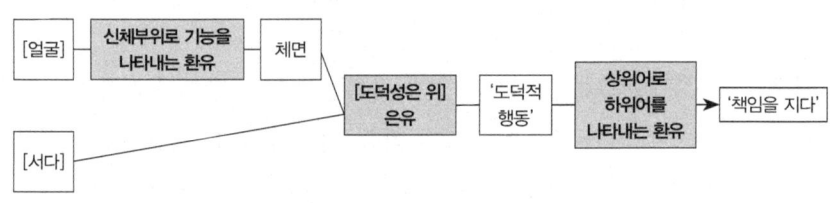

〈도표 101〉 [얼굴]+[서다] '책임을 지다' 관용표현 분석

6.1.5 [사람은 동물] 은유

우리는 다음 예시와 같이 '호랑이' '여우' '베짱이' 등의 동물을 통하여 사람을 이해하는 경우가 많다. 우리에게 친숙한 동물의 속성을 바탕으로 사람을 개념화한 것으로 [사람은 동물] 은유가 사용된 것이다.

(141) a. 그런데 학교에는 어찌 된 일인지 **호랑이 선생님들**이 점점 사라져 가고 있다. (충남일보 2022.02.13.)

　b. 나정분은 "너 빨리 그 여자 데려와라. 걔 아직 연애도 한 번 못해봤는데 그러다 바보 되면 어떡하냐. 그 **불여시** 얼른 데리고 와봐라"고 말했다. (뉴스인사이드 2015.03.18.)

　c. 극 중 남바다는 **베짱이 중에서 '탑 오브 베짱이'**다. (스포츠서울 2024.03.28.)

　d. 피해자가 **미끼를 물어** 공개 채팅방에 참여하면 대포 계정과 다중 접속 프로그램 등을 써 수백명의 투자자가 있는 것처럼 눈속임한다. (대구신문 2024.01.30.)

한국수어에서도 [사람은 동물] 은유를 사용한 수어가 발견된다. [낚이다]는 도상적으로 물고기가 미끼를 물어 따라가는 모습을 표현한 것으로 그럴듯한 꾀에 속아 다른 사람의 생각대로 끌려가다 스스로 해를 입게 된 처지를 의미한다. [사람은 동물] 은유를 사용하고 있다.

(142) (우세손-1지를-고리모양으로-해서-입에-댔다가-앞으로-빼듯이-내미
는-동작): '끌려가다'; '일에 얽매이다'; '낚이다'

'낚이다'

〈도표 102〉는 [낚이다]라는 표현이 한국수어에서 '도상성'과 '사람은 동물' 은유를 통해 형성되는 방식을 보여준다. 먼저, 치아를 잡아당기고 몸을 굽히는 동작은 도상성을 반영하며, 이는 물고기가 미끼를 물고 따라가는 모습을 시각적으로 재현하는 방식이다. 다음으로, 물고기가 미끼를 물어 따라가는 모습은 [사람은 동물] 은유를 통해 인간의 행동과 연결된다. 즉, 사람이 쉽게 속거나 유혹에 넘어가는 상황을 물고기가 낚이는 상황에 빗대어 표현하는 방식이다.

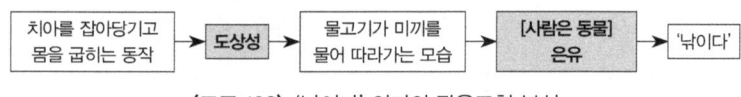

〈도표 102〉 '낚이다' 의미의 관용표현 분석

다음 (143)의 관용표현에서도 (142)와 같이 사람을 물고기로 간주하는 은유가 발견된다. 낚시에 걸려 끌려가는 상황을 기반으로, 사람을 미끼를 잘못 물어 속아 넘어간 물고기로 개념화하고 있다. 이 표현은 [사람은 동물] 은유를 반영하며, 속아서 어떤 상황에 휘말리는 것을 물고기가 미끼를 물고 낚이는 상황에 빗대어 나타낸 것이다.

(143) (양손의-5지-끝을-턱에-대었다가-튕기듯이-앞으로-내미는-동작): '완전히 속아 넘어가다'; '감쪽같이 속다'

'감쪽같이 속다'

사람을 소로 이해한 사례도 발견된다. 우세손 1지를 고리 모양으로 만들어 코에 대는 동작은 소의 코뚜레를 의미한다. 이 표현은 소가 코뚜레에 코가 꿴 상태로 일하는 모습을 도상적으로 나타낸 것으로, 이를 통해 '어떤 일에 얽매이다' 혹은 '코가 꿰이다'라는 의미가 형성된다. 이는 [사람은 동물] 은유를 반영하며, 사람이 통제당하거나 강제로 일을 해야 하는 상황을 소가 코뚜레에 묶여 움직이는 모습에 빗대어 표현한 것이다.

(144) (우세손-1지를-고리모양으로-해서-코에-댔다가-스치면서-앞을-이동하는-동작): '코가 꿰이다'; '일에 얽매이다'

'코가 꿰이다'

사람을 목줄에 묶인 개로 이해한 사례도 발견된다. 우세손을 주먹 형태로 만들어 목 옆에 두는 것은 개가 목줄에 묶여 있음을 나타낸다. 이후, 주먹을 목 옆에 대었다가 몸 바깥쪽으로 끌어당기는 동작은 개가 목줄에 묶여 끌려가는 모습을 표현한다. 이를 통해 '재수 없게 일에 끌려가다'라는 의미로 확장된다. 이 표현은 [사람은 동물] 은유를 반영하며, 사람이 강제로 끌려가는 상황을 목줄에 묶인 개가 주인의 의지에 따라 움직이는 모습에 빗대어 형상화한 것이다.

(145) (우세손-주먹을-목-옆에-두었다가-몸-바깥쪽으로-끌어당기는-동작):
'일에 얽매이다'; '재수 없게 끌려가다'

'일에 얽매이다'

사람을 여우로 이해한 사례도 발견된다. 양손을 [여우] 수어의 수형으로 만든 채 서로 마주보게 하고 엇갈리게 돌리는 동작이 이에 해당한다. 이 표현은 여우의 교활한 특성을 반영하여, 서로 엇갈린 행동을 하는 것이 서로 다른 마음을 가지고 있다는 의미로 확장된다. 즉, '동상이몽'의 뜻을 나타내며, 이는 [사람은 동물] 은유를 기반으로 여우의 속성을 인간의 성향과 연결시키는 방식으로 형성된다.

(146) (양손의-2, 3, 5지를-서로-붙이고-1지와-4지를-세운-채로-양손을-가슴-앞에서-좌우로-엇갈리게-돌리는-동작): '동상이몽'; '서로 딴 마음을 품다'

'동상이몽'

6.1.6 [사람은 기계] 은유

인간의 정신적 활동이 기계의 작동과 동일한 방식으로 개념화되는 경우가 있다. 이는 [사람은 기계] 은유로 설명할 수 있으며, 인간의 사고 과정이나 감정 상태를 기계의 작동과 멈춤, 고장 등의 개념으로 표현하는 방식이다. '머리가 녹슬었다', '머리가 잘 돌아가지 않는다'와 같은 표현은 사람을 기계로 개념화하는 [사람은 기계] 은유가 반영된 것이다. 다음 (147)의 예시에서 [생각]과 [기계가-멈추다]가 결합하여 '생각이 나지 않다'는 의미를 형성하는 것을 확인할 수 있다. 기계는 정상적으로 작동할 때 기능을 수행하지만, 멈추거나 고장이 나면 더 이상 작동하지 않는다. 이러한 개념을 인간의 사고에 적용하면, '기계가 멈추는 것'이 '생각이 멈추는 상태'를 의미하게 된다. 즉, 사람이 일시적으로 아무 생각도 하지 못하는 상태를 기계가 정지한 모습으로 은유적으로 표현한 것이다.

(147) [생각]+[기계가-멈추다]: '생각이 나지 않다'

[생각]　　　　　　　　　　[기계가-멈추다]

6.1.7 [좋은 것은 위] & [나쁜 것은 아래] 은유

[좋은 것은 위] & [나쁜 것은 아래] 은유는 가치 판단을 공간적 위치로 개념화하는 방식으로, 한국수어에서도 이러한 개념적 구조가 표현된다. 특히, 생명과 죽음을 공간적 개념으로 나타내는 [삶은 위] & [죽음은 아래] 은유가 이와 연결된다.

다음 (148)에서는 [좋은 것은 위] & [나쁜 것은 아래] 은유의 하위 은유인 [삶은 위] & [죽음은 아래] 은유가 발견된다. 양손의 5지를 세웠다가 눕혔다 하면서, '죽게 생겼다가 다시 살아나다'를 반복하는 동작을 통해 '생사 기로에 있다'를 표현한다. 5지만 편 주먹은 사람을 의미하는 수형으로, 그것이 세워져 있을 때는 건강하여 위로 서 있는 사람을 의미하고, 눕혀지게 되면 건강하지 못하거나 죽음을 맞이하여 아래로 쓰러진 사람을 의미한다. 이러한 방식은 삶과 죽음을 공간적 위치로 개념화하여 시각적으로 표현하는 과정으로 볼 수 있다.

(148) (양손-주먹을-쥐고-5지만-세운-채로-5지를-세웠다-눕혔다를-반복하는-동작) : '사경을 헤매다'

'사경을 헤매다'

6.1.8 [삶은 여행] 은유

[삶은 여행] 은유는 삶을 하나의 여정으로 개념화하는 방식으로, 한국수어에서도 이러한 은유적 개념화가 발견된다. [하나]와 [걷다]가 동시 결합한 형태의 관용표현에서 [삶은 여행] 은유가 발견된다. 이 표현은 '한 길 만을 가다' 혹은 '외골수'를 의미하며, 비우세손의 1지 위를 우세손의 1지와 2지가 교대로 움직이며 걷는 듯한 동작을 반복함으로써 형상화된다. 이 동작은 삶을 하나의 길로 보고, 특정한 방향을 유지하며 나아가는 것으로 개념화하는 방식이다. 즉, 삶을 여행처럼 하나의 여정으로 이해하는 개념적 구조가 반영된 표현이라 할 수 있다.

(149) [하나/걷다]: '한 길만을 가다'; '일편단심'; '외골수'

'한 길만을 가다'

〈도표 103〉은 [하나]와 [걷다]가 결합하여 '한 길만을 가다'의 의미가 형성되는 과정을 보여준다. 비우세손 1지를 가로로 눕히는 것은 '한 길'을 의미한다. 우세손 1지와 2지는 '사람의 다리'를 뜻한다. 우세손 1지와 2지를 교차시키면서 비우세손 1지 위로 이동시키는 것은 '한 길 위를 쭉 걷는다'는 뜻이다. '한길을 쭉 걷는다'가 [삶은 여행] 은유를 통해 '살아가면서 한가지 목표에 몰두하다'의 의미가 된다. '지난 25년동안 한눈 팔지 않고 전업 작가로서 오직 한길만을 걸어온 외골수다'와 같은 표현과 일맥상통하는 한국수어 관용표현이다.

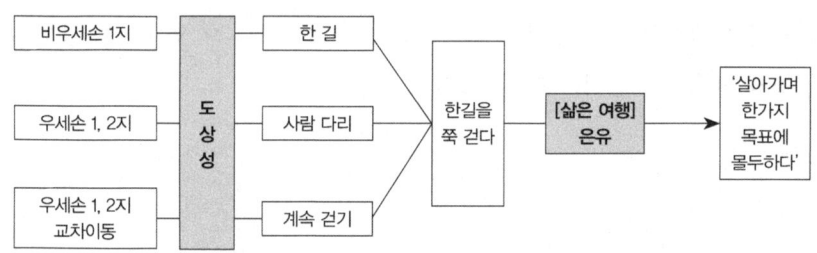

〈도표 103〉 [하나]+[걷다] '한 길만을 가다' 관용표현 분석

6.1.9 [삶은 전쟁] & [논쟁은 전쟁] 은유

[삶은 전쟁] & [논쟁은 전쟁] 은유는 삶과 논쟁을 전쟁으로 개념화하는 방식으로, 한국수어에서도 이러한 개념적 구조가 발견된다. '항복'은 전쟁에서 힘에 눌려 굴복하는 것을 의미한다. [눈], [시간], [생각]과 같은 수어가 [항복]과 결합하여 관용적으로 '더 이상 ~할 수 없다', '도무지 ~ 안 된다'의 의미를 갖게 되는 것은 [삶은 전쟁] 은유가 사용되었기 때문이다. 즉, 삶을 하나의 전쟁터로 보고, 싸우다 결국 굴복하는 것이 곧 '포기' 혹은 '더 이상 지속할 수 없음'으로 개념화된다.

(150) a. [눈]+[항복]: '더 이상 볼 수 없다'
  b. [시간]+[항복]: '시간이 안된다'
  c. [생각]+[항복]: '도무지 생각이 나지 않는다'

[눈]   [항복]

〈도표 104〉는 '더 이상 보기 어렵다'라는 표현이 한국수어에서 '삶은 전쟁' 은유와 '신체부위로 기능을 나타내는 환유'를 통해 형성되는 방식을 보여준다. 먼저, [눈]은 '신체부위로 기능을 나타내는 환유'를 반영하며, '눈'이라는 신체 부위가 수행하는 기능인 '보다'로 의미가 확장된다. 즉, 신체의 특정 부위가 수행하는 역할이 그 부위를 대표하는 방식으로 사용된다.

다음으로, [항복]은 '삶은 전쟁' 은유를 반영하며, 전쟁에서 패배하고 굴복하는 것이 삶의 포기와 연결된다. 이는 논리적으로 더 이상 지속할 수 없는 상태를 전투에서 항복하는 것과 동일하게 개념화하는 방식이다. 이러한 과정을 통해, '보다'와 '포기'가 결합하여 최종적으로 '더 이상 보기 어렵다'라는 의미가 형성된다.

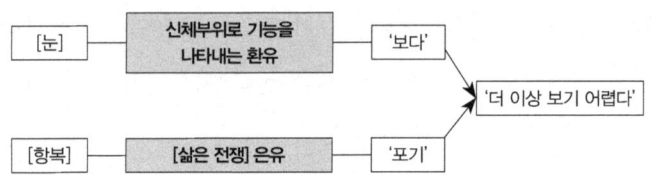

〈도표 104〉 [눈]+[항복] '더 이상 보기 어렵다' 관용 표현 분석

'전쟁'이라는 근원영역이 '삶'이라는 목표영역을 이해하는 데 사용되지만, 동시에 '논쟁'이라는 목표영역을 이해하는 데에도 활용된다. 이는 [논쟁은 전쟁] 은유를 통해 논쟁을 전쟁이라는 개념으로 인식하는 방식이다. 다음은 한국어에서 나타나는 [논쟁은 전쟁] 은유의 예시이다. 논쟁하는 행위를 '공격'으로 표현하고, 상대가 논의의 약점을 잡아 반박할 때 이를 '방어'라고 표현한다. 또한, 논쟁에서 '승리'와 '패배'라는 개념이 사용되는 것은 '논쟁'을 '전쟁'으로 간주하고 있음을 보여준다.

(151) a. 울산 중구 박성민vs오상택 TV 토론, 상대 공약 **허점 집중 공격**
(뉴스1 2024.04.03.)

b. 하지만 허 후보는 "홍 후보가 행정을 너무 모른다. 안동사업은 30년 가까이 방치된 것을 개발 방법에 따라 할 수 있는 범위에서 개발하도록 했다. 특혜가 없었다고 시의회와 감사원에서 밝혀졌다"라고 **방어했다**. (경남일보 2022.05.22.)

c. 상대의 말문을 막는 선공과 반박의 기술…모든 **논쟁에서 승리하는** 법 (조선비즈 2024.04.05.)

한국수어에서도 [말]과 [항복]이 결합하는 사례에서 [논쟁은 전쟁] 은유를 발견할 수 있다. 이 표현에서 [항복]은 전쟁이나 싸움에서 상대편에게 졌다는 것을 인정함을 의미하며, 이를 논쟁의 맥락에 적용하여 '논리적으로 상대의 말이 맞는 것으로 인정하는 것'으로 확장된다. 즉, 논쟁을 하나의 전투로 개념화하면서, 상대의 주장을 논리적으로 무너뜨리는 것이 물리적인 싸움에서의 승리와 동일한 방식으로 표현된다.

(152) [말]+[항복]: '상대의 말이 맞다'

[말]   [항복]

〈도표 105〉는 '-의 말이 맞다'라는 표현이 한국수어에서 [논쟁은 전쟁] 은유와 '부분으로 전체를 나타내는 환유'를 통해 형성되는 방식을 보여준다. 먼저, [말]은 '부분으로 전체를 나타내는 환유'를 반영하며, 논쟁에서 주고받는 개별적인 '말'이 전체적인 논쟁을 의미하는 방식으로 확장된다. 즉, 특정한 말 한마디가 논쟁이라는 전체적인 상황을 대표하는 역할을 한다. 다음으로, [이기다]는 [논쟁은 전쟁] 은유를 반영하며, 논쟁에서 상대를 논리적으로 설득하는 것이 전투에서 승리하는 것과 동일한 개념으로 이

해된다. 이는 논쟁을 하나의 전략적 싸움으로 개념화하면서, 주장의 우위를 전쟁에서의 승리와 연결하는 방식이다. 이러한 과정을 통해, 논쟁에서 주장이 받아들여지는 상황이 '이기는 것'으로 표현되며, 최종적으로 '-의 말이 맞다'라는 의미가 형성된다.

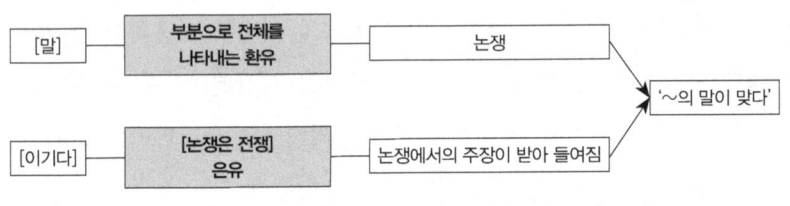

〈도표 105〉 [말]+[이기다] '~의 말이 맞다' 관용 표현 분석

6.1.10 [기억은 음식] 은유

[기억은 음식] 은유는 기억을 음식처럼 신선하고 부패하는 것으로 개념화하는 것을 말하며, 한국어에서는 발견되지 않는 은유로 한국수어에서만 발견된다. [기억]과 [악취]가 결합하여 '기억력이 좋다'를 의미하는 관용 표현에서 [기억은 음식] 은유가 발견된다.

(153) [기억]+[악취]: '기억력이 좋다'

〈도표 106〉은 '기억력이 좋다'라는 표현이 한국수어에서 [기억은 음식] 은유와 '결과로 원인을 나타내는 환유'를 통해 형성되는 방식을 보여준다. 먼저, [기억은 음식] 은유를 통해, 기억을 음식처럼 신선하게 보관되거나 부패할 수 있는 것으로 개념화한다. 특히, [냄새]와 같은 요소가 결합하면, '음식이 오래되어 썩어서 악취가 나는 것'이 '기억을 오래 간직하고 있는 것'에 사상된다. 다음으로, '기억이 오래되다'는 '결과로 원인을 나타내는 환유'를 통해, '기억력이 뛰어나다'는 원인을 가리킨다.

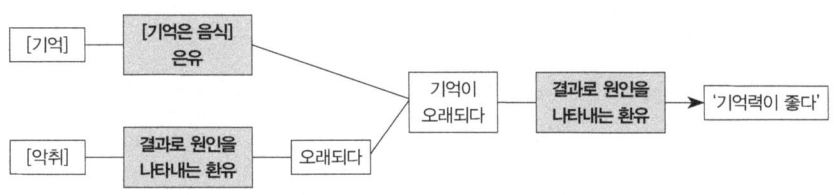

〈도표 106〉 [기억]+[악취] '기억력이 좋다' 관용 표현 분석

6.1.11 [인식은 감각] 은유

[인식은 감각] 은유는 인지 과정을 감각적 경험을 통해 이해하는 방식으로, 한국수어에서도 이러한 개념적 연결이 표현된다. [냄새]와 [잡아채다]가 결합하여 '훤히 다 알다'의 의미를 나타내는 관용표현에서는 [인식은 감각] 은유가 발견된다. 후각은 감각 중 하나인데, 여기에서 '감각적으로 잡아낸다'는 표현이 인식의 영역으로 확장되어 '훤히 알다'라는 의미를 가지게 된다. 즉, '정보를 빠르게 인식하는 것'을 '특정한 냄새를 맡고 이를 감각적으로 포착하는 것'으로 개념화하고 있다.

(154) [냄새]+[잡아채다]: '훤히 알다'

　[냄새]　　　　　　　　[잡아채다]

〈도표 107〉은 '훤히 알다'라는 표현이 한국수어에서 '인식은 지각' 은유와 '하위어로 상위어를 나타내는 환유'를 통해 형성되는 방식을 보여준다. 먼저, [냄새]는 '하위어로 상위어를 나타내는 환유'를 통해, 냄새라는 특정한 감각(후각)이 감각 전반을 지칭한다. 즉, 냄새를 맡는 행위가 단순한 후각적 경험을 넘어, 감각적으로 무언가를 알아차리는 것으로 확장된다. 다음으로, [잡아채다]는 [인식은 지각] 은유를 통해 인지적 이해를 의미하게 된다. 이러한 과정을 통해, 감각적으로 알게 되는 것이 '훤히 알다'의 의미로 확장되며, 최종적으로 감각적 경험이 인지 과정과 동일한 방식으로 표현되는 구조를 형성하게 된다.

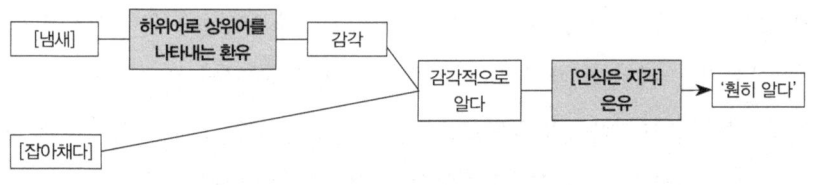

〈도표 107〉 [냄새]+[잡아채다] '훤히 알다' 관용표현 분석

6.1.12 [아는 것은 보는 것] & [아는 것은 잡아채는 것] 은유

[아는 것은 보는 것] & [아는 것은 잡아채는 것] 은유는 인지를 시각적 경험 또는 물리적 접촉을 통해 이해하는 개념적 구조를 반영하며, 한국수어에서도 이러한 은유적 개념화가 발견된다. 한국수어 관용표현에서 [아는 것은 보는 것] 은유는 [맹]+[주다]와 [눈]+[보석]에서 나타나며 [아는 것은 잡아채는 것] 은유는 [냄새]+[잡아채다]에서 발견된다.

(155) a. [맹]+[주다]: '잘못을 눈감아 주다' : [아는 것은 보는 것] 은유
 b. [눈]+[보석]: '눈썰미가 있다' : [아는 것은 보는 것] 은유
 c. [냄새]+[잡아채다]: '훤히 알다': [아는 것은 잡아채는 것] 은유

[맹]과 [주다]가 결합한 관용표현에서 [맹]은 '눈을 감다'의 뜻으로 '보지 않다'를 의미한다. 그것이 '잘못을 눈감아 주다'의 의미가 되는 것은 [아는 것은 보는 것] 은유 때문이다. 아는 것을 보는 것으로 이해하고 있기 때문에 보지 않게 되면 잘못을 인식하지 못하는 것으로 생각하는 것이다.

[맹]   [주다]

[눈]과 [보석]이 결합하여 '눈썰미가 있다'를 의미하는 경우에도 [아는 것은 보는 것] 은유가 사용되었다.

[눈] [보석]

    〈도표 108〉은 '눈썰미가 있다'라는 표현이 한국수어에서 [아는 것은 보는 것] 은유와 다양한 환유를 통해 형성되는 방식을 보여준다. 먼저, [눈]은 '신체부위로 기능을 나타내는 환유'를 통해 시각 기관이 수행하는 기능인 '보다'의 의미를 나타낸다. 이는 곧 '아는 것은 보는 것' 은유로 연결되며, 시각적 경험이 곧 인지를 수행하는 과정과 동일한 것으로 개념화된다. 따라서 '보다'는 '판단하다'라는 의미로 확장되며, 궁극적으로 '눈썰미가 있다'는 개념으로 이어진다. 한편, [보석]은 '범주로 속성을 나타내는 환유'를 통해 '가치가 높다'는 속성을 나타낸다. 또한, '결과로 원인을 나타내는 환유'를 통해 '기능이 우수하다'는 의미가 도출된다. 즉, 보석처럼 귀한 가치를 지닌 대상은 특정한 능력이 뛰어남을 의미하는 방식으로 해석된다. 이러한 과정을 통해, '눈이 보석처럼 뛰어난 기능을 수행한다'는 의미가 형성되며, 최종적으로 '눈썰미가 있다'는 의미가 완성된다.

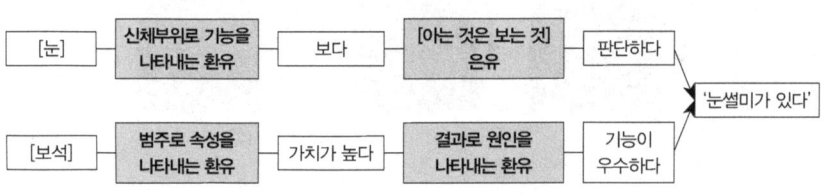

〈도표 108〉 [눈]+[보석] '눈썰미가 있다' 관용표현 분석

[냄새]와 [잡아채다]가 결합하여 '훤히 알다'를 의미하는 것은 잡고 채는 동작을 의미하는[잡아채다]가 [아는 것은 잡아채는 것] 은유를 통하여 '알다'의 의미로 확장되기 때문이다. [냄새]는 '감각'을 의미하고 [잡다채다]는 '알다'를 의미하므로 둘이 결합하여 '감각적으로 알다'의 의미로 확장된다.

[냄새]   [잡아채다]

6.1.13 [진실성은 맛] & [만족감은 맛] 은유

[진실성은 맛] & [만족감은 맛] 은유는 진실성과 만족감을 미각적 경험으로 개념화하는 방식으로, 한국어에서도 '쓰다'나 '달다'와 같은 표현에서 발견된다. 한국어에서 '쓰다'와 '달다'는 진실성과 깊은 관련이 있다. 예를 들어, '쓴 소리'는 '진실된 말'을 의미하며, '쓴맛'은 '인생에서 겪은 힘든 경험'을 뜻한다. 반면, '단맛'은 진실하지 못하거나 유혹을 의미하는 데 사용된다. '권력의 단맛', '달콤한 유혹', '달콤한 속삭임' 등의 표현은 부도덕함과 결부되어 있다. 이는 [진실성은 맛] 은유와 [만족감은 맛] 은유가 한국어 표현 속에서 작용하고 있음을 보여준다.

(156) a. **쓴 소리**를 하는 사람이 나의 진정한 스승이다 (중부매일 2022.07.03.)
　　　b. 내 인생의 **쓴맛**이 지금의 나를 만들었다
　　　　(데일리투머로우 2018.01.31.)

c. 군림하는 '**권력의 단맛**'에 흠뻑 '욕' 먹어도 욕심에 목맨다
(헤럴드미디어 2012.02.22.)

d. '신포괄' **달콤한 유혹**에 빠진 병원…의사들 "정책횡포다"
(메디컬타임즈 2019.12.02.)

e. 구글은 게임사들에게 독점 출시 및 피처링, 해외 진출, 마케팅 지원 등을 제안하며 게임사들을 회유했다. 그리고 게임사들은 이 **달콤한 속삭임**에 넘어갔다. (더리브스 2023.08.17.)

한국수어에서도 [진실성은 맛] 은유를 사용한 관용어구를 발견할 수 있다. [사탕] 수어와 (한손-엄지와-중지를-붙여-다른-손-등에-대어-구슬을-튕기는-동작)이 순차적으로 발화되어 '미끼를 던지다'의 의미를 나타낸다.

(157) [사탕]+(튕기는-동작): '유혹하다'; '미끼를 던지다'

[사탕]　　　　　　(튕기는-동작)

〈도표 109〉는 '유혹하다'라는 의미의 한국수어 관용표현이 [진실성은 맛] 은유와 다양한 환유를 통해 형성되는 방식을 보여준다. 먼저, [사탕]은 '범주로 속성을 나타내는 환유'를 통해 사탕의 '달콤함'이라는 속성을 나타낸다. 다음으로, (튕기는-동작)은 '보내다'라는 의미를 나타내며, 이는 '부분으로 전체를 나타내는 환유'를 통해 확장된다. 즉, 특정한 손동작이 보내는 전체 행위를 대표하게 된다. 이러한 요소들이 결합하여 '달콤한 것을 보내

다'는 개념이 형성되고, 이는 궁극적으로 '진실성은 맛' 은유를 통해 달콤함이 진실되지 못한 것에 사상된다. 즉 유혹이나 기만적인 행동이 달콤함으로 개념화된다. 최종적으로 '유혹하다'라는 의미가 형성된다.

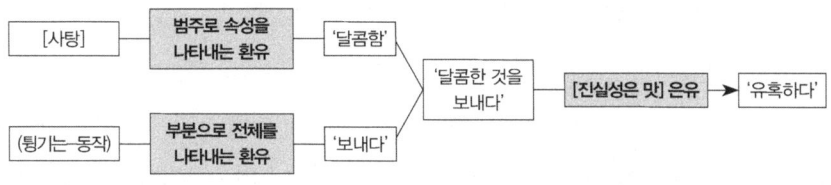

〈도표 109〉 [사탕]+(튕기는-동작) '유혹하다' 관용표현 분석

[진실성은 맛] 은유의 은유적 사상은 다음과 같이 이루어진다. 먼저, '음식'은 '제안'이나 '제의'와 연결된다. 이는 우리가 음식을 받아들이듯이, 누군가의 제안이나 의견을 받아들이는 과정이 유사하게 개념화된 것이다. 다음으로, '단 맛'은 '겉으로는 좋아 보이지만 거짓이 담긴 유혹'으로 사상된다. 반면, '쓴 맛'은 '겉으로는 좋아 보이지 않지만 그 안에 진실이 담긴 제안'으로 사상된다.

(158) a. 음식 → 제의
　　　b. 단 맛 → 유혹
　　　c. 쓴 맛 → 진실된 제안

한국수어에 [진실성은 맛] 은유 외에도 '맛'의 근원영역을 사용하는 은유가 추가적으로 발견된다. 음식의 영역에서 음식 맛이 흡족하지 않거나 뭔가 부족한 맛을 가리키는 표현이 은유적으로 다른 영역에서의 부족함을 의미하는 관용표현으로 사용된다. 이는 [만족감은 맛] 은유이다. [만족감은 맛] 은유가 사용된 예시를 살펴보면, 음식에 대해 기대하는 맛이 있는데 그에 미치지 못할 때 '맛없다'라고 표현하는 방식이 감정(만족감) 영역으로 확장되면서, 어떤 일이 기대에 미치지 못하는 것을 의미하게 된다. 마찬가지로, '맛이 아직 부족하다'는 의미가 감정(만족감) 영역으로 확장되면 '일이 아직 미진하여 성에 차지 않는다'를 의미하게 된다. 이처럼 한국수어에서도 맛과 관련된 감각적 경험이 감정적 만족과 연결되며, 특정한 감정 상태를 표현하는 방식으로 개념화된다.

한국어의 관용표현인 '입에 맞는 떡은 구하기 어렵다'와 일맥상통하는 표현이다. '입에 맞는 떡은 구하기 어렵다'는 '만족스러운 친구나 물건을 구하는 일이 쉽지 않다'는 것을 의미한다. '입에 맞는 떡'은 '마음에 만족스러운 친구나 물건'을 말하는 것으로 음식의 맛이 만족감을 의미한다. '간을 맞추는 역할'을 하겠다는 것은 '일의 성과가 만족스럽게 나올 수 있도록 노력하겠다'는 의미이다.

(159) a. **입에 맞는** 떡은 구하기 어렵다
 b. "나라살림·국민 **삶 윤택해지는 간 맞추는** 소금 역할 할 것"
  (무등일보 2023.08.28.)

한국수어에서는 [맛]과 [없다]가 결합하여 '기대 이하라 실망이다'를 의미하며, [맛]과 [아직]이 결합하여 '성에 차지 않는다'를 의미한다.

(160) [맛]+[없다]; [맛]+[아직]: '기대 이하라 실망이다', '성에 차지 않는다'

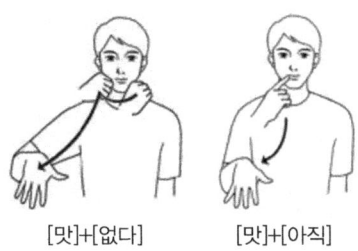

[맛]+[없다]   [맛]+[아직]

〈도표 110〉은 [맛]과 [없다] 혹은 [아직]이 결합하여 어떻게 '기대이하라 실망이다'의 의미를 형성하는지를 보여주고 있다. [맛]은 [만족감은 맛] 은유를 통해 '일에 대한 만족감'을 의미하고 [아직]이나 [없다]는 부족하거나 없다는 것을 의미한다. '만족감'과 '부족함'이 결합하게 되면 '일이 미진하여 성에 차지 않는다'를 의미하게 된다.

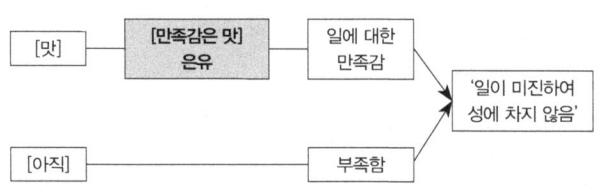

〈도표 110〉 [맛]+[아직] '성에 차지 않는다' 관용표현 분석

[진실성은 맛] 은유의 은유적 사상은 다음과 같다. '요리'는 '일의 실행'에 사상되고 '음식'은 '일의 결과물'에 사상된다. '음식의 간'은 '일에 대한 만족감'에 사상되고 '음식의 간을 맞추는 것'은 '타인의 기대에 충족할 수 있도록 좋은 결과물을 내는 것'에 사상된다.

(161) a. 요리 → 일의 실행

b. 음식 → 일의 결과물

c. 음식의 간 → 일에 대한 만족감

d. 간 맞추기 → 타인의 기대에 충족함

6.1.14 한국수어 관용표현에 나타나는 개념적 은유 요약

한국수어의 관용표현에는 다양한 개념적 은유가 반영되며, 이를 통해 추상적인 개념이 구체적인 감각적 경험이나 물리적 대상과 연결된다. [생각은 물건] 은유는 생각을 물리적 대상으로 개념화하는 방식으로, [생각]과 (우세손-검지를-비우세손-엄지와-검지-사이에서-돌리는-동작)이 결합하면 '아무 생각이 없다'는 의미가 형성된다. 이는 생각을 그릇에 담긴 물건처럼 개념화하여 '그릇이 비었다'는 이미지로 표현하는 방식이다. 또한, [생각]+(다리에-매달리는-동작)은 '열광하다'를 의미하며, 이는 생각을 물리적 대상으로 개념화하고 그것을 붙잡고 놓지 않는 동작을 통해 강한 몰입을 나타내는 표현이다.

[감정은 물건] 은유는 감정을 물리적 대상으로 간주하는 방식으로, [눈물]+[주다]는 '동정심을 베풀다'의 의미를 가지며, 동정심이 마치 물건처럼 주고받을 수 있는 개념으로 표현된다. 반대로, [눈물]+[없다]는 '무자비함'을 의미하며, 감정이라는 물리적 대상이 존재하지 않는 상태를 시각적으로 형상화한다.

[정신은 신체] 은유는 정신적 능력을 신체적 힘과 동일한 것으로 개념화하는 방식으로, [먹다]+[힘]은 '잘 먹다' 또는 '지속적으로 먹다'를 의미하며, 이는 신체적 힘이 정신적 능력과 연결되면서 지속성과 우수성을 강조하는 표현이다. [도덕성은 청결함] 은유는 도덕적 순수성을 신체적 깨끗함

과 연결하며, [깨끗하다]+[주다]는 '솔직하게 말하다'는 의미로 사용된다. [도덕성은 위] 은유는 도덕적 책임을 공간적 위치와 연결하여 [얼굴]+[서다]가 '책임을 지다'라는 의미를 나타내는 방식이다.

[사람은 동물] 은유는 인간을 동물의 특성과 연관 지어 표현하는 방식으로, [낚이다]는 물고기가 미끼를 물고 따라가는 모습을 통해 '속아 넘어가다'는 의미를 나타낸다. [사람은 기계] 은유는 인간의 사고 과정을 기계의 작동과 동일시하는 방식으로, [생각]+[기계가-멈추다]는 '생각이 나지 않는다'는 의미로 사용된다. [좋은 것은 위] & [나쁜 것은 아래] 은유는 가치 판단을 공간적 개념으로 개념화하는 방식으로, 삶과 죽음을 공간적으로 배치하여, [삶은 위] & [죽음은 아래] 은유를 반영하는 표현이 발견된다.

[삶은 여행] 은유는 삶을 하나의 여정으로 개념화하는 방식으로, [하나/걷다]는 '한 길만을 가다' 또는 '외골수'라는 의미를 가지며, 삶의 여정을 길을 따라 나아가는 것으로 개념화한다. [삶은 전쟁] 은유 & [논쟁은 전쟁] 은유는 삶과 논쟁을 전쟁처럼 개념화하는 방식으로, [눈]+[항복]은 '더 이상 볼 수 없다'를 의미하며, 이는 논쟁에서 패배하고 굴복하는 것이 전투에서 항복하는 것과 동일하게 개념화된 결과이다.

[기억은 음식] 은유는 기억을 음식처럼 신선하거나 부패할 수 있는 개념으로 이해하는 방식으로, [기억]+[냄새]는 '기억력이 좋다'를 의미하며, 오래된 음식이 악취를 내는 것처럼, 기억이 오래 남아 있는 상태를 표현한다.

[인식은 감각] 은유는 인지 과정을 감각적 경험으로 이해하는 방식으로, [냄새]+[잡아채다]는 '훤히 알다'를 의미하며, 특정한 냄새를 맡고 이를 감각적으로 포착하는 것이 정보의 빠른 인식과 연결된다. [아는 것은 보는 것] 은유는 인지를 시각적 경험과 동일시하는 방식으로, [눈]+[보석]은 '눈썰미가 있다'를 의미하며, 시각적 능력이 뛰어난 것이 보석처럼 귀한 가치를 지닌 것으로 개념화된다. [아는 것은 잡아채는 것] 은유는 인지를 물리

적 접촉과 동일시하는 방식으로, [냄새]+[잡아채다]는 '훤히 알다'를 의미하며, 감각적으로 정보를 포착하는 것이 인지와 동일한 것으로 개념화된다.

[진실성은 맛] 은유 & [만족감은 맛] 은유는 진실성과 만족감을 미각적 경험과 연결하는 방식으로, [사탕]+(튕기는-동작)은 '유혹하다'를 의미하며, 달콤함이 유혹과 관련된 개념으로 확장되는 방식이다. 반면, [맛]+[없다]는 '기대 이하라 실망이다'를 의미하며, 음식 맛이 부족한 것이 감정적 만족이 부족한 상태를 나타내는 방식으로 개념화된다. 이처럼 한국수어의 관용 표현은 개념적 은유를 통해 추상적 개념을 물리적 개념으로 이해한다.

한국수어의 관용 표현에 나타나는 개념적 은유가 대부분 소리언어인 한국어에서도 쉽게 발견되는 은유로 소리언어와 수어 간의 유사성을 확인할 수 있다. 그러나, [만족감은 맛] 은유는 한국어에서 발견되지 않은 은유로 한국수어에서 특징적으로 나타나는 은유이다.

6.2 한국수어 관용표현에 나타나는 도상성과 환유

6.2에서는 한국수어 관용표현에 나타나는 개념적 환유에 대하여 논의하고자 한다. '신체 부위로 기능을 나타내는 환유', '범주로 속성을 나타내는 환유 & 속성으로 범주를 나타내는 환유', '결과로 원인을 나타내는 환유 & 원인으로 결과를 나타내는 환유', '대상으로 행위를 나타내는 환유', '부분으로 전체를 나타내는 환유', '하위어로 상위어를 나타내는 환유 & 상위어로 하위어를 나타내는 환유', '용기(그릇)로 내용물을 나타내는 환유', '상태로 이유를 나타내는 환유', '수량으로 정도를 나타내는 환유', '기타 관용표현'을 논의할 예정이다.

6.2.1 신체부위로 기능을 나타내는 환유

수어에서는 화자의 신체 부위를 시각적으로 활용한다. 화자가 표현할 때 자신의 신체 부위가 가장 접근성이 뛰어나며 청자에게도 현저성이 두드러지기 때문이다. 따라서 관용표현에도 신체 부위를 활용한 표현이 자주 등장한다. 특히 신체 부위가 기능을 의미하는 경우가 많다. '신체부위로 기능을 나타내는 환유' 중 [눈]으로 '시각 기능'을 나타내는 사례가 다수 발견된다.

(162) a. [눈]+[보석]: '잘 식별하다'
     b. [눈]+[싸다]: '잘 식별하지 못하다'
     c. [눈]+[아프다]: '눈 뜨고는 차마 못볼 것을 보다'
     d. [눈]+[항복]: '더 이상 보기 어렵다'
     e. [눈]+[귀신]: '귀신같이 알아채다', '눈치가 빠르다', '보는 눈이 귀신같다'
     f. [눈]+[갈등] '눈에 거슬리다'

[눈]과 [보석]이 결합하여 '눈이 보석이다'를 의미하게 되는데(국립국어원 2021, 235), 이때 [눈]은 단순한 신체 기관이 아니라 그 기능인 '보다'를 의미하게 된다. 즉, '시각 기능이 [보석]과 같다'는 의미를 전달하며, 이는 뛰어난 시각적 식별 능력을 강조하는 표현이다. '잘 식별하다'의 의미를 형성하는 [눈]+[보석]과는 달리, 그 반대 의미인 '무엇을 잘 못보다'는 [눈]과 [싸다]가 결합하여 이루어진다. 이 경우에도 [눈]은 '보는 기능'을 의미한다.

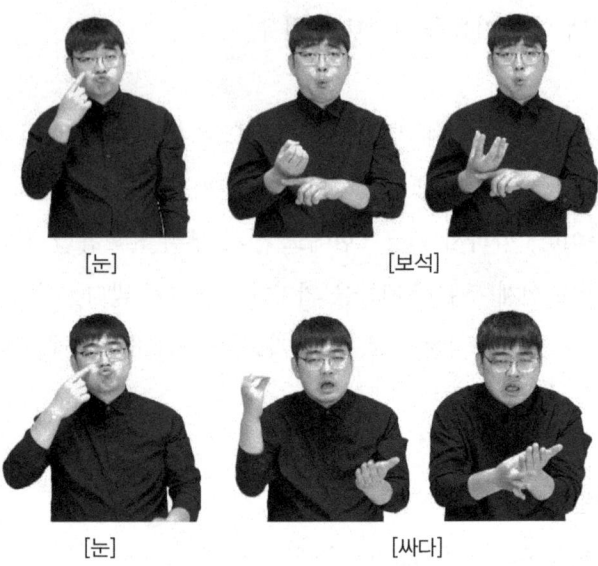

[눈]과 [아프다]가 결합하면 '눈 뜨고는 차마 못 볼 것을 보다'의 의미가 된다. 이때도 [눈]은 '시각 기능'을 의미한다.

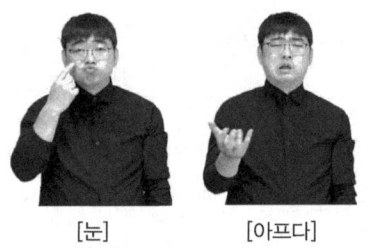

〈도표 111〉은 '차마 볼 수 없을 정도의 것을 보다'라는 표현이 한국수어에서 '결과로 원인을 나타내는 환유'와 '신체부위로 기능을 나타내는 환유'를 통해 형성되는 방식을 보여준다. 먼저, [눈]은 '신체부위로 기능을 나타내는 환유'를 통해 '보다'의 의미로 확장된다. 즉, 단순한 신체 기관을 나타

내는 것이 아니라 시각적 기능을 의미한다. 다음으로, [아프다]는 '결과로 원인을 나타내는 환유'를 통해 '눈이 아플 정도로 보기 어렵다'는 의미로 확장된다. 즉, '아픈' 상태를 통해 그 원인이 되는 '눈이 아플 정도로 보기 어려운 것'을 나타내는 것이다. 이러한 과정에서, '차마 볼 수 없을 정도로 괴로운 광경을 목격하다'는 의미가 최종적으로 형성된다.

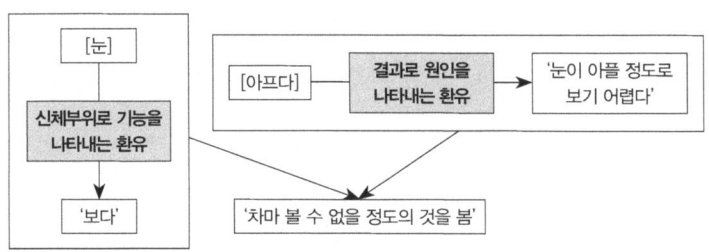

〈도표 111〉 [눈]+[아프다] '눈 뜨고는 차마 못 볼 것을 보다' 관용표현 분석

[눈]+[항복] 관용표현에서 [눈] 역시 눈의 기능인 '보다'를 의미하고 있다. [눈]이 '보다'를 가리키므로 [눈]+[항복]은 '보는 것을 포기한다'는 뜻으로 '더 이상 보기 어렵다'를 나타낸다.

[눈]이 '시각 기능'을 의미하는 것과 마찬가지로 [코], [입], [얼굴] 등의 신체 부위가 각각의 기능을 의미하는 관용표현이 발견된다. [코]는 '후각

기능'을 의미하고 [입]은 '미각 기능'을 의미한다. [얼굴]은 얼굴의 중요한 기능 중의 하나인 '체면'을 의미한다.

(163) a. [코]+[박사]: '보통 사람보다 유별나게 후각이 발달한 사람'
b. [입]+[갈등]: '입에 맞지 않다'

[코]+[박사]의 경우 '후각이 남다르게 예민한 사람'을 말하는데 [코]가 '신체 부위로 기능을 나타내는 환유'를 통해 '후각 기능'을 가리키고 [박사]가 '아주 뛰어난 사람'을 가리키기 때문이다.

[코]   [박사]

[눈]과 [코]가 각각 '시각 기능'과 '후각 기능'을 의미하는 것과 같이 [입]은 '미각 기능'을 의미한다. [입]+[갈등] 관용표현에 [입]이 '미각 기능'을 의미하고 있다. '내 입에 맞는 것이 다른 사람들도 입에 맞을까요?'라는 한국어 표현에서도 '입'을 사용하여 '미각'을 의미하고 있다.

[입]   [갈등]

[입]이 '신체부위로 기능을 나타내는 환유'를 통해 '미각'을 의미하고 [갈등]이 '서로 맞지 않음'을 의미하여 '음식맛이 입(미각)에 맞지 않는다'를 의미하게 된다.

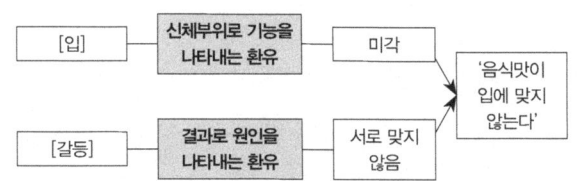

〈도표 112〉 [입]+[갈등] '음식맛이 입(미각)에 맞지 않는다' 관용표현 분석

[눈], [코], [입] 뿐만 아니라 [얼굴]도 그 기능을 나타내는 경우가 있다. [얼굴]+[서다], [얼굴]+[깨지다], [얼굴]+[박히다] 등의 관용표현에서 [얼굴]이 그 기능인 '체면'을 의미한다. '얼굴에 먹칠을 하다'나 '얼굴이 두껍다'와 같은 한국어 관용표현에서도 [얼굴]이 '체면'을 의미한다.

(164) a. [얼굴]+[서다]: '책임을 지다'
    b. [얼굴]+[깨지다]: '망신을 당하다'; '체면이 구겨지다'
    c. [얼굴]+[박히다]: '망신을 당하다'; '체면이 구겨지다'

[얼굴]   [서다]

[얼굴]+[서다]의 경우 '체면을 세우다'의 의미이며 '체면을 세우다'가 더욱 의미 확장되어 '체면을 세울 수 있도록 책임지는 행동을 하다'를 가리킨다. 이 때 [얼굴]은 '신체부위로 기능을 나타내는 환유'를 통해 '체면'을 의미한다.

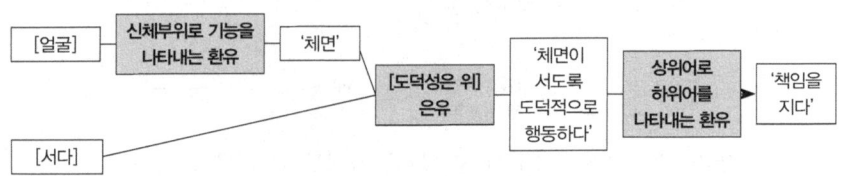

〈도표 113〉 [얼굴]+[서다] '책임을 지다' 관용표현 분석

[얼굴]+[깨지다]와 [얼굴]+[박히다]는 모두 [얼굴]에 [깨지다]나 [박히다]와 같이 얼굴에 손상이 간 것을 말한다. 한국어의 '체면을 구기다'와 같은 은유를 사용하고 있다. '구기다'라는 동사를 사용하여 '체면'이 반듯하지 못하고 구겨진 상태를 나타내서 손상되었음을 의미한다.

[얼굴]은 '신체부위로 기능을 나타내는 환유'를 통해 '체면'을 나타내고 [깨지다]나 [박히다]는 '망가져서 못쓰게 되다'를 의미하게 된다. 두 의미가 결합하면 '망신 당하다'를 의미하게 된다.

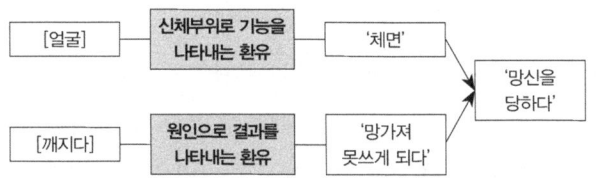

〈도표 114〉 [얼굴]+[깨지다] '망신 당하다' 관용표현 분석

6.2.2 범주로 속성을 나타내는 환유 & 속성으로 범주를 나타내는 환유

한국어의 합성어 예시 중 '지각대장', '골목대장'과 같은 예시에 '범주로 속성을 나타내는 환유'가 발견된다. '대장'은 서열상 1등 계급에 속하므로 '1위'라는 속성을 가지고 있다.

(165) 방귀대장, 지각대장, 거짓말대장, 싸움대장, 욕대장, 달리기대장

'대장'이라는 범주를 통하여 그 속성인 '1위'를 가리키고 있다. '범주로 속성을 나타내는 환유'가 사용된 예시로 '대장'이 '지각'과 결합하게 되면 '지각을 아주 잘 한다'라는 의미를 나타내게 된다.

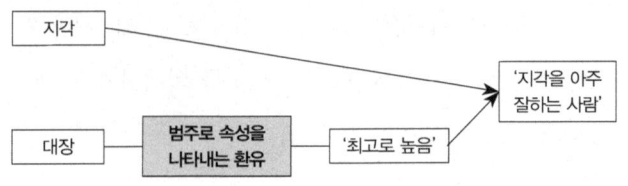

〈도표 115〉 지각+대장 '지각을 아주 잘 한다' 관용표현 분석

한국어의 '왕딱지' '왕거미' '왕모래'와 어휘들도 이와 같은 동기로 그 의미가 형성된 사례이다. 또한 어휘 뒤에 '왕'이 붙은 '기부왕', '낚시왕', '주식왕', '네고왕'과 같은 사례도 '범주로 속성을 나타내는 환유'를 통해 개념화한 것으로 해석된다.

(166) 기부왕, 낚시왕, 주식왕, 네고왕, 퀴즈왕, 독서왕, 만점왕, 노래왕, 득점왕

'사자 없는 산에 토끼가 대장·왕 노릇한다'와 같은 표현에서 '대장'이나 '왕'은 '가장 높은 사람' '가장 잘하는 사람'이라는 '대장'이나 '왕'의 속성을 가리키고 있다. 최근 신조어로 등장한 '갓'과 결합하는 어휘들도 '지각대장'과 같이 '범주로 속성을 나타내는 환유'를 사용하고 있는 유형이다.

(167) a. 갓생·갓생살다
    b. 갓성비
    c. 갓수미 갓정민
    d. 갓뚜기 갓짜장 갓짬뽕 갓비빔

'갓'은 영어의 God(신)에서 온 것으로 신처럼 최고의 경지로 무엇인가를 하는 것을 의미한다. 신의 속성이 '최고'이므로 '범주로 속성을 나타내는 환유'를 통하여 '최고의 경지'를 의미하게 된다.

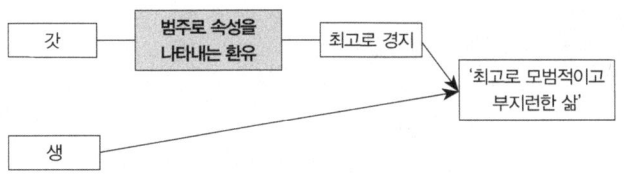

〈도표 116〉 갓+생 '최고로 모범적이고 부지런한 삶' 관용표현 분석

한국수어 관용표현에서도 유사한 사례가 발견되는데 [X]+[왕]과 [X]+[박사]가 그 예시이다. [먹다], [공부하다], [게으르다], [귀엽다], [잠자다], [장난치다], [화내다] 등의 수어 뒤에 [왕]이라는 수어가 오게 되면 그것을 무척 잘한다는 의미를 가지게 된다. '범주로 속성을 나타내는 환유'를 통해 '왕'이라는 범주가 '가장 높고 크다'라는 왕의 속성을 나타낸다.

(168) a. [먹다]+ [왕] : '먹보'

b. [공부]+ [왕] : '수재'

c. [게으르다]+[왕] : '게으름뱅이'

d. [귀엽다]+[왕] : '귀염둥이'

e. [잠자다]+[왕] : '잠꾸러기'

f. [장난]+[왕] : '장난꾸러기'

g. [화]+[왕] : '화를 잘 내다'

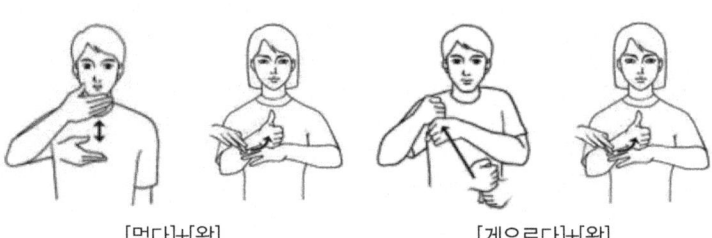

[먹다]+[왕]　　　　　　[게으르다]+[왕]

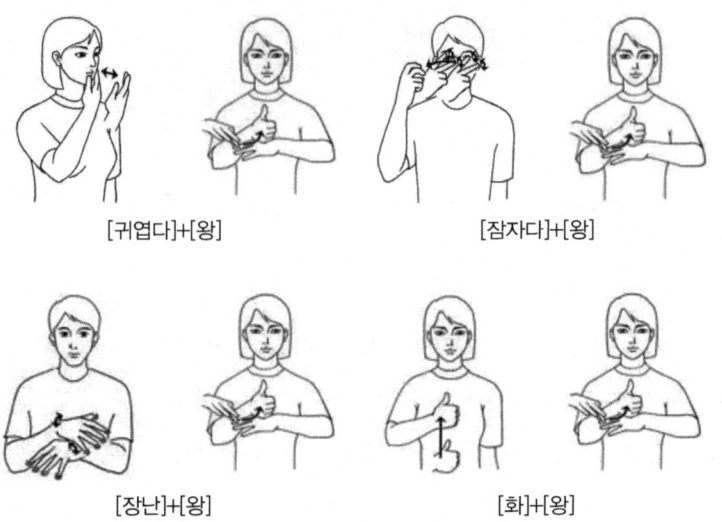

[귀엽다]+[왕]　　　　　　　　[잠자다]+[왕]

[장난]+[왕]　　　　　　　　[화]+[왕]

[먹다]+[왕]의 예시를 들어 설명하면 [왕]이라는 범주라 '최고 높다'는 속성을 나타내고 그것이 [먹다]와 결합하여 '먹기를 아주 잘하다'라는 의미를 갖게 된다.

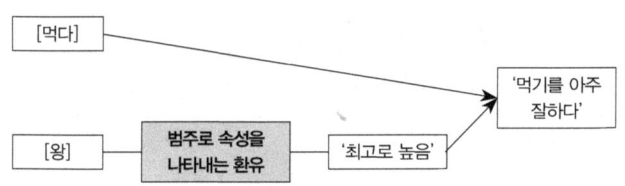

〈도표 117〉 [먹다]+[왕] '먹기를 아주 잘하다' 관용표현 분석

[박사]가 어휘 뒤에 붙게 되면 박사의 속성인 '무엇을 잘 알고 해박한 사람'이라는 의미로 확장된다. 박사라는 범주를 통하여 '무엇을 잘 알고 해박한 사람'이라는 그 속성을 나타낸다.

(169) a. [거짓(말)]+[박사] : '변명이나 핑계를 능숙하게 하는 사람'
b. [습관]+[박사] : '어떤 특정습관으로 유명한 사람' (예: 지각박사)
c. [바람(나다)]+[박사] : '바람을 아주 잘 피우는 사람'
d. [돈]+[박사] : '이해타산에 명석하고 재리에 아주 밝은 사람'
e. [코]+[박사], [냄새]+[박사] : '보통 사람보다 유별나게 후각이 발달한 사람'
f. [눈]+[박사] : '매사에 의심이나 의혹을 가지는 사람'
g. [눈치]+[박사] : '눈치가 아주 빠른 사람'
h. [지식]+[박사] : '특정분야에 해박하게 잘 아는 사람'

[눈치]+[박사]

 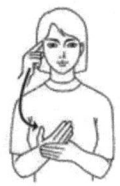

[돈]+[박사]

[왕]이나 [박사]와 결합하는 관용표현 외에도 동물과 결합하여 동물의 속성을 나타내는 관용표현이 있다. 특히 [쥐]와 다양한 표현이 결합하여 쥐의 속성을 의미하는 사례가 다양하게 발견된다. 다음 (170)의 예시는 [쥐] 수어가 다양한 어휘가 결합하여 관용표현을 이룰 때 그 속성인 '아주 작다'를 의미하는 사례이다. [쥐] 수어에 '한 손을 오므려 다른 손 1 지를 여러

번 긁는 동작'을 결합하면 '조금씩 아껴쓰다'를 의미한다. [쥐] 수어에 '검지를 위아래로 약간 벌려 맞대어 돌리는 동작'을 결합하면 '근근히 모으다'를 의미한다. [쥐]와 [일]을 결합하면 '조금씩이라도 돈을 벌다'를 의미한다. 이들 모두 [쥐]를 통해 쥐의 속성인 '아주 적은 양을 조금씩 모으는 특성'을 가리키고 있다.

(170) a. [쥐]+(한-손을-오므려-다른-손-검지를-여러번-긁는-동작): '조금씩 아껴쓰다'
      b. [쥐]+(검지를-위아래로-약간-벌려-맞대어-돌림): '근근히 모으다'
      c. [쥐+[일]: '조금씩이라도 돈을 벌다'

다음 (171)의 관용표현은 (170)의 표현과 유사하게 [쥐]가 쥐 행동의 특성인 '야금야금 쌀을 한톨씩 모으는 특성'을 의미하는 사례이다.

(171) [쥐]+[저금]: '아주 조금씩 성실히 모으는 행위' (남기현 2018, 99)

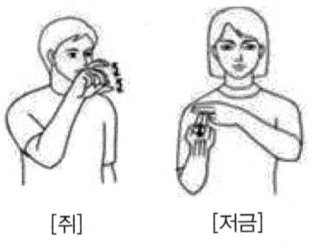

[쥐]   [저금]

[쥐]+[저금]의 관용표현에서 '쥐'는 '야금야금 쌀을 한톨씩 모으는 특성'을 가지고 있기 때문에 '범주로 속성을 나타내는 환유'를 통해 그러한 특성을 의미하게 된다. 여기에 [저금]이 결합하면 '아주 조금씩 성실하게 모으는 행위'를 의미하게 된다.

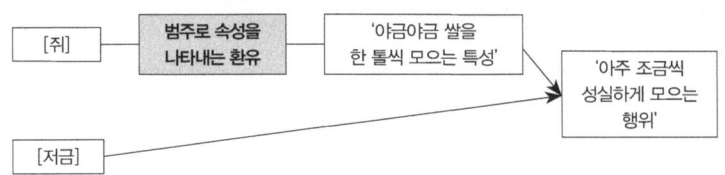

〈도표 118〉 [쥐]+[저금] '아주 조금씩 성실하게 모으는 행위' 관용표현 분석

쥐의 또 다른 특성은 몸이 작기 때문에 가장 빠른 지름길로 다닌다는 것이다. 이러한 쥐의 특성에 착안한 관용표현으로는 [쥐]와 [길]을 결합한 표현과 [쥐]와 (한손-검지로-꼬불꼬불-선을-그리며-앞으로-이동하는-동작)을 결합한 표현이 있다. 이 때도 [쥐]는 '범주로 속성을 가리키는 환유'를 통해 쥐의 속성을 가리키고 있다.

(172) a. [쥐]+[길]: '지름길' (작은 쥐가 길을 찾아가는 상황)
b. [쥐]+(한-손-검지로-꼬불꼬불-선을-그리며-앞으로-이동함): '지름길로 가다'

6. 한국수어 관용표현에 나타나는 도상성과 은유 및 환유 **371**

쥐의 또 다른 특성은 어딘가에 잘 숨는다는 것이다. '쥐새끼처럼 숨어있지 말고 속 시원히 나타나 한 판 붙는 게 어때?'와 같은 한국어 표현에서도 '쥐'의 '잘 숨는 속성'을 보여주고 있다. [쥐]+[찾다]+[발견]과 [쥐]+[잡다]와 같은 관용표현에서 [쥐] 수어는 이러한 쥐의 속성을 가리키고 있다.

(173) a. [쥐]+[찾다]+[발견]: '겨우 찾아내다'
　　　b. [쥐]+[잡다]: '잘 숨어서 검거하기 힘들었음' (남기현 2018, 115)

[쥐]　　　　[찾다]　　　　　　[발견]

[쥐]는 '범주로 속성을 나타내는 환유'를 통해 '잘 숨는 속성'을 나타내며 '잘 숨는 속성'은 '원인으로 결과를 나타내는 환유'를 통해 '발견하기 어렵다'를 나타낸다. '발견하기 어렵다', '찾다', '발견'의 의미를 결합하면 '겨우 찾아내다'를 의미하게 된다.

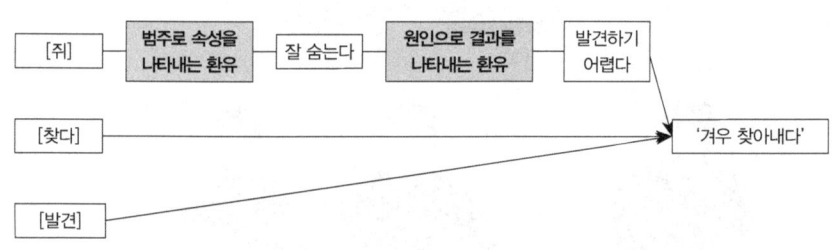

〈도표 119〉 [쥐]+[찾다]+[발견] '겨우 찾아내다' 관용표현 분석

(174)의 예시는 [벼락]과 같은 자연 현상을 사용하여 '급하고 강하다'는

속성이나 '번쩍번쩍 빛니다'라는 속성을 나타내어 의미를 형성하는 사례이다. 또한 [보석]을 사용하여 '높은 가치'라는 속성을 나타내는 사례이다.

(174) a. [돈]+[벼락]: '벼락부자가 되다'
　　　b. [집]+[벼락]: '호화로운 집'
　　　c. [눈]+[보석]: '잘 식별하다'

[돈]+[벼락]은 한국어의 '벼락부자'와 유사한 표현이다. '벼락'의 속성이 매우 급하고 강하다는 점을 이용하여 '벼락'으로 '범주로 속성을 나타내는 환유'를 통해 '급하고 강함'을 의미하고 있다. 한국어의 '벼락공부', '벼락치

기', '번개미팅', '폭풍성장' 등과 그 맥을 같이 한다. '벼락'이나 '번개' 그리고 '폭풍'의 매우 급하고 강하게 몰아치는 자연 현상이므로 그러한 속성을 가리키기 위하여 사용된 사례들이다.

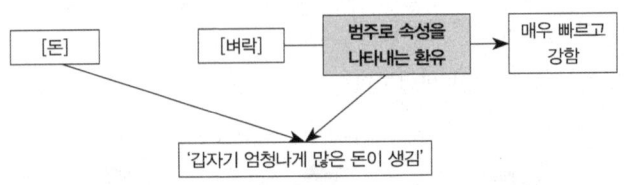

〈도표 120〉 [돈]+[벼락] '벼락부자' 관용표현 분석

[집]+[벼락]의 경우는 [돈]+[벼락]의 경우와 [벼락]의 의미가 다르다. [집]+[벼락]에서 [벼락]은 벼락의 또 다른 속성인 '번쩍번쩍 빛나다'라는 의미를 지칭한다. 그것이 [집]과 결합하여 '호화로운 집'이라는 의미를 갖게 된다.

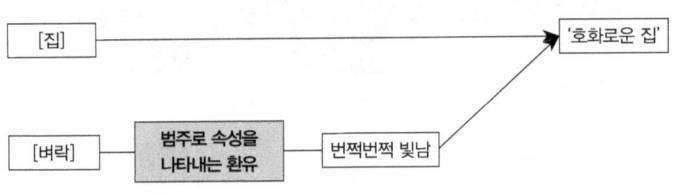

〈도표 121〉 [집]+[벼락] '호화로운 집' 관용표현 분석

[눈]+[보석] 표현에서 [보석]은 '범주로 속성을 나타내는 환유'를 통하여 그 속성인 '비싸고 귀함'을 의미한다. [눈]이 그 기능인 '보다'를 의미하므로 시각기능이 귀할 정도로 가치가 높다는 것을 의미하므로 '시각적으로 잘 식별하다'의 의미를 갖게 된다.

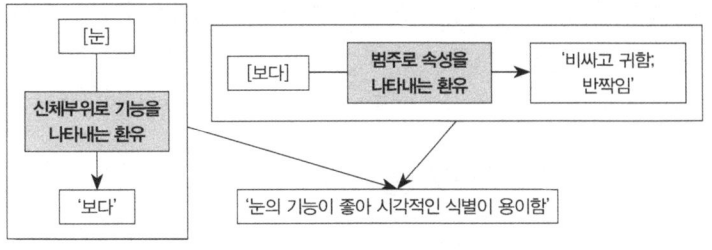

〈도표 122〉 [눈]+[보석] '시각적으로 잘 식별하다' 관용표현 분석

지금까지 [왕], [박사], [쥐], [벼락], [보석]과 결합하는 관용표현에 왕, 박사, 쥐, 벼락 보석이 '범주로 속성을 나타내는 환유'를 통해 '권력 최고자로서의 왕의 속성', '박사의 해박한 속성', '쥐의 행동 특징' '벼락의 급하고 강한 속성' '비싸고 귀한 보석의 속성'을 각각 의미하고 있다는 것을 살펴보았다.

'범주로 속성을 나타내는 환유'와 '속성으로 범주를 나타내는 환유'가 동시에 사용된 사례가 있다. [빨강]과 [누에]가 결합하여 '빚이 쌓이다'를 의미하는 경우이다.

(175) [빨강]+[누에]: '빚이 쌓이다'

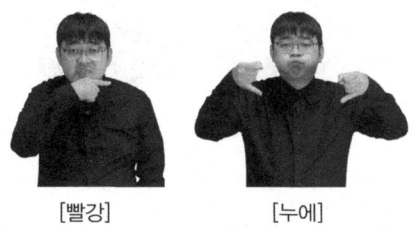

[빨강]   [누에]

[빨강]은 속성으로 '빚'이라는 범주를 나타낸다. [누에] 수어는 [늘어나다]와 [벌레]의 합성어로 누에의 늘어나는 속성을 이용하여 표현한 어휘이

다. 빚을 의미하는 [빨강]에 [누에] 수어를 해서 '빚이 늘어나다' 혹은 '빚이 쌓이다'의 의미가 된다.

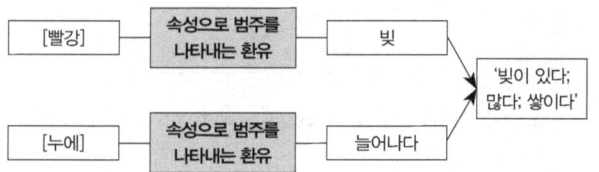

〈도표 123〉 [빨강]+[누에] '빚이 늘어나다 ; 빚이 쌓이다' 관용표현 분석

6.2.3 원인으로 결과를 나타내는 환유

한국수어에서 [X]+[힘]은 생산성이 높은 관용표현 중의 하나로서 '원인으로 결과를 나타내는 환유'를 잘 보여준다. 다음은 남기현(2018: 109~110)에서 제시된 [힘]이 들어간 관용표현의 예시문이다. (176)의 예시에서와 같이 [먹다]와 [힘]이 결합하여 '쉬지 않고 계속해서 먹다'를 의미하고 [일하다]와 [힘]이 결합하여 '쉬지 않고 꾸준히 일하다'를 의미한다.

[먹다]　　　[힘]

(176) a. [먹다++]{상대방을-반복해서-쳐다보다}[또][힘][먹다]+[힘][지시/남자][몸][마르다][그러나][먹다]+[힘][지시/남자]

'또 먹네. 쉬지 않고 먹네. 말랐는데도 잘 먹네.'

b. [그만두다][없다][매진하다][일하다]+[힘]

'그만두지 않고 꾸준히 일하는 것이다.' (남기현 2018: 109, 일부 기호 수정)

어떤 일을 할 때 힘이 없으면 더 이상 그 일을 지속할 수 없지만 힘이 있으면 그 일을 지속할 수가 있다. '힘'은 '지속성'의 원천이 된다. '원인(힘)으로 결과(지속성)를 가리키는 환유'가 사용된 예시이다. 따라서 행동을 가리키는 수어 다음에 [힘]이 따라오게 되면 '그 행동을 지속하다'를 의미하게 된다.

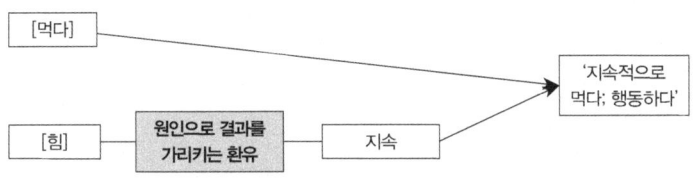

〈도표 124〉 [먹다]+[힘] '그 행동을 지속하다' 관용표현 분석

[먹다]와 [힘]이 결합하는 관용표현에 '쉬지않고 계속 먹다'의 의미 뿐만 아니라 '먹보'의 의미도 있다. '잘 먹다'와 '지속적으로 먹다'의 의미가 '먹보'의 의미로 확장되는 것은 '속성으로 범주를 나타내는 환유'의 단계가 추가된 결과이다. '잘 먹다'라는 속성을 통해 그러한 속성을 가지고 있는 사람들(범주)을 나타내는 환유가 사용되어 '먹보'의 의미를 나타낸다.

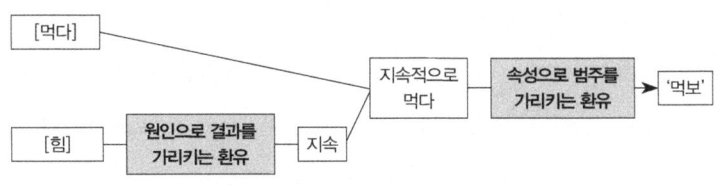

〈도표 125〉 [먹다]+[힘] '먹보' 관용표현 분석

[먹다]와 [힘]이 결합하여 '잘 먹는다' 혹은 '먹보'를 나타내는 것과 (177)의 예시들은 같은 환유로 설명할 수 있다. [공부]와 [힘]이 결합하여 '공부를 잘하다'를 의미한다. '힘'이 [정신은 신체] 은유를 통하여 '정신적 능력'을 의미하고 '정신적 능력'이 '원인으로 결과를 나타내는 환유'를 통하여 '~를 잘하다' 혹은 '~를 지속하다'를 가리키어 '공부를 잘하다' 혹은 '공부를 지속하다'를 의미하게 된다. '공부를 잘하다'가 그러한 속성을 가지고 있는 사람을 나타내어 '수재'의 의미를 갖게 되는 것도 공부 잘하는 속성으로 그러한 속성을 가지고 있는 사람들을 가리키는 환유를 통해서 가능하다. [잠자다]와 [힘]이 결합하여 '잠을 잘 자다'를 나타내고 '잠을 잘 자다'가 다시 '잠보'의 가리키는 것도 이와 같은 원리이다.

(177) a. [공부]+[힘]: '공부를 잘 하다'; '수재'
b. [잠자다]+[힘]: '잠을 잘 자다'; '잠보'

[X]+[힘]이라는 관용표현이 꼭 '어떤 행위를 지속하다'의 의미 외에도 '능력이 있다/뛰어나다'와 같은 의미를 갖는다. (178)의 예시와 같이 [돈]과 [힘]이 결합하여 '재력이 있다'를 의미하고 [기억]과 [힘]이 결합하여 '기억력이 좋다'를 의미한다.

(178) [돈][힘][지시/남자(왼)][돈]+[힘][지시/남자(오른)][돈]+[약하다][지시/남자(왼)/돈][지시/남자(왼)/힘]{상대방에게-눈짓을-하다}[사람에게-요청하다][돈]+[힘][돈][많다]
'저 사람은 재력이 있어. 다른 사람은 재력이 없는데 저 사람은 재력이 있어. 그러니깐 저 사람한테 말해봐. 재력이 있어, 돈이 많아.' (남기현 2018: 110, 기호 일부 수정)

[X]+[힘]이 '~이 많다' 혹은 '~를 잘하다'를 의미하는 것은 '힘'이 그 결과인 '지속성'을 가리키고 그 '지속성'이 그 원인인 '능력이 탁월하다'의 의미를 가리킨 결과이다. '원인으로 결과를 가리키는 환유'와 '결과로 원인을 가리키는 환유'가 연쇄적으로 사용되었다. [기억]+[힘]의 경우 [힘]이 그 결과인 '지속성'를 가리키고 '지속적으로 기억하다'는 그 원인인 '기억력이 좋다'를 가리키는 식으로 의미 확장이 일어난다.

그러나 비슷한 예시인 [돈]과 [힘]이 결합하여 '돈이 많다'나 '부자'를 의미하는 것은 [먹다]와 [힘]이 결합한 것과는 다르게 해석된다.

(179) [돈]+[힘]: '돈이 많다'

[돈]은 '대상으로 행위를 나타내는 환유'를 통하여 '돈을 벌다·모으다'를 의미하게 되고 [힘]과 결합하여 '돈을 잘 벌다·모으다'의 의미가 되며 그것이 '원인(돈 벌기·모으기)으로 결과(부유)를 나타내는 환유'로 인하여 '돈이 많다'를 의미하게 된다.

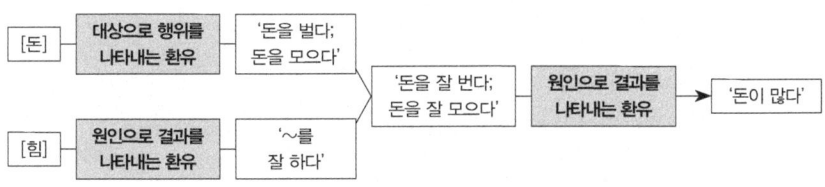

〈도표 126〉 [돈]+[힘] '돈이 많다' 관용표현 분석

이 외에도 [힘]이 결합하는 대상에 따라 능력보다는 지속의 의미만을 강하게 가지고 있는 경우도 발견된다. [일하다]와 [힘]이 결합하여 '일을 꾸준히 지속하다'의 의미를 갖게 된다.

(180) a. [일하다]+[힘]: '그만두지 않고 꾸준히 일하다' (남기현 2018, 110)

b. [그만두다][없다][매진하다][일하다]+[힘]: '그만두지 않고 꾸준히 일하다.'

c. A: (상대방을-부르다)[쉬다][놀다][안되다]: '야, 쉬면서 놀면서 하면 안되니?'

B: (입을-앞으로-내밀고-고개-좌우로-흔든다): '아니 안돼'

A: [힘][지시/남자]: '쉬지않고 일하는구나'

(남기현 2018, 108, 기호 일부 수정)

다음 (181)의 관용 표현의 [죽다]에는 '원인으로 결과를 나타내는 환유'가 사용되었다. '죽음'이라는 원인이 '불능상태', '사라지고 없음'이라는 결과를 가리킨다. [휴대폰]+[죽다]의 경우 '휴대폰이 불능상태가 된 것'을 의미하며 [대화]+[죽다]의 경우 '서로 의사소통이 되지 않는다'를 의미하는데 [죽음]이 그 결과인 '불능상태'를 가리켜서 '대화가 불능상태가 된 것'을 말한다. [돈]+[죽다]는 '돈이 없다'를 뜻하는데 [죽음]이 그 결과인 '사라지고 없음'을 가리킨 결과이다.

(181) a. [휴대폰]+[죽다]: '휴대폰이 불능상태가 되다'

b. [대화]+[죽다]: '서로 의사소통이 되지 않다'

c. [돈]+[죽다]: '돈이 없다'

d. [경기;시합;시험]+[죽다]: '(시험에) 떨어지거나 (경기에) 질 것이 뻔하다'

[휴대폰], [대화], [돈] 등을 생명이 있다가 죽은 상태로 묘사한 것은 사물이나 추상적인 것을 사람으로 의인화한 은유가 사용된 것이다. [휴대폰]+[죽다], [돈]+[죽다], [대화]+[죽다]는 [기계는 사람], [돈은 사람], [의

사소통은 사람] 은유가 각각 사용된 표현이다. 죽음의 여러 측면 중 '죽고 나면 불능상태가 된다' 혹은 '죽고 나면 사라지고 없어진다'는 죽음의 결과 가 부각되었다.

[대화]   [죽다]

〈도표 127〉은 [대화]+[죽다]의 의미확장을 보여주고 있다. [대화]는 [대 화는 생명체] 은유를 통해 의인화되고 의인화의 결과 [죽다]라는 표현이 가 능하며 [죽다]는 '원인으로 결과를 나타내는 환유'를 통해 '불능상태'를 의 미하게 된다. 대화가 불가능한 상태라는 것은 '서로 의사소통이 되지 않는 것'을 의미한다.

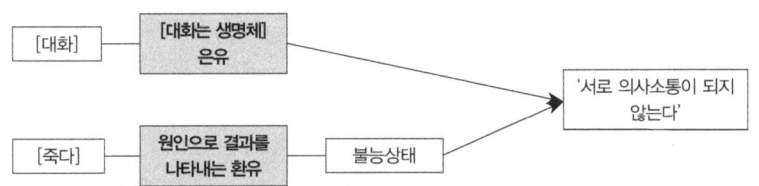

〈도표 127〉 [대화]+[죽다] '서로 의사소통이 되지 않는다' 관용표현 분석

[경기;시합;시험]+[죽다]에서도 '원인으로 결과를 나타내는 환유'가 발견 된다. [죽음]은 죽음의 결과인 '불능상태'를 의미한다.

[경기;시합;시험]　　　[죽다]

〈도표 128〉는 '떨어지거나 질 것이 뻔하다'라는 한국수어의 관용표현이 '전체로 부분을 나타내는 환유'와 '원인으로 결과를 나타내는 환유'를 통해 그 의미를 형성하는 방식을 보여준다. 먼저, [경기;시합;시험]은 '전체로 부분을 나타내는 환유'를 통해 각각의 특정한 결과를 포함하는 개념으로 확장된다. 즉, '경기'라는 개념은 '승리'나 '패배'를 가리키며, '시험' 역시 '합격'이나 '불합격'이라는 결과를 가리킨다. 다음으로, [죽다]는 '원인으로 결과를 나타내는 환유'를 통해 '불능 상태'를 의미하게 된다. 이는 신체적 죽음이 아니라, 더 이상 기능을 수행할 수 없는 상태, 즉 경기나 시험에서의 패배나 실패를 가리킨다. 이러한 두 요소가 결합하여 '경기에서 지거나, 시험에서 떨어질 가능성이 높다'는 의미를 형성하게 된다.

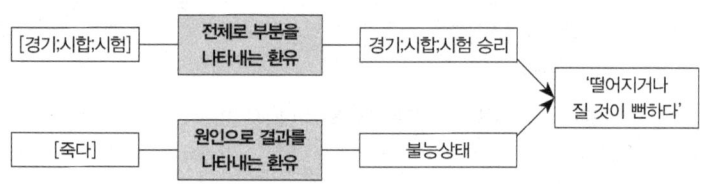

〈도표 128〉 [경기]+[죽다] '떨어지거나 질 것이 뻔하다' 관용표현 분석

다음은 [돈]+[죽다]의 관용표현이 들어 있는 예시문이다. [나]를 발화하고 [돈]과 [죽다]를 발화하여 '나는 돈이 없다'를 의미하고 [돕다]와 [어렵

다]를 발화하여 '도와줄 수가 없다'를 의미한다. 여기에서 [죽다]는 죽음의 결과인 '사라지고 없음'을 나타내서 '돈이 없는 상태'를 의미하게 된다.

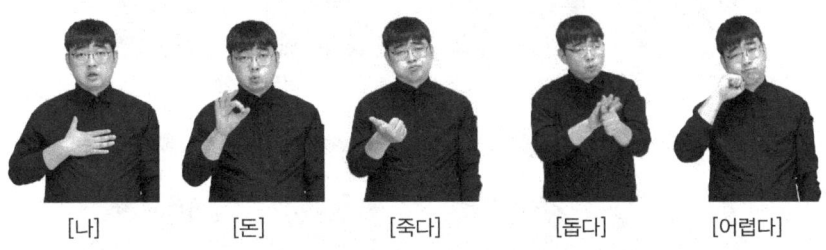

[나]   [돈]   [죽다]   [돕다]   [어렵다]

[X]+[장애] 형태의 관용표현에서 [장애]는 '원인으로 결과를 나타내는 환유'를 통해 '이상함' 혹은 '기능을 제대로 하지 못함'을 나타낸다. '장애'라는 원인이 이상하거나 기능을 제대로 하지 못하는 결과를 가져오기 때문이다. [길]과 [장애]가 결합하는 경우에 '그 길로 갈 수 없음'을 의미한다. [장애]가 '원인으로 결과를 나타내는 환유'를 통해 '기능을 제대로 하지 못함'을 의미하므로 [길]과 [장애]가 결합되면 길이 그 기능을 못하는 것을 의미하게 된다. 길이 기능을 하지 못한다는 것은 사람이 그 길로 갈 수 없는 상태를 의미한다. [모양]과 [장애]가 결합하면 '모양이 이상하다'를 의미하게 된다. [장애]가 '원인으로 결과를 나타내는 환유'를 통해 '이상함'을 의미하게 되고 [모양]과 [장애]가 결합되면 모양이 이상한 상태를 의미하게 된다.

(182) a. [길]+[장애]: '그 길로 갈 수 없다'

　　　b. [말]+[장애]: '앞 뒤 말이 맞지 않다'

　　　c. [먹다]+[장애]: '밥을 먹을 수 없다' (남기현 2018, 113)

　　　d. [몸]+[장애]: '몸이 잘 움직여지지 않거나 몸이 말을 안 듣지 않는다'

　　　e. [모양]+[장애]: '모양이 정상적이지 않다; 이상하다'

[길]+[장애]　　　　　[말]+[장애]

[먹다]+[장애]　　　　　[모양]+[장애]

　　[맹]과 [주다]가 결합하게 되면 '잘못을 눈감아 주다'의 의미를 갖게 되는데 이때 [맹]은 '눈을 감다'는 의미로 '보지 않다'를 의미하게 된다. '눈을 감다'가 '보지 않다'로 의미를 확장하는 것은 '원인으로 결과를 나타내는 환유'가 사용되었기 때문이다.

　　(183) [맹]+[주다] : '잘못을 눈감아 주다'

[맹]　　　　　[주다]

　　[얼굴]과 [깨지다]가 결합하여 '망신을 당하다'를 의미하는 경우에도 '원인으로 결과를 나타내는 환유'가 사용되었다.

(184) [얼굴]+[깨지다]: '망신을 당하다'

[얼굴]   [깨지다]

[깨지다]는 '못쓰게 됨'을 의미한다. 물건이 깨지게 되면 망가져서 쓸 수 없게 된다. 깨짐이 원인이 되어 못쓰게 되는 결과를 낳고 있다.

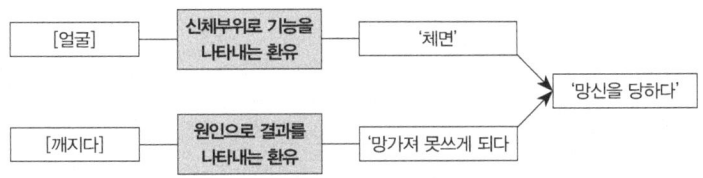

〈도표 129〉 [얼굴]+[깨지다] '망신을 당하다' 관용표현 분석

[말]과 (바퀴가-굴러가다)라는 생산적 수어를 결합하면 '수다를 떨다'는 의미의 관용표현이 된다. 이 때도 (바퀴가-굴러가다)에 '원인으로 결과를 나타내는 환유'가 사용되었다.

(185) [말]+(바퀴가-굴러가다): '잔소리' ; '수다를 떨다'

[말]　　　　(바퀴가-굴러가다)

바퀴가 굴러가면 매우 소란한 소리가 난다. 바퀴가 구른다는 원인이 그 결과인 '소란하다'는 의미를 나타내므로 '원인으로 결과를 나타내는 환유'가 반영된 것이다. [말]과 '소란하다'가 결합하여 '잔소리'; '수다를 떨다'는 의미를 형성하게 된다.

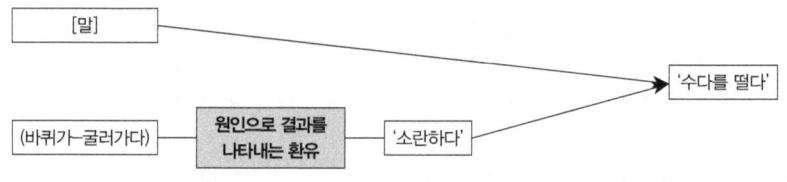

〈도표 130〉 [말]+(바퀴가-굴러가다) '수다를 떨다' 관용표현 분석

[멀다]와 [지겹다]가 결합하는 경우나 [배부르다]와 [지겹다]가 결합하는 경우에 [지겹다] 수어에 '원인으로 결과를 나타내는 환유'가 연쇄적으로 사용되어 '~하지 못하다'의 의미를 나타낸다.

(186) a. [멀다]+[지겹다]: '너무 멀어서 못 가'
　　b. [배부르다]+[지겹다]: '배불러 못 먹겠다' (남기현 2020, 19)

[지겹다]는 '원인으로 결과를 나타내는 환유'를 통해 '~하기 싫다'를 의미하게 된다. 지겨운 것이 원인이 되어 하기 싫은 감정을 유발한 것이다. '~하기 싫다'는 다시 '원인으로 결과를 나타내는 환유'를 통해 '~행위를 하지 못함'을 의미하게 된다. 싫은 감정이 원인이 되어 그러한 행동을 하지 않거나 하지 못하게 되기 때문에 원인과 결과의 관계이다.

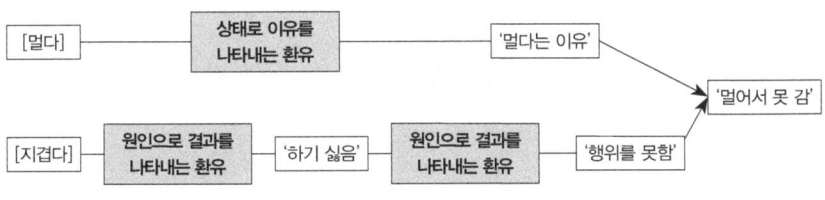

〈도표 131〉 [멀다]+[지겹다] '멀어서 못 가다' 관용표현 분석

6. 한국수어 관용표현에 나타나는 도상성과 은유 및 환유　　387

[집] 수어와 (주먹-쥔-팔을-굽혀-세우고-편-손으로-톱질하는-동작)을 결합하면 '풍비박산'의 의미를 갖게 된다. 이 때 (톱질-동작)은 원인으로 결과를 나타내는 환유가 연쇄적으로 사용되어 '파괴'의 의미를 갖게 된다.

(187) [집]+(주먹-쥔-팔을-굽혀-세우고-편-손으로-세운-팔의-아래-부분을-톱질하는-동작): '풍비박산'(남기현 2020, 21)

(톱질-동작)은 '원인으로 결과를 나타내는 환유'를 통해 '기둥뿌리를 흔들다'를 의미하게 되고 '두 동강을 내다'는 다시 '원인으로 결과를 나타내는 환유'를 통해 '파괴'를 의미하게 된다. [집]은 '그릇으로 내용물을 나타내는 환유'를 통해 '가정'을 의미하여 전체적으로 두 어휘가 결합하게 되면 '가정 경제의 풍비박산'을 의미하게 된다.

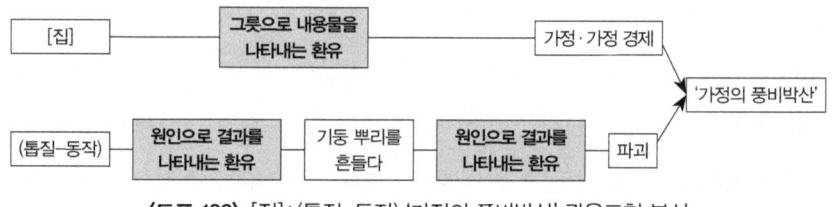

〈도표 132〉 [집]+(톱질-동작) '가정의 풍비박산' 관용표현 분석

6.2.4 결과로 원인을 나타내는 환유

한국수어 관용표현 [눈]+[싸다]와 [눈]+[아프다]와 같은 예시에 '결과로 원인을 나타내는 환유'가 발견된다.

(188) a. [눈]+[싸다]: '잘 식별하지 못하다'
　　 b. [눈]+[아프다]: '차마 볼 수 없는 것을 보다'

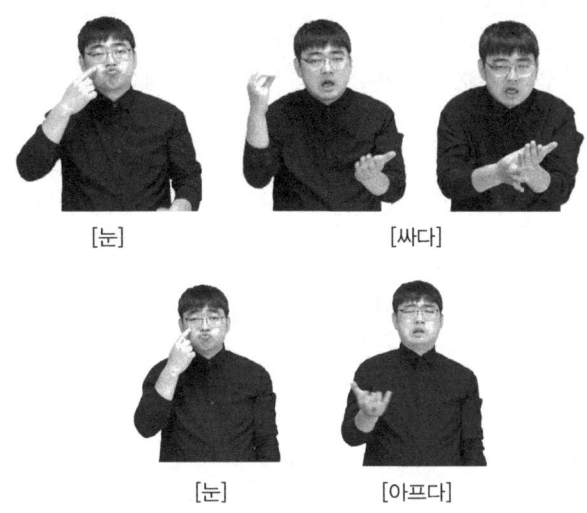

〈도표 133〉은 '잘 못 보다'라는 의미가 한국수어에서 '결과로 원인을 나타내는 환유'와 '신체로 기능을 나타내는 환유'를 통해 형성되는 방식을 보여준다. 먼저, [싸다]는 '결과로 원인을 나타내는 환유'를 통해 '가치가 낮다'는 의미로 확장된다. 가격이 저렴한 것(결과)은 물건의 가치가 낮기(원인) 때문이다. '가치가 낮다'는 다시 또 다른 '결과로 원인을 나타내는 환유'를 통해 '기능이 약하다'는 의미로 확장된다. 즉, 가격이 낮은 것(결과)은 기능이 약하기(원인) 때문이다. [눈]이 가지고 있는 '시각 기능'과 '기능이 약하다'의 의미가 결합하게 되면 '잘 보지 못하다'를 의미하게 된다.

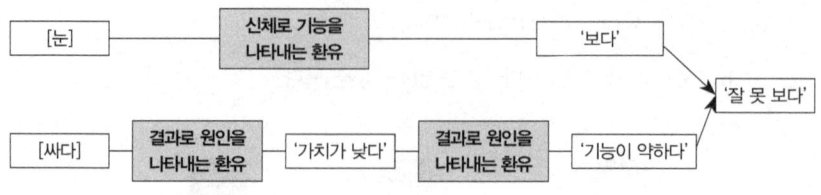

〈도표 133〉 [눈]+[싸다] '잘 보지 못하다' 관용표현 분석

[눈]+[아프다]에서 [아프다]는 '결과로 원인을 나타내는 환유'를 통해 '차마 볼 수 없는 것을 보다'를 의미하게 된다. 시각적으로 불편한 자극을 받았을 때 결과적으로 눈이 아프게 되기 때문이다.

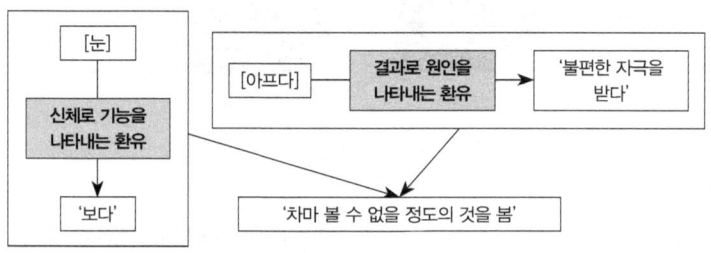

〈도표 134〉 [눈]+[보다] '차마 볼 수 없는 것을 보다' 관용표현 분석

[눈물]+[주다]에서 [눈물]은 '결과로 원인을 나타내는 환유'를 통해 '동정심'을 의미한다. 동정심이라는 감정이 생기면 눈물을 흘리게 된다. 동정심이 원인이 되어 결과적으로 눈물을 흘리게 되는 것이다. '동정심이 없다'는 뜻의 [눈물]+[0점]에서도 [눈물]은 '결과로 원인을 나타내는 환유'를 통해 '동정심'을 의미한다.

(189) a. [눈물]+[주다]: '봐주다'

　　　b. [눈물]+[0점]: '무자비함' ; '동정심이 없다'

　　　　[눈물]　　　　[주다]　　　　[눈물]　　　　[0점]

한국수어 관용표현에서 [갈등] 수어가 '서로 맞지 않음'을 의미하는 경우가 다수 발견된다. [눈]과 [갈등]이 결합하여 '눈에 거슬리다'를 의미하고 [입]과 [갈등]이 결합하여 '입맛에 맞지 않다'를 의미한다. [글]과 [갈등]이 결합하여 '글이 어색하다'를 의미하고 [문장]과 [갈등]이 결합하여 '문장이 어색하다'를 의미한다. [기분]과 [갈등]이 결합하여 '비위가 상하다'를 의미한다.

(190) a. [눈]+[갈등]: '눈에 거슬리다'

　　　b. [입]+[갈등]: '입맛에 맞지 않다' (남기현 2018, 112)

　　　c. [글]+[갈등]: '글이 어색하다'

　　　d. [문장]+[갈등]: '문장이 어색하다'

　　　e. [기분]+[갈등]: '비위가 상하다' (남기현 2020, 12)

　　　　　　[입]　　　　　　　[갈등]

맞지 않은 것이 원인이 되어 결과적으로 갈등이 생기기 때문에, [갈등]으로 '서로 맞지 않음'을 나타내는 것은 '결과로 원인을 나타내는 환유'가 적용된 결과이다.

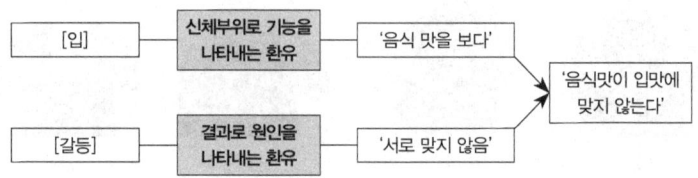

〈도표 135〉 [입]+[갈등] '입맛에 맞지 않다' 관용표현 분석

[기억]이 [악취]와 결합하여 '기억력이 좋다'고 할 때 '악취가 난다'는 것은 '결과로 원인을 나타내는 환유'를 사용하고 있기 때문이다.

(191) [기억] + [악취]: '기억력이 좋다' (남기현 2020, 12)

[기억]   [악취]

냄새가 나는 것은 오래된 것이 원인이다. '오래되다'와 '기억'의 합쳐지면 '기억이 오래간다'는 의미가 되고 '기억이 오래간다'는 다시 '결과로 원인을 나타내는 환유'를 통해 '기억력이 좋다'를 의미하게 된다.

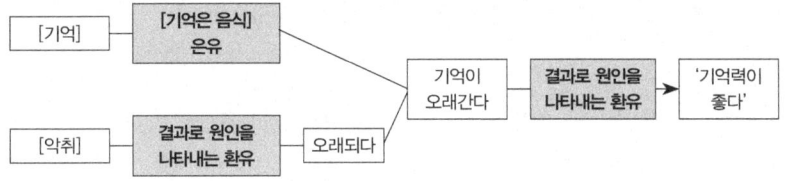

〈도표 136〉 [기억]+[악취] '기억력이 좋다' 관용표현 분석

다음 '돈을 내기가 아깝다' 의미의 관용표현 역시 '결과로 원인을 나타내는 환유'를 사용하고 있다. [10원]은 특정한 금액을 나타내는 표현으로, 이 경우 '아주 적은 돈'을 의미한다. 한국어에서도 '10원 한 장도 아깝다'와 같은 표현이 있으며, 이는 극도로 돈을 아끼는 마음을 나타낸다. (눈물이-흐르듯이-아래위로-움직이는-동작)은 보통 '슬픔'이나 '아쉬움'을 나타낼 때 사용된다. 즉, 눈물을 흘리는 것처럼 표현하는 것은 '돈을 쓰는 것이 너무 아까워서 눈물이 날 지경이다'라는 감정을 전달한다. 이는 '결과로 원인을 나타내는 환유'로 눈물 흘리는 신체반응을 통해 그 원인이 되는 아까워 하는 마음을 나타나기 때문이다.

(192) [10원]+(한-손-엄지와-검지를-붙여-눈에-대고-눈물이-흐르듯이-아래위로-움직임): '돈을 내기가 아깝다'

[10원]

(한-손-엄지와-검지를-붙여-
눈에-대고-눈물이-흐르듯이-아래위로-움직임)

6.2.5 대상으로 행위를 나타내는 환유

[돈]과 [힘]이 함께 쓰여 '돈이 많다'를 의미하는 경우 [돈]이 '돈을 버는 행위'나 '돈을 모으는 행위'를 지칭한다.

(193) [돈]+[힘]: '돈이 많다'

[돈]   [힘]

〈도표 137〉은 '돈이 많다'라는 의미가 한국수어에서 '대상으로 행위를 나타내는 환유'와 '원인으로 결과를 나타내는 환유'를 통해 형성되는 방식을 보여준다. 먼저, [돈]은 '대상으로 행위를 나타내는 환유'를 통해 '돈을 벌다' 또는 '돈을 모으다'라는 의미로 확장된다. 다음으로, [힘]은 '원인으로 결과를 나타내는 환유'를 반영하며, 특정한 행위를 잘하는 능력과 연결된다. 즉, 힘이 있으면 어떤 일을 잘 수행할 수 있다는 개념이 포함되어 있으며, 이는 경제적 능력으로 확장될 수 있다. 이러한 두 요소가 결합하여 '돈을 잘 번다' 혹은 '돈을 잘 모으다'는 개념이 형성된다. 이 과정에서 '원인(경제적 능력)이 결과(돈이 많음)를 나타내는 환유'를 통해 최종적으로 '돈이 많다'는 의미가 도출된다.

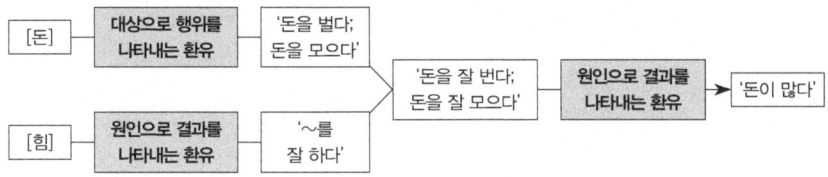

〈도표 137〉 [돈]+[힘] '돈이 많다' 관용표현 분석

6.2.6 부분으로 전체를 나타내는 환유

[사탕]과 (튕기는-동작)라는 생산적 수어가 결합하게 되면 '유혹하다'를 의미한다. 이 때 (튕기는-동작)에는 '부분으로 전체를 나타내는 환유'가 사용되었다. (튕기는-동작)은 '~에게 ~를 보내는' 전체 사건의 일부이기 때문이다. (장진권 2004, 298)

(194) [사탕]+(튕기는-동작): '유혹하다'

[사탕]　　　　(튕기는-동작)

(튕기는-동작)은 '튕겨서 보내다'를 의미한다. (튕기는-동작)은 보내는 방법을 나타내는 것으로 '보내다'라는 전체 사건의 일부이다. 따라서 '부분으로 전체를 나타내는 환유'가 사용되었다고 말할 수 있다. [사탕]은 '범주로 속성을 나타내는 환유'를 통하여 '달콤함'을 의미하게 되고 '달콤함'과 '보내다'가 결합하여 '달콤한 것을 보내다'의 의미를 갖게 된다. '달콤한 것을 보

내는 것'은 [진실성은 맛] 은유를 통하여 '유혹하다'를 의미하게 된다.

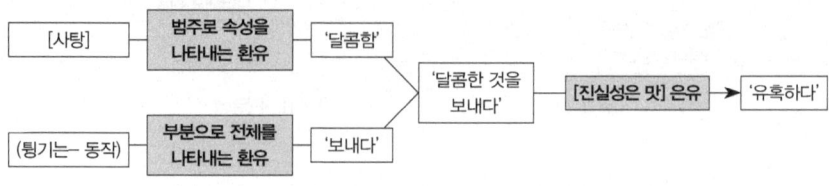

〈도표 138〉 [사탕]+(튕기는-동작) '유혹하다' 관용표현 분석

6.2.7 하위어로 상위어를 나타내는 환유 & 상위어로 하위어를 나타내는 환유

[냄새]와 [잡아채다]가 결합하여 '훤히 알다'를 의미하는 경우 [냄새]에 '하위어로 상위어를 나타내는 환유'가 사용되고 있다. 감각의 한 종류인 냄새가 감각 전체를 의미하고 있기 때문이다. 한국어에서도 '계획범죄의 냄새를 짙게 풍겼다'나 '조작의 냄새가 좀 난다'와 같이 '냄새'라는 가장 원초적인 감각을 사용하여 감각 전체를 가리키기도 한다.

[냄새]   [잡아채다]

[냄새]가 '하위어로 상위어를 나타내는 환유'를 통해 '감각 전체'를 의미하고 [잡아채다]가 '알다'를 의미하게 되면 '감각적으로 알다'의 의미를 나

타내게 된다.

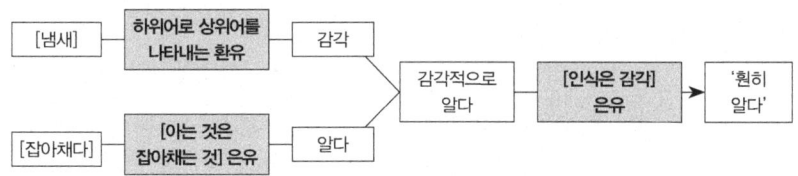

〈도표 139〉 [냄새]+[잡아채다] '훤히 알다' 관용표현 분석

[얼굴]과 [서다]가 결합하여 '책임을 지다'의 의미를 나타내는 경우에 [얼굴]과 [서다]가 결합한 결과 '체면이 서도록 하는 도덕적 행동'을 의미하게 되는데 이러한 도덕적 행동의 한 종류인 '책임지는 행동'을 의미하므로 상위어로 하위어를 나타내는 환유가 사용되었다고 분석된다.

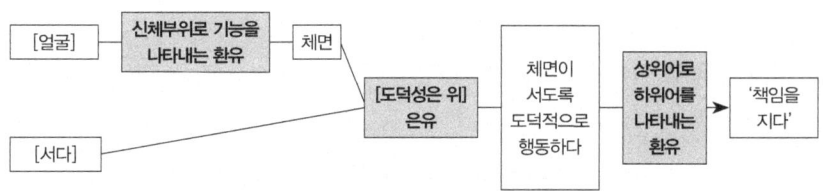

〈도표 140〉 [얼굴]+[서다] '책임을 지다' 관용표현 분석

6.2.8 용기(그릇)로 내용물을 나타내는 환유

[집] 수어가 '주먹 쥔 팔을 굽혀 세우고 편 손으로 톱질하는 동작'과 결합하게 되면 '풍비박산'을 의미하게 되는데 이 때 [집] 수어는 '가정'을 의미하는 것으로 '용기(그릇)로 내용물을 나타내는 환유'가 사용되었다.

(195) [집]+(주먹-쥔-팔을-굽혀-세우고-편-손으로-톱질하는-동작): '풍비박
산'(남기현 2020, 21)

[집]이 '용기로 내용물을 나타내는 환유'를 통해 '가정'을 의미하게 되고 '톱질 동작'이 '원인으로 결과를 나타내는 환유'를 통해 '두 동강을 내다'를 의미하게 되며 다시 '파괴'를 의미하게 된다. '가정'과 '파괴'의 의미가 결합되어 '가정의 풍비박산'이라는 의미가 생성된다.

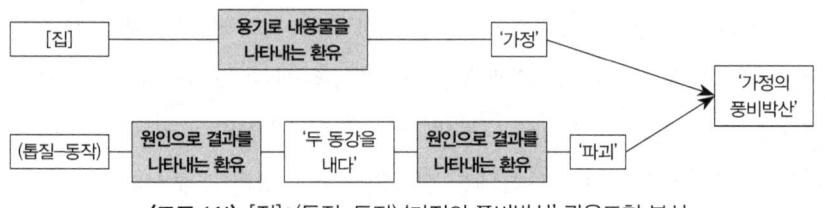

〈도표 141〉 [집]+[톱질-동작] '가정의 풍비박산' 관용표현 분석

6.2.9 상태로 이유를 나타내는 환유

[멀다]와 [지겹다]가 결합하여 '너무 멀어서 못 가'라는 의미를 나타내며 [배부르다]와 [지겹다]가 결합하여 '너무 배불러서 더 못먹는다'의 의미를 나타낸다.

(196) a. [멀다]+[지겹다]: '너무 멀어서 못 가'
   b. [배부르다]+[지겹다]: '너무 배불러서 더 못먹는다'

[멀다]   [지겹다]

[배부르다]   [지겹다]

이 때 [멀다]나 [배부르다]는 먼 상태 혹은 배부른 상태를 통해 '그 이유'를 나타내고 있다. '상태로 이유를 나타내는 환유'가 사용되어 '멀다는 이유' 혹은 '배부르다는 이유'를 의미하고 있다.

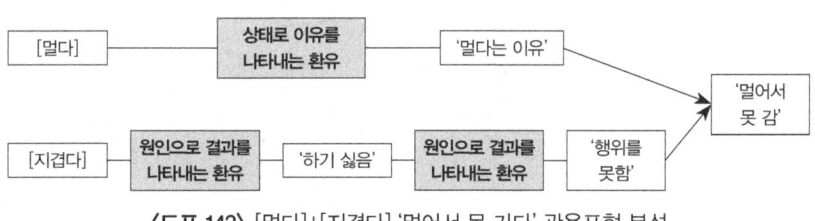

〈도표 142〉 [멀다]+[지겹다] '멀어서 못 가다' 관용표현 분석

6.2.10 수량으로 정도를 나타내는 환유

[얼굴]과 [100점] 수어를 결합하여 관용적으로 '얼굴에 표가 나다'를 의미한다.

(197) [얼굴]+[100점]: '얼굴에 표가 나다'

[얼굴]   [100점]

이 때 [100점] 수어는 100이라는 수치를 통해 '가득한 정도'를 나타낸다. '어떤 생각이나 감정이 얼굴에 완전히 드러난다'는 의미이다.

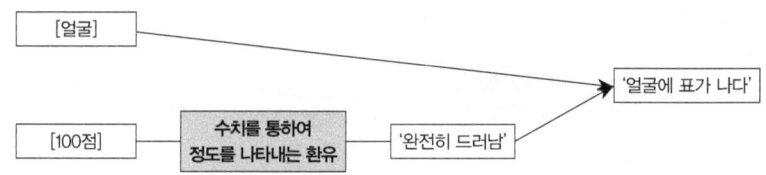

〈도표 143〉 [얼굴]+[100점] '어떤 생각이나 감정이 얼굴에 완전히 드러난다' 관용표현 분석

[눈물]과 [0점]이 결합되어 '동정심이 전혀 없다'를 의미한다. 이 때 [0점]도 '수치로 정도를 나타내는 환유'를 통해 '아무것도 없음'을 나타낸다.

(198) [눈물]+[0점]: '동정심이 전혀 없다'

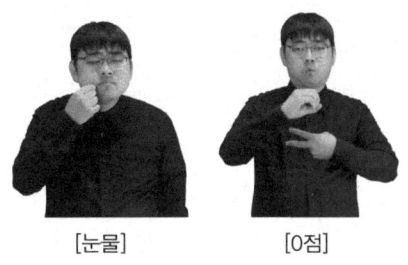

[눈물]   [0점]

[눈물]은 '결과로 원인을 나타내는 환유'를 통해 '동정심'을 나타내고 거기에 [0점]이 결합해서 '동정심이 전혀 없음'을 나타내고 있다.

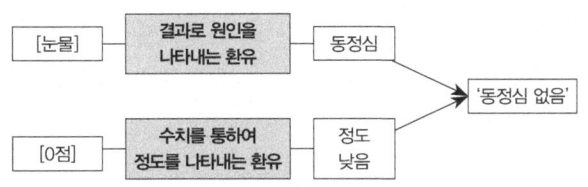

〈도표 144〉 [눈물]+[0점] '동정심이 전혀 없음' 관용표현 분석

6.2.11 한국수어 관용표현에 나타나는 개념적 환유 요약

한국수어 관용표현에는 다양한 개념적 환유가 나타난다. 첫째, '신체 부위로 기능을 나타내는 환유'를 통해 [눈]+[보석]은 '잘 식별하다'를, [눈]+[싸다]는 '잘 식별하지 못하다'를, [눈]+[아프다]는 '차마 볼 수 없는 것을 보다'를 의미한다. 신체 부위인 '눈'이 단순한 기관이 아니라 그 기능을 나타내고 있다.

'범주로 속성을 나타내는 환유'를 통해 [먹다]+[왕]이 '먹보'를, [공부]+[왕]이 '수재'를 의미하는 것처럼 '왕'이나 '박사' 같은 범주가 특정 속성을 강조한다. '결과로 원인을 나타내는 환유'를 통해 [눈물]+[주다]는 '동정심을 보이다'를, [눈물]+[없다]는 '동정심이 없다'를 의미한다. 결과로 나타나는 현상인 '눈물'을 통해 그 원인인 '동정심'을 가리키는 방식이다.

넷째, '대상으로 행위를 나타내는 환유'를 통해, [돈]+[힘]이 '돈을 벌다'라는 의미로 확장된다. 이는 '돈'이라는 대상이 그와 관련된 행위, 즉, '돈벌이'를 가리키는 방식이다. 다섯째, '부분으로 전체를 나타내는 환유'를 통해 [사탕]+(튕기는-동작)이 '유혹하다'를 의미한다. '튕기다'라는 특정 행동이 '보내다'라는 전체 사건을 대신하고 있다.

여섯째, '하위어로 상위어를 나타내는 환유'를 통해 [냄새]+[잡아채다]가 '훤히 알다'를 의미한다. 감각의 하위 개념인 '냄새'가 감각 전체를 대신하고 있다. 일곱째, '용기(그릇)로 내용물을 나타내는 환유'를 통해 [집]+(톱질-동작)이 '가정의 풍비박산'을 의미하게 된다. 이는 집이라는 물리적 공간이 그 안의 내용물인 '가정'이라는 개념을 나타내는 방식이다.

여덟째, '상태로 이유를 나타내는 환유'를 통해 [멀다]+[지겹다]가 '너무 멀어서 못 가다'를 의미한다. '멀다'라는 특정 상태가 이유를 가리키는 방식으로 확장되어 '멀기 때문에'를 의미한다. 아홉째, '수량으로 정도를 나타내는 환유'를 통해 [얼굴]+[100점]이 '얼굴에 표가 나다'를 의미하며, 100이라는 숫자를 이용해 어느 정도인지를 가리키는 방식이다. 이러한 다양한 환유적 표현들은 한국수어에서 의미 확장이 이루어지는 주요 방식으로, 신체 기관, 속성, 결과, 대상, 부분과 전체, 하위 개념과 상위 개념, 공간과 내용물, 상태와 이유, 수량과 정도 등 다양한 개념 간의 연계를 통해 풍부한 의미를 전달한다.

7
결론

  이 책은 한국수어의 의미 형성 원리를 도상성, 개념적 은유, 개념적 환유라는 세 가지 인지기제를 중심으로 분석함으로써, 시각언어로서의 수어가 지닌 고유한 언어적 특성과 의미 형성 방식, 그리고 그것이 담화 속에서 어떻게 기능하는지를 밝히고자 하였다.

  무엇보다도 수어는 시각-공간적 양식을 기반으로 하기 때문에, 어휘 형성에서부터 표현 방식에 이르기까지 도상성이 근본적인 역할을 한다. 수형, 수위, 수동, 수향이라는 물리적 요소 하나하나가 단지 음운적 단위로 기능하는 것이 아니라 각각이 자립적인 의미를 지니며, 이들이 조합되어 단어가 구성된다. 이는 음성언어와 비교할 때 중요한 차이를 보여준다. 예컨대 소리언어에서는 [권위는 위]와 같은 은유가 대부분 '보고서를 올리다' 혹은 '명령을 하달하다'에서와 같이 어구(phrases) 단위에서 드러나는 반면, 수어에서는 단일어인 [보고]나 [명령]을 표현할 때 위나 아래쪽 공간을 활용하며, 이 과정에서 도상성이 직접적으로 관여한다. 즉, 수어는 어휘의 생성 단계에서부터 은유적 공간 구성을 도상적으로 시각화하고 있다는 점에서 구조적으로 다른 유형의 언어 체계를 보여준다.

이러한 언어적 특징을 기반으로, 본서는 총 여섯 장에 걸쳐 한국수어의 다양한 어휘 표현에서 도상성, 은유, 환유가 어떻게 작용하는지를 분석하였다. 제2장에서는 인지언어학에서 정의하는 도상성, 개념적 은유, 개념적 환유의 개념을 소개하고, 이를 한국수어 분석에 적용할 수 있는 이론적 틀을 정립하였다. 특히 Taub(2001)의 이중사상모델(double mapping model)을 중심으로, 수어의 물리적 표현 방식이 어떻게 의미로 사상되며, 그 사상된 의미가 다시 은유적 개념구조로 확장되는지를 이론적으로 설명하였다. 시각언어에서 도상성과 은유가 병렬적으로 작용하거나, 도상성이 은유의 기반이 되는 과정은 수어의 의미 형성을 이해하는 데 핵심적인 관점이 된다. 이 장은 후속 장들의 분석이 쉽게 이해될 수 있도록 인지기제와 수어의 구조적 특성을 연결하는 이론적 출발점을 마련하였다.

　제3장에서는 한국수어에서 고유명사가 어떻게 명명되는지를 도상성, 개념적 은유, 개념적 환유의 관점에서 분석하였다. 한국수어에서 고유명사는 단순히 음성언어를 손으로 번역한 것이 아니라, 시각적 인지와 문화적 맥락을 반영한 독자적인 방식으로 형성된다. 특히 고유명사는 특정 대상을 지시하면서도 동시에 그 대상에 대한 시각적·상징적 정보를 압축하여 전달하는 기제로 작용하며, 이 과정에서 도상성과 환유, 그리고 은유가 결합된 복합적인 인지적 구조가 관찰된다.

　우선, 고유명사의 형성과정에서 도상성은 핵심적인 역할을 한다. '얼굴이름'의 경우, 대상 인물의 신체적 특징, 습관적인 표정이나 동작이 직접적으로 반영된다. 예를 들어, 노무현 대통령의 얼굴 이름은 이마에 있는 깊은 주름을 시각적으로 표현하는 도상성이 적용되며, 예수의 얼굴 이름은 손바닥에 난 못 자국을 나타내는 동작을 통해 상징적 고난의 경험을 도상적으로 형상화한다. 이처럼 도상성은 인물의 특정 시각적 속성을 실제로 보여주는 방식으로 명명 과정에 개입한다.

지역명과 국가명에서도 도상성은 중요한 작동 원리로 작용하였다. 예를 들어 특정 지역의 지형, 상징물, 또는 지리적 위치는 해당 수어 표현의 구성 요소로 반영되며, 수형이나 방향성을 통해 시각적으로 구현된다. 질병명의 경우에는 질병의 특징이나 주요 증상과 같은 신체적 반응이 도상적으로 표현되며, 이를 통해 질병에 대한 직관적 이해를 가능하게 한다. 인터넷 사이트명과 브랜드명에서도 도상성은 중심적 요소로 작용하며, 대표적으로 [트위터]의 경우 새가 지저귀는 모습을 손동작으로 나타내어 해당 서비스의 특성과 상징을 시각적으로 전달한다.

이와 함께, 개념적 환유는 고유명사의 명명 방식에서 가장 보편적이고 핵심적인 인지 전략으로 작동한다. '얼굴 이름'의 경우, 특정 신체 부위—예컨대 이마, 눈, 입 등—를 통해 인물 전체를 지시하는 '부분으로 전체를 나타내는 환유'가 사용된다. 인터넷 사이트명의 경우에도 로고나 알파벳의 지문자가 서비스 전체를 환유적으로 지시하는 방식이 관찰된다. [페이스북]에서는 지문자 [F]가 'Face'를 대체하고, [Youtube]는 지문자 [Y]를 통해 전체 서비스를 대표한다. 이는 언어 표현이 특정 부분이나 상징물을 통해 전체 범주를 압축하여 지시하는 환유적 기제의 전형적 사례이다.

한편, 개념적 은유는 고유명사 표현에서 도상성이나 환유에 비해 상대적으로 빈도가 낮지만, 특정한 경우에 의미 있는 방식으로 작동하였다. 대표적인 예로 [카카오톡]의 표현에서는 손가락을 앞뒤로 움직이는 동작이 도상적으로 '물건을 주고받는' 행위를 나타내며, 이는 곧 [의사소통은 물건 전송]이라는 개념적 은유를 통해 '메시지 전송'이라는 의미로 확장된다. 이처럼 은유는 도상성과 결합되어 의미를 추론할 수 있는 기반을 제공한다.

3장의 분석은 고유명사가 단순히 명칭 부여의 도구가 아니라, 시각언어 특유의 인지적 복합성을 반영하는 장치로서 작동함을 보여준다. 한국수어에서 고유명사는 인물, 장소, 사물에 대한 지시 기능뿐만 아니라, 해당 대상을 바라보는 사회문화적 인식과 시각적 범주화의 양상을 압축적으로 담아내는 총합체라 할 수 있다. 이러한 명명 방식은 수어 고유의 시각적 인지 체계가 언어 형성에 얼마나 밀접하게 관여하고 있는지를 입증해준다.

제4장에서는 한국수어 단일어 표현 속에서 나타나는 개념적 은유와 개념적 환유의 양상을 분석하였다. 본 장의 핵심 목적은 수어에서 추상적 개념이 어떻게 구체적이고 시각적인 방식으로 표현되는지를 인지언어학적 관점에서 규명하는 데 있다. 한국수어에서 발견하는 은유적 개념화는 인간의 신체적 경험을 기반으로 하며, 이를 통해 추상 개념은 시각적·공간적으로 구현된다. 이러한 은유와 환유는 손동작, 방향성, 반복, 조음 위치 등과 긴밀하게 결합되며 단일어 내부의 의미 구성에 핵심적인 역할을 한다.

우선, [생각은 물건] & [마음은 그릇] 은유는 심리적·정신적 개념을 물리적 대상과 용기에 빗대어 이해하는 방식으로, '기억하다'는 수어는 손으로 무언가를 잡아두는 동작을 통해 기억을 보관하는 의미를 전달하며, '잊다'는 손을 펴는 동작으로 기억의 소멸을 시각화한다. 이처럼 추상적인 심리 작용이 구체적인 손 동작을 통해 시각적으로 표현되는 방식은 은유와 도상성이 동시에 작용하는 전형적인 예에 해당한다. [의사소통은 물건전송] 은유에서는 말이나 정보의 전달을 물건을 주고받는 동작으로 개념화한다. '말하다' 수어는 손을 앞으로 내밀며 생각을 전달하는 동작으로, '이해하다'는 상대방의 말을 받아들이는 동작으로 표현된다. 이는 정보 전달이 물리적 이동으로 시각화된 사례이며, 대화의 구조를 직접적으로 드러낸다.

공간을 활용한 은유도 두드러진다. [좋은 것은 위 / 나쁜 것은 아래], [좋은 것은 앞 / 나쁜 것은 뒤], [좋은 것은 안 / 나쁜 것은 밖] 은유에서는 가치 판단이 공간 배치와 결합되어 나타난다. '훌륭하다'는 수어는 위로 손을 들어 표현되고, '부패하다'는 손이 아래로 처지는 동작으로 구현된다. 이처럼 수어는 상·하, 전·후, 내·외라는 공간적 대비를 통해 추상적인 윤리적 개념을 시각적으로 구체화한다. [친밀함은 물리적 거리] 은유에서는 관계의 정도가 신체적 거리로 표현된다. '친구' 수어는 두 손이 맞닿고, '헤어지다'는 손이 멀어지는 동작을 사용한다. [강도는 양] 은유에서는 손가락 수, 동작 범위, 반복 횟수 등을 통해 감정의 정도나 의미의 강조가 구현된다. 예컨대 손가락 수를 늘려 '펑펑 울다'를 표현하거나, 동작의 범위를 넓혀 '정말 맛있다'는 의미를 전달한다.

시간 개념은 [시간은 공간] 은유를 통해 시각적으로 배치된다. '과거'는 손이 얼굴 뒤로, '미래'는 앞쪽으로 이동하는 동작으로 표현되며, 이는 시간의 흐름을 공간 이동으로 시각화한 것이다. [분석은 매듭풀기] 은유는 문제 해결을 얽힌 매듭을 푸는 동작으로 구현하며, '분석하다' 수어는 손가락을 풀어내는 형태로 나타난다.

한국수어의 단일어에는 개념적 은유 뿐만 아니라 개념적 환유 역시 체계적으로 작용한다. '부분으로 전체를 나타내는 환유'는 소의 뿔, 돼지의 코, 개의 귀처럼 특정 신체 부위를 통해 전체 동물을 지칭하고, '범주로 속성을 나타내는 환유'는 기름의 미끄러움이나 가시의 날카로움처럼 범주의 대표 속성을 통해 의미를 형성한다. 반대로 '속성으로 범주를 나타내는 환유'는 색채나 모양, 움직임 등 시각적 속성을 통해 전체 개념을 지시한다. 또한 감정이나 상태의 결과를 통해 원인을 가리키거나, 원인을 통해 결과를 나타내는 방식의 환유도 사용된다. 이러한 환유들은 수어의 시각적 조형성과 깊이 결합되어 있으며, 의미의 압축성과 직관성을 동시에 실현하는 기제로 기능한다.

4장의 분석을 통해 확인할 수 있는 것은, 한국수어는 단일어 수준에서부터 은유적 개념화가 체계적으로 작동하며, 이는 인간이 세상을 이해하고 분류하는 인지적 틀이 수어의 형태적 특성과 밀접히 결합한 결과라는 점이다. 은유는 수어에서 추상 개념을 구체적이고 체화된 동작으로 시각화할 수 있는 강력한 도구이며, 이러한 방식은 도상성과 긴밀하게 상호작용하여 단어 수준의 의미 구성에 깊이 관여한다.

결론적으로 제4장은 한국수어가 신체 기반의 인지 구조를 바탕으로 어떻게 다양한 추상 개념을 체계적으로 언어화하는지를 구체적으로 보여주며, 은유가 수어의 의미 체계와 조형 원리에 긴밀히 통합되어 있음을 실증적으로 제시하였다. 이 분석은 수어가 단순한 시각적 기호가 아니라, 정교한 인지적 시스템을 반영한 언어임을 드러내는 중요한 근거가 된다.

제5장에서는 한국수어 합성어에서 나타나는 개념적 은유와 개념적 환유의 작용 방식을 분석하였다. 수어의 합성어는 두 개 이상의 단일어가 결합되어 새로운 개념을 형성하는 구조로, 이 과정에서 은유와 환유는 단어 간의 의미 결합을 유도하고 확장시키는 중심적 인지 전략으로 기능한다. 특히 은유는 추상 개념을 구체적인 감각 경험이나 공간적 배치로 시각화하며, 환유는 개체의 일부, 속성, 행위 등을 통해 전체 개념을 함축적으로 지시한다.

은유적 개념화의 대표적 예로 [생각은 물건] 은유가 있다. 이 은유를 기반으로 한 [시원하다]는 [생각 + 없애다]의 결합을 통해 '머릿속의 생각이 사라져 편안한 상태'라는 추상적 개념을 구체적 경험으로 표현한다. 이와 유사하게 [나쁜 것은 아래] 은유는 부정적 개념을 아래 방향으로 배치하여, [지옥]이라는 수어가 [도깨비]와 [지하]의 조합으로 형성되는 방식에서 구현된다. [친밀함은 가까움] 은유는 관계의 밀도를 거리로 나타내어, [절친하다]는 [냄새]와 [가깝다]의 결합을 통해 '서로 냄새를 맡을 정도로 가까운 사이'를 은유적으로 표현한다.

인지 개념과 감각적 동작이 연결되는 은유도 나타난다. [아는 것은 보는 것] 및 [아는 것은 잡아채기] 은유는 인지를 시각이나 물리적 접촉으로 개념화하고 있음을 알 수 있다. 도덕성과 감정 표현에 관련된 은유도 관찰되는데, [도덕성은 청결함], [도덕성은 도형], [열정은 온도] 같은 은유들은 수어 동작에서 깨끗함, 곧음, 뜨거움 등과 같은 표현을 통해 정서적, 윤리적 개념을 개념화한다. 예컨대 [범죄]는 [더럽다 + 으뜸 + 정하다]의 결합을 통해 '가장 부도덕한 행위'라는 의미를 형성하고, [혈기]는 [빨강 + 뜨겁다]의 결합으로 '뜨거운 피', 즉 '강한 열정'을 표현한다.

합성어 형성에서도 개념적 환유는 한국수어 합성어에서 은유 못지않게 중요한 의미 확장 기제로 작용한다. [부분으로 전체를 나타내는 환유]는 특정 요소가 전체를 대표하는 방식으로, [지금]은 [오늘 + ㅈ]의 결합을 통해 'ㅈ'이라는 일부가 전체 개념을 대체한다. [범주로 속성을 나타내는 환유]에서는 범주의 전형적인 속성이 합성어 의미의 중심이 되며, [골목길]은 [쥐 + 길]로 구성되어 '쥐'라는 범주로 좁은 골목의 특성을 대신 지칭한다. 반대로 [속성으로 범주를 나타내는 환유]는 색이나 형태 같은 속성이 전체 개념을 지시하는 방식으로, [하늘]은 [파랑 + 밝다], [백조]는 [희다 + 새], [까마귀]는 [검다 + 새]와 같은 구조로 나타난다.

5장의 분석을 통해 드러난 바와 같이, 한국수어의 합성어는 개념적 은유와 환유의 결합을 통해 높은 생산성과 표현력을 확보한다. 특히, 수형·수동·수위·수향의 조합은 단순한 형태적 결합을 넘어 인지적 연상과 문화적 경험에 기반한 의미 확장을 가능하게 한다. 제5장은 수어 합성어에서 단어와 단어가 결합할 때 어떻게 의미를 형성하는지를 보여주면서 언어 표현과 인지 구조 사이의 긴밀한 상호작용을 보여주는 중요한 사례임을 밝혔다.

제6장에서는 한국수어의 관용표현에 나타나는 개념적 은유와 환유의 작동 양상을 살펴보았다. 수어의 관용표현은 단어 이상의 표현이 고정화된 형태로 사용되는 언어 단위로, 은유와 환유가 결합하여 복합적이고 함축적인 의미를 전달하는 데 핵심적인 역할을 한다.

은유의 경우, 추상적 개념을 구체적이고 감각적인 경험에 빗대어 표현하는 방식이 뚜렷하게 나타났다. 예를 들어 생각은 물건 은유에서는 생각이 그릇에 담긴 물건처럼 개념화되어, '아무 생각이 없다'는 표현은 그릇이 비어있음을 확인하는 이미지로 나타난다. [감정은 물건] 은유에서는 눈물이라는 물리적 대상을 주고받는 행위를 통해 동정심이나 무자비함을 표현한다. [정신은 신체] 은유는 신체적 힘을 정신적 지속성이나 능력과 연결하며, [도덕성은 청결함] 은유는 정직성과 순수함을 물리적 깨끗함으로 시각화한다. 이 외에도 [사람은 동물], [사람은 기계], [삶은 여행], [논쟁은 전쟁], [기억은 음식], [인식은 감각], [진실성은 맛] 등의 은유 구조가 다양한 관용표현에 반영되어, 감정, 인지, 윤리적 판단과 같은 추상 개념을 구체적인 동작과 연결짓는다.

환유는 개념 간 인접성을 바탕으로 특정 요소를 통해 전체 개념을 나타내는 방식으로 기능한다. 신체 부위로 기능을 나타내는 환유에서는 '눈'이 시각적 인식 능력 전체를 대신하며, 범주로 속성을 나타내는 환유에서는 '왕', '박사'와 같은 범주어가 특정한 성향이나 능력을 나타낸다. 결과로 원인을 나타내는 환유는 눈물을 통해 동정심이라는 감정의 원인을 드러내며, 대상으로 행위를 나타내는 환유는 돈이라는 대상을 통해 돈벌이라는 행위를 환기시킨다. 또한, 부분으로 전체를 나타내는 환유, 하위어로 상위어를 나타내는 환유, 용기로 내용물을 나타내는 환유, 상태로 이유를 나타내는 환유, 수량으로 정도를 나타내는 환유 등 다양한 환유 유형이 확인되며, 각각이 시각적·공간적 구성과 결합하여 관용표현의 의미 확장을 이끈다.

6장의 분석은 한국수어의 관용표현이 단순한 고정 구문이 아니라, 복합적인 인지적 조작을 바탕으로 형성된 인지적 개념화 체계임을 보여준다. 은유와 환유는 각각 다른 방식으로 추상 개념을 구체화하며, 수어의 시각적 조형성과 맞물려 관용표현의 함축성과 표현력을 높이는 데 기여한다.

즉, 한국수어의 관용표현이 언어적 창의성과 인지적 체계를 동시에 반영하고 있음을 실증적으로 제시하였다.

이상의 분석을 통해 우리는 다음과 같은 결론에 도달할 수 있다. 첫째, 한국수어는 단지 음성언어의 대체 수단이 아니라, 도상성과 은유, 환유가 어휘 형성의 출발점에서부터 고도로 발달된 인지 전략으로 작동하는 독립된 자연언어이다. 둘째, 수어는 단어 수준에서부터 도상성을 기반으로 하여 개념적 은유와 환유를 유기적으로 결합함으로써 의미를 형성하고, 그 과정을 시각적으로 구현한다는 점에서 시각언어로서의 정체성과 가능성을 동시에 보여준다.

앞으로의 수어 연구는 이와 같은 언어적 기제에 대한 미시적 분석을 바탕으로, 수어가 사회적 상호작용, 교육, 문화 재현, 통번역 등 다양한 영역에서 어떻게 기능하는지를 포괄적으로 조망하는 방향으로 나아가야 할 것이다. 아울러 한국수어 사용자들의 언어권과 문화적 정체성을 제도적으로 보장하고 수어 교육 및 언어 정책이 실효성 있게 설계되기 위해서는, 수어의 구조적·인지적 특성에 대한 지속적인 연구가 병행되어야 할 것이다. 이 책이 한국수어 의미 연구의 출발점이자 토대를 마련하는 작업으로서, 한국 수어학의 학문적 정착에 기여할 수 있기를 기대한다. 또한 수어에 대한 깊이 있는 이론적 분석과 문화적 이해를 통합하는 연구가 국내외 시각언어 연구의 지평을 더욱 확장시켜 나가기를 바란다.

참고문헌

국립국어원. 한국수어사전. https://sldict.korean.go.kr/
국립국어원. 한국수어누리사전. https://ksldict.korean.go.kr/kslserv/
김연우·남기현·조준모. (2020). 한국수어의 역할전이 인용과 화시소의 전이. 〈언어와언어학〉 88, 27-52.
남기현. (2018). 한국수어에서 관용표현 개념 정립을 위한 제언. 〈한국어 의미학〉 60, 93-120.
남기현. (2020). 한국수어 교육용 관용표현 연구. 〈한국어 의미학〉 68, 1-23.
남기현. (2022). 한국수어 다의어 {귀신}의 의미와 교육방안. 〈한국청각·언어장애교육연구〉 13(2), 1-18.
남기현·원성옥·허일. (2011). 한국수화 내러티브속에 나타난 구성된 행위 분석. 〈언어연구〉 26(4), 767-789.
노진서. (2015). 신체 어휘 관용어의 언어보편성—신체—한·영손관용어의비유의미를중심으로—. 〈한민족문화연구〉 52, 7-28.
박경선. (2001). 영어와 한국어의 색채어와 신체어에 나타나는 개념적은유. 〈담화와인지〉 9(1), 69-83.
석수영. (2016). 수어의 구조와 의미간의 상관성 고찰: 한중신체어를 중심으로. 〈언어과학연구〉 76, 151-173.
석수영·김기석. (2017). 해석에 기초한 한중수어 어휘의 동기화 양상. 한국어의미학, 58, 31-56.
송미연·홍성은. (2020). 한국수어의 생산적수어 어휘에서 나타난 도상성—이미지형성 기법을 중심으로—. 〈한국청각·언어장애교육연구〉 11(1), 109-139.
송부선. (2006). 영어와 한국어에서의 '화'와 '행복' 은유. 〈한국어의미학〉 20, 121-137.
신홍임. (2019a). 한국수화의 도상성에 따른 TOF 현상. 〈인지및생물〉 3(2), 81-88.
신홍임. (2019b). 한국어 수화의 도상성을 활용한 교육적 시사점 모색. 〈아시아교육연구〉 20(1), 301-320.
양선아·최영주. (2022). 수형의 의미 보편성: 한국수어에서 편손 수형으로 끝나는 수어의 의미를 중심으로. 〈현대문법연구〉 116, 149-170.
양선아·최영주. (2023). 은유적사상의 문화적 차이: 영어 digest와 한국어 '소화하다'의 의미 확장 비교. 〈한국언어과학회〉 30(4), 87-106.
원성옥·김유미·남기현·김성완. (2020). 2020 한국수어문법연구. 서울: 국립국어원.
원성옥·김유미·남기현·김성완. (2021). 한국수어문법. 서울: 국립국어원.
이선희. (2020). 한중 색채어 은유 양상 대조 연구– '푸르다' 계열 어휘를 중심으로. 〈중국어문학논집〉 125, 179-202.

이선희. (2020). 현대중국어 도덕성 평가 은유 연구. 〈중국어문논총〉 99, 33-58.
이영재. (2021). 한국수어의 공간 활용 연구. 〈국어문학〉 77, 145-174.
이율하. (2008). 한국수화언어의 동시적 결합구조에 대한 형태론적 연구. 강원대 석사학위논문.
이지연·최영주. (2023). 한국수어에서 '목'의 위치에서 발화되는 어휘들의 의미 연관성 연구. 〈언어연구〉 39(2), 119-133.
이지연·최영주. (2024). 한국수어에 나타나는 공간도상성의 은유적 확장. 〈언어〉 49(1), 153-172.
임수진. (2016). 푸른계열색의 인지와 의미해석에 관한 연구: 영어, 한국어, 중국어를 중심으로. 〈언어과학연구〉 76, 285-304.
임지룡. (2007). 신체화에 기초한 의미확장의 특성 연구. 〈언어과학연구〉 40, 1-31.
임지룡. (2016). 신체어의 의미확장 양상과 해석. 〈배달말〉 59, 1-42.
임지룡. (2018). 한국수어의 도상적 양상과 의미 특성. 〈국어교육연구〉 68, 63-88.
임지룡. (2021). 수어 의미관계의 양상과 특성. 〈한글학회〉 82(3), 809-840.
임지룡. (2022). 수어의 비유적 도상성. 〈한글〉 83(3), 733-772.
임지룡·송현주. (2012). 감각동사의 의미확장 양상 연구. 〈담화와인지〉 19(1), 155-179.
임지룡·송현주. (2015). 한국수어의 동기화 양상. 〈한국어의미학〉 49, 59-85.
임혜원. (2005). 한국어 [빛]과 [색]의 은유적 확장. 〈담화와인지〉 12(3), 1-19.
장부연. (2013). 신체부위 관련 감정표현 양상에 관한 고찰—일, 한 양국어의"슬픔" 관련 감정을 중심으로—. 〈일본어교육연구〉 27, 155-176.
장진권. (1995). 한국수화의 어원적 의미. 단국대 석사학위논문.
장진권. (2004). 알기쉽고 재미있는 한국수화여행. 서울: 한국농아인협회.
정상원. (2020). 사물명칭의 환유적 확장 연구: 한국어 '우산'과 영어 UMBRELLA를 중심으로. 조선대 석사학위논문.
정희자. (2002). 관용어에 나타난 신체어의 의미확장. 〈외대논총〉 24, 355-378.
조영순. (2014). Heart+사랑—비유표현과 개념구성. 〈영어영문학21〉 27(3), 257-281.
주보현. (2015). 감정표현 색채어 연구: 영어와 중국어를 중심으로. 〈언어과학〉 22(1), 95-118.
주보현. (2018). 영어 색채어 blue의 다의성 연구: 외연과 색깔의 특성을 중심으로. 〈언어과학연구〉 87, 565-585.
지인영. (2009). 영어와 한국어의 Heart 관련 표현. 〈영어학〉 9(4), 737-759.
최상배. (2013). 한국수화언어의 수위소 분석. 〈특수교육저널:이론과실천〉 14(2), 1-20.
최영주. (2017). 한국수화에 나타난 개념적은유와 개념적환유. 〈현대문법연구〉 92, 123-147.

최영주. (2019). [배움은 여행] 은유로 분석한 그림책『지각대장 존』.〈언어과학〉 26(2), 135-156.

최영주. (2020). '우산' 의미에 대한 인지의미론적 접근.〈담화와인지〉 27(3), 127-150.

최영주. (2021a). 한국수어 다의어의 의미망 분석: [기름] 수어를 중심으로.〈언어와언어학〉 93, 107-130.

최영주. (2021b). 한국수어에 나타난 개념의 신체화: [봄], [여름], [가을], [겨울], [밤], [낮] 수어를 중심으로.〈언어과학〉 28(3), 143-162.

최영주. (2022a). 한국수어의 색채어 의미확장.〈언어〉 47(3), 613-636.

최영주. (2022b). 한국어, 영어, 한국수어에 나타나는 [도덕성은 청결함] 은유.〈언어와언어학〉 97, 125-146.

최영주. (2023). 상대수향에 기반한 한국수어 부정접미사의 단일화.〈언어〉 48(2), 453-476.

최영주, 김의산, 김혜민, 정선주. (2018). '생명'과 관련된 신체관용구—영어와 한국어의 '머리'와 '목' 관련 관용구를 중심으로.〈영어영문학21〉 31(1), 79-98.

최영주·양선아. (2023). 은유적부각의 측면에 나타나는 문화적 상대성: 한국수어 [소화하다]의 은유적 의미확장을 중심으로.〈언어〉 48(4), 971-989.

최영주·조참훈·윤병천·백해연·장세은. (2019). 한국수어의 코퍼스 기반 신체 개념 구현 연구.〈언어과학연구〉 91, 45-67.

최재영·권연진. (2017). 정치담론에서의 도덕적 은유에 대한 연구.〈새한영어영문학〉 59(3), 155-175.

최화니. (2019). 한국수어의 시간 은유에 대하여.〈열린정신인문학연구〉 20(1), 145-188.

Alverson, H. (1994). Semantics and Experience: Universal Metaphors of Time in English, Mandarin, Hindi, and Sesotho. Maryland: Johns Hopkins University Press.

Anible, B. (2020). Iconicity in American Sign Language–English translation recognition. *Language and Cognition*, *12*, 138-163.

Battison, R. (1974). Phonological deletion in American Sign Language. *Sign Language Studies*, 5, 1-19.

Battison, R. (1978). Lexical Borrowing in American Sign Language. Maryland: Linstock Press.

Bellugi, U., & Newkirk, D. (1981). Formal devices for creating new signs in American Sign Language. *Sign Language Studies*, *30*(1), 1-35.

Berendt, E., & Keiko, T. (2011). The 'heart' of things: A conceptual metaphoric analysis of heart and related body parts in Thai, Japanese and English. *Intercultural Communication Studies*, *20*(1), 65-79.

Berlin, B., & Paul, K. (1969). Defining Basic Color Terms, Their Universality and Evolution. California: The University of California Press.

Boyes-Braem, P. (1981). Significant Features of the Handshape in American Sign Language. PhD Dissertation, University of California.

Brennan, M. (2005). Conjoining word and image in British Sign Language (BSL): An exploration of metaphorical signs in BSL. *Sign Language Studies, 5*(3), 360-382.

Brentari, D. (1990). Theoretical Foundations of American Sign Language Phonology. PhD Dissertation, University of Chicago.

Brentari, D. (1998). A Prosodic Model of Sign Language Phonology. Bradford: Bradford Book.

Brentari, D. (2011). Handshape in sign language phonology. In M. Oostendorp, C. Ewen, E. Hume, & K. Rice (Eds.), The Blackwell Companion to Phonology, 1-28. New Jersey: Blackwell Publishing Ltd.

Brentari, D. (2019). Sign Language Phonology. Cambridge: Cambridge University Press

Brentari, D., Coppola, M., Cho, P., & Senghas, A. (2017). Handshape complexity as a precursor to phonology: Variation, emergence, and acquisition. *Language Acquisition, 24*(4), 283-306.

Brentari, D., & Padden, C. (2001). Native and foreign vocabulary in American Sign Language: A language with multiple origins. In D. Brentari, (Ed.), Foreign Vocabulary in Sign Language: A Cross-Linguistic Investigation of Word Formation, 87-120. New Jersey: Lawrence Erlbaum Associates.

Cabeza-Pereiro, C. (2014). Metaphor and lexicon in sign Languages: Analysis of the hand-opening aticulation in LSE and BSL. *Sign Language Studies, 14*(3), 302-333.

Chen, C. (2014). A contrastive study of time as space metaphor in English and Chinese. *Theory and Practice in Language Studies, 4*(1), 129-136.

Chen, X. (2007). A contrastive study of English and Chinese temporal metaphors as space. *Journal of Changsha University, 6*, 109-201.

Choi, Y. (2012). Metonymy and Korean noun-noun compounds. *English21, 25*(3), 269-289.

Choi, Y. (2017). Comparison of the concept EAT as a metaphorical source in Korean and English. *The Mirae Journal of English Language and Literature, 22*(3), 285-306.

Choi, Y. (2022). Prevalence of UNDERSTANDING IS GRASPING metaphor in Korean Sign Language. *Korean Journal of Linguistics, 47*(4), 647-665.

Choi, Y., & Jeong. M. H. (2024). A comparative analysis of POSITIVE IS FRONT and NEGATIVE IS BACK metaphors in Korean Sign Language with Korean and English. *The Journal of Linguistic Science, 111*, 47-68.

Corina, D., & Wendy, S. (1993). On the nature of phonological structure in sign language. *Phonology, 10*, 165-207.

Cormier, K., Smith, S., & Zed, S. (2015). Rethinking constructed action. *Sign Language & Linguistics, 18*(2), 167-204.

Cormier, K., Smith, S., & Zwets, M. (2013). Framing constructed action in British Sign Language narratives. *Journal of Pragmatics, 55*, 119-139.

Crasborn, O., & Kooij, E. (1997) Relative orientation in sign language phonology. *Linguistics in the Netherlands, 14*(1), 37-48.

Crasborn, O., & Kooij, E. (2003). Base joint configuration in Sign Language of the Netherlands: Phonetic variation and phonological specification. In V. Jeroen, J. Vincent, & V. Harry (Eds.), The Phonological Spectrum: Segmental Structure, 1-24. Amsterdam: John Benjamins Publishing Company.

Eccarius, P., & Brentari, D. (2008). Handshape coding made easier: A theoretically based notation for phonological transcription. *Sign Language & Linguistics, 11*(1), 69-101.

Eccarius, P., & Brentari, D. (2010). A formal analysis of phonological contrast in sign language handshapes. *Sign Language & Linguistics, 13*(2), 156-181.

Emanatian, M. (1995). Metaphor and the expression of emotion: The value of cross-cultural perspectives. *Metaphor and Symbolic Activity, 10*(3), 163-182.

Foolen, A. (2005). Where are our thoughts and feelings? Folk psychology in Dutch, Marind and Bare'e. Paper presented at the 9th International Cognitive Linguistics Conference, Seoul, July 19.

Forceville. C. (1996). Pictorial Metaphor in Advertising. New York: Routledge.

Forceville. C. (2002). The identification of target and source in pictorial metaphors. *Journal of Pragmatics, 34*(1), 1-14.

Forceville. C. (2012). Creativity in pictorial and multimodal advertising metaphors. In R. Jones (Ed.), Discourse and Creativity, 113-132. New York: Routledge.

Forceville. C. (2017). Visual and multimodal metaphor in advertising: Cultural perspectives. *Styles of Communication, 9*(2), 26-41.

Forceville. C. (2018). Multimodality, film, and cinematic metaphor: An evaluation of Müller and Kappelhoff. *Punctum, 4*(2), 90-108.

Forceville. C. (2024). Identifying and interpreting visual and multimodal metaphor in commercials and feature films. *Metaphor and Symbol, 39*(1), 40-54.

Friedman, L. (1976). Phonology of a Soundless Language: Phonological Structure of the American Sign Language. PhD Dissertation, University of California at Berkeley.

Gaby, A. (2008). Gut feelings: Locating intellect, emotion and lifeforce in the Thaayorre body. In F. Sharifian, R. Dirven, N. Yu, & S. Niemeier (Eds.), Culture, Body and Language: Conceptualizations of Internal Body Organs across Cultures and Languages, 27-44. Berlin: Mouton de Gruyter.

Geeraerts, D., & Gevaert, C. (2008). Hearts and (angry) minds in Old English. In F. Sharifian, R. Dirven, N. Yu, & S. Niemeier (Eds.), Culture, Body and Language Conceptualizations of Internal Body Organs across Cultures and Languages, 319-348. Berlin: Mouton de Gruyter.

Goldberg, A. (1995). Constructions: A Construction Grammar Approach to Argument Structure. Chicago: University of Chicago Press.

Goldberg, A. (2006). Constructions at Work. Oxford: Oxford University Press

Goddard, C. (2008). Contrastive semantics and cultural psychology: English heart vs. Malay hati 'liver'. In F. Sharifian, R. Dirven, N. Yu, & S. Niemeier (Eds.), Culture, Body and Language Conceptualizations of Internal Body Organs across Cultures and Languages, 77-104. Berlin: Mouton de Gruyter.

Hanyi, X., Laurent, B., & Brad, J. (2014) Washing the guilt away: Effects of personal versus vicarious cleansing on guilty feelings and prosocial behavior. *Frontiers in Human Neuroscience, 8*(97), 1-5.

Huang, S. (2016). Time as space metaphor in Isbukun Bunun: A semantic analysis. *Oceanic Linguistics, 55*(1), 1-24.

Hwangbo, H. J., & Choi, Y. (2022). Morpho-phonological investigation of compounds in Korean Sign Language. *Studies in Phonetics, Phonology, and Morphology, 28*(1), 169-198.

Hwangbo, H. J., & Choi, Y. (2023). Handshape complexity in initialized signs: A cross-linguistic study. *The Linguistic Association of Korea Journal, 31*(4), 241-264.

Hwangbo, H. J., Ji, Y. S., & Jo, J. W. (2023). Relations between handshape and orientation in simultaneous compounds in Korean Sign Language. *Linguistic Research, 40*(1), 119-150.

Ikegami, Y. (2008). The heart: What it means to the Japanese speakers. In F. Sharifian, R. Dirven, N. Yu, & S. Niemeier (Eds.), Culture, Body and Language Conceptualizations of Internal Body Organs across Cultures and Languages, 169-189. Berlin: Mouton de Gruyter.

Jarque, M. J. (2005). Double mapping in metaphorical expressions of thought and communication in Catalan Sign Language (LSC). *Sign Language Studies, 5*(3), 292-316.

Jarque, M., & Wilcox, P. (2000). Visual metaphorical and metonymic conceptualization in two signed languages: ASL and LSC. Paper presented at the seventh international conference on theoretical issues in sign language research. Amsterdam, July 23-27.

Jo, J. W. Lee, B. K., & Choi, Y. (2022). Word order and clause structure in Korean Sign Language. *Studies in Generative Grammar, 32*(1), 97-152.

Josep, Q., Roland, P., & Annika, H. (2021). The Routledge Handbook of Theoretical and Experimental Sign Language Research. Oxfordshire: Routledge.

Kim, B., Mullaney, K., & Occhino, C. (2019). Constructed action in American Sign Language: A look at second language learners in a second modality. *Languages, 4*(4), 1-19.

Kooij, E., & Onno, C. (2016). Phonology. In A. Baker, B. den, R. Pfau, & T. Schermer (Eds.), The Linguistics of Sign Language, 251-278. Amsterdam: John Benjamins Publishing Company.

Kövecses, Z. (2004). Introduction: Cultural variation in metaphor. *European Journal of English Studies, 8*(3), 263-274.

Kövecses, Z. (2005). Metaphor in Culture: Universality and Variation. Cambridge: Cambridge University Press.

Kövecses, Z. (2008). Conceptual metaphor theory: Some criticisms and alternative proposals. *Annual Review of Cognitive Linguistics, 6*(1), 168-184.

Kövecses, Z. (2010). Metaphor: A Practical Introduction. Oxford: Oxford University Press.

Kraska-Szlenk, I. (2014). Semantic extensions of body part terms: Common patterns and their interpretation. *Language Sciences, 44*, 15-39.

Lakoff, G. (1993). The contemporary theory of metaphor. In A. Ortony (Ed.), Metaphor and Thought, 202-251. Cambridge University Press.

Lakoff, G., & Johnson, M. (1980). Metaphors We Live By. Chicago: University of Chicago Press.

Lakoff, G., & Johnson, M. (1999). Philosophy in the Flesh: The Embodied Mind and Its Challenge to Western Thought. New York: Basic Books.

Lakoff, G., & Tunner, M. (1989). More than Cool Reason: A Field Guide to Poetic Metaphor. Chicago: University of Chicago Press.

Lakoff, G., & Zoltan, K. (1987). The cognitive model of anger inherent in American English. In D. Holland, & N. Quinn (Eds.), Cultural Models in Language and Thought, 195-221. Cambridge: Cambridge University Press.

Lee, S., & Schwarz, N. (2010). Dirty hands and dirty mouths: Embodiment of the moral-purity metaphor is specific to the motor modality involved in moral transgression. *Psychol. Sci, 21*(10), 1423-1425.

Lee, Spike W. S., Honghong, T., Jing, W., Xiaoqin, M., & Chao, L. (2015). A cultural look at moral purity: Wiping the face clean. *Frontiers in Psychology, 6*, 1-6.

Liddell, S. (1996). Numerical incorporating roots & non-incorporating prefixes in American Sign Language. *Sign Language Studies, 92,* 201-226.

Liljenquist, K., Chen-Bo, Z., & Adam, G. (2010). The smell of virtue: Clean scents promote reciprocity and charity. *Psychological Science, 21*(3), 381-383.

Machabée, D. (1995). Description and status of initialized signs in Quebec Sign Language. In C. Lucas (Ed.), Sociolinguistics in Deaf Communities, 29-61. Washington D.C: Gallaudet University Press.

Maier, E. (2018). Quotation, demonstration, and attraction in sign language role shift. *Theoretical Linguistics, 44*(3), 265-276.

Makaroğlu, B. (2021). Blend formation in Turkish Sign Language: Are we missing the big picture? *Journal of Language and Linguistic Studies, 17*(1), 139-157.

Mandel, M. (1981). Phonotactics and Morphophonology in American Sign Language. PhD Dissertation, University of California at Berkeley.

Meir, I. (2010). Iconicity and metaphor: Constraints on metaphorical use of iconic forms. *Language, 86*(4), 865-896.

Meir, I. (2012). Word classes and word formation. In P. Roland, M. Steinbach, & B. Woll (Eds.), Sign Language: An International Handbook, 77-112. Berlin: Mouton De Gruyter.

Meir, I., & Ariel, C. (2018). Metaphor in sign languages. *Frontiers in Psychology, 9*(1025), 1-13.

Meir, I., & Sandler, W. (2008). A Language in Space: The Story of Israeli Sign Language. New York: Lawrence Erlbaum Associates.

Morgan, G., Barrette-Jones, S., & Stoneham, H. (2007). The first signs of language: Phonological development in British Sign Language. *Applied Psycholinguistics, 28*(1), 3-22.

Nancy, F. (1975). Arbitrariness and iconicity: Historical change in American Sign Language. *Linguistic Society of America, 51*(3), 696-719.

Niemeier, S. (2000). Straight from the heart - metonymic and metaphorical explorations. In A. Barcelona (Ed.), Metaphor and Metonymy at the Crossroads: A Cognitive Perspective, 195-213. Berlin: Mouton de Gruyter.

Niemeier, S. (2007). From blue stockings to blue movies: Color metonymies in English. In M. Plümacher, & P. Holz (Eds.), Speaking of Colors and Odors, 141-154. Amsterdam: John Benjamins Publishing Company.

Niemeier, S. (2008). To be in control: Kind-hearted and cool-headed. The head-heart dichotomy in English. In F. Sharifian, R. Dirven, N. Yu, & S. Niemeier, (Eds.), Culture, Body and Language Conceptualizations of Internal Body Organs across Cultures and Languages, 349-372. Berlin: Mouton de Gruyter.

Niemeier, S. (2009). What's in a heart? Culture-specific concepts of emotionality and rationality. Accessed May 25, 2019. www.cognitive-sciences.de/docs/presentations/Niemeier.pdf.

Núñez, R., Motz, B., & Teuscher, U. (2006). Time after time: The psychological reality of the ego-time-reference-point distinction in metaphorical construals of time. *Metaphor and Symbol, 21*(3), 133-146.

Occhino, C. (2017). An introduction to embodied cognitive phonology: Claw-5 handshape distribution in ASL and Libras. *Complutense Journal of English Studies, 25*, 69-103.

Oh, S. S. (2014). What does the heart tell you? *The Journal of Mirae English Language and Literature, 19*(4), 409-435.

Penny, B. (1990). Acquisition of the handshape in American Sign Language: A preliminary analysis. In V. Volterra, & C. Erting (Eds.), From Gesture to Language in Hearing and Deaf Children, 107-127. New York: Springer.

Perlman, M., Little, H., Thompson, B., & Thompson, R. (2018). Iconicity in signed and spoken vocabulary: A comparison between American Sign Language, British Sign Language, English, and Spanish. *Frontiers in Psychology, 9*, 1-16.

Philip, Gill. (2006). Connotative meaning in English and Italian color-word metaphor. *Metaphorik, 10*, 59-93.

Radden, G. (1996). The metaphor TIME AS SPACE across Languages. *Zeitschrift für Interkulturellen Fremdsprachenunterricht [Online], 8*(2), 226-239.

Radden, G. (2011). Spatial time in the west and the east. In M. Brdar, M. Omazic, P. Takac, T. Gradecak-Erdeljic, & G. Buljian (Eds.), Space and Time in Language,

1-14. Lausanne: Peter Lang.

Radden, G., & Panther, K. (2004). Studies in Linguistic Motivation. New York: Mouton de Gruyter.

Radden, G., & Zoltán, K. (1999). Toward a theory of metonymy. In K. Panther, & G. Radden (Eds.), Metonymy in Language and Thought, 17-59. Amsterdam: John Benjamins Publishing Company.

Raymond, G. (2017). Metaphor Wars: Conceptual Metaphors in Human Life. Cambridge: Cambridge University Press.

Riddle, E. (2001). Metaphorically speaking in white Hmong. In G. Thurgood (Ed.), Ninth Annual Meeting of the Southeast Asian Linguistics Society, 377-1000. Arizona: ASU Center for Asian Research.

Rohrer, T. (2007a). Embodiment and Experientialism. Oxford: Oxford University Press.

Rohrer, T. (2007b.) The body in space: Embodiment, experientialism and linguistic conceptualization. In Z. Jordan, Z. Tom, F. Roz, & D. René (Eds.), Body, Language and Mind, 1-14. Berlin:Mouton de Gruyter.

Sandler, W. (1989). Phonological Representation of the Sign Linearity and Nonlinearity in American Sign Language. Berlin: Mouton De Gruyter.

Sandler, W. (1995). Markedness in the handshapes of signs: A componential analysis. In J. der, & H. van der (Eds)., Leiden in Last: Holland Institute of Linguistics Phonology Papers. Hague: Holland Academie Graphics.

Sandler, W., & Lillo-Martin, D. (2006). Sign Language and Linguistic Universals. Cambridge: Cambridge University Press.

Schnall, S., Jennifer, B., & Sophie, H. (2008). With a clean conscience: Cleanliness reduces the severity of moral judgments. *Psychological Science, 19*(12), 1219-1222.

Sharifian, F., René, D., Ning, Y., & Susanne, N. (2008). Culture, Body, and Language: Conceptualizations of Internal Body Organs across Cultures and Languages. Berlin: Mouton De Gruyter.

Shinohara, K., & Prashant, P. (2011). The more in front, the later in back: The role of positional terms in time metaphors. *Journal of Pragmatics, 43*(3), 749-758.

Siahaan, P. (2008). Did he break your heart or your liver? A contrastive study on metaphorical concepts from the source domain ORGAN in English and in Indonesian. In F. Sharifian, R. Dirven, N. Yu, & S. Niemeier (Eds.), Culture, Body and Language: Conceptualizations of Internal Body Organs across Cultures and Languages, 45-74. Berlin: Mouton De Gruyter.

Stokoe, W. (1960). Sign Language Structure: An Outline of the Visual Communication Systems of the American Deaf. New York: University of Buffalo.

Stokoe, W. (1978). Sign Language Structure: The First Linguistic Analysis of American Sign Language. Maryland: Linstock Press.

Peirsman, Y., & Geeraerts, D. (2006). Metonymy as a prototypical category. *Cognitive Linguistics, 17*(3), 269-316.

Taub, S. (2000). Iconicity in American Sign Language: Concrete and metaphorical applications. *Spatial Cognition and Computation, 2,* 31-50.

Taub, S. (2001). Language from the Body: Iconicity and Metaphor in American Sign Language. Cambridge: Cambridge University Press.

Taylor, J. (1995). Linguistic Categorization: Prototypes in Linguistic Theory. Oxford: Clarendon Press.

Wierzbicka, A. (1996). Semantics: Primes and Universal. Oxford: Oxford University Press.

Wilcox, S., Wilcox, P., & Jarque, M. (2004). Mappings in conceptual space: Metonymy, metaphor, and iconicity in two signed languages. *Jezikoslovlje, 4*(1), 139-156.

Wilcox, P. (2000). Metaphor in American Sign Language. Washington, D.C.: Gallaudet University Press.

Wilcox, P. (2004). A cognitive key: Metonymic and metaphorical mappings in ASL. *Cognitive Linguistics, 15*(2), 197-222.

Yoon, K. J. (2008). The Korean conceptualization of heart: An indigenous perspective. In F. Sharifian, R. Dirven, N. Yu, & S. Niemeier (Eds.), Culture, Body and Language: Conceptualizations of Internal Body Organs across Cultures and Languages, 213-243. Berlin: Mouton De Gruyter.

Yu, N. (1995). Metaphorical expressions of anger and happiness in English and Chinese. *Metaphor and Symbolic Activity, 10*(2), 59-92.

Yu, N. (1998). The Contemporary Theory of Metaphor: A Perspective from Chinese. Amsterdam: John Benjamins Publishing Company.

Yu, N. (2008). The Chinese heart as the central faculty of cognition. In F. Sharifian, R. Dirven, N. Yu, & S. Niemeier (Eds.), Culture, Body and Language: Conceptualizations of Internal Body Organs across Cultures and Languages, 133-70. Berlin: Mouton De Gruyter.

Zucchi, S. (2018). Sign language iconicity and gradient effects. *Theoretical Linguistics, 44*(3), 283-294.

찾아보기

문법용어

ㄱ
공간 활용 ······ 15, 20, 26, 34, 36, 39, 60

ㄷ
도상성 ······ 6, 15, 16, 20, 40, 42, 43, 44, 48, 106, 107, 114-116, 123, 128, 135, 138, 141-143, 145, 235, 263, 277, 294, 308, 314, 321, 322, 336, 358
동시성 ······ 15, 19, 20, 22, 24-26

ㅂ
비수지 표현 ······ 15, 25, 26, 29, 32, 39

ㅅ
생산적 수어 ······ 15, 28-31, 39, 301, 316, 385, 395
수지 표현 ······ 25, 26, 28, 29, 32, 33

ㅇ
은유 ······ 5, 15, 39, 40, 43, 61, 71, 78, 81, 90, 106, 111, 114-116, 123, 128, 135, 138, 141, 145, 147, 152, 162, 172, 178, 180, 184, 190, 198, 202, 206, 209, 216, 217, 222, 231, 232, 277, 278, 281, 283, 284, 286, 288, 290, 291, 293, 321, 322, 327, 331, 332, 335, 339, 340, 341, 343, 346, 347, 349, 351, 356, 378, 381, 396
일치 동사 ······ 34, 36, 38, 154, 161

ㅎ
환유 ······ 5, 15, 39, 43, 90, 91, 98, 106, 114-116, 123-126, 128, 132-135, 138, 141, 145, 213, 235, 236, 239, 246, 258, 262, 264, 266, 268, 272- 275, 277, 282, 287, 292, 294, 297, 299, 307, 310, 311, 314, 315, 317, 321, 325, 327, 330, 332, 343, 345, 348, 350, 352, 358, 359, 365, 376, 388, 394-398, 400, 401

한국수어 어휘

숫자
[0점] ······ 330, 391, 401
[1돕다2] ······ 37
[1초대하다2] ······ 38
[2돕다1] ······ 37
[3돕다1] ······ 37
[3일-후] ······ 197
[4일-후] ······ 197
[10원] ······ 393
[20년] ······ 230
[100점] ······ 400

ㄱ
[가깝다] ······ 55, 284
[가능] ······ 228
[가다] ······ 208
[가르치다] ······ 36
[가시] ······ 240
[가운데] ······ 121
[가장] ······ 224
[가져오다] ······ 207

[갈등]	175, 204, 362, 391
[감염]	162
[강원도]	125
[갚다]	248
[개]	237
[개나리]	300
[개미]	300
[거북이]	126, 240
[거절당하다]	176
[건강]	167
[건전]	290
[걷다]	22, 35
[검사]	30, 251, 316
[검정]	245
[게으르다]	251
[결석]	302, 306
[결정]	314
[결혼]	183, 230
[경기;시합;시험]	382
[계산]	171
[계승]	192
[고구마]	270
[고민]	206
[고백]	160
[고향]	316
[곡괭이]	313
[골목길]	297
[곳]	317
[과거]	196
[광주]	126
[교사]	228
[국수]	269
[귀]	50
[귀걸이]	254
[귀신]	241-243
[귀엽다]	368
[귀중하다]	217

[귤]	270
[금]	301
[기계가-멈추다]	340
[기관]	296
[기름]	219, 220, 240, 267
[기린]	240
[기쁨]	259
[기술]	243
[기억]	346, 392
[기억하다]	148
[기침]	162
[기타]	269
[길]	298, 371
[김씨]	121
[까마귀]	300
[깨]	240
[깨끗하다]	223-225, 242, 243
[깨지다]	364, 385
[껌]	269
[꽃]	61
[꿍꿍이]	171
[끓다]	225

ㄴ

[나]	208, 225, 250, 383
[나무]	238
[나비넥타이]	254
[나쁘다]	167
[나에게-묻다]	159
[낙심]	170
[남다]	309
[남편]	230
[낭비하다]	242
[낳다]	317
[내일]	56, 197
[냄새]	230, 284, 348, 351, 396
[노랑]	245

[녹두]	301
[누에]	375
[눈]	228, 287, 343, 350, 360, 361, 373, 389
[눈물]	328, 330, 391, 401
[눈치]	369
[눈치가-느리다]	286
[눈치가-빠르다]	286
[느리다]	287

ㄷ

[다음-주]	197
[단추]	254
[달]	120
[닭]	237
[당근]	301
[당기다]	249
[대결]	175, 263
[대구]	124
[대나무]	252
[대답]	160
[대대로]	192
[대립]	204
[대통령]	119, 120, 121, 170
[대한민국]	128
[대화]	156, 381
[더럽다]	223, 225
[더위]	260
[도깨비]	282
[도토리]	252
[독일]	128
[돈]	369, 373, 383, 394
[돕다]	36, 383
[돼지]	237
[뒷말하다]	175
[드림]	269
[드레스]	253

[등산]	22
[따뜻하다]	123
[뜨겁다]	260, 292

ㄹ

[리모컨]	272

ㅁ

[마늘]	252
[마스크]	308
[(마시는) 차]	270
[마시다]	250
[마치다]	208
[막다]	162
[만나다]	184
[만두]	270
[만들다]	207, 243
[만화]	272
[말]	345
[말씀]	160
[말하다]	23, 175
[말하다1]	155
[말하다2]	156
[맛]	229
[맛보다]	229
[맛있다]	188, 207
[망치]	272
[맥]	309
[맥주]	250, 263
[맹]	327, 349, 384
[먹다]	331, 376
[먼지]	33
[멀다]	55, 387, 399
[멕시코]	132
[며칠]	249
[명령]	23, 285
[모양]	384

[모으다] 314
[목록] 162
[목탁] 304, 312
[몸] 248
[무] 301
[무섭다] 260
[무식하다] 149
[무엇] 224, 230
[묵히다] 207, 208
[문화] 119
[물고기] 255
[뭉치다] 314
[미남] 174
[미녀] 174
[미니스커트] 254
[미래] 196
[미세먼지] 33
[믿다] 304, 310, 312

ㅂ

[바나나] 270
[바르다] 225, 232, 291
[바이올린] 269
[박사] 362, 369
[박히다] 364
[반찬] 207
[발견] 372
[발생하다] 220
[발전] 168, 219
[밝다] 299
[밤색] 245, 250
[배] 314
[배부르다] 387, 399
[백조] 300
[백합] 300
[뱀] 255
[번개] 252

[벌레] 51
[범죄] 24, 289
[벼락] 373
[병] 309
[보고] 23, 285
[보다] 208
[보라색] 245
[보람] 179
[보리] 238
[보석] 350, 360, 373
[복숭아] 238
[봄] 250
[부끄럽다] 259
[부딪히다] 18
[부산] 126
[부족] 248
[부패] 167
[부패하다] 251
[분노] 259
[분석] 202, 279, 280
[불가능하다] 243
[불교] 304, 312
[불합격] 169
[브래지어] 253
[비;강우;비가내리다] 190
[비누] 59, 272
[비말-차단용-마스크] 307
[비행기] 253
[빌리다] 302
[빗자루] 271
[빚] 302
[빛] 33
[빠르다] 287
[빨강] 245, 248, 292, 302, 306, 375
[빵] 273
[빼앗기다] 279

ㅅ

[사기] — 21
[사람] — 313
[사용] — 266
[사탕] — 352, 395
[산] — 22, 126, 252
[상대에게-묻다] — 159
[상승] — 168
[생각] — 241, 274, 279, 280, 323, 340
[생기다] — 250
[서다] — 334, 363
[서랍] — 272
[서울] — 126
[서툴다] — 219
[선조;조상] — 192
[성공] — 168
[성냥] — 59, 272
[소] — 237
[소극적] — 174
[소나무] — 238
[소화] — 266
[손목시계] — 254
[솔직하다] — 232
[솥] — 253
[수리] — 243
[수박] — 60, 269
[습관] — 225
[승리] — 168
[승차-진료] — 316
[시다] — 260
[시원] — 248
[시원하다] — 278
[실업] — 208
[실패] — 169
[싸다] — 360, 389

ㅇ

[아래] — 228
[아부하다] — 36
[아이] — 241
[아이스크림] — 269
[아프다] — 360, 389
[악취] — 346, 392
[안경] — 253
[야단치다] — 36
[양심] — 275
[양파] — 257
[어깨] — 249
[어둡다] — 189
[어렵다] — 383
[어제] — 56, 197
[언덕] — 252
[얼굴] — 334, 363, 364, 385, 400
[엄마] — 207
[없애다] — 279
[에스컬레이터] — 253
[여기] — 249
[여우] — 240
[여행] — 208
[역사] — 192
[연애] — 183
[영국] — 128
[영수증] — 241
[예수] — 122
[예의] — 123
[오늘] — 196
[옥수수] — 60, 269
[완전히-알다] — 288
[왕릉] — 126
[요리] — 266
[요양시설] — 295
[용감하다] — 314
[우수하다] — 167

[우울]	259	[자유]	213, 261
[우주]	298	[자주]	219
[운전]	250	[잘못하다]	177
[울다]	188	[잘하다]	177
[원하다]	230	[잠자다]	368
[웨딩드레스]	301	[잡아채다]	227-230, 288, 348, 351, 396
[위]	228		
[유도]	238	[장난]	368
[유식하다]	149	[장미]	300
[유익]	179	[장소]	30, 220
[윷]	272	[저금]	370
[은]	301	[전갈]	160
[의욕상실]	177	[전국]	229
[의지]	211	[전깃불]	17
[이기다]	174	[전라도]	229
[이동하다]	229	[전염]	242
[이불]	272	[전쟁]	175, 204, 267
[이야기]	160	[전통]	192
[이집트]	132	[전화]	21
[이해]	157	[전화사기]	21
[이혼]	183	[절친]	284
[인도]	304, 310	[정신]	291
[인도1]	128	[정치]	224
[인도2]	128	[제3자에게-묻다]	160
[인부]	313	[제안하다]	176
[인삼]	125	[조개]	255
[인터뷰]	157	[조심]	248
[일]	208	[종이]	52
[일본]	134	[주다]	18, 36, 326-328, 349, 384, 391
[일요일]	302, 306, 307	[주인]	298
[입]	362, 391	[주전자]	271
[입사]	219	[죽다]	171, 243, 381-383
[잊다]	148	[중국1]	128
		[중국2]	128
ㅈ		[중요하다]	224
[자리-내려오다]	208	[쥐]	298, 370-372
[자외선]	33	[지겹다]	387, 399

[지금]	196, 229, 295, 310	
[지렁이]	300	
[지시]	220, 243	
[지식]	228	
[지옥]	282	
[지진]	260	
[지하]	282	
[질문]	158	
[질병]	137	
[짐; 부담]	210	
[집]	16, 31, 373	
[짜다]	309	
[짜증;신경질]	151	
[찌개]	273	

ㅊ

[차-충돌]	220
[찾다]	372
[책]	271
[책임]	210
[처음]	219
[청바지]	301
[첼로]	269
[초록]	126, 245
[초록색]	250
[추론]	202, 278, 280
[추위]	260
[추진하다]	177
[춥다]	123
[치마]	253
[친구]	175, 182, 208, 225, 249, 256
[칫솔]	271

ㅋ

[카메라]	272
[케이크]	270
[코]	50, 362

[코끼리]	237
[코로나]	136
[코뿔소]	237
[크다]	121

ㅌ

[태권도]	238
[토끼]	237
[토마토]	301

ㅍ

[파]	238
[파란색]	29, 249
[파랑]	245, 299, 308
[파악]	288
[팥]	301
[포도]	252
[피곤]	259
[피아노]	269
[피해]	263
[필리핀]	132

ㅎ

[하느님]	297
[하늘]	299
[하모니카]	269
[하양]	245
[한약]	307
[할머니]	306
[할아버지]	306
[합격]	168
[항복]	343, 345, 361
[해결]	215
[해보다]	208
[행동]	225
[행복]	259
[허리띠]	254

[허약]	167
[헝가리]	134
[헤어지다]	184
[현혹]	278
[혈기]	292
[호랑이]	237, 240
[호박]	252
[호주]	132
[혼자]	228
[화산]	255
[회색]	245
[후유증]	307
[훌륭하다]	167
[희망]	168
[흰색]	29, 30, 251
[힌두교]	304, 310
[힘]	331, 376, 394
[힘들다]	259

한국수어 관용표현

ㄱ

'감쪽같이 속다'	337
'게으름뱅이'	367
'겨우 찾아내다'	372
'귀신같이 알아채다'	359
'귀염둥이'	367
'그 길로 갈 수 없다'	383
'그만두지 않고 꾸준히 일하다'	380
'근근히 모으다'	370
'글이 어색하다'	391
'기대 이하라 실망이다'	355
'기억력이 좋다'	346, 392

ㄴ

'낡이다'	336
'너무 멀어서 못 가'	387, 399

'너무 배불러서 더 못먹는다'	399
'눈 뜨고는 차마 못볼 것을 보다'	359
'눈썰미가 있다'	349
'눈에 거슬리다'	359, 391
'눈치가 아주 빠른 사람'	369

ㄷ

'더 이상 보기 어렵다'	359
'더 이상 볼 수 없다'	343
'도무지 생각이 나지 않는다'	343
'돈을 내기가 아깝다'	393
'돈이 많다'	379, 394
'돈이 없다'	380
'동상이몽'	339
'동정심이 없다'	391
'동정심이 전혀 없다'	401

ㅁ

'망신을 당하다'	363, 385
'매사에 의심이나 의혹을 가지는 사람'	369
'먹보'	367
'모양이 정상적이지 않다'	383
'몸이 잘 움직여지지 않거나 몸이 말을 안 듣지 않는다'	383
'무자비함'	330, 391
'문장이 어색하다'	391

ㅂ

'바람을 아주 잘 피우는 사람'	369
'밥을 먹을 수 없다'	383
'배불러 못 먹겠다'	387
'벼락부자가 되다'	373
'변명이나 핑계를 능숙하게 하는 사람'	369
'별 생각 없다'	323

'보통 사람보다 유별나게 후각이 발달한 사람' ······ 362, 369
'봐주다' ······ 328, 391
'비위가 상하다' ······ 391
'빚이 쌓이다' ······ 375

ㅅ
'사경을 헤매다' ······ 341
'상대의 말이 맞다' ······ 345
'생각이 나지 않다' ······ 340
'서로 의사소통이 되지 않다' ······ 380
'솔직하게 말하다' ······ 326
'수재' ······ 367, 378
'쉬지 않고 계속해서 먹다' ······ 376
'시간이 안된다' ······ 343

ㅇ
'아주 조금씩 성실히 모으는 행위' ······ 370
'앞 뒤 말이 맞지 않다' ······ 383
'어떤 특정습관으로 유명한 사람' ······ 369
'얼굴에 표가 나다' ······ 400
'열광하다' ······ 325
'유혹하다' ······ 352, 395
'이상하다' ······ 383
'이해타산에 명석하고 재리에 아주 밝은 사람' ······ 369
'일에 얽매이다' ······ 338
'입맛에 맞지 않다' ······ 391
'입에 맞지 않다' ······ 362

ㅈ
'잔소리'; '수다를 떨다' ······ 386
'잘못을 눈감아 주다' ······ 327, 349, 384

'잘 숨어서 검거하기 힘들었음' ······ 372
'잘 식별하다' ······ 359, 373
'잘 식별하지 못하다' ······ 359, 389
'잠꾸러기' ······ 367
'잠보' ······ 378
'장난꾸러기' ······ 367
'조금씩 아껴쓰다' ······ 370
'조금씩이라도 돈을 벌다' ······ 370
'지름길' ······ 371
'지름길로 가다' ······ 371
'지속적으로 먹다' ······ 331

ㅊ
'차마 볼 수 없는 것을 보다' ······ 389
'책임을 지다' ······ 334, 363

ㅋ
'코가 꿰이다' ······ 337

ㅌ
'특정분야에 해박하게 잘 아는 사람' ······ 369

ㅍ
'풍비박산' ······ 388

ㅎ
'한 길만을 가다'; '일편단심'; '외골수' ······ 342
'호화로운 집' ······ 373
'화를 잘 내다' ······ 367
'훤히 알다' ······ 348, 349, 396
'휴대폰이 불능상태가 되다' ······ 380

한국연구재단 저술총서 20

한국수어에서 발견하는 언어의 원리
어휘와 관용표현에 나타나는 도상성과 은유 및 환유

1판 1쇄 발행   2025년 6월 24일

지 은 이	최영주
펴 낸 이	김진수
펴 낸 곳	한국문화사
등 록	제1994-9호
주 소	서울시 성동구 아차산로49, 404호(성수동1가, 서울숲코오롱디지털타워3차)
전 화	02-464-7708
팩 스	02-499-0846
이 메 일	hkm7708@daum.net
홈페이지	http://hph.co.kr

ISBN 979-11-6919-312-2   93700

· 이 책의 내용은 저작권법에 따라 보호받고 있습니다.
· 잘못된 책은 구매처에서 바꾸어 드립니다.
· 책값은 뒤표지에 있습니다.

오류를 발견하셨다면 이메일이나 홈페이지를 통해 제보해주세요.
소중한 의견을 모아 더 좋은 책을 만들겠습니다.